독학사

2단계

경영학과

마케팅원론

SD에듀
(주)시대고시기획

머리말

학위를 얻는 데 시간과 장소는 더 이상 제약이 되지 않습니다. 대입 전형을 거치지 않아도 '학점은행제'를 통해 학사학위를 취득할 수 있기 때문입니다. 그중 독학학위제도는 고등학교 졸업자이거나 이와 동등 이상의 학력을 가지고 있는 사람들에게 효율적인 학점 인정 및 학사학위 취득의 기회를 줍니다.

본 도서는 독학사 전공 중 경영학과 학위를 목표로 하는 분들을 위하여 집필된 것으로 전공기초과정의 경영학과 2단계 과정을 다루고 있습니다. 경영학과 2단계에서는 경영정보론, 마케팅원론, 마케팅조사, 원가관리회계, 인적자원관리, 조직행동론, 회계원리 등을 학습하게 될 것입니다.

경영학과 2단계 시험에 응시하는 수험생들이 단기간에 효과적인 학습을 할 수 있도록 다음과 같이 구성하였습니다.

01 기출복원문제
기출복원문제를 수록하여 최근 시험경향을 파악하고 이에 맞춰 공부할 수 있도록 하였습니다.
→ 기출복원문제 해설 무료 동영상 강의 제공

02 핵심이론
독학학위제 평가영역과 관련 내용을 면밀히 분석하여 시험에 꼭 나오는 '핵심이론'을 수록하였으며, 이론 안의 '체크포인트', '더 알아두기' 등을 통해 내용 이해에 부족함이 없도록 하였습니다.

03 OX문제 및 실전예상문제
핵심이론의 내용을 OX문제로 다시 한 번 체크하고, '실전예상문제'를 통해 앞서 공부한 이론이 머릿속에 잘 정리되었는지 확인해 볼 수 있도록 하였습니다.

04 최종모의고사
최신 출제유형을 반영한 '최종모의고사(총 2회분)'로 자신의 실력을 점검해 볼 수 있습니다. 실제 시험에 임하듯이 시간을 재고 풀어본다면 시험장에서 실수를 줄일 수 있을 것입니다.

05 빨리보는 간단한 키워드
핵심적인 이론만을 꼼꼼하게 정리하여 수록한 '빨리보는 간단한 키워드'로 전반적인 내용을 한 눈에 파악할 수 있습니다. → '빨리보는 간단한 키워드' 무료 동영상 강의 제공

시간 대비 학습의 효율성을 높이기 위해 이론 부분을 최대한 압축하려고 노력하였습니다. 문제들이 실제 기출 유형에 맞지 않아 시험 대비에 만족하지 못하는 수험생들이 많은데 이 책은 그러한 문제점을 보완하여 수험생들에게 시험에 대한 확신을 주고, 단기간에 고득점을 획득할 수 있도록 노력하였습니다. 끝으로 본 도서로 독학학위취득의 꿈을 이루고자 하는 수험생들이 반드시 합격하기를 바랍니다.

편저자 드림

BDES

독학학위제 소개

독학학위제란?

「독학에 의한 학위취득에 관한 법률」에 의거하여 국가에서 시행하는 시험에 합격한 사람에게 학사학위를 수여하는 제도

- ✅ 고등학교 졸업 이상의 학력을 가진 사람이면 누구나 응시 가능

- ✅ 대학교를 다니지 않아도 스스로 공부해서 학위취득 가능

- ✅ 일과 학습의 병행이 가능하여 시간과 비용 최소화

- ✅ 언제, 어디서나 학습이 가능한 평생학습시대의 자아실현을 위한 제도

- ✅ 학위취득시험은 4개의 과정(교양, 전공기초, 전공심화, 학위취득 종합시험)으로 이루어져 있으며 각 과정별 시험을 모두 거쳐 학위취득 종합시험에 합격하면 학사학위 취득

독학학위제 전공 분야 (11개 전공)

국어국문학 · 영어영문학 · 심리학 · 경영학 · 컴퓨터공학 · 간호학

법학 · 행정학 · 가정학 · 유아교육학 · 정보통신학

※ 유아교육학 및 정보통신학 전공: 3, 4과정만 개설
　(정보통신학의 경우 3과정은 2025년까지, 4과정은 2026년까지만 응시 가능하며, 이후 폐지)
※ 간호학 전공: 4과정만 개설
※ 중어중문학, 수학, 농학 전공: 폐지 전공으로 기존에 해당 전공 학적 보유자에 한하여 응시 가능

※ SD에듀는 현재 4개 학과(심리학과, 경영학과, 컴퓨터공학과, 간호학과) 개설 완료
※ 2개 학과(국어국문학과, 영어영문학과) 개설 진행 중

독학학위제 시험안내

과정별 응시자격

단계	과정	응시자격	과정(과목) 시험 면제 요건
1	교양	고등학교 졸업 이상 학력 소지자	• 대학(교)에서 각 학년 수료 및 일정 학점 취득 • 학점은행제 일정 학점 인정 • 국가기술자격법에 따른 자격 취득 • 교육부령에 따른 각종 시험 합격 • 면제지정기관 이수 등
2	전공기초		
3	전공심화		
4	학위취득	• 1~3과정 합격 및 면제 • 대학에서 동일 전공으로 3년 이상 수료 (3년제의 경우 졸업) 또는 105학점 이상 취득 • 학점은행제 동일 전공 105학점 이상 인정 (전공 28학점 포함) ➡ 22.1.1. 시행 • 외국에서 15년 이상의 학교교육과정 수료	없음(반드시 응시)

응시 방법 및 응시료

- 접수 방법: 온라인으로만 가능
- 제출 서류: 응시자격 증빙 서류 등 자세한 내용은 홈페이지 참조
- 응시료: 20,400원

독학학위제 시험 범위

- 시험과목별 평가 영역 범위에서 대학 전공자에게 요구되는 수준으로 출제
- 시험 범위 및 예시문항은 독학학위제 홈페이지(bdes.nile.or.kr) ➡ 학습정보 ➡ 과목별 평가영역에서 확인

문항 수 및 배점

과정	일반 과목			예외 과목		
	객관식	주관식	합계	객관식	주관식	합계
교양, 전공기초 (1~2과정)	40문항×2.5점 =100점	–	40문항 100점	25문항×4점 =100점	–	25문항 100점
전공심화, 학위취득 (3~4과정)	24문항×2.5점 =60점	4문항×10점 =40점	28문항 100점	15문항×4점 =60점	5문항×8점 =40점	20문항 100점

※ 2017년도부터 교양과정 인정시험 및 전공기초과정 인정시험은 객관식 문항으로만 출제

합격 기준

■ 1~3과정(교양, 전공기초, 전공심화) 시험

단계	과정	합격 기준	유의 사항
1	교양	매 과목 60점 이상 득점을 합격으로 하고, 과목 합격 인정(합격 여부만 결정)	5과목 합격
2	전공기초		6과목 이상 합격
3	전공심화		

■ 4과정(학위취득) 시험: 총점 합격제 또는 과목별 합격제 선택

구분	합격 기준	유의 사항
총점 합격제	• 총점(600점)의 60% 이상 득점(360점) • 과목 낙제 없음	• 6과목 모두 신규 응시 • 기존 합격 과목 불인정
과목별 합격제	• 매 과목 100점 만점으로 하여 전 과목(교양 2, 전공 4) 60점 이상 득점	• 기존 합격 과목 재응시 불가 • 1과목이라도 60점 미만 득점하면 불합격

시험 일정

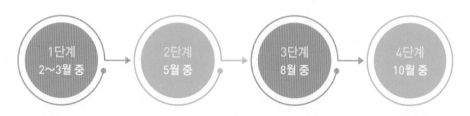

1단계
2~3월 중

2단계
5월 중

3단계
8월 중

4단계
10월 중

■ 경영학과 2단계 시험 과목 및 시험 시간표

구분(교시별)	시간	시험 과목명
1교시	09:00~10:40(100분)	회계원리, 인적자원관리
2교시	11:10~12:50(100분)	마케팅원론, 조직행동론
중식 12:50~13:40(50분)		
3교시	14:00~15:40(100분)	경영정보론, 마케팅조사
4교시	16:10~17:50(100분)	생산운영관리, 원가관리회계

※ 시험 일정 및 세부사항은 반드시 독학학위제 홈페이지(bdes.nile.or.kr)를 통해 확인하시기 바랍니다.

※ SD에듀에서 개설되었거나 개설 예정인 과목은 빨간색으로 표시했습니다.

독학학위제 단계별 학습법

1단계

평가영역에 기반을 둔 이론 공부!

독학학위제에서 발표한 평가영역에 기반을 두어 효율적으로 이론 공부를 해야 합니다. 각 장별로 정리된 '핵심이론'을 통해 핵심적인 개념을 파악합니다. 모든 내용을 다 암기하는 것이 아니라, 포괄적으로 이해한 후 핵심내용을 파악하여 이 부분을 확실히 알고 넘어가야 합니다.

2단계

시험 경향 및 문제 유형 파악!

독학사 시험 문제는 지금까지 출제된 유형에서 크게 벗어나지 않는 범위에서 비슷한 유형으로 줄곧 출제되고 있습니다. 본서에 수록된 이론을 충실히 학습한 후 '실전예상문제'를 풀어보면서 문제의 유형과 출제의도를 파악하는 데 집중하도록 합니다. 교재에 수록된 문제는 시험 유형의 가장 핵심적인 부분이 반영된 문항들이므로 실제 시험에서 어떠한 유형이 출제되는지에 대한 감을 잡을 수 있을 것입니다.

3단계

'실전예상문제'를 통한 효과적인 대비!

독학사 시험 문제는 비슷한 유형들이 반복되어 출제되므로 다양한 문제를 풀어 보는 것이 필수적입니다. 각 단원의 끝에 수록된 '실전예상문제'를 통해 단원별 내용을 제대로 학습했는지 꼼꼼하게 확인하고, 실력점검을 합니다. 이때 부족한 부분은 따로 체크해 두고 복습할 때 중점적으로 공부하는 것도 좋은 학습 전략입니다.

4단계

복습을 통한 학습 마무리!

이론 공부를 하면서, 혹은 문제를 풀어 보면서 헷갈리고 이해하기 어려운 부분은 따로 체크해 두는 것이 좋습니다. 중요 개념은 반복학습을 통해 놓치지 않고 확실하게 익히고 넘어가야 합니다. 마무리 단계에서는 '빨리보는 간단한 키워드'를 통해 핵심개념을 다시 한 번 더 정리하고 마무리할 수 있도록 합니다.

COMMENT
합격수기

> 저는 학사편입 제도를 이용하기 위해 2~4단계를 순차로 응시했고 한 번에 합격했습니다.
> 아슬아슬한 점수라서 부끄럽지만 독학사는 자료가 부족해서 부족하나마 후기를 쓰는 것이 도움이 될까 하여
> 제 합격전략을 정리하여 알려 드립니다.

#1. 교재와 전공서적을 가까이에!

학사학위취득은 본래 4년을 기본으로 합니다. 독학사는 이를 1년으로 단축하는 것을 목표로 하는 시험이라 실제 시험도 변별력을 높이는 몇 문제를 제외한다면 기본이 되는 중요한 이론 위주로 출제됩니다. SD에듀의 독학사 시리즈 역시 이에 맞추어 중요한 내용이 일목요연하게 압축·정리되어 있습니다. 빠르게 훑어보기 좋지만 내가 목표로 한 전공에 대해 자세히 알고 싶다면 전공서적과 함께 공부하는 것이 좋습니다. 교재와 전공서적을 함께 보면서 교재에 전공서적 내용을 정리하여 단권화하면 시험이 임박했을 때 교재 한 권으로도 자신 있게 시험을 치를 수 있습니다.

#2. 시간확인은 필수!

쉬운 문제는 금방 넘어가지만 지문이 길거나 어렵고 헷갈리는 문제도 있고, OMR 카드에 마킹까지 해야 하니 실제로 주어진 시간은 더 짧습니다. 1번에 어려운 문제가 있다고 해서 시간을 많이 허비하면 쉽게 풀 수 있는 마지막 문제들을 놓칠 수 있습니다. 문제 푸는 속도도 느려지니 집중력도 떨어집니다. 그래서 어차피 배점은 같으니 아는 문제를 최대한 많이 맞히는 것을 목표로 했습니다.
① 어려운 문제는 빠르게 넘기면서 문제를 끝까지 다 풀고 ② 확실한 답부터 우선 마킹한 후 ③ 다시 시험지로 돌아가 건너뛴 문제들을 다시 풀었습니다. 확실히 시간을 재고 문제를 많이 풀어봐야 실전에 도움이 되는 것 같습니다.

#3. 문제풀이의 반복!

여느 시험과 마찬가지로 문제는 많이 풀어볼수록 좋습니다. 이론을 공부한 후 실전예상문제를 풀다보니 부족한 부분이 어딘지 확인할 수 있었고, 공부한 이론이 시험에 어떤 식으로 출제될지 예상할 수 있었습니다. 그렇게 부족한 부분을 보충해가며 문제유형을 파악하면 이론을 복습할 때도 어떤 부분을 중점적으로 암기해야 할지 알 수 있습니다. 이론 공부가 어느 정도 마무리되었을 때 시계를 준비하고 최종모의고사를 풀었습니다. 실제 시험시간을 생각하면서 예행연습을 하니 시험 당일에는 덜 긴장할 수 있었습니다.

학위취득을 위해 오늘도 열심히 학습하시는 동지 여러분에게도 합격의 영광이 있으시길 기원하면서 이만 줄입니다.

이 책의 구성과 특징

기출복원문제

> 온라인(www.sdedu.co.kr)을 통해 기출문제
> 무료 동영상 강의를 만나 보세요.

※ 본 문제는 다년간 독학사 경영학과 2단계 시험에서 출제된 기출문제를 복원한 것입니다. 문제의 난이도와 수험경향 파악용으로 사용하
권고드립니다. 본 기출복원문제에 대한 무단복제 및 전재를 금하며 저작권은 SD에듀에 있음을 알려드립니다.

01 다음 중 마케팅에 대한 설명으로 옳지 않은 것은?
  ① 영리를 목적으로 하는 기업에 한정되어 적용된다.
  ② 개인의 니즈 및 조직의 목표를 충족시킨다.
  ③ 시장에서 교환이 일어나게 한다.
  ④ 유·무형의 제품 및 서비스가 마케팅의 대상에 포함된다.

01 마케팅은 영리를 목적
  업뿐만 아니라 비영리
  되고 있다.

01 기출복원문제

'기출복원문제'를 풀어 보면서
독학사 경영학과 2단계 시험의
기출 유형과 경향을 파악해 보세요.

제 1 장 | 마케팅 개념

제1절 마케팅의 정의 중요

(1) 마케팅 개념 기출
마케팅 활동은 기업과 고객 간의 교환행위를 지속적으로 관리함으로써 고객의 욕구만족이 실현되
노력하는 기업 활동이며, 기업은 고객의 욕구만족 내지 가치창출활동을 적절히 수행함으로써 기
목적인 이익을 창출할 수 있게 되고, 그 결과 기업의 존속과 성장이 가능하게 되는 것을 말한다.

(2) 마케팅의 정의
  ① 제품·서비스·아이디어를 창출하고, 이들의 가격을 결정하고, 이들에 관한 정보를 제공하고,
    을 배포하여 개인 및 조직체의 목표를 만족시키는 교환을 성립하게 하는 일련의 인간 활동이라
    한 수 있다.

02 핵심이론

평가영역을 바탕으로 꼼꼼하게 정리된
'핵심이론'을 통해 꼭 알아야 하는 내용을
명확히 이해할 수 있어요.

○✕로 점검하자 | 제1장

※ 다음 지문의 내용이 맞으면 ○, 틀리면 ✕를 체크하시오. [1~6]

01 마케팅은 단순히 영리를 목적으로 하는 기업에만 적용된다. (   )

02 마케팅은 눈에 보이는 유형의 상품만이 마케팅 대상이 되며, 무형의 서비스는 그 대상에서 제외 (

03 마케팅 개념의 발전단계는 '생산개념의 사고 → 판매개념의 사고 → 마케팅개념의 사고 → 사
   마케팅개념의 사고'로 볼 수 있다. (   )

04 CRM의 목적이라 함은 자사와 소비자 간 거래를 통해 얻을 수 있는 단기적 이윤극대화라
   있다. (   )

05 고객관계 마케팅을 하기 위해서는 소비자들의 정보를 일련의 DB화하는 것은 필수적이라
   있다. (   )

06 사회적 마케팅은 여러 기업의 마케팅 자원을 공동으로 이용함으로써 상호 이익을 극대

03 OX로 점검하자

핵심이론을 학습한 후 중요 내용을
OX문제로 한 번 더 점검해 보세요.

04 실전예상문제

핵심이론에서 공부한 내용을 기억하며
'실전예상문제'를 풀어 보면서
문제를 해결하는 능력을 길러 보세요.

제 1 장 | 실전예상문제

01 마케팅은 고객의 니즈(욕구)를 충족시키고, 고객을 위해 모든 구성원이 노력을 하며, 궁극적으로는 고객을 만족시키고 그에 따른 자사의 이익을 추구한다. 하지만 불량고객을 시장에서 퇴출시키는 것은 마케팅의 내용이라 할 수 없다.

01 다음 중 마케팅 개념에 대한 내용으로 틀린 것은?
① 전사적 노력
② 고객지향
③ 불량고객의 시장 퇴출
④ 고객만족을 통한 자사 이익의 극대화

05 최종모의고사

핵심이론을 익히고 실전예상문제를
풀어 보았다면 이제 남은 것은 단 하나!
'최종모의고사'를 실제 시험처럼 시간을
정해 놓고 풀어 보세요.

제1회 최종모의고사 | 마케팅원론

제한시간 : 50분 | 시작 ___시 ___분 ~ 종료 ___시 ___분

⊐ 정답 및 해설

01 다음 내용이 설명하는 것과 가장 가까운 것은?

마케팅 개념의 변천 과정 중 기업이 소비자로 하여금 경쟁회사 제품보다는 자사 제품을 그리고 더 많은 양을 구매하도록 설득하여야 하며, 이를 위하여 이용가능한 모든 효과적인 판매 활동과 촉진도구를 활용한다고 보는 개념이다.

① 소비자들의 욕구를 소비자들 스스로가 기

02 기업 간 경쟁이 치열해짐에 따라 한 기업의 자원뿐만 아니라 여러 기업의 마케팅 자원을 공동으로 활용함으로써 상호 이익을 극대화하고 위험을 회피할 수 있는 효율적인 방법을 모색하는 마케팅을 일컫는 말은?
① Green Marketing
② Relationship Marketing
③ SNS Marketing
④ Symbiotic Marketing

+ P / L / U / S +

시험 직전의 완벽한 마무리!
빨리보는 간단한 키워드

'빨리보는 간단한 키워드'는 핵심요약집으로 시험 직전까지 해당 과목의 중요 핵심 이론을 체크할 수 있도록 합니다.
또한, SD에듀 홈페이지(www.sdedu.co.kr)에 접속하시면 해당 과목에 대한 핵심요약집 무료 강의도 제공하고 있으니 꼭 활용하시길 바랍니다!

목 차

www.sdedu.co.kr

CONTENTS

목차

마케팅원론

기출복원문제

출/제/유/형/완/벽/파/악/

홀륭한 가정만한 학교가 없고, 덕이 있는 부모만한 스승은 없다.

– 마하트마 간디 –

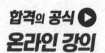
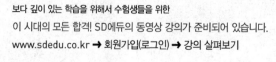

※ 본 문제는 다년간 독학사 경영학과 2단계 시험에서 출제된 기출문제를 복원한 것입니다. 문제의 난이도와 수험경향 파악용으로 사용하시길 권고드립니다. 본 기출복원문제에 대한 무단복제 및 전제를 금하며 저작권은 SD에듀에 있음을 알려드립니다.

01 다음 중 마케팅에 대한 설명으로 옳지 <u>않은</u> 것은?

① 영리를 목적으로 하는 기업에 한정되어 적용된다.
② 개인의 니즈 및 조직의 목표를 충족시킨다.
③ 시장에서 교환이 일어나게 한다.
④ 유·무형의 제품 및 서비스가 마케팅의 대상에 포함된다.

01 마케팅은 영리를 목적으로 하는 기업뿐만 아니라 비영리조직까지 적용되고 있다.

02 다음 중 A가 한 행동을 설명하는 용어로 적절한 것은?

> A는 옷핀이 필요해 편의점에 방문했다. B사와 C사의 제품이 있었지만 별 다른 고민 없이 맨 앞에 진열되어 있는 B사의 제품을 구매했다.

① 부조화 감소행동
② 복잡한 구매행동
③ 고관여 구매행동
④ 저관여 구매행동

02 특정 제품이나 서비스 간 차이에 대해 소비자가 중요하지 않다고 생각하거나 관심이 낮은 경우 저관여 구매행동을 보인다.

정답 (01 ① 02 ④)

03 상품의 적절한 사용상황을 설정함으로써 타제품과 차별적 인식을 제공하는 방법이다.

03 다음 광고 문구에 해당하는 포지셔닝 유형은?

> 운전하면서 졸릴 때 이 껌을 씹으면 좋습니다.

① 사용자에 의한 포지셔닝
② 사용상황에 의한 포지셔닝
③ 경쟁에 의한 포지셔닝
④ 속성에 의한 포지셔닝

04 서비스의 기본적 특성에는 무형성, 비분리성, 이질성, 소멸성이 있다. 무형성은 소비자가 서비스를 이용하기 전에는 오감을 통해 느낄 수 없다는 특성을 의미한다.

04 서비스의 특성 중 다음 설명에 해당하는 것은?

> 서비스는 추상적이며 제품을 구매하기 전에는 오감을 통해 느낄 수 없기 때문에 품질을 평가하기 어렵다.

① 무형성(Intangibility)
② 비분리성(Inseparability)
③ 이질성(Heterogeneity)
④ 소멸성(Perishability)

05 신제품 개발과정 중 아이디어 선별(평가) 단계에서 신제품 아이디어를 채택하거나 탈락시킨다.

05 신제품 개발과정에서 기업의 목적에 맞지 않거나 개발할 수 없는 아이디어가 사라지는 순서와 단계가 올바르게 짝지어진 것은?

> 아이디어 창출 - (ㄱ) - 제품개념 개발 및 테스트 - 마케팅 전략 개발 - (ㄴ) - 제품 개발 - 시험마케팅 - 상업화

① (ㄱ) - 사업성 분석
② (ㄱ) - 아이디어 선별(평가)
③ (ㄴ) - 사업성 분석
④ (ㄴ) - 아이디어 선별(평가)

정답 03 ② 04 ① 05 ②

06 다음 설명에 해당하는 제품수명주기 단계는?

> 이 단계는 매출과 이익이 감소하는 시기로 제품이 개량품에 의해 대체되거나 제품라인으로부터 삭제되는 시기이다.

① 도입 단계
② 성장 단계
③ 성숙 단계
④ 쇠퇴 단계

07 〈보기〉에서 제품가격 결정 시 고려해야 할 외부요인을 모두 고른 것은?

> **보기**
> ㄱ. 원가
> ㄴ. 가격에 대한 소비자 태도
> ㄷ. 시장의 유형
> ㄹ. 경쟁자

① ㄱ, ㄹ
② ㄱ, ㄴ, ㄷ
③ ㄴ, ㄹ
④ ㄴ, ㄷ, ㄹ

08 다음 내용에서 괄호 안에 공통으로 들어갈 말로 알맞은 것은?

> 메시지를 보내는 발신인은 자신이 전달하고자 하는 것들을 문자나 그림 또는 언어 등으로 상징화하는 (   )의 과정을 거쳐야 한다. 수신인은 발신인이 전달한 (   )된 내용을 해독해야 한다.

① 피드백   ② 부호화
③ 매개화   ④ 조합

---

06 제품수명주기
- 도입 단계(도입기) : 제품이 처음으로 출시되는 단계로서 제품에 대한 인지도와 수용도가 낮음
- 성장 단계(성장기) : 제품이 시장에 수용되어 정착되는 단계로 실질적인 이익이 창출됨
- 성숙 단계(성숙기) : 대부분의 잠재소비자가 신제품을 사용하게 됨으로써 판매성장률은 둔화되기 시작함
- 쇠퇴 단계(쇠퇴기) : 제품이 개량품에 의해 대체되거나 제품라인으로부터 삭제되는 시기

07 가격 결정 시 고려 요인
- 내부요인 : 마케팅목표, 마케팅 믹스전략, 원가, 조직
- 외부요인 : 시장과 수요(시장의 유형, 가격에 대한 소비자 태도, 가격과 수요), 경쟁자, 기타환경요인(정부의 규제 및 인플레이션, 이자율 등)

08 마케팅 커뮤니케이션 과정의 구성요소 중 부호화는 전달하고자 하는 것들을 문자나 그림 또는 언어 등으로 상징화하는 과정을 말한다.

정답 (06 ④ 07 ④ 08 ②)

09 광고는 장기적으로 제품이나 서비스의 구매이유를 제공하는 반면, 판매촉진은 바로 지금 구매할 이유를 제공한다.

09 자사의 제품이나 서비스의 판매를 위해 단기적인 동기부여 수단을 사용하는 방법을 총망라한 용어는?

① 광고
② 인적판매
③ PR(Public Relations)
④ 판매촉진

10 인적판매는 1인당 접촉비용, 판매원 교육비 등으로 인해 비용이 비싸다는 단점이 있다.

10 인적판매에 대한 설명으로 옳지 <u>않은</u> 것은?

① 판매원과 고객의 직접적인 대면관계를 통해 이루어지는 촉진활동이다.
② 인적판매의 내부판매는 도·소매점포에서 판매사원이 잠재 구매자에게 판매활동을 하는 것이다.
③ 비용이 적게 든다는 장점이 있다.
④ 판매원에 따라 효과의 차이가 크기 때문에 비용 대비 효과를 고려해야 한다.

11 고객니즈 충족 실패는 구매자와 연관된 요소이다.

11 다음 중 신제품 실패요소 중 자사의 조직과 연관된 요소가 <u>아닌</u> 것은?

① 부서 간 협업 부족
② 기술적 역량 부족
③ 고객니즈 충족 실패
④ 최고경영층의 지원부족

정답 09 ④ 10 ③ 11 ③

12 다음 설명에 해당하는 자료 수집 방법은?

> 전문가들에게 반복적인 질문을 통해 받은 피드백과 의견을
> 발전시켜 미래 예측치를 수렴하는 방법

① 델파이기법
② 우편질문법
③ 전화면접법
④ 대인면접법

13 기업사명에 대한 설명으로 옳지 <u>않은</u> 것은?

① 정의 – 기업이 생각하는 모든 가치를 드러낸다.
② 기능적 효과 – 조직목표의 일관성을 평가하는 기준을 제공한다.
③ 기능적 효과 – 조직의 정체성을 제공하는 역할을 한다.
④ 특징 – 조직 내 종업원들의 동기를 유발할 수 있어야 한다.

14 산업재 마케팅 믹스에 대한 설명으로 옳지 <u>않은</u> 것은?

① 상품의 품질과 기술의 중요성이 크다.
② 가격이 경쟁 입찰 및 협상으로 결정된다.
③ 판매촉진에 광고가 큰 비중을 차지한다.
④ 짧고 직접적인 유통경로를 가지고 있다.

---

12 델파이기법은 각 분야의 전문가가 가지고 있는 지식을 종합해서 미래를 예측하는 방법으로, 면밀하게 계획된 익명의 반복적 질문지 조사를 실시한다.

13 기업사명에 기업이 생각하는 모든 가치를 드러낼 수 없으며 최우선시하는 가치를 드러내야 한다.

14 판매촉진에 광고가 큰 비중을 차지하는 것은 소비재 마케팅 믹스이다. 산업재 마케팅 믹스의 판매촉진은 인적판매가 큰 비중을 차지한다.

정답 12 ① 13 ① 14 ③

15 메시지 전달 방법
- 이성적 소구 : 제품의 질, 경제성, 가치, 성능에 대한 내용을 담고 있다.
- 감성적 소구 : 구매를 유도할 수 있는 부정적 또는 긍정적 감정들을 유발한다.
- 도덕적 소구 : 청중들로 하여금 어떻게 하는 것이 옳은지를 생각하게 한다.

15 다음 중 메시지 방법과 설명이 올바르게 연결된 것은?

① 이성적 소구 – 제품의 질, 경제성, 가치, 성능에 대한 내용을 담고 있다.

② 감성적 소구 – 청중들로 하여금 어떻게 하는 것이 옳은지를 생각하게 한다.

③ 감성적 소구 – 청중에게 제품의 구매가 얻고자 하는 편익 등을 제공한다는 내용의 메시지를 사용한다.

④ 도덕적 소구 – 구매를 유도할 수 있는 부정적 또는 긍정적 감정들을 유발한다.

16 마케팅 믹스의 4P는 제품(Product), 가격(Price), 촉진(Promotion), 유통(Place)이다.

16 〈보기〉에서 마케팅 믹스를 구성하는 4P를 모두 고른 것은?

┌─ 보기 ───────────────────────────┐
ㄱ. 포지셔닝(Positioning)　ㄴ. 제품(Product)
ㄷ. 가격(Price)　　　　　　ㄹ. 사람(Person)
ㅁ. 촉진(Promotion)　　　　ㅂ. 성과(Performance)
ㅅ. 과정(Process)　　　　　ㅇ. 유통(Place)
└──────────────────────────────────┘

① ㄱ, ㄴ, ㄷ, ㅁ
② ㄱ, ㅁ, ㅂ, ㅇ
③ ㄴ, ㄷ, ㅁ, ㅇ
④ ㄴ, ㄹ, ㅂ, ㅅ

정답 15 ① 16 ③

17 촉진믹스 전략에 대한 설명으로 옳지 <u>않은</u> 것은?

① 광고활동(Advertising) : 특정한 광고주가 상품 또는 서비스를 촉진하기 위해 비용을 지불하고 비인적 매체를 통해 촉진한다.

② 인적판매활동(Personal Selling) : 한 명 또는 그 이상의 잠재 소비자들과 직접 만나면서 커뮤니케이션을 통해 판매를 실현한다.

③ 판매촉진활동(Sales Promotion) : 소비자들에게 기업의 서비스 또는 제품의 판매 및 구매를 촉진시키기 위한 실질적인 수단이다.

④ 홍보활동(PR) : 좋은 기업이미지를 만들고, 비호감적인 소문 및 사건 등을 처리 및 제거함으로써 우호적인 관계를 조성하는 방법으로 많은 비용이 든다.

17 PR은 많은 비용을 들이지 않고도 활용할 수 있는 매우 효율적인 수단이다.

18 푸시 전략과 풀 전략을 비교한 다음 표에서 설명이 옳지 <u>않은</u> 것은?

	푸시 전략(Push Strategy)	풀 전략(Pull Strategy)
① 전략	제조업자는 도매상에게, 도매상은 소매상에게, 소매상은 소비자에게 제품을 판매하는 전략	소비자들이 스스로 제품을 찾게 만드는 전략
② 방법	점포판매, 판매자의 영업	광고, 홍보
③ 브랜드 충성도	브랜드 충성도가 낮은 경우	브랜드 충성도가 높은 경우
④ 적합한 상품	관여도가 높은 상품	관여도가 낮은 상품

18 푸시 전략은 충동구매가 잦은 상품에 적합한 전략이며, 풀 전략은 관여도가 높은 상품에 적합한 전략이다.

정답 (17 ④ 18 ④)

19 시장점유율을 지향하는 것은 MASS 마케팅의 특징이다. CRM 마케팅은 고객점유율을 지향한다.

19 CRM 마케팅에 대한 설명으로 옳지 <u>않은</u> 것은?

① 개별고객과의 관계를 중요시한다.
② 시장점유율을 지향한다.
③ 고객가치를 높이는 것을 기반으로 한다.
④ 고객과의 지속적인 관계를 유지하는 것에 목표를 둔다.

20 전수조사보다 표본조사가 더 세밀한 조사가 가능하기 때문에 더 많이 활용되고 있다.

20 표본설계에 대한 설명으로 옳지 <u>않은</u> 것은?

① 통계조사 시 모집단 전부를 조사하는 방법을 전수조사라고 한다.
② 집단의 일부를 조사함으로써 집단 전체의 특성을 추정하는 방법을 표본조사라 한다.
③ 표본조사보다 전수조사가 더 세밀한 조사가 가능하다.
④ 시간 및 비용을 절약할 수 있는 표본조사가 전수조사보다 많이 활용되고 있다.

21 제시문은 AIO분석에 대한 내용이며 활동(Activity), 관심(Interest), 의견(Opinion)을 기준으로 세분화하여 분석하는 것이다.

21 다음 설명이 가리키는 분석방법에 대한 분석 기준이 <u>아닌</u> 것은?

> 나이나 성별, 소득, 직업 등 동일한 인구통계적 집단 내 속한 사람들도 서로 상이한 정신심리적 특성을 가지고 있을 수 있다는 정신심리적 특성을 기초로 시장을 나누는 것을 말한다.

① 활동
② 언어
③ 의견
④ 관심

정답 19② 20③ 21②

22 BCG 매트릭스의 유용성과 한계에 대한 설명으로 옳지 <u>않은</u> 것은?

① BCG 매트릭스는 두 개의 축으로 상황을 평가하고 전략을 제시하기 때문에 마케팅 관리자가 시장상황을 이해하기 어렵다.

② 마케팅 관리자는 BCG 매트릭스상에서 사업부의 현재 위치뿐 아니라 시간에 따른 위치변동까지 함께 고려해야 한다.

③ 두 개의 축인 구성요인이 지나치게 단순해서 포괄적이고 정확한 평가가 불가능하다.

④ BCG 매트릭스의 단점을 보완해주는 방법으로 GE 매트릭스가 있다.

23 BCG 매트릭스의 사업 유형 중 캐시카우(Cash Cow)에 대한 설명으로 옳지 <u>않은</u> 것은?

① 시장성장률은 낮지만 높은 상대적 시장점유율을 유지한다.
② 많은 이익을 창출한다.
③ 제품수명주기에서 성숙기에 속한다.
④ 신규 자금의 투입이 많이 필요하다.

24 마케팅 조사과정을 〈보기〉에서 순서대로 나열한 것은?

┌─ 보기 ┐
(ㄱ) 마케팅 조사의 설계
(ㄴ) 자료의 수집과 분석
(ㄷ) 조사문제의 정의와 조사목적의 결정
(ㄹ) 보고서 작성
└─────────┘

① (ㄱ) – (ㄴ) – (ㄷ) – (ㄹ)
② (ㄱ) – (ㄴ) – (ㄹ) – (ㄷ)
③ (ㄷ) – (ㄱ) – (ㄴ) – (ㄹ)
④ (ㄷ) – (ㄴ) – (ㄱ) – (ㄹ)

22 BCG 매트릭스는 단순한 두 개의 축으로 상황을 평가하고 전략을 제시하기 때문에 마케팅 관리자가 시장상황을 이해하기 쉽다.

23 캐시카우는 시장성장률이 둔화하므로 신규 자금의 투입이 필요 없다.

24 마케팅 조사과정은 '조사문제의 정의와 조사목적의 결정 → 마케팅 조사의 설계 → 자료의 수집과 분석 → 보고서 작성' 순으로 진행된다.

정답 22 ① 23 ④ 24 ③

25 가격차별화는 기업의 동일한 제품에 대하여 시간적·지리적으로 서로 다른 시장에서 각각 다른 가격을 책정하는 것을 의미한다.

25 다음에 제시된 예시들이 공통적으로 해당되는 전략으로 옳은 것은?

- 뮤지컬 관람 시 맨 앞좌석 프리미엄 가격
- 영화관의 조조할인
- 숙박업소의 비수기 할인

① 가격계열화
② 가격차별화
③ 할증가격
④ 수요가격

26 수요의 가격탄력성은 시장에서 제품 가격의 변화에 따른 수요의 반응을 의미한다. 가격의 작은 변화에도 수요가 민감한 반응을 보인다면 가격탄력성이 있는 것이다.

26 수요의 가격탄력성의 의미는 무엇인가?

① 수요에 따른 판매량의 변화
② 제품을 대량으로 구입할 경우 제품의 가격 할인
③ 제품 가격 변화에 따른 수요의 반응
④ 자사 제품 가격 변화에 따른 경쟁사 제품의 가격 변화

27 확장제품은 제품에 부가되어 제품의 가치를 발휘하게 하는 부가적인 요소로 배송서비스, 설치서비스, 신용/보증서비스, AS 등이 있다.

27 제품개념에서 확장제품(Augmented Product)에 해당하는 것들로 묶인 것은?

① 제품사양, 디자인
② 제품품질, 배송서비스
③ 디자인, 설치서비스
④ 배송서비스, AS

정답 25 ② 26 ③ 27 ④

28 설문지 개발 시 주의할 점이 <u>아닌</u> 것은?

① 조사목적에 적합한 질문 형식을 결정해야 한다.

② 적절한 설문 용어와 순서를 결정해야 한다.

③ 빠른 조사를 위해 가능하면 하나의 항목에 2가지 질문을 한다.

④ 응답자에게 지나칠 정도의 자세한 질문은 금지해야 한다.

28 하나의 항목에 2가지 질문이 있는 경우 응답자에게 혼란을 주고 제대로 된 응답을 얻지 못할 수 있다. 따라서 하나의 항목에 2가지 질문은 금지해야 한다.

29 다음 사례는 제품믹스의 어떤 개념과 관련이 있는가?

> A사는 세탁세제를 분말 세제, 액체 세제(100ml), 액체 세제(500ml), 캡슐 세제 등 다양한 형태와 용량으로 출시했다.

① 제품계열

② 제품믹스의 폭(Width)

③ 제품믹스의 깊이(Depth)

④ 제품믹스의 길이(Length)

29 제품믹스의 깊이는 각 제품계열 안에 있는 품목 수로서 제품의 용량, 형태 등을 다르게 하여 고객의 니즈를 충족시킬 수 있는 다양한 품목을 판매하는 것과 관련된다.

30 다음 중 인터넷 마케팅의 장점이 <u>아닌</u> 것은?

① 시공간의 한계 극복

② 잠재고객의 세분화 가능

③ 고객과의 일대일 상호작용 가능

④ 제품가격 예측가능성이 높음

30 인터넷 마케팅은 제품가격 예측가능성이 낮다. 인터넷 마케팅의 장점은 다음과 같다.
• 시공간 한계 극복
• 잠재고객 세분화 가능
• 일대일 상호작용 가능
• 멀티미디어 활동 가능
• 광고 효과 즉시 모니터링 가능

정답 28 ③ 29 ③ 30 ④

31
- 브랜드 자산 – 제품이 브랜드를 지님으로써 발생되는 바람직한 마케팅 효과
- 브랜드 연상 – 브랜드에 대해 떠오르는 것과 연계되는 모든 것
- 브랜드 충성도 – 어떤 브랜드에 대한 지속적인 선호와 만족, 반복적인 사용

31 브랜드 관련 용어와 설명이 알맞게 짝지어진 것은?

① 브랜드 자산 – 브랜드를 구축하기 위해 필요한 비용

② 브랜드 연상 – 어떤 브랜드에 대한 지속적인 선호와 만족, 반복적인 사용

③ 브랜드 충성도 – 브랜드에 대해 떠오르는 것과 연계되는 모든 것

④ 브랜드 인지도 – 잠재구매자가 어떤 제품군에 속한 특정 브랜드를 재인식 또는 상기할 수 있는 능력

32
초기 고가격 전략은 시장 진입 초기 가격을 높게 정한 후에 점차적으로 하락시키는 전략으로, 컴퓨터 등 하이테크 제품에서 고소득층을 목표고객으로 정했을 때 효과적으로 사용된다.

32 다음 중 초기 고가격 전략이 가능한 경우는?

① 중·저소득층을 목표고객으로 정했을 때

② 고소득층을 목표고객으로 정했을 때

③ 남성을 목표고객으로 정했을 때

④ 여성을 목표고객으로 정했을 때

33
중간상이 생산자에게 적정 이윤을 보장하지는 못한다.

33 유통경로에서 중간상의 역할로 옳지 않은 것은?

① 생산자와 소비자의 시간 불일치를 해결해준다.

② 생산자와 소비자의 장소 불일치를 해결해준다.

③ 생산자에게 적정 이윤을 보장한다.

④ 생산자의 재고 부담을 줄여준다.

34
기술적으로 복잡한 제품일 경우 유통경로가 짧아진다.

34 유통경로가 길어지는 경우에 대한 설명으로 옳지 않은 것은?

① 구매빈도가 낮은 경우

② 기술적으로 복잡한 제품일 경우

③ 생산자의 수가 많은 경우

④ 생산자가 지리적으로 흩어져 있는 경우

정답 (31 ④   32 ②   33 ③   34 ②)

35 다음 내용과 관련된 유통경로가 창출하는 효용성은?

> 대량으로 생산되는 상품의 수량을 요구되는 적절한 수량으로 분배함으로써 창출되는 효용

① 시간 효용
② 장소 효용
③ 정보 효용
④ 형태 효용

36 다음 내용과 관련된 신제품의 유형에 해당하는 것은?

> 제품수정, 제품추가, 제품 재포지셔닝을 통하여 제품범주를 넓힌 제품

① 혁신제품
② 모방제품
③ 확장제품
④ 소비재

37 다음 중 광고의 예산설정을 위해 고려해야 할 요인이 <u>아닌</u> 것은?

① 제품수명주기상의 단계
② 시장점유율
③ 판매원 고용비용
④ 제품의 차별성

---

35 유통경로가 창출하는 효용성
- 시간 효용 : 소비자가 원하는 시간에 제품이나 서비스를 제공함으로써 발생되는 효용
- 장소 효용 : 소비자가 원하는 장소에서 제품이나 서비스를 제공함으로써 발생되는 효용
- 소유 효용 : 유통경로를 통하여 최종소비자가 제품이나 서비스를 소비할 수 있도록 함으로써 발생되는 효용
- 형태 효용 : 대량으로 생산되는 상품의 수량을 요구되는 적절한 수량으로 분배함으로써 창출되는 효용

36
- 혁신제품 : 소비자와 기업에게 모두 새로운 신제품
- 모방제품 : 소비자에게는 이미 알려진 제품이지만 기업에서는 처음 생산하는 제품
- 소비재 : 개인이 최종적으로 사용하거나 소비하는 것을 목적으로 구매하는 제품

37 광고의 예산설정을 위한 고려요인은 다음과 같다.
- 제품수명주기상의 단계 : 주기별 효과적인 광고 예산 규모 상이
- 경쟁 : 경쟁 정도와 광고 예산 비례
- 시장점유율 : 시장점유율 제고 및 경쟁 시 높은 수준의 예산 규모 필요
- 광고빈도 : 반복 및 횟수에 따른 예산 규모 차이
- 제품의 차별성 : 상표 간 제품차이 강조를 위한 예산 투입 필요

정답 35 ④　36 ③　37 ③

38 마케팅개념의 변천과정은 '생산개념 → 제품개념 → 판매개념 → 마케팅 개념 → 사회적 마케팅개념' 순이다.

38 다음 중 마케팅개념의 변천과정에 대한 설명으로 옳지 <u>않은</u> 것은?

① 마케팅개념의 변천과정은 '생산개념 → 판매개념 → 제품개념 → 마케팅개념 → 사회적 마케팅개념' 순이다.
② 제품개념은 소비자가 가장 우수한 품질이나 효용을 가진 제품을 선호한다는 개념이다.
③ 판매개념은 소비자가 경쟁회사 제품보다 자사의 제품을 더 구매하도록 설득해야 한다는 개념이다.
④ 마케팅개념은 고객욕구를 충족시키는 데 초점을 둔다.

39 마케팅 로지스틱스는 소비자와 기업 모두에게 비용절감 효과를 주기 때문에 기업의 이윤을 보장하면서 고객 욕구를 충족시킨다.

39 마케팅 로지스틱스에 대한 설명으로 옳지 <u>않은</u> 것은?

① 원산지에서 소비지점까지 제품 및 서비스, 관련 정보의 흐름을 계획·집행·통제하는 것이다.
② 주요기능으로는 재고관리, 수송, 창고관리, 로지스틱스 정보관리 등이 있다.
③ 마케팅 로지스틱스를 통해 기업은 소비자에게 더 나은 서비스와 저렴한 가격을 제공하는 것이 가능하다.
④ 마케팅 로지스틱스를 통해 기업은 이윤을 줄이더라도 고객 욕구를 충족하여 고객 만족도를 높인다.

40 내적 탐색을 하면서 기존에 알고 있는 상표들 중 떠오르는 상표군을 상기상표군이라고 한다. 고려상표군은 대안평가를 하기 위해 최종적으로 고려되는 상표군으로, 상기상표군에 외적 탐색을 통해 발견된 상품을 더한 것이다.

40 소비자 정보처리과정에 대한 설명으로 옳지 <u>않은</u> 것은?

① 소비자가 정보에 노출되어 주의를 기울이고 내용을 이해하며 태도를 형성하는 일련의 과정이다.
② 우연적 노출은 소비자가 의도하지 않은 상태에서 정보에 노출되는 것이다.
③ 태도는 어떠한 대상에 대한 일관성 있는 호의적 또는 비호의적인 반응을 의미한다.
④ 내적 탐색을 하면서 기존에 알고 있는 상표들 중 떠오르는 상표군을 고려상표군이라고 한다.

정답 38 ① 39 ④ 40 ④

제 1 장

마케팅 개념

교육은 우리 자신의 무지를 점차 발견해 가는 과정이다.

– 윌 듀란트 –

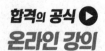

제 1 장 │ 마케팅 개념

제1절　마케팅의 정의 종요

(1) 마케팅 개념 기출

마케팅 활동은 기업과 고객 간의 교환행위를 지속적으로 관리함으로써 고객의 욕구만족이 실현되도록 노력하는 기업 활동이며, 기업은 고객의 욕구만족 내지 가치창출활동을 적절히 수행함으로써 기업의 목적인 이익을 창출할 수 있게 되고, 그 결과 기업의 존속과 성장이 가능하게 되는 것을 말한다.

(2) 마케팅의 정의

① 제품·서비스·아이디어를 창출하고, 이들의 가격을 결정하고, 이들에 관한 정보를 제공하고, 이들을 배포하여 개인 및 조직체의 목표를 만족시키는 교환을 성립하게 하는 일련의 인간 활동이라 정의할 수 있다.

② 단순히 영리를 목적으로 하는 기업뿐만 아니라 비영리조직까지 적용되고 있다(영리·비영리 기관 모두 마케팅 활동을 함).

③ 마케팅은 단순한 판매나 영업의 범위를 벗어나 고객을 위한 인간 활동이며, 눈에 보이는 유형의 상품뿐만 아니라 무형의 서비스까지도 마케팅 대상이 되고 있다(유형의 제품, 무형서비스, 아이디어 등 모두가 마케팅의 대상이 됨).

> **체크 포인트**
>
> **마케팅**
> - 개인의 니즈 및 조직의 목표를 충족시킨다.
> - 영리, 비영리 기관도 마케팅 활동을 한다.
> - 유·무형의 제품 및 서비스도 마케팅의 대상에 포함한다.

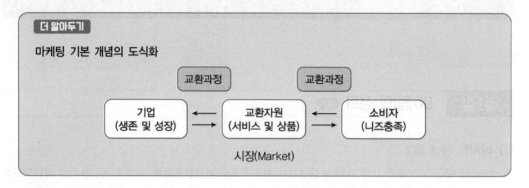

☑ 주의
- 1935년 미국 전국마케팅교수협회(NAMT)의 정의 : 마케팅은 생산으로부터 소비에 이르는 재화와 서비스의 흐름과 관련되는 여러 가지 기업 활동을 포함하는 것이다.
- 1948년 및 1960년 미국 마케팅학회(AMA)의 공식적 정의 : 마케팅은 생산자로부터 소비자 또는 사용자에게 재화나 서비스의 흐름이 원활히 이루어지도록 관리하는 기업 활동을 수행한다.
- 1985년 AMA의 새로운 정의 : 마케팅은 개인 및 조직의 목표를 충족시키기 위한 교환을 창출하기 위해 아이디어, 상품, 서비스를 정립하는 활동과 가격을 설정하는 활동 및 촉진 활동과 유통 활동을 계획하고 집행하는 과정이다.
- 1976년 필립 코틀러의 정의 : 마케팅은 교환과정을 통하여 욕구와 필요를 충족시켜 주는 인간활동이다.

제2절   시장과 고객욕구의 이해

마케팅은 각각의 소비자 및 기업과 조직 소비자가 당면해 있는 문제해결능력(소비자들의 욕구 충족 등)을 소유하고 있어야 한다. 그래서 기업과 소비자뿐만이 아닌, 기업과 기업단위의 고객과의 관계에서 나오는 마케팅 문제들을 다룬다. 마케팅을 구성하는 핵심개념에는 소비자의 필요와 욕구(Needs&Wants), 제품과 서비스(Product&Service), 소비자의 만족과 가치(Satisfaction&Value), 교환(Exchange), 시장(Market) 등이 포함된다.

(1) 소비자의 필요와 욕구(Needs&Wants)

소비자의 필요(needs)는 기본적인 만족의 결핍을 느끼고 있는 상태를 말한다. 인간의 필요가 결핍되었을 때 사람은 불행과 박탈감을 느끼게 되고 이를 충족시킬 가치를 가지고 있는 대상물(제품, 서비스 등)을 획득하고자 노력하게 되는데, 이때 마케팅 현상이 발생한다.

2차적 욕구(wants)는 필요를 채워줄 구체적인 대상과 관련된 개념이다. 욕구는 필요와 다르게 훨씬 구체적이고 쉽게 변한다. 예를 들면, 배고파서 밥을 먹는 인간의 본능은 필요이고, 배고파서 먹더라도 각자 다른 메뉴를 고르는 선택은 욕구이다. 현대 마케팅의 영역에서는 소비자의 필요를 충족하면서 욕구를 건드리는 전략이 중요하다.

> **더 알아두기**
>
> **매슬로우의 욕구 5단계**
>
> 인간의 행동을 일으키는 동기요인이 바로 '욕구'이다. 매슬로우는 인간의 욕구는 타고난 것이며 가장 저차원의 욕구인 생리적 욕구부터 시작하여 안전의 욕구, 사회적 욕구, 존경의 욕구, 그리고 자아실현의 욕구 순으로 점차 고차원적이고 사회화된 욕구로 진행된다고 설명했다.
>
> ① 생리적 욕구(Physiological needs) : 배고픔이나 식욕, 성욕 등 본능적인 욕구
> ② 안전의 욕구(Safety needs) : 자신의 생명, 건강, 육체적인 안전을 지키고자 하는 욕구
> ③ 사회적 욕구(Social needs) : 사람들 간의 소속감/유대관계 그리고 사랑과 애정 같은 타인과의 관계를 유지하고자 하는 욕구
> ④ 존경의 욕구(Esteem needs) : 자신에 의견을 표출하고, 과시하며 관심을 받고자 하는 사람의 욕구
> ⑤ 자아실현의 욕구(Self-actualization needs) : 목표 성취, 자기계발 등이 포함되는 욕구

> **더 알아두기**
>
> **마케팅 과정**
>
>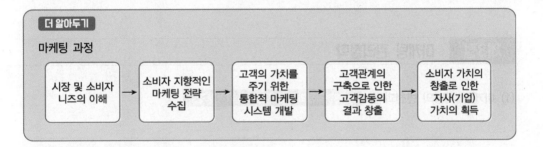

(2) 제품과 서비스(Product&Service)

시장제공물은 소비자의 욕구를 충족한다. 시장제공물은 유형적 제품뿐만 아니라 무형의 서비스, 아이디어, 정보, 경험, 장소 등도 포함된다. 소비자는 시장제공물 자체를 구매한다기보다 시장제공물로부터 경험을 구매하는 것이다.

(3) 소비자의 만족과 가치(Satisfaction&Value)

일반적으로 소비자들은 제품 및 서비스로 자신들의 필요 및 욕구를 충족시킨다. 예를 들어 배고픔을 해소하기 위해 밥, 라면 등의 수단을 사용할 것이다. 이렇듯 소비자들은 여러 대안 중에서 자신의 필요를 잘 충족시켜 줄 수 있는 대안을 선택하게 된다. 이때, 소비자는 자신의 필요 및 욕구의 충족뿐만 아니라 어떤 특정 대안의 선택에 대한 대가의 지불도 고려해야만 한다. 그러므로 소비자가 기업의 제품 및 서비스를 선택하는 기준이 되는 것은 여러 대안이 소비자에게 제공할 수 있는 가치라고 할 수 있는 것이다. 여기서 말하는 대안의 가치란 제품의 가격을 고려한 대안의 고객 만족 수준도를 말한다. 예를 들어, 한 소비자는 한식보다 양식을 좋아하지만, 양식의 가격이 한식보다 높은 이유로 한식을 선택할 수 있다. 이와 같이 소비자는 스스로에게 필요 및 욕구를 충족시키기 위해서 지불해야 하는 가격 단위당 가치가 큰 제품을 선택하게 되는 것이다.

(4) 교환(Exchange) 기출

교환은 기업의 가치 있는 제품이나 서비스에 대해서 대가를 지불하고 획득하는 것을 말한다. 교환의 발생여부는 교환 관련 당사자(기업 -소비자) 간의 교환조건 등에 대한 동의여부에 달려 있는데, 결국 교환이 이루어지기 위해서는 교환의 조건이 이전보다 훨씬 더 만족스러운 상태로 조성되어야만 한다.

(5) 시장(Market)

시장은 어떤 제품 및 서비스에만 한정되는 것은 아니다. 예를 들어, 자금이 필요한 사람과 이를 도와줄 수 있는 사람들 사이에서는 자금시장이 생겨나고, 노동력이 필요한 사람과 그러한 노동력을 제공할 수 있는 사람들 사이에서는 노동시장이 생겨날 수 있다. 이렇듯 시장의 개념이 활용될 수 있는 범위는 제한적이지 않은 것이다.

제3절 마케팅 관리철학

(1) 마케팅 개념의 변천과정 ◀ ★ 변천과정의 개념은 반드시 기억할 것!

생산개념의 사고 → 제품개념의 사고 → 판매개념의 사고 → 마케팅 개념의 사고 → 사회적 마케팅 개념의 사고

① 생산개념

㉠ 생산지향성 시대는 무엇보다도 저렴한 제품을 선호한다는 가정에서 출발한다. 즉, 소비자는 제품이용가능성과 저가격에만 관심이 있다고 할 수 있다. 그러므로 기업의 입장에서는 대량생산과 유통을 통해 낮은 제품원가를 실현하는 것이 목적이 된다.

㉡ 제품의 수요에 비해서 공급이 부족하여 고객들이 제품구매에 어려움을 느끼기 때문에 고객들의 주된 관심이 지불할 수 있는 가격으로 그 제품을 구매하는 것일 때 나타나는 개념이다.

> ☑ 주의 생산지향의 개념이 시장에서 효과를 발휘하게 하는 조건
> • 수요가 공급을 초과하는 상황 : 기업은 생산만 하면 쉽게 판매되므로 기업의 관심은 생산량의 증대에 있다.
> • 공급이 수요를 초과하지만 경쟁제품들이 차별화가 안 되고 가격경쟁에만 의존하는 경우 : 기업은 생산 및 유통효율성의 제고를 통해 비용우위(Cost-leadership)를 가지려고 한다.

② 제품개념 : 소비자들이 가장 우수한 품질이나 효용을 제공하는 제품을 선호한다는 개념이다. 이러한 제품지향적인 기업은 다른 어떤 것보다 나은 양질의 제품을 생산하고 이를 개선하는 데 노력을 기울인다. 기출

③ **판매개념** 기출

  ㉠ 기업이 소비자로 하여금 경쟁회사 제품보다는 자사제품의 더 많은 양을 구매하도록 설득하여야 하며, 이를 위하여 이용가능한 모든 효과적인 판매활동과 촉진도구를 활용해야 한다고 보는 개념이다(판매를 위한 강력한 판매조직 형성이 필요하다).

  ㉡ 생산능력의 증대로 제품공급의 과잉상태가 나타나게 된다.

  ㉢ 고압적인 마케팅 방식에 의존하여 광고, 유통 등에 많은 관심을 갖게 된다.

관리철학	출발기준	수단	목적
기업 중심	기업의 기존 제품	모든 방식을 동원한 판매 및 촉진	판매량 증대로 인한 자사의 이익
고객(소비자)지향	고객(소비자)의 니즈	조직 전체의 전사적인 노력	고객(소비자)의 만족을 통한 자사의 이익

  ㉣ 소비자의 욕구보다는 판매방식이나 판매자 시장에 관심을 가진다(제품판촉에 열을 올린다).

④ **마케팅개념** : 고객중심적인 마케팅 관리이념으로서, 고객욕구를 파악하고 이에 부합되는 제품을 생산하여 고객욕구를 충족시키는 데 초점을 둔다.

  ㉠ 고객지향(Customer Orientation) : 소비자의 욕구를 기업 관점이 아닌 소비자의 관점에서 정의하는 것을 말한다. 즉, 소비자의 욕구를 소비자 스스로가 기꺼이 지불할 수 있는 가격에 충족시키는 것이다.

  ㉡ 전사적 노력 : 기업에는 기업 자체의 목적을 달성하기 위해 각기 다른 기능을 하는 여러 부서가 있다. 연구개발, 인사, 재무, 생산부서 등 기업의 각 부서 중에서 직접적으로 소비자를 상대하는 곳은 마케팅 부서이다. 하지만 고객중심의 개념으로 비추어 보면 기업 내 전 부서의 공통된 노력이 요구된다. 즉, 기업의 전 부서 모두가 고객지향적일 때 올바른 고객욕구의 충족은 이루어질 수 있는 것이다.

  ㉢ 고객만족을 통한 이익의 실현 : 마케팅개념은 기업 목적지향적이어야 하며, 이로 인한 적정한 이익의 실현은 기업 목적달성을 위한 필수불가결한 요소이지만, 이러한 이익은 결국 고객만족 노력에 대한 결과이며 동시에 기업이 이익만을 추구할 경우에는 이러한 목적은 실현될 수 없음을 뜻한다.

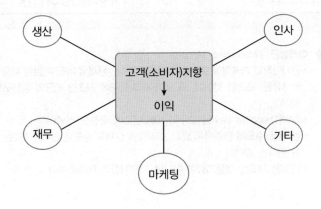

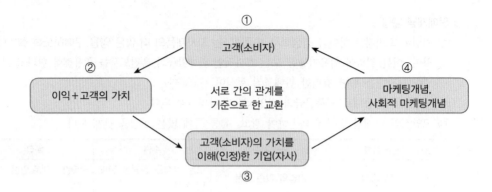

> ☑ **잠깐** ④의 마케팅개념은 이미 소비자의 가치를 인정하기 때문에 소비자의 니즈를 파악한 후, 그들이 원하는 니즈를 충족시키려 한다. 또한, 사회적 마케팅개념은 마케팅개념에서 더 나아가 소비자 및 사회 전체의 니즈에 부합하려 한다.

⑤ **사회지향적 마케팅개념**: 기업의 이윤을 창출할 수 있는 범위 안에서 타사에 비해 효율적으로 소비자들의 욕구를 충족시키도록 노력하는 데 있어서는 마케팅개념과 일치한다. 하지만 사회지향적 마케팅개념은 여기서 한 발 더 나아가 단기적인 소비자의 욕구충족이 장기적으로 소비자는 물론 사회의 복지와 상충됨에 따라서 기업은 마케팅 활동의 결과를 소비자는 물론 사회 전체에 어떤 영향을 미치게 될 것인가에 대한 관심을 가져야 하며 가급적 부정적인 영향을 미치는 마케팅 활동을 자제해야 한다는 사고에서 등장한 개념이다. 다시 말해, 사회지향적 마케팅개념은 고객만족, 기업의 이익과 더불어 사회 전체의 복지를 요구하는 개념이다.

더 알아두기

마케팅과 판매의 차이점 기출

마케팅	판매
• 소비자 욕구를 강조	• 제품을 강조
• 고객이 원하는 제품을 위한 생산 제공적 방법의 모색	• 제품생산 후 이익을 얻고, 판매할 방법을 모색
• 대외적, 시장지향성	• 대내적, 기업지향성
• 시장(구매자)욕구의 강조	• 기업(판매자)욕구의 강조

> ☑ **참고** **마케팅근시**(Marketing Myopia)
> • 근시안적인 마케팅을 한다는 것을 말하는데, 현재 주어진 제한된 제품 기능에 안주하는 부정적인 시각을 표현한 것이다. 즉, 소비자의 욕구에 기초한 제품의 경쟁구도를 너무 협소하게 보는 것이다.
> • 레빗(Theodore Levitt) 교수가 1960년도에 주창한 개념이다.
> • 현 제품 수요에 만족하지 말고 소비자의 잠재적 수요를 만족시킨다는 점에까지 시야를 확대해야 한다는 것이다.
> • 이러한 사고는 제품지향이 아니라 고객지향의 태도로부터 나올 수 있다.

제4절   고객관계구축

최근에 시장 개방, 경쟁의 심화 및 소비자 욕구의 변화에 따른 대중 마케팅으로 성공을 거둔 기업들도 새로운 시장 상황에서 어떻게 경쟁할 것인가를 고민하고 있다. 기업들은 불특정 다수의 소비자를 향한 광고가 기대치 만큼의 효과가 없다는 것을 깨달았고, 진열대에 수많은 제품을 진열해놓고 고객들이 구매하기를 기다려 매출을 올리기에는 더 이상 어렵다는 현실도 깨닫는 것이다.

(1) CRM 탄생배경

① **시장의 변화**: 시장규제의 완화와 새로운 시장으로의 진입기회가 점점 늘어남에 따라 같은 업종 내 경쟁사는 늘어나고, 그만큼 경쟁이 치열해지고 있다. 그래서 기업에서는 고객정보를 이용한 소비자 세분화를 통해서 기업의 목표고객층을 대상으로 그에 맞는 시기적절한 마케팅 믹스 전략을 수립하여 실행하고, 동시에 경쟁사의 고객들을 자사의 고객으로 전환시키며 자사의 기존 고객과의 관계를 지속적으로 강화해 나가야 하는 필요성이 나타난 것이다. 특히 성숙기 시장에서는 신규고객이 제한적이며, 각 업체 간의 경쟁 또한 치열하므로 기업들의 시장점유율 유지는 힘들고, 기업 간의 지나친 가격경쟁으로 말미암아 순수익이 줄어듦으로, 이런 상황에서 자사는 기존 고객의 이탈을 최소화시키면서, 이들에게 반복구매의 전환을 유도함으로써 고객들과의 거래관계를 강화시킬 필요가 있다.

체크 포인트

CRM 마케팅과 MASS 마케팅 비교 기출

구분 기준	CRM 마케팅	MASS 마케팅
관점	개별고객과의 관계를 중요시한다.	전체고객에 대한 마케팅의 관점을 중요시한다.
성과지표	고객점유율을 지향한다.	시장점유율을 지향한다.
판매기반	고객가치를 높이는 것을 기반으로 한다.	고객과의 거래를 기반으로 한다.
관계측면	고객과의 지속적인 관계를 유지하는 것에 목표를 둔다.	신규고객개발을 더 중요시한다.

참고 **2080 법칙** 기출
- 2080 법칙은 이탈리아 경제학자 파레토가 말한 것으로, 이는 '전체 결과의 80%는 전체 원인 중 20%에서 비롯됐다'는 법칙을 의미한다.
- 부, 노력, 투입량, 원인의 작은 부분이 대부분의 부, 성과, 산출량, 결과를 이루어 낸다는 것이다.

② **기술의 변화**: 컴퓨터 및 관련 기술의 발달로 인해 기업의 입장에서는 많은 양의 고객데이터를 보유하거나 관리하게 되었으며, 그러한 정보들을 효과적으로 처리하게 되었다. 그 결과 시장과 고객에 관련된 중요한 정보나 지식 등을 기업의 영업활동에 이용할 수 있게 되었다. 이렇게 빠른 고객정보의 획득 및 의사결정은 기업 활동에 있어서는 하나의 촉매제가 되어 고객들에 대한 만족은 물론이고 전반적인 기업의 이익을 증대시키게 되었다. 이렇듯 컴퓨터의 대량 생산으로 인해 가격은 하락하여,

전산시스템 및 활용에 있어서도 비용의 절감을 불러일으켰으며, 이러한 정보기술의 발전은 고객들의 욕구분석의 발전 및 고객정보의 축적기술의 발전을 가져오게 되었다.

③ **고객의 변화** : 최근 소비자들은 다양하면서도 복잡한 욕구를 충족시키기 위해서 기업에게 경쟁사와는 다른 차별화된 대우를 요구한다. 이것이 의미하는 것은 소비자와 기업의 관계에서 비롯된 가치라 할 수 있는데, 이를 기업에서 소비자들의 기대에 부합하지 못하면 소비자들은 타사로 쉽게 옮겨갈 수 있는 것이다. 소비자들의 선택 가능한 서비스 및 제품이 늘어나면서 기업에서는 구매력을 가진 소비자들의 욕구를 채워주는 것만이 경쟁에서 이기는 중요한 방법이 되었다. 그러므로 기업은 변화하는 소비자들의 욕구에 맞는 적합한 제품 및 서비스 등을 타사와는 차별적으로 제공함으로써 고객들과의 지속적이면서도 호의적인 관계를 구축해 나갈 수 있는 것이다.

④ **마케팅 커뮤니케이션의 변화** : 치열해지는 경쟁 속에서 기존의 마케팅 전략의 비효율성은 광고 등의 커뮤니케이션 방식에서도 나타나게 되었다. 소비자들의 이질성이 커지면서, 그로 인한 시장세분화의 진행과 차별화되지 못한 메시지 등을 많은 소비자에게 제공하는 매스 커뮤니케이션으로는 효과를 볼 수 없게 되었다. 즉, 이제는 광고가 CRM을 위한 주요한 수단으로 나타나고, 타 CRM 활동과 통합되어야만 광고의 효과를 기대할 수 있게 된 것이다.

(2) CRM의 개념 및 목적

CRM(Customer Relationship Management)은 고객들의 관리에 있어 필수적인 요소들(시스템 기능, 영업 프로세스, 기술 인프라, 고객 및 시장에 관련한 영업정보 등)을 고객을 중심으로 통합해서 **고객과의 상호작용을 개선하고, 그들과의 장기적인 관계를 유지하면서, 자사의 운영·확장·발전을 기하는 고객 관련 제반 프로세스이다.** 기업이 궁극적으로 이루고자 하는 CRM의 목적은 신규고객의 유치와 고객관계를 유지함으로써 지속적인 고객의 수익성을 극대화하는 것이다. 다시 말해, **자사와 고객 간의 거래를 통해 얻을 수 있는 장기적 이윤극대화가 CRM의 목적이 되는 것이다.**

(3) CRM의 구성요소

통상적으로 CRM은 고객과 관련되는 정보들을 기초로 하여, 자사의 비즈니스 목적을 설정하는 것으로부터 시작해서 고객들과의 꾸준한 상호작용을 통한 장기적인 거래관계의 수립과 경제적 수익의 극대화까지 등의 전 부문을 포함하고 있다. 즉, 기업 비즈니스 목표가 정해지면 기업에서는 이를 이루기 위해서 비즈니스 전략수립, 정보수집 및 분석, 시스템 기능의 활용, 기술 인프라 스트럭처의 지원, 비즈니스 프로세스와 이를 가능하게 하는 기업의 역량 등 CRM의 핵심적인 구성요인들이 고객을 중심으로 통합되어 기능을 수행하게 되는 것이다.

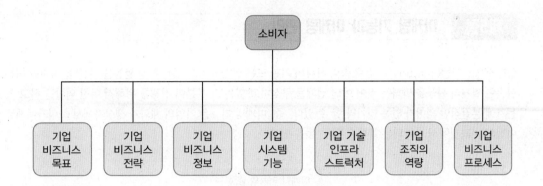

☑ 참고 **마케팅 믹스 4P**

마케팅 믹스 4P란 제품이나 서비스의 마케팅 프로세스를 구성하는 4가지 핵심 요소이다. 기업이 표적시장에서 마케팅 목표를 달성하기 위해서는 마케팅 믹스 4P를 잘 배합해야 한다.

• Product(제품) : 소비자의 니즈를 충족시키는 재화나 서비스를 의미한다.
• Price(가격) : 가격은 고객이 지불하는 금액을 의미한다.
• Promotion(판매촉진) : 구매자와 판매자 간의 커뮤니케이션 수단을 의미한다.
• Place(유통경로) : 유통 경로는 제품을 어디에 판매할지에 대한 전략이다.

마케팅 믹스 4P's → 4C's로의 전환 `기출`

• Product → Consumer : 구체적으로 소비자가 원하는 것을 의미한다.
• Price → Cost : 소비자들이 구매하는 데 들어가는 노력, 시간, 심리적 부담 등의 비용을 의미한다.
• Promotion → Communication : 판매자와 구매자 서로 간의 상호전달을 의미한다.
• Place → Convenience : 구매의 편의성을 의미한다.

제5절 마케팅 기능과 마케팅 관리

일반적으로 기능(Function)은 전체 속의 하나의 기관 또는 인간이 맡고 있는 특정 활동을 말한다. 하지만 이는 단순한 별개의 활동을 말하는 것이 아닌 전체를 구성하고 있는 각 부분이 전체를 위해서 어떤 역할을 하고 있는가에 본질적인 의미가 있는 것이라 할 수 있다. 즉, 마케팅 기능은 기업의 재화가 생산자에서 소비자에게로 이전되는 과정에서 수행되는 특화된 활동 등을 말한다.

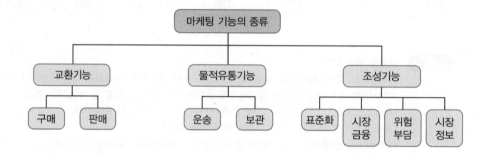

① **교환기능** : 기업의 재화 및 서비스의 교환을 이루는 구매와 판매는 소유권의 이전을 가져오는 마케팅 기능을 수행한다. 이러한 소유권 이전기능은 마케팅 기능 중 가장 본질적인 것이라고 할 수 있다.
　㉠ 구매(Buying) : 소비자가 제품을 구입하기 위해 계약 체결에 대한 상담을 하고 그러한 계약에 따라 제품을 인도받은 후 대금을 지불하는 과정을 말한다.

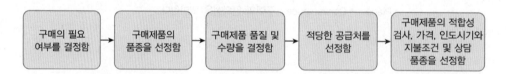

　㉡ 판매 : 잠재고객이 제품 및 서비스를 구매하도록 유도하거나, 판매자에게 상업상 중요한 의미가 있는 관념(Idea)에 알맞은 행동을 고객이 하도록 설득하는 인적 또는 비인적인 과정을 말한다.

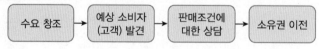

② **물적 유통기능** : 기업의 제품이 생산지에서 소비지까지 운송되는 동시에 제품을 보관할 필요가 있는데, 이러한 역할을 수행하는 것이 물적 유통이다. 오늘날에는 물적 유통(P.D ; Physical Distribution)의 효율적 수행의 중요성이 매우 강하게 인식되고 있다.
　㉠ 운송(수송) : 생산과 소비 사이에 존재하는 공간적(장소적) 격리를 극복하게 하는 제품의 물리적 이전을 말한다. 즉, 생산의 사회적 분업이 진전됨에 따라 생산과 소비의 장소적 격리는 커지게 되고 이러한 괴리가 해결되지 않는 한 기업의 생산·소비의 연결은 기대할 수 없게 된다.

> **더 알아두기**
>
> **운송의 기본요건** 기출
> - **운송의 신속성** : 재화의 운송시간을 의미
> - **운송의 정확성** : 도착장소와 시간을 정확히 지키는 것을 의미
> - **운송의 안전성** : 운송 사고율의 제로 및 최소화를 의미
> - **운송의 저렴성** : 재화의 이전에 소요되는 운송비용의 적정성을 의미
> - **운송의 규칙성** : 운송 중의 서비스의 질과 규칙적인 운송시간을 의미

ⓛ 보관 : 기업의 제품이 생산자에서 최종소비자에게 이전되는 중에 공급과 수요 간의 시간적 불균형을 해소시켜주는 기능을 수행한다. 보관기능이 원활히 수행됨으로써 제품을 적절한 시기에 적절한 상태로 이용하게 하거나 또는 소비할 수 있게 되어 소비자들을 만족시켜 준다. 더욱이 오늘날과 같은 시장 생산제도에서는 제품이 주로 예측 생산되고 있으므로 보관기능은 경영에서도 중요한 의미를 지닌다. 그 이유는 생산자·도매상·소매상은 소비자들의 수요가 있을 때까지 제품을 적절히 보관하지 않으면 안 되기 때문이다.

③ **조성기능** : 조성기능은 소유권 이전 및 물적 유통기능이 원활하게 수행될 수 있게 도와주는 기능이다.

㉠ 표준화 : 표준화기능은 수요와 공급의 품질적 차이를 조절하는 것으로 농산품과 같은 생산품을 분류하고 공산품의 규격과 형식을 책정한다. 표준화는 제품의 사용 또는 소비를 편리하게 하고, 유통을 원활하게 하며, 생산을 합리화시킴으로써 원가를 인하한다.

㉡ 시장금융 : 시장금융기능이란 상품 구입에 필요한 자금을 조달하는 기능으로 외상판매, 할부판매 등에 의한 구매자의 자금지원 같은 것이다. 이는 상품대금의 융통이라는 금융상의 편익을 제공하고 마케팅 활동의 자본적 뒷받침이 된다.

㉢ 정보제공 : 시장과 고객에 대한 정보를 수집 및 분류하고 분석하여 해석하는 기능이다. 제조업자에게 고객의 욕구나 문제점, 건의사항 등을 파악하여 전달함으로써 생산자와 소비자가 원활하게 의사소통하도록 한다.

㉣ 위험부담 : 유통과정에서 신용거래 위험, 가격변동이나 재고과다 등 경제적 위험, 제품의 파손이나 부패 등과 물리적 위험이 발생할 수 있다. 이때 위험에 대처할 수 있는 위험을 부담하여 재화 및 서비스의 금전적 가치손실을 감소시키고 분산하는 기능을 위험부담기능이라 한다.

제6절 마케팅의 새로운 트렌드

최근 기업들은 단순히 자사의 제품 및 서비스만을 홍보하는 것에서 그치지 않고 일반적인 산업전체나 동종업계의 흐름 등을 거론하면서 자사의 제품 및 서비스를 자연스럽게 소비자들에게 익숙하게 하는 것이다. 이때에는 기업의 일방적인 통보형식이 아니므로, 자사 제품 및 서비스의 직접적인 소비자들뿐만이 아니라 불특정 다수의 소비자층도 흡수할 수 있으므로 상당히 효과적이다. 다시 말해, 마케팅도 이제는 종전의 개념에만 얽매이지 않고, 빠르게 변화하는 경영환경 및 소비자들의 니즈에 맞게 쓰이는 의미도 다양하게 변화하고 있다는 것이다.

(1) 관계 마케팅(Relationship Marketing) 기출

① 자사의 제품을 한번 구매한 고객은 영원한 고객으로 유지되도록 장기적인 관계를 맺고 관리해 나가는 것이다. 즉, 기업과 소비자 간의 교환을 관계(Relationship)라는 개념으로 파악하여 한번 고객은 영원한 고객으로 유지되도록 장기적인 관계를 맺는다는 생각을 가지고 관리해 나가는 것이다.

② 관계 마케팅 활동을 수행하기 위해서는 소비자들의 정보를 데이터베이스(DB ; Data Base)화시키는 것이 필수적이다.

③ 고객, 중간상(도·소매상), 대리점 및 공급자와 장기적으로 신뢰하며, 협력적인 관계가 형성되도록 각 기업의 이익을 극대화하기보다 상대방과의 유익한 관계를 수립하려는 마케팅 활동이다(장기적이다).

(2) 데이터베이스 마케팅(Data Base Marketing)

데이터베이스에 있는 고객의 신상 정보, 구매 경험에 관한 정보 등을 활용하여 개별 고객의 욕구를 파악하고 꾸준히 마케팅 활동을 전개해 나가는 기법이다.

(3) 공생 마케팅(Symbiotic Marketing) 중요 기출

① 마케팅 부분에서의 기업 간의 협력, 다시 말해 전략적 제휴를 공생 마케팅이라 한다.

② 같은 유통경로 수준에 있는 기업들이 자본, 생산, 마케팅 기능 등을 결합하여 각 기업의 경쟁우위를 공유하려는 마케팅이다.

③ 고객의 취향이 다양화되고 수요가 불안정하며 기업 간 경쟁이 치열해짐에 따라 한 기업의 자원뿐만 아니라 여러 기업의 마케팅 자원을 공동으로 이용함으로써 상호 이익을 극대화하고 위험을 회피할 수 있는 효율적인 방안을 모색한다.

④ 회사 간의 협력광고, 유통망의 공동이용, 공동 브랜드의 개발, 카드사와 항공사의 제휴(마일리지) 등이 있다.

(4) 사회적 마케팅

① 마케팅 활동은 개인의 필요와 욕구를 만족시키되 사회적 환경과 더불어 복지를 해치지 않는 범위 내에서 행해져야 하는 것이 사회적 마케팅의 개념이다.

② 기업의 이윤, 고객만족, 사회적 이해가 균형을 이룰 수 있는 마케팅을 의미한다.

(5) 인터넷 마케팅 기출

① 인터넷을 이용하여 사이버 공간 상에서 일어나는 모든 마케팅 활동이다.

② 판매자와 구매자 간의 쌍방향성과 개인화된 상호작용이 가능하다.

③ 소비자의 참여도를 높여주고, 비용이 절감되고, 시간이 절약되며, 새로운 사업기회를 제공해 준다.

④ 소비자 간 거래(경매), 소비자와 기업 간 거래(공동구매)를 통해 가격이 하락하고, 새로운 형태의 광고가 등장하고, 디지털 제품이라는 새로운 형태의 제품이 탄생하는 등 기존의 유통망을 심각하게 위협하고 있는 실정이다.

(6) 노이즈 마케팅

① 제품의 홍보를 위해 기업이 고의적으로 각종 이슈를 만들어 소비자의 호기심을 자아내는 마케팅 기법을 말한다.

② 단기간에 최대한의 인지도를 이끌어내기 위해 쓰인다.

③ 긍정적인 내용보다는 자극적이면서 좋지 않은 내용의 구설수를 퍼뜨려 소비자들의 입에 오르내리게 하는 방식이다.

(7) 블로그 마케팅

① 동일한 관심사를 가지는 블로거들이 모이는 곳에 제품 등을 판매하기 위해 홍보하는 타깃마케팅 방법이다.

② 소비자와의 쌍방향 커뮤니케이션이 가능하며, 마케팅 공간에서 곧바로 구매가 가능하다는 점이 특징이다.

③ 비용대비 효과가 높다는 점에서도 경제적인 마케팅채널로 떠오르고 있는 방식이다.

(8) 바이럴 마케팅

① 누리꾼이 이메일 또는 전파 가능한 매체를 통해 자발적으로 어떤 기업이나 기업의 제품을 홍보하기 위해 널리 퍼뜨리는 마케팅 기법이다.

② 2000년 말부터 확산되면서 새로운 인터넷 광고 기법으로 주목받기 시작하였다.

③ 웹 애니메이션 기술을 바탕으로 이루어지며, 파일 크기가 작아 거의 실시간으로 재생이 가능하며, 관련 프로그램만 이용하면 누구나 쉽게 제작할 수 있고, 기존 텔레비전이나 영화 등 필름을 활용한 광고보다도 훨씬 저렴한 비용이 들어가기 때문에 빠른 속도로 확산되고 있는 방식이다.

(9) 스토리텔링 마케팅

① 해당 상품에 대해서 그와 관련한 인물 또는 배경 등 소비자들의 흥미를 불러일으킬 수 있는 주제 및 소재 등을 활용한 이야기 내용을 컨텐츠화해서 소통하며, 이를 통해서 달성하고자 하는 커뮤니케이션 목표를 이루어나가는 방식이다.

② 마케팅에 이야기를 포함하여 소비자들이 단순하게 상품을 구입하는 것으로 끝나는 것이 아닌 구입한 상품에 의미가 담겨진 이야기를 즐길 수 있도록 감성지향적인 마케팅 기법이다.

(10) SNS 마케팅

① 인스타그램, 트위터, 페이스북 등 소셜 미디어를 활용하는 마케팅 기법이다.

② 텔레비전, 신문 등과 같은 전통적인 대중매체를 통해 광고나 홍보를 했던 기존의 마케팅과는 다르게 고객들과 쌍방향 소통이 가능하다.

(11) 그린 마케팅

① 환경에 대한 위기의식과 관심이 높아지면서 생태계 균형, 자연환경 등에 초점을 맞춰 환경에 무익한 영향을 끼치는 요인을 제거한 제품을 제조하고 판매하는 활동을 강조하는 마케팅 활동이다.

② 친환경적인 제품 판매를 통해 긍정적인 기업이미지와 기업의 가치를 창출한다.

(12) 코즈 마케팅

① 기업이 환경, 빈곤, 보건 등 사회적 이슈를 해결하면서 이윤추구에 활용하는 마케팅이다.

② 소비자는 사회적인 문제를 해결하는 기업의 노력에 호의적인 반응을 보이고 해당 기업의 제품을 구매하는 것이 사회에 긍정적인 영향을 미친다고 생각하며 소비를 한다.

③ 소비자에게 착한 소비라는 동기를 유발시켜 기업의 매출을 증대시킨다.

더 알아두기

새로운 소비 트렌드 `기출`

- **이성소비** : 소비자들이 상품 구매 시 그 과정이 계획적이고 여러 상품들을 비교해 보고, 가장 가치 있는 상표를 선택하며, 상품의 품질 및 가격 등에 의해 결정된다.
- **감성소비** : 충동적 또는 비계획적인 구매를 하게 되며, 상표의 선택에 있어서도 물적 사용가치가 아닌 디자인·컬러 등의 감각적인 가치를 중요시하고, 더 나아가 상품이 창출하는 상징적 가치를 중요시한다.
- **충동소비** : 사회적, 재정적, 심리적 상황 등을 고려하지 않고, 사전에 구매에 대한 계획이 없이 구매 현장에서 여러 가지 형태의 구매자극을 받아 충동적으로 하는 소비를 말한다.
- **합리소비** : 정해진 예산으로 상품구매 시 느껴지는 만족도가 각 상품의 구매 시 같아지도록 화폐단위당 각 상품의 한계효용이 동일할 때 만족하는 효용을 극대화하는 것을 말한다.

※ 다음 지문의 내용이 맞으면 ○, 틀리면 ×를 체크하시오. [1~6]

01 마케팅은 단순히 영리를 목적으로 하는 기업에만 적용된다. (　)

02 마케팅은 눈에 보이는 유형의 상품만이 마케팅 대상이 되며, 무형의 서비스는 그 대상에서 제외된다. (　)

03 마케팅 개념의 발전단계는 '생산개념의 사고 → 판매개념의 사고 → 마케팅개념의 사고 → 사회적 마케팅개념의 사고'로 볼 수 있다. (　)

04 CRM의 목적이라 함은 자사와 소비자 간 거래를 통해 얻을 수 있는 단기적 이윤극대화라 할 수 있다. (　)

05 고객관계 마케팅을 하기 위해서는 소비자들의 정보를 일련의 DB화하는 것은 필수적이라 할 수 있다. (　)

06 사회적 마케팅은 여러 기업의 마케팅 자원을 공동으로 이용함으로써 상호 이익을 극대화하고 위험을 회피할 수 있는 효율적인 방안을 모색하는 개념이다. (　)

정답과 해설　01 ×　02 ×　03 ×　04 ×　05 ○　06 ×

01 마케팅은 단순한 영리를 목적으로 하는 기업뿐만이 아닌 비영리조직으로까지 적용되고 있는 개념이다.

02 마케팅은 무형의 서비스까지도 마케팅 대상이 되고 있다.

03 마케팅 개념의 발전단계는 '생산개념의 사고 → 제품개념의 사고 → 판매개념의 사고 → 마케팅개념의 사고 → 사회적 마케팅개념의 사고' 단계로 나눌 수 있다.

04 CRM의 목적이라 함은 자사와 소비자 간 거래 및 신뢰를 통해 얻을 수 있는 지속적인, 즉 장기적인 이윤극대화 라 할 수 있다.

05 관계 마케팅의 활동을 수행하기 위해 소비자들의 정보를 데이터베이스(DB)화하는 것은 필수불가결한 부분이다.

06 사회적 마케팅에서 마케팅 활동은 개인의 필요 및 욕구를 만족시키되 사회적 환경과 더불어 복지를 해치지 않는 범위 내에서 행해져야 한다는 것을 말한다.

01 마케팅은 고객의 니즈(욕구)를 충족시키고, 고객을 위해 모든 구성원이 노력을 하며, 궁극적으로는 고객을 만족시키고 그에 따른 자사의 이익을 추구한다. 하지만 불량고객을 시장에서 퇴출시키는 것은 마케팅의 내용이라 할 수 없다.

01 다음 중 마케팅 개념에 대한 내용으로 **틀린** 것은?

① 전사적 노력
② 고객지향
③ 불량고객의 시장 퇴출
④ 고객만족을 통한 자사 이익의 극대화

02 마케팅은 소비자 만족과 기업목적 및 사회적 책임문제를 동시에 고려하는 이념으로, 기업이 소비자의 니즈를 파악하고, 이를 만족시키는 부분에서는 마케팅 콘셉트와 동일하지만, 사회적 마케팅은 여기서 더 나아가 특정 소비자뿐만이 아닌, 사회 전체의 복지를 증진시킨다는 방향으로 나아간다.

02 다음 내용에 부합하는 마케팅 관리 이념에 속하는 것으로 알맞은 것은?

> 구매자가 원하는 제품을 제조·판매함으로써 기업의 이익이 실현된다고 보는 입장으로, 더 나아가서는 특정 소비자뿐만 아니라 사회 전체의 복지를 증진시키는 방향으로 틀을 잡았다.

① 사회적 마케팅 지향 시대
② 판매 지향성 시대
③ 마케팅 콘셉트 시대
④ 생산 지향성 시대

정답 01 ③ 02 ①

03 마케팅에 대한 내용으로 옳지 <u>않은</u> 것은?

① 마케팅은 개인 및 조직체 목표를 만족시키는 교환을 성립하게 하는 인간 활동이다.

② 유형의 제품이나 무형의 서비스, 아이디어 등 모두가 마케팅의 대상이 된다.

③ 영리기관은 마케팅 활동에서 제외된다.

④ 마케팅은 소비자의 니즈 및 조직의 목표를 만족시킬 수 있도록 노력한다.

04 다음 중 서비스의 4가지 특징에 해당되지 <u>않는</u> 것은?

① 무형성

② 비분리성

③ 소멸성

④ 동질성

05 다음 중 수요가 공급을 초과할 때, 기업이 가지는 관리 철학은 무엇인가?

① 생산개념

② 마케팅개념

③ 제품개념

④ 사회지향적 마케팅개념

03 마케팅은 영리를 목적으로 하는 기업뿐만 아니라 비영리조직까지 적용되고 있다.

04 서비스 특징 4가지
무형성, 소멸성, 비분리성, 이질성

05 수요가 공급을 초과하게 되면, 기업은 생산만 하면 쉽게 판매되므로 기업의 관심은 생산량의 증대에 있게 된다.

정답 03 ③ 04 ④ 05 ①

06 판매기반의 측면에서 볼 때, CRM 마케팅은 고객가치를 높이는 것을 기반으로 한다.

06 다음 중 CRM 마케팅에 대한 내용으로 옳지 <u>않은</u> 것은?

① CRM 마케팅의 관점은 개별고객과의 관계를 중요시하는 데에 있다.

② 판매기반의 측면에서 볼 때, CRM 마케팅은 고객과의 거래를 기반으로 한다.

③ 성과지표의 측면에서 볼 때, CRM 마케팅은 고객점유율을 지향한다.

④ 관계 측면에서 볼 때, CRM 마케팅은 고객과의 지속적인 관계를 유지하는 것에 목표를 둔다.

07 관계 측면에서의 MASS 마케팅은 신규고객개발을 더 중요시한다.

07 다음 중 MASS 마케팅에 대한 내용으로 옳지 <u>않은</u> 것은?

① 관계 측면에서 볼 때, MASS 마케팅은 고객과의 지속적인 관계를 유지하는 것에 목표를 둔다.

② 판매기반 측면에서 볼 때, MASS 마케팅은 고객과의 거래를 기반으로 한다.

③ 성과지표 측면에서 볼 때, MASS 마케팅은 시장점유율을 지향한다.

④ MASS 마케팅은 전체고객에 대한 마케팅의 부분을 중요시한다.

08 유통(Place) 대신 제안될 수 있는 것은 구매의 편의성(Convenience)이다.

08 4P의 '유통' 대신 제안되는 4C의 요소는 무엇인가?

① 소비자가 원하는 것

② 구매의 편의성

③ 소비자가 치르는 비용

④ 소비자와 기업 간의 커뮤니케이션

정답 06 ② 07 ① 08 ②

09 마케팅 개념의 발전단계 중 생산지향 개념의 기업에 대한 내용으로 **틀린** 것은?

① 생산지향의 기업은 소비자들이 저렴한 제품을 선호한다는 가정에서 시작한다고 생각한다.

② 원가절감에 모든 노력을 투하한다.

③ 제품의 수요에 비해 공급이 부족하여 소비자들이 제품구매에 어려움을 느끼므로, 기업의 입장에서는 소비자들의 주된 관심이 지불할 수 있는 가격으로 제품을 구매하는 것일 때 나타나는 이념이라 할 수 있다.

④ 생산지향의 기업은 자사의 마케팅 활동 결과가 소비자는 물론이고, 사회 전체에 어떤 영향을 미치게 될 것인지에 대해 생각한다는 가정에서 출발하는 개념이다.

09 자사의 마케팅 결과가 소비자뿐만 아니라, 사회 전체에 끼치는 영향까지 고려한 개념은 사회적 마케팅에 속한다.

10 다음 중 마케팅의 방향에 대한 설명으로 옳지 **않은** 것은?

① 고객관계관리(CRM) 마케팅이 더욱 발달할 것이다.

② 사회 전반에 걸친 복지와 고객만족, 이로 인한 기업 이익의 창출을 이룰 것이다.

③ 맞춤형 마케팅이 발전할 것이다.

④ MASS 마케팅이 확대될 것이다.

10 앞으로의 마케팅은 고객과의 관계를 더욱 중시하며, 고객들의 니즈에 부합하고, 사회 전반의 복지증진으로 인해 기업의 이익이 창출되는 방향으로 흘러갈 것으로 볼 수 있다.

11 '더 좋은 쥐덫'은 마케팅 개념의 발전 단계 중 어디에 속하는가?

① 생산개념

② 판매개념

③ 제품개념

④ 마케팅 개념

11 제품개념의 시대는 소비자들이 다른 무엇보다도 가장 우수한 품질이나 효용을 제공하는 제품을 선호한다는 개념을 전제로 출발한다. 이는 결국에 소비자들이 무엇을 원하든지, 무조건 뛰어난 제품을 만드는 데 모든 노력을 기울이게 되는 제품개념 시대의 사례라 할 수 있다.

정답 (09 ④ 10 ④ 11 ③)

12 마케팅은 시장(구매자) 욕구를 강조하고, 판매는 기업(판매자) 욕구를 강조한다.

12 마케팅과 판매와의 차이점을 비교·설명한 내용으로 틀린 것은?

① 마케팅은 소비자 욕구를 강조하는 반면에 판매는 제품을 강조한다.

② 마케팅은 대외적이면서 시장지향적인 반면에 판매는 대내적이면서 기업지향적인 성격을 가진다.

③ 마케팅은 고객이 원하는 제품을 만들어내기 위한 생산적인 방법을 모색하는 데 비해 판매는 제품을 생산한 후 이익을 얻고 판매할 방법을 모색한다.

④ 마케팅은 판매자 욕구를 강조하는 반면에 판매는 시장 욕구를 강조한다.

13 기업 간 경쟁이 치열해짐에 따라 한 기업의 자원뿐만 아니라 여러 기업의 마케팅 자원을 공동으로 이용함으로써 상호 이익을 극대화하고 위험을 회피할 수 있는 공생 마케팅의 한 사례이다.

13 코카콜라는 6가지 색상의 한정판인 '컨투어 글라스'를 제작하였는데, 맥도널드 매장에서 특정 제품을 구입 시, 구입한 고객에게 '컨투어 글라스'를 증정하기로 했다. 이것은 다음의 어디에 속하는 사례인가?

① 관계 마케팅

② 데이터베이스 마케팅

③ 공생 마케팅

④ 사회적 마케팅

14 인터넷 마케팅은 인터넷을 이용하여 사이버 공간상에서 일어나는 모든 마케팅 활동을 의미한다.

14 다음 내용이 설명하는 것은 무엇인가?

> 컴퓨터를 이용한 가상공간에서 판매자와 구매자 간의 쌍방향 커뮤니케이션과 더불어 개인화된 상호작용이 가능한 것으로 소비자의 참여도를 높여줄 뿐만 아니라, 비용 및 시간이 절약되며 새로운 사업기회를 제공해주는 역할을 한다.

① 인터넷 마케팅

② 심바이오틱 마케팅

③ 사회적 마케팅

④ 그린 마케팅

정답 12④ 13③ 14①

Self Check로 다지기 | 제1장

→ 마케팅 개념의 발전 단계

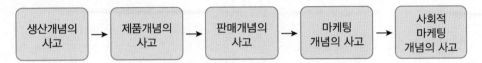

- 생산개념의 사고 : 기업의 입장에서는 대량생산과 유통을 통해 낮은 제품원가를 실현하는 것이 목적
- 제품개념의 사고 : 소비자들이 가장 우수한 품질이나 효용을 제공하는 제품을 선호한다는 개념
- 판매개념의 사고 : 소비자로 하여금 경쟁회사 제품보다는 자사제품을 그리고 더 많은 양을 구매하도록 설득
- 마케팅개념의 사고 : 고객욕구를 파악하고 이에 부합되는 제품을 생산하여 고객욕구를 충족
- 사회적 마케팅개념의 사고 : 고객만족, 기업의 이익에 더불어서 사회 전체의 복지를 요구하는 개념

→ CRM(Customer Relationship Management)

고객과의 상호작용을 개선하고, 그들과의 장기적인 관계를 유지하면서, 자사의 운영·확장·발전을 기하는 고객관련 제반 프로세스

→ 공생 마케팅(Symbiotic Marketing)

같은 유통경로 수준에 있는 기업들이 자본, 생산, 마케팅기능 등을 결합하여 각 기업의 경쟁우위를 공유하려는 마케팅

→ CRM 마케팅과 MASS 마케팅 비교

구분 기준	CRM 마케팅	MASS 마케팅
관점	개별고객과의 관계를 중요시한다.	전체고객에 대한 마케팅의 관점을 중요시한다.
성과지표	고객점유율을 지향한다.	시장점유율을 지향한다.
판매기반	고객가치를 높이는 것을 기반으로 한다.	고객과의 거래를 기반으로 한다.
관계측면	고객과의 지속적인 관계를 유지하는 것에 목표를 둔다.	신규고객개발을 더 중요시한다.

SD에듀와 함께, 합격을 향해 떠나는 여행

제 2 장

마케팅 전략

교육이란 사람이 학교에서 배운 것을 잊어버린 후에 남은 것을 말한다.

– 알버트 아인슈타인 –

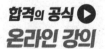

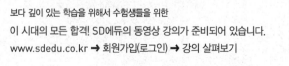

보다 깊이 있는 학습을 위해서 수험생들을 위한

이 시대의 모든 합격! SD에듀의 동영상 강의가 준비되어 있습니다.

www.sdedu.co.kr → 회원가입(로그인) → 강의 살펴보기

제 2 장 | 마케팅 전략

제1절 전략적 마케팅 계획

전략적인 경영관리활동의 시작으로서 자사의 목표달성을 위해서는 무엇보다도 기업사명을 명확히 설정하고, 그에 따른 기업의 목표를 설정하며, 이를 달성하기 위한 적절한 전략을 개발하는 등의 각종 활동으로 구성된다.

(1) 전략적 마케팅 계획

주어진 시장 환경에서 자사가 목표로 하는 소비자들의 욕구를 충족시키기 위해서가 아닌, 전략적인 목표고객을 선정하고 각각의 목표고객별로 마케팅 환경을 고려해서 마케팅 자원을 장기적이고 광범위하게 적절한 시기에 분배하는 일련의 계획과정이라 할 수 있다. 전략적 마케팅 계획은 변화하는 마케팅 환경에 맞춰 기업의 목표와 자원(자금, 인적·물적 자원 등)을 마케팅 기회에 적용함으로써 기업을 지속적으로 성장시키고 경쟁우위를 확보할 수 있게 한다.

(2) 전략적 마케팅 계획 수립과정

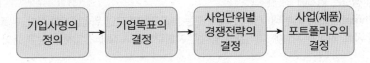

① 기업의 사명은 보다 넓은 환경 속에서 기업이 달성하려고 하는 그 무엇을 말하며, 기업의 사명이 실적적인 효과를 거두기 위해서는 내용이 시장지향적이면서 실현가능성이 있으며, 조직구성원들의 사기를 높일 수 있고 구체적인 것이어야 한다.
② 기업목표의 설정은 기업의 사명을 특정 기간 동안 달성할 수 있는 일련의 목표로 전환하는 것을 말하며, 가능한 한 구체적이고 계량화되어야 한다.
③ 전략적 마케팅 계획의 수립을 용이하게 하기 위해 관련된 사업들이나 제품들을 묶어 별개의 사업단위로 분류한 것이며, 이는 기존 사업에 대한 매력도를 평가하기 전에 기업을 구성하는 사업이나 제품들을 전략사업단위로 나누는 작업이 먼저 요구된다.
④ 사업 포트폴리오 설계는 기업의 여건분석을 통하여 자원의 적절한 배분을 결정하는 계획을 말한다.

(3) SWOT 분석의 개념 기출

SWOT 분석은 기업이 내부환경 및 외부환경 등을 분석하여 자사의 강점과 약점, 기회와 위협요인을 규정하고, 이를 기반으로 마케팅 전략을 수립하는 데 사용되는 기법을 말한다.

	S	W
O	①	②
T	③	④

- **강점(Strength)** : 기업 내부의 강점을 의미한다. 보통 기업 내의 충분한 자본력, 기술적 우위, 유능한 인적자원 등이 이에 속한다.
- **약점(Weakness)** : 기업 내부의 약점을 의미한다. 보통 생산력의 부족이나 미약한 브랜드 인지도 등이 속한다. 이때 강점과 약점은 기업 외부요소를 차단하고, 사실에 기초한 기업 내부의 장·단점을 말한다.
- **기회(Opportunity)** : 기업의 사회공중·경제적 기회를 의미한다. 예를 들어, 현재 자사의 목표시장에 경쟁자가 없거나, 경제상황이 회복됨으로 인해 새로운 사업의 기회가 생긴다면, 이는 곧 외부로부터 발생하는 기회에 해당된다.
- **위협(Threat)** : 보통 외부적(사회·경제적 또는 타사로부터의)인 위협을 의미한다. 예를 들어, 중소기업이 새로 시작한 사업에 대기업이 막강한 자본력으로 시장에 진입하는 경우 등이 있다.

① SWOT 분석을 이용한 전략수립

일반적으로 기업 내부의 강점과 약점, 기업 외부의 기회와 위협을 대응시켜 자사의 목표를 달성하려는 SWOT 분석의 전략에 대한 특성은 다음과 같다.

더 알아두기

SWOT 분석에 따른 마케팅 전략 대응

외적요인 \ 내적요인	강점(S)	약점(W)
기회(O)	SO 전략 (강점을 이용하여 기회포착 및 이익화)	WO 전략 (약점의 극복을 통한 기회 활용)
위협(T)	ST 전략 (강점을 이용하여 위협 회피)	WT 전략 (약점의 최소화와 위협 회피)

SWOT 분석의 단계적 절차
① 시장 환경의 변화에 따른 위협과 기회요인 파악
② 경쟁사 대비 상대적인 우리 회사의 핵심역량의 강·약점 파악
③ SWOT 도표의 작성과 우리 회사의 현재위치 파악

    ㉠ SO 전략(강점 – 기회 전략) : 시장에서 기회를 활용하기 위해 강점을 사용하는 전략을 채택한다. 일반적으로 선도기업에 의한 시장선점전략이 된다. 또한 시장 및 제품의 다각화를 추구해서 사업의 기반을 확대하는 것도 좋은 방안이 된다.

    ㉡ ST 전략(강점 – 위협 전략) : 기업이 시장의 위협을 회피하거나 극복하기 위해 기업의 강점을 사용하는 전략을 채택한다.

    ㉢ WO 전략(약점 – 기회 전략) : 자사가 약점을 극복함으로써 시장의 기회를 활용하는 전략을 채택한다. 약점을 극복하기 위해서 자사의 역량을 강화시키거나 짧은 시간에 어려울 것으로 예상된다면 타사와의 전략적인 제휴를 통해 선도기업의 장점을 이용하는 것이 좋을 것이다.

    ㉣ WT 전략(약점 – 위협 전략) : 시장의 위협을 회피하면서 약점을 최소화하는 전략을 채택한다. 이때 고려할 수 있는 전략대안으로는 철수 전략과 집중화 전략이 있다.

② **SWOT 분석의 한계점**

    ㉠ 환경인식의 기법 및 예측 등의 분석방법이 정확히 갖추어지지 않으면, 환경에 대한 자의적 선별과 그로 인한 해석으로 다른 중요한 환경요소들이 간과될 수 있다.

    ㉡ 기업능력 검토에 있어 강·약점에 대한 뚜렷한 인식이 쉽지 않다.

    ㉢ 강점 또는 약점인지 구분이 명확하지 않다. 판단은 상황에 대해 실질적으로 느껴져야만 알 수 있다.

    ㉣ 강·약점을 구분하는 중에 두드러지지 않지만, 전략적인 대응을 위해 핵심적 역량으로 간주되어야 할 요소조차 강·약점의 분류에 들어가지 못하는 점에서 전략대응의 방향 및 내용에서 누락될 수도 있다.

    ㉤ 사전에 관측이 가능한 강·약점은 어떠한 조건이나 기준에 따라 변화하기 마련이다.

    ㉥ 환경의 기회요인 및 위협요인 또한 인식이 쉽지 않다.

    ㉦ SWOT 분석은 여러 대안이 서로 간의 어떠한 관계가 있는지, 어떤 대안인지, 어떤 상황 조건에 대한 것인지에 대한 구분이 어렵다.

제2절 | 기업수준의 전략계획 수립

(1) 사명의 정의

일반적으로 인간은 삶을 살아가면서 자신만의 인생목표를 설정하듯이, 기업도 앞날에 대한 계획의 수립이 필요하다. 이렇게 기업의 차후설계를 설명한 것을 사명이라고 한다. 사업 초반에는 나름대로의 구체적인 기업사명을 확보하지만, 기업이 시장에서 점점 성장하면서 새로운 사업영역이나 품목들이 늘어감에 따라 기업사명은 초반에 가졌던 명확함이 조금씩 줄어들기도 한다. 결국 사명은 타사와 자사를 차별화시키고 활동영역을 규정함으로써, 기업의 근본적인 존재 의미와 목적을 나타내는 것이라 할 수 있다. 또한, 기업의 근본적 지향점을 나타냄으로써 기업의 나침반 역할을 하는 것이다. 따라서 사명은 기업의 정체성을 부여해주며, 성장과 발전의 방향을 나타낼 뿐만 아니라 이에 따른 전략적 의사결정의 출발과 전략 수립·실행의 기본적인 지침이 된다.

더 알아두기

구체적인 사명의 정의
- 기업의 존재의미 및 목적을 드러낸다.
- 기업이 최우선시하는 가치를 드러낸다.
- 기업 전략 수립의 기반이 된다.
- 기업 의사 결정, 기업 구성원 행동의 방향이 되고 동시에 평가의 기준이 된다.
- 기업 자원의 활용과 더불어 자원의 배분에 대한 기초가 된다.

이렇게 사명의 정의가 내려지면, 마케팅 관리자들은 다음과 같은 질문을 통해 기업의 사명이 정확하게 반영되고 있는지 확인해야 한다.

더 알아두기

기업사명의 규정 시 반영해야 하는 질문
- 자사는 어떤 사업을 하는가?
- 자사의 소비자는 누구인가?
- 자사의 사업이 소비자들에게 만족할 수 있는 어떤 가치를 제공하는가?
- 자사의 사업방향은 어떻게 될 것인가?
- 자사의 사업이 어떤 방식으로 이루어져야 할 것인가?

사명이 가지는 기능적 효과
- 조직의 정체성을 제공해주는 역할을 한다.
- 조직이 가지는 가치의 중심점을 제공해주는 역할을 한다.
- 조직목표의 일관성을 평가하는 기준을 제공한다.
- 조직의 전략수립 과정의 기준을 제공해주는 역할을 한다.
- 조직의 전략평가 기준을 제공해주는 역할을 한다.
- 조직의 자원배분 및 활용 기준을 제공해주는 역할을 한다.

바람직한 기업사명의 특징
- 정확한 가치를 제공해야만 한다.
- 기업이 활동할 사업영역을 명시해야 한다.
- 조직 내 종업원들의 동기를 유발할 수 있어야 한다.
- 기업의 미래에 대한 비전을 제공해야 한다.

(2) 기업의 목표

기업의 목표는 기업의 사명을 구체화한 것이라 할 수 있다. 기업의 목표는 다음과 같은 특성을 지닌다.

① **순서의 확립** : 진행되어야 할 기업의 목표는 추상적인 것에서 구체적인 것으로의 이행이 기업목표
의 중요성에 따라 순차적으로 이루어져야 한다.

② **계량화** : 기업의 구체적인 목표는 반드시 계량화되어야 한다. 구조적으로 상위의 기업목표는 계량화
시키기는 어렵지만, 될 수 있는 한 이를 측정할 수 있도록 기업의 목표가 정해지는 것이 좋다.

③ **실현 가능화** : 기업의 목표는 실현 가능해야 한다. 즉, 기업의 목표는 주어진 시장기회의 포착과 자
사의 장점 또는 약점 등을 기반으로 객관적인 분석을 통해 설정되어야 한다.

④ **일관성의 유지** : 기업의 목표는 상이하지 않고, 일관적이어야 한다.

(3) 전략

전략은 기업이 처해진 환경의 제약 하에서 목표달성을 위해 조직이 사용하는 주요 수단으로서 환경과
자원을 동원하는 상호작용 유형이다. 이때 환경에 대한 조직의 대응은 자원의 동원이라는 수단으로 나
타나게 된다. 따라서 목표달성을 위한 계획된 행동이라 할 수 있다.

(4) 기업수준의 전략 [기출]

전략의 수준은 경영자가 당면하는 의사결정의 수준에 따라서 크게 3가지로 구분된다.

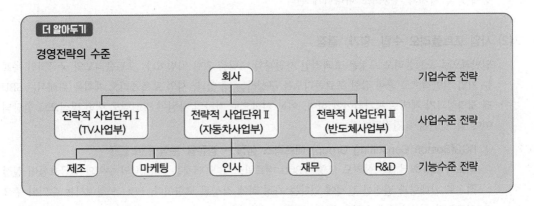

① **전사적 전략(기업수준 전략)** : 사업의 영역을 선택하고, 이를 기반으로 사업을 어떻게 효과적으로 관리할 것인가의 문제를 다루는 전략이다. 즉, 기업의 사업 분야를 기업 전체의 관점에서 어떻게 효과적으로 운영할 것인가의 문제에 초점을 맞춘다. 수직적 통합이나 전략적 제휴, 사업의 다각화, 인수합병 등에 대한 문제를 다룬다.

② **사업부 전략(사업수준 전략)** : 특정 사업 영역 내에서 타사에 비해 어떻게 경쟁우위를 확보하고, 이를 효과적으로 유지해 나가는지에 대한 방법의 문제를 다룬다.

③ **기능 전략(기능수준 전략)** : 사업부 전략으로부터 도출되고, 상위의 전략을 효과적으로 실행하기 위한 하나의 수단으로써 그 역할을 한다. 기업의 생산, 마케팅, 재무, 인사 등 경영의 주된 기능 내에서 주어진 자원을 어떻게 효과적으로 이용할 것인가의 문제를 다룬다.

제3절 마케팅 계획 수립

(1) 전략사업 단위의 개요

기업이 제품 개발, 시장 개척, 다각화 등의 장기 경영 전략을 펼치기 위하여 전략 경영 계획을 세울 때 특별히 설정하는 관리 단위를 말한다. 사업부 조직은 경영이란 관점에서 업무를 효율적으로 운영할 수 있는 관리 단위로서의 조직 단위를 의미한다. 하지만 업무 관리상 이를 적절하게 묶은 것이 전략을 수립하는 데 있어 반드시 적절하다고 말할 수는 없다. 업무상 관리는 너무 작거나 크면 비효율적이며, 관리하기에 적당한 크기가 있기 때문이다. 즉, 사업 전략은 반드시 사업단위마다 별도로 수립하는 것이 효과적이라고만은 할 수 없다. 몇 가지 사업 부문을 전략적 관점에서 묶고, 하나의 전략사업 단위(SBU)로 묶는 것이 효과적인 경우가 많기 때문이다. 사업 부문을 해체하고 SBU로 수정하는 것은 기업 조직도상에서 몇 가지의 계층으로 나타나게 된다.

(2) 사업 포트폴리오 수립, 평가, 결정

일반적으로 포트폴리오 모형은 효과적인 자원계획 수립을 위한 기법이다. 포트폴리오의 궁극적인 목표는 기업 전반적으로 균형 잡힌 포트폴리오를 구성하는 데 있다. 사업 포트폴리오 계획을 위해서는 SBU별 경영성과가 제대로 평가되어야 하며, 이를 기반으로 자사의 자원이 SBU별로 어떤 방식으로 할당되어야 할 것인지가 결정된다.

① **BCG(Boston Consulting Group) 매트릭스 성장 – 점유율 분석** 중요 기출

최초의 표준화된 포트폴리오 모형은 BCG 매트릭스이다. 이것은 각 SBU의 수익과 현금흐름이 실질적으로 판매량과 밀접한 관계에 있다는 가정 하에 작성된 모형이다. BCG 모형에서는 수익의 주요 지표로써 현금흐름에 초점을 두고, 상대적 시장점유율과 시장성장률이라는 2가지 변수를 고려하여 사업 포트폴리오를 구성하였다. 또한, BCG 매트릭스에서는 세로축을 시장성장률로 두고, 가로축을 상대적 시장점유율로 두어 2×2 매트릭스를 형성하고 있다. BCG 매트릭스에서의 시장성장률은 각 SBU가 속하는 산업 전체의 평균매출액 증가율로서 표시되며, 시장성장률의 고·저를 나누는 기준

점으로는 전체 산업의 평균성장률을 활용하게 된다. 정리하면, BCG 매트릭스는 핵심적인 2가지 요소, 즉 시장성장률로 나타나는 시장 매력도와 상대적 시장점유율로 알 수 있는 경쟁능력을 통해 각 사업 단위가 포트폴리오에서 차지하는 위치를 파악, 기업의 현금흐름을 균형화하는 데 의미가 있다. BCG 매트릭스 속의 유형별 사업부의 특징은 다음과 같다.

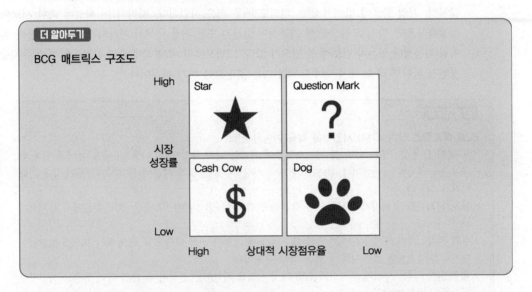

더 알아두기

BCG 매트릭스 구조도

㉠ 별(Star) : 별 사업부는 시장성장률도 높고 상대적 시장점유율도 높은 경우에 해당하는 사업부이다. 이 사업부의 제품들은 제품수명주기상에서 성장기에 속한다. 여기에 속한 사업부를 가진 기업은 시장 내 선도기업의 지위를 유지하고, 성장해가는 시장의 수요에 대처하며, 여러 경쟁기업의 도전에 극복하기 위해 자금의 투하가 필요하다. 만약, 별에 속한 기업들이 효율적으로 운영된다면 이들은 향후 Cash Cow가 된다.

㉡ 캐시카우(Cash Cow) : 캐시카우 사업부는 **시장성장률은 낮지만 높은 상대적 시장점유율을 유지하고 있다.** 이 사업부는 제품수명주기상에서 성숙기에 속하는 사업부이다. 여기에 속한 사업은 **시장으로부터 많은 이익을 창출해 낸다.** 시장의 성장률이 둔화되었으므로 그만큼 새로운 설비투자 등과 같은 신규 자금의 투입이 필요 없고, 시장 내의 선도기업에 해당하므로 대규모의 경제와 높은 생산성을 누리기 때문이다. 이러한 Cash Cow에서 산출되는 이익은 전체 기업의 차원에서 상대적으로 많은 현금을 필요로 하는 Star나 Question Mark, Dog의 영역에 속한 사업으로 자원이 배분된다.

㉢ 물음표(Question Mark) : 물음표 사업부는 다른 말로 '문제아'라고도 한다. 이 사업부는 **시장성장률은 높으나 상대적 시장점유율이 낮은 사업부이다.** 이 사업부의 제품들은 **제품수명주기상에서 도입기에 속하는 사업부이다.** 시장에 제품을 출시하지 않은 대부분의 사업부가 출발하는 지점이 물음표이며, 신규로 시작하는 사업이므로 기존의 선도기업을 비롯한 여러 경쟁기업에 대항하기 위해 새로운 자금의 투하를 상당량 필요로 한다. 따라서 이 상황에서는 기업이 자금을 투입할 것인가 또는 사업부를 철수해야 할 것인가를 결정해야 하기 때문에 Question Mark라고 불리고 있다. 만약 한 기업에게 이 물음표에 해당하는 사업부가 여러 개인 것으로 나타나면, 그에

해당되는 모든 사업부에 자금을 지원하는 것보다 전략적으로 소수의 사업부에 집중적 투자하는 것이 효과적이라 할 수 있다.

② 개(Dog) : 개 사업부는 **시장성장률도 낮고 시장점유율도 낮은 사업부**이다. 제품수명주기상에서 쇠퇴기에 속하는 사업이다. 낮은 시장성장률 때문에 그다지 많은 자금의 소요를 필요로 하지는 않지만, 사업 활동에 있어서 얻는 이익도 매우 적은 사업이다. 따라서 이 사업에 속한 시장의 성장률이 향후 다시 고성장을 할 가능성이 있는지 또는 시장 내에서 자사의 지위나 점유율이 높아질 가능성이 있는지 검토해 볼 필요가 있다. 그럼으로써 이 영역에 속한 사업들을 계속 유지할 것인가 아니면 축소 내지 철수할 것인가를 결정해야 하기 때문이다.

더 알아두기

BCG 매트릭스 상의 4가지 사업부에 적용 가능한 전략
- **투자(확대) 전략** : 별과 약한 물음표 사업부에 적절한 전략 유형으로, 시장점유율을 높이기 위해 현금자산을 투자하는 전략이다. 하지만 현재의 시장점유율이 낮기 때문에 즉각적인 현금수입은 기대하기가 힘들다.
- **유지 전략** : 강한 캐시카우 사업부에 적절한 전략 유형으로, 시장점유율을 현재 수준에서 유지하려는 전략이다.
- **수확 전략** : 약한 캐시카우, 약한 물음표 사업부에 적절한 전략 유형으로, 장기적인 효과에 상관없이 단기적 현금흐름을 증가시키기 위한 전략 유형이다.
- **철수 전략** : 다른 사업에 투자하기 위해 특정 사업을 처분하는 전략이다. 개와 약한 물음표 사업부에 적절한 전략유형이다.

BCG 매트릭스의 유용성과 한계 기출
시간의 흐름에 따라 각 사업부는 환경의 영향과 전략실행효과에 의해 매트릭스상에서 위치가 변화된다. 따라서 마케팅 관리자는 BCG 매트릭스상에서 사업부의 현재위치뿐만 아니라 시간에 따른 위치변동까지 함께 고려해야 하며, 일정한 간격으로 동태적인 포트폴리오를 작성하고 사업부나 제품의 시간흐름에 따른 변화를 파악하여 이에 따른 적절한 전략을 수립해야 한다.
BCG 매트릭스는 단순한 두 개의 축으로 현재 사업부들의 상황을 평가하고 전략을 제시해 주기 때문에 마케팅 관리자가 시장상황을 쉽게 이해할 수 있다는 장점은 있으나, 두 개의 축인 구성요인이 지나치게 단순하여 포괄적이고 정확한 사업부 평가가 불가능하다는 단점이 있다. 이러한 단점을 보완해주는 방법이 GE 매트릭스이다.

---

② **GE 매트릭스**

GE 매트릭스(GE and Mckinsey 매트릭스)는 BCG 매트릭스의 한계를 보완하여 산업성장률, 시장점유율 이외에도 각 차원의 평가에서 환경, 전략변수들을 반영했다. GE 매트릭스는 어느 특정한 사업부가 진출한 시장의 매력도가 얼마나 높은가와 해당 시장에서의 경쟁적 우위를 어느 정도 보유하고 있는가에 따라 사업부의 성과가 평가된다. 다시 말해, 시장 매력도와 경쟁적 우위에 의해 사업부의 성과가 결정되며, 이 중에서 하나라도 조건을 만족하지 못하면 해당 사업은 좋은 성과를 얻기가 어렵게 된다. GE 매트릭스는 산업매력도와 사업 강점의 2가지 차원으로 구성된다.

〈GE 매트릭스〉

산업매력도	높음	• 최대한 성장을 위한 투자 • 유지 · 방어	성장을 위해 선택적인 부문에 집중적 투자	• 수익 창출을 위해 선택적인 투자 • 성장가망이 없으면 철수
	중간	성장을 위해 유망시장에 집중 투자	현재 사업을 보호	• 불필요한 투자의 제한 • 수확이나 퇴출 모색
	낮음	• 현재 시장의 단기 수익 위주 관리 • 현재 위치 사수	수확을 위해 수익성 좋은 부문에서 위치 보존	시장에서 퇴출하거나 추가 투자를 재고함
		높음	중간	낮음

사업의 강점

㉠ GE 매트릭스의 구성요소 및 전략
- 산업매력도 : 상대적 매력도에 따라 3개의 수직 열 중 하나에 배치되며, 보통 고·중·저의 등급이 부여된다. 이것은 절대적 시장규모, 시장잠재력, 경쟁구조, 재무·경제·기술·사회·정치적 요소와 같은 광범위한 요소들에 의해서 결정된다.

> **예**
>
> 시장크기, 시장성장률, 시장 수익성, 가격 추세, 경쟁 강도·라이벌 관계, 산업 전반의 수익 리스크, 진입장벽, 제품과 서비스를 차별화할 수 있는 기회, 세분화, 유통 구조, 기술 개발 등이 있다.

- 사업 강점 : 3개의 부문으로 구성되며, 보통 강·중·약으로 표시된다. 여러 가지 분석 기법을 사용하여 사업부문의 규모·시장점유율·위치·경쟁우위 등을 고려해야 한다.

> **예**
>
> 자산과 역량의 강점, 상대적인 브랜드의 강도(마케팅), 시장점유율, 시장점유율 성장, 고객 충성도, 상대적인 비용 포지션(경쟁자와 비교한 비용 구조), 상대적인 이익률, 유통 강점 및 생산 능력, 기술적 또는 다른 혁신 기록, 품질, 경영상 강점 등이 있다.

㉡ GE 매트릭스와 BCG 매트릭스와의 차이점
GE 매트릭스는 BCG 매트릭스와 어느 정도 유사성(기존의 성공적인 사업부문의 남는 자원을 차후 유망한 부문에 선택적으로 할당)도 있지만, 차이점도 존재한다.

㉢ 사업포트폴리오의 문제점
- 복잡한 사업의 성격을 2가지 지표로만 표시하기 때문에 잠재적인 성장성을 무시하거나 현 상황을 단순하게 파악하기 쉽다.
- 각 전략사업단위의 자율성을 지나치게 강조하여, 사업단위 간의 역량을 공유함으로써 얻을 수 있는 경쟁적 우위와 사업기회를 잃을 수 있다.
- BCG 매트릭스의 경우, 오로지 시장점유율만이 시장에서의 경쟁우위를 확보하는 데 유일무이한 방법이라는 인식을 남기고 있다.

〈BCG Matrix와 GE Matrix의 비교〉

기법 \ 속성	셀의 개수	수익성	시장매력도	사업 강점의 정의	사상적 토대
BCG Matrix	4개	현금 흐름	시장의 성장률	시장점유율	경험곡선이론
GE Matrix	9개	ROI	시장 잠재력, 사회·기술적 요인 등	사업 규모 및 위치, 경쟁우위 등	경쟁우위론

(3) 앤소프 매트릭스 기출

앤소프는 전략을 '기업이 판매하고자 하는 제품과 시장을 선택하는 것'이라고 명시하였으며, 이를 위해 기업의 성장벡터를 만들고 각 전략 간의 시너지 효과를 통해 시장에서의 경쟁우위를 점하기 위한 전략의 도출을 위해 앤소프 매트릭스를 만들게 되었다.

제품 \ 시장	기존	새로운
기존	시장침투 전략	시장개발 전략
새로운	제품개발 전략	다각화 전략

① **시장침투 전략(Market Penetration)** : 기존 시장에서 기존 제품을 활용해서 매출액을 향상시키는 전략으로 가격을 저렴하게 하고 광고를 집중적으로 해서 시장점유율을 높이고자 하는 전략이다.

② **시장개발 전략(Market Seeking)** : 기존 제품을 가지고 새로운 시장으로 진출하려는 전략으로 시장 점유율에서의 성장이 한계에 이르렀을 때 새로운 지역 및 소비자에게 접근하게 되는 유통채널 확보 전략이다.

③ **제품개발 전략(Product Development)** : 기존 시장에서 현재 소비자들에게 새로운 제품을 공급하는 전략으로 제품의 진부화로 인한 매출액 하락을 회복하기 위해 변화하는 소비자들의 필요 및 욕구 등에 맞는 신제품 개발전략이다.

④ **다각화 전략(Diversification)** : 신시장에 신제품을 공급하려는 전략으로 확대화 전략의 시너지를 추구하는 전략이다.

더 알아두기

Michael Porter의 산업 매력도에 영향을 미치는 5가지 요소 기출
- Threats of New Entrants(신규진입자의 위협)
- Bargaining Power of Existing Customers(구매자의 교섭력)
- Bargaining Power of Suppliers(공급자의 교섭력)
- Threats of Substitute Products or Services(대체품의 위협)
- Rivalry Among Current Competitors(기존 경쟁자의 경쟁강도)

제4절 마케팅 전략과 마케팅 믹스

(1) 마케팅 전략

일반적으로 전략이라 함은 기업이 '목표를 달성하기 위해 취하는 행동방안'을 말하는데, 기업이 마케팅 목표를 이루기 위한 행동적 방안은 표적시장의 선정 및 기업이 '원하는 바'를 효율적으로 얻기 위한 마케팅 믹스의 개발이라는 측면으로 이루어져 있다. 무엇보다도 기업에서는 표적 마케팅의 관점을 기준으로 표적시장을 선택하기 위한 시장세분화가 전제되어야 하고, 이를 위한 마케팅 믹스를 개발하기 위해 포지셔닝이 갖추어져 있어야 한다.

① **시장세분화** : 하나의 전체 시장을 구성하는 소비자들을 여러 개의 동질적인 시장으로 나누는 것을 말한다. 인구통계적 변수, 소비자 행동 변수, 소비자 개성 변수 등으로 소비자를 세분화할 수 있다. 시장세분화를 통해 새로운 소비자 욕구를 발견하고 새로운 시장기회를 발견하여 높은 점유율을 실현할 수 있다. 세분시장은 서로 이질적인 소비자 욕구를 가져야 하며 충분한 시장규모를 가져야 한다. 또한 세분시장에 대한 접근이 용이해야 하며, 세분시장의 특징과 크기를 측정할 수 있어야 한다.

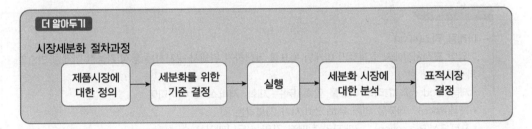

② **표적시장** : 세분시장이 확인되면, 기업은 어떤 세분시장을 표적으로 할 것인지 결정해야 한다. 즉, 기업이 어떤 목표로 세분시장에 마케팅 노력을 투하할 것인지 선정하는 것을 말한다. 기업은 세분시장의 크기와 성장성, 기업의 목표와 자원, 구조적 매력을 고려하여 표적시장을 결정한다.

③ **포지셔닝** : 자사 제품의 경쟁우위를 찾아내어 소비자들의 마음속에 자사의 상품을 각인시키는 것을 의미한다. 기업은 포지셔닝을 통해 표적시장에서 자사 제품과 서비스의 경쟁우위를 높인다. 포지셔닝은 경쟁사와의 차별화에서 시작하며 제품, 서비스, 유통경로, 인적자원, 이미지, 가격 등이 차별화의 기준이 된다.

(2) 마케팅 믹스 [기출]

마케팅 관리자는 일반적으로 4P를 잘 배합함으로써 고객을 만족시킬 수 있는 프로그램을 개발해야 하는데, 여기서 말하는 4P는 제품(Product), 가격(Price), 프로모션(Promotion), 유통(Place)의 머리글자를 말한다. 즉, 고객의 니즈를 만족시키는 제품과 서비스, 아이디어를 창출하고 이에 대해 고객이 지불할 가격을 결정하며, 구매자와 판매자 간의 커뮤니케이션의 수단을 설정하고 소비자가 구매할 경로를 결정하는 것이다.

더 알아두기

마케팅 믹스 4P's의 흐름도

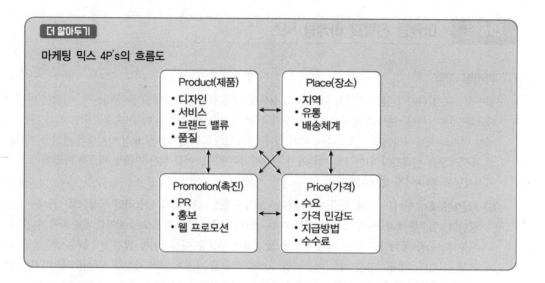

체크 포인트

마케팅 믹스(4P's)

기업이 표적시장에서 효과적인 마케팅 목표를 달성하기 위해서 구사하는 통제 가능한 마케팅 변수들의 집합이라 한다.

- 제품(Product) : 고객의 니즈를 만족시키는 재화, 서비스 및 아이디어
- 가격(Price) : 제품을 얻기 위해 소비자가 지불하는 것
- 프로모션(Promotion) : 구매자와 판매자 간의 커뮤니케이션 수단
- 유통(Place) : 소비자가 실질적으로 제품을 구매하는 장소

4P에서 4C로의 전환

- Product → Consumer : 구체적으로 소비자가 원하는 것을 의미
- Price → Cost : 소비자들이 구매하는 데 들어가는 노력, 시간, 심리적 부담 등의 비용(기업의 입장에서는 가격이지만, 소비자의 입장에서는 비용으로 인식)
- Promotion → Communication : 판매자와 구매자 간의 상호전달을 의미
- Place → Convenience : 구매의 편의성을 의미

제5절 ┃ 마케팅 관리

(1) 마케팅 관리

마케팅 관리는 마케팅 활동을 관리하는 것으로서, 표적시장의 욕구 및 필요의 충족을 통하여 기업의 목적을 달성시키기 위해 시장 관련 현상을 분석하고 이를 기초로 마케팅 분석·계획수립·실행·통제 하는 활동이다.

① **마케팅 분석** : 시장의 전반적 상황, 자사와 각 사업단위의 상품의 성과, 경쟁자, 공급자, 거시환경 등을 분석한다. 수집된 데이터들을 분석하여 새로운 기회 및 위협요인을 도출하고 파악하는 것이다.

② **마케팅 계획수립** : 기업의 전반적 전략목표와 전략계획의 실현을 돕기 위한 마케팅 전략을 개발하는 것이다.

③ **마케팅 실행** : 마케팅 계획을 마케팅 행동으로 실행하는 것이다.

④ **마케팅 통제** : 마케팅 계획의 실행결과를 평가하고 비교하여 마케팅 목표를 효율적으로 달성할 수 있도록 정보를 제공한다.

(2) 마케팅 활동에 영향을 미치는 요소 ◀ ★ 각 환경요인의 해당요인은 반드시 기억할 것

마케팅 환경이란 기업의 마케팅 관리 기능 외부에 존재하며 마케팅 활동에 영향을 미치는 모든 환경 요인을 의미한다. 마케팅 환경의 현상과 변화는 마케팅 활동의 전개에 있어 기회적 요소로 작용함과 동시에 위협적 요소가 되기도 한다. 기회적 요소는 환경변화에 적절하게 대응할 경우 마케팅 목표의 달성에 긍정적인 영향을 줄 가능성이 있는 사건 또는 추세를 의미한다. 위협적 요소는 마케팅 관리자가 적절하게 대응하지 못할 경우 마케팅 목표달성에 부정적인 영향을 미칠 가능성이 있는 사건 또는 추세를 의미한다. 마케팅 활동에 영향을 미치는 환경요인들을 분류하면 마케팅 부서의 현 업무나 목표에 직접적으로 관련된 미시적 환경과 장기적이고도 간접적으로 기업 활동에 영향을 미치는 거시적 환경으로 나눌 수 있다.

> **더 알아두기**
>
> **마케팅 환경(미시적·거시적 환경)**
>
> **거시적인 환경요인**
> - 기술적 환경
> - 법률적 환경
> - 경제적 환경
> - 문화적 환경
>
> **미시적인 환경요인**
> - 고객 시장 · 소비자 · 언론기관 · 금융기관
> - 경쟁 업체 · 중개업자 · 공급자 · 대중

① **미시적 환경요인(Micro-environmental Factors)** : 특정 기업이 특정 제품을 목표고객에게 마케팅할 때 마케팅 능력에 영향을 미치는 직접적이고도 관련성이 높은 마케팅 환경요인을 의미한다. 기출

ㄱ 소비자 : 기업은 소비자의 연령, 소득, 직업, 인종, 학력, 주거지 등의 소비자 특성에 대하여 적절히 대응하는 마케팅 전략을 수립할 수는 있어도 소비자의 특성은 통제할 수는 없다. 소비자가 상품을 구매할 때에는 소비자가 속한 기업의 문화, 가족, 친지, 관습, 종교 등에 의하여 주로 영향을 받는다. 즉, 소비자가 원하는 것이 무엇인지를 파악하고 그와 동시에 소비자가 아직 인식하고 있지 못한 니즈에는 어떠한 것이 있는가를 알아내어 그에 적합한 제품 및 서비스를 제공하는 것이 마케팅의 목표가 된다. 또한, 기업이 효과적인 마케팅 전략을 수립하고 전개하기 위해서는 무엇보다도 소비자 또는 소비자가 속한 집단에 대한 충분한 이해가 필요하다.

ㄴ 공급자 : 기업에서는 원재료를 공급받지 못하면 제품을 생산해서 판매하는 것이 불가능하다. 그래서 제품과 서비스를 공급하는 사람과 조직이 마케팅 활동에 매우 중요한 역할을 수행함과 동시에, 도매상이나 소매상에게도 제품을 공급하는 제조업자의 존재는 중요하다.

ㄷ 중개업자
- 기업과 시장 사이에서 제품과 서비스의 흐름을 직접적으로 지원하는 독립된 역할을 수행하는 사람을 중개업자라고 한다. 흔히 도매상, 소매상들이 중간상과 판매자, 구매자 사이에 필요한 자금의 조달·수송·보관을 수행하는 조직으로 분류할 수 있다.
- 해당요인 : **경쟁사, 중간상, 주주, 고객, 시민단체, 채권자** 등과 같이 기업에 이해관계가 있는 집단이다.

② **거시적 환경요인(Macro-environmental Factors)** 기출 : 특정 개별기업의 마케팅 활동에 직접적으로 영향을 미치지 않고 간접적이며, 단기적으로는 잘 변하지 않는 환경요인을 의미한다.

ㄱ 인구통계적 환경요소 : 인구통계 관련 환경의 변화는 바로 소비자층의 변화를 의미하므로, 마케팅 활동에 직접적인 영향을 미치게 된다. 기업의 매출이나 이익에 영향을 미치는 가장 중요한 요인이 시장의 크기와 그 시장을 구성하고 있는 구매자의 특성이기 때문에 인구통계적 환경에 대한 연구·조사활동이 매우 중요하다.

ㄴ 경제적 환경요소 : 구매자의 구매력과 소비구조에 영향을 미치는 모든 요인을 말한다. 이때 마케팅 관리자가 관심을 가지고 주시해야 할 경제적 환경으로는 국민소득 증가율과 소비구조의 변화 및 가계수지 동향 등이 있다.

ㄷ 기술적 환경요소 : 진부화가 급격하게 일어나는 경우에는 제품수명주기에 직접적으로 영향을 미치며, 기업의 제품이나 판촉정책 수립에도 영향을 미치게 된다.

ㄹ 법적·정치적 환경요소 : 기업에 있어 법적·정치적 환경요소의 영향은 커다란 의미를 지닌다. 법적·정치적 환경 내에서 규제활동은 제품개발부터 촉진에 이르기까지 마케팅의 전 측면에 영향을 미친다. 예를 들어, 금속을 만드는 공장을 운영하는 회사는 환경보호와 관련된 법률을 준수해야 한다.

ㅁ 사회·문화적 환경요소 : 기업의 마케팅 활동에 영향을 미치는 사회·문화적 환경요소에는 연령, 인종, 성별, 종교, 관습, 가치관 등이 있다. 소비자들의 구매나 소비행태에 많은 영향을 미치며, 결과적으로 소비자들을 대상으로 하는 기업의 활동을 결정하게 된다. 기출

ㅂ 경쟁자 요소 : 동일한 소비자 니즈를 충족시키려는 기업들을 경쟁기업이라 하며, 마케팅 담당자는 이에 대해 적절한 경쟁력을 통해서 가장 높은 점유율을 차지하는 선도기업이 되기 위해 노력

한다. 경쟁기업은 기존의 회사일 수도 있고, 신제품을 갖고 새롭게 시장에 진입한 새로운 경쟁사일 수도 있다.

- 완전경쟁 상황 : 각 기업은 전체 시장수요의 작은 부분들을 담당하며, 그에 따라 각자가 비교적 작은 세력을 가진다.
- 독점 상황 : 하나의 공급자가 해당 시장의 전체를 지배하는 것이다. 타사가 그 시장에 진입하기 위해서는 장애가 많기 때문에 독점기업들은 평균보다 많은 이익을 얻는다.
- 과점 상황 : 이때에는 차별화가 되지 않을 수 있고, 반대로 매우 높은 차별화가 나타나기도 한다. 그래서 해당 시장에 있는 기업의 수가 비교적 적기 때문에 경쟁행동은 상호 의존성이 현저하게 나타난다.
- 독점적 경쟁상황 : 제품들은 독자적인 외양이나 상표, 포장 방법 등으로 차별화된다.
- 해당요인 : 사회, 문화, 정치, 경제, 법, 기술적 환경 등이 있다.

제6절   마케팅 투자효과 측정 기출

(1) 마케팅 투자효과 측정의 필요성

마케팅 투자효과 측정을 통하여 마케팅 비용이 얼마나 효율적으로 사용됐는지, 마케팅 활동이 매출과 인지도 상승에 얼마나 기여했는지 등을 파악하여 마케팅 전략을 정당화하고 방향을 세울 수 있다.

(2) 마케팅 투자수익률

마케팅 투자수익률(ROI ; Return On Investment)이란 마케팅 투자에 의해 나타나는 순수익을 투자 비용으로 나눈 것이다. 이는 마케팅이 수익을 창출하는 방식을 정량화하여 정당화시킨다.

일반적으로 마케팅 투자수익률의 측정에는 투입되는 데이터가 있어야 한다. 데이터 유형은 크게 투자 데이터, 수익 데이터, 고객 거래 데이터 등으로 구분할 수 있다. 이 가운데 투자 데이터는 비교적 어렵지 않게 얻어낼 수 있다. 해당 마케팅 활동에 투입되는 광고료, 프로그램 제작비, 인건비 등 직접 추적이 가능한 경우가 많기 때문이다. 다소 어려운 부분이 있다면 임대료 등의 간접비, 투자 효과가 장기에 걸치는 비용의 기간별 배분, 복수 마케팅 캠페인 비용의 배분 등을 들 수 있다. 하지만 이 부분도 활동 기준 원가 배분(ABC ; Activity Based Costing) 등의 인과 분석을 통해 해당 비용을 이끌어낼 수 있다. ROI 분석은 투자결정의 신뢰성과 프로젝트의 경제성을 증명하는 효과적인 도구로서, 프로젝트 비용을 프로젝트 성과나 효과와 비교하는 것이다. 즉, ROI 분석을 통해 투자 타당성을 도출하고, 시간에 따른 경제적 파급효과를 산정한다.

> **더 알아두기**
>
> **마케팅 투자효과 측정 관련 용어**
> - ROAS(Return On Ad Spend, 광고 대비 수익률) : 특정 채널 광고비 지출 대비 이 광고비를 통해 일어난 매출을 의미한다.
> - Marketing ROI(Return On Investment, 투자수익률) : 마케팅 활동에 대한 전체 비용지출 대비 이를 통해 일어난 이익이다. ROAS와 비교하면 투자 개념이 더해지며, 다소 복잡하지만 섬세한 성과측정 지표이다.
> - ROO(Return On Objective, 목표 대비 수익률) : ROI와 본질적으로 같으나 전체 사업 목표와 마케팅 목표를 생각하고 이에 맞춰 사업내용 및 지출과 성과를 고려하려는 시도이다.

※ 다음 지문의 내용이 맞으면 ○, 틀리면 ✕를 체크하시오. [1~6]

01 SWOT 분석에서 말하는 각각의 의미는 강점(Strength), 약점(Weakness), 기회(Opportunity), 위협(Threat)의 4가지 요소이다. (　　)

02 사명은 기업의 존재의미 및 목적을 나타낸다. (　　)

03 기업수준의 전략이라 함은 특정한 사업 영역 내에서 여러 타사에 비해 어떻게 경쟁우위를 확보하고, 이를 효과적으로 유지해 나가는지에 대한 방법의 문제를 다루는 영역이다. (　　)

04 사업수준의 전략이라 함은 상위의 전략을 효과적으로 실행하기 위한 하나의 수단으로써의 영역을 의미한다. (　　)

05 기능수준의 전략이라 함은 사업의 영역을 선택하고, 이를 기반으로 사업을 어떻게 효과적으로 관리할 것인가의 문제를 다루는 영역이다. (　　)

06 BCG 매트릭스의 기준이 되는 두 축은 시장성장률과 고객점유율이다. (　　)

정답과 해설　01 ○　02 ○　03 ✕　04 ✕　05 ✕　06 ✕

01 SWOT 분석이란 기업이 내부환경 및 외부환경 등을 분석하여 자사의 강점과 약점, 기회와 위협요인을 규정하고, 이를 기반으로 마케팅 전략을 수립하는 데 사용되는 기법이며, 강점(Strength), 약점(Weakness), 기회(Opportunity), 위협(Threat)의 4가지 요소로 구분할 수 있다.

03 기업수준의 전략은 사업의 영역을 선택하고, 이를 기반으로 사업을 어떻게 효과적으로 관리할 것인가의 문제를 다루는 영역이다.

04 사업수준의 전략은 특정한 사업 영역 내에서 타사에 비해 어떠한 방식으로 경쟁우위를 확보하고, 어떻게 이를 효과적으로 유지해 나가는지에 대한 방법의 문제를 다루는 영역이다.

05 기능수준의 전략은 사업부 전략으로부터 도출되고, 상위의 전략을 효과적으로 실행하기 위한 하나의 수단으로써 그 역할을 수행하는 영역이다.

06 BCG 매트릭스의 기준이 되는 두 축은 시장성장률과 상대적 시장점유율이다.

01 별 사업부는 시장성장률도 높고 상대적 시장점유율도 높은 경우에 해당하는 사업이다. 이 사업부의 제품들은 제품수명주기상에서 성장기에 속한다.

01 다음에서 설명하는 BCG 매트릭스의 특징에 해당하는 사업영역으로 알맞은 것은?

> 시장성장률이 높고, 동시에 시장점유율도 높은 사업부로서, 가장 촉망받는 사업이다. 주로 여기에 속한 제품군들은 제품수명주기상의 성장기에 해당된다.

① Cash Cow

② Dog

③ Star

④ Question Mark

02 물음표 사업부는 시장성장률은 높으나 상대적 시장점유율이 낮은 사업이다. 시장에 제품을 출시하지 않은 대부분의 사업부가 출발하는 지점이 물음표이며, 신규로 시작하는 사업이기 때문에 기존의 선도기업을 비롯한 여러 경쟁기업에 대항하기 위해 신규 자금의 투자가 상당량 필요하다.

02 다음에서 설명하는 BCG 매트릭스의 특징에 해당하는 사업영역으로 알맞은 것은?

> 시장성장률은 높으나, 상대적 시장점유율이 낮은, 즉 시장 내의 위치가 미약한 사업들로서, 아직 전망이 불확실한 신규개척 사업이 해당된다.

① Question Mark

② Star

③ Cash Cow

④ Dog

정답 01 ③ 02 ①

03 다음에서 설명하는 BCG 매트릭스의 특징에 해당하는 사업영역으로 알맞은 것은?

> 시장성장률은 낮으나 시장점유율이 높은 사업들로서, 제품수명주기상의 성숙기에 해당하는 제품군으로 많은 자금을 창출할 수 있는 능력을 가지고 있다.

① Dog
② Cash Cow
③ Question Mark
④ Star

03 캐시카우 사업부는 시장성장률은 낮지만 상대적으로 높은 시장점유율을 유지하고 있다. 이 사업부는 제품수명주기상에서 성숙기에 속하는 사업부이다.

04 다음 중 사명이 가지는 기능적 효과에 속하지 <u>않는</u> 것은?

① 조직의 정체성을 제공한다.
② 가치의 중심점을 제공한다.
③ 일관성 평가의 기준을 제공한다.
④ 이익지향의 기준을 제공한다.

04 사명이 가지는 기능적 효과로는 ①·②·③ 이외에 전략수립과정의 기준과 전략평가의 기준을 제공하는 것을 들 수 있다.

05 다음 중 기업목표의 특징으로 옳지 <u>않은</u> 것은?

① 실현 가능화
② 일관성의 유지
③ 순서의 확립
④ 이익 극대화

05 기업목표의 특징으로는 ①·②·③ 이외에 계량화가 있다.

정답 (03 ② 04 ④ 05 ④)

06 캐시카우 사업부는 성장률이 낮아 신규투자가 필요 없으며, 이미 점유율이 확보되어 있어 비용이 적게 들고 현금수지의 잉여를 가져온다.

06 다음 중 한 회사의 현금수입의 원천이 되는 사업은 무엇인가?

① 개 사업부
② 캐시카우 사업부
③ 물음표 사업부
④ 별 사업부

07 SWOT 분석은 강점 또는 약점인지 구분이 명확하지 않은데, 판단은 상황에 대해 실질적으로 느껴져야만 할 수 있다.

07 SWOT 분석의 한계점으로 **틀린** 것은?

① SWOT 분석은 환경인식의 기법이나 예측 등의 분석방법이 정확히 갖추어지지 않는다면, 환경에 대한 자의적 선별과 그로 인한 해석으로 다른 중요한 환경요소들이 배제될 수 있다.
② SWOT 분석은 강점인지 또는 약점인지 구분을 명확하게 해 준다.
③ SWOT 분석은 전략적인 대응을 위해 핵심적 역량으로 간주되어야 할 요소조차, 강·약점의 분류에 들어가지 못하는 점에서 전략대응의 방향이나 내용 면에서 누락될 수도 있다.
④ SWOT 분석은 기업능력 검토에 있어 강·약점에 대한 뚜렷한 인식이 쉽지 않다.

08 기능수준의 전략은 생산, 마케팅, 재무, 인사라는 경영의 주된 기능부문 내에서 어떻게 하면 주어진 자원을 효과적으로 활용할 것인가의 문제를 다루는 역할을 한다.

08 다음 중 기능수준의 전략이 취급하는 문제로 적합한 것은 무엇인가?

① 기업이 생산하는 철봉의 판매망을 구축하는 문제
② 기업의 철강 사업의 경쟁우위의 강화방안 마련의 문제
③ 한 기업의 철강 사업 진출에 대한 결정문제
④ 철강 사업과 자동차 사업의 2가지 사업에 대한 보완성 강화 및 시너지 창출의 문제

정답 (06 ② 07 ② 08 ①)

09 삼성전자는 타사와의 경쟁으로 인해, LCD 사업부의 경쟁력에 대해 위기를 느끼고 이에 대한 대책을 다각도로 마련하고 있는 상황이다. 이것은 경영전략의 수준 중에서 어느 전략에 속하는 것인가?

① 마케팅 전략
② 전사적 전략
③ 사업부 전략
④ 기능 전략

10 다음 중 BCG 매트릭스에서 유지 전략에 해당하는 사업부는 무엇인가?

① 개 사업부
② 별 사업부
③ 물음표 사업부
④ 캐시카우 사업부

11 다음 중 BCG 매트릭스에서 투자 전략에 해당하는 사업부는 무엇인가?

① 캐시카우 사업부
② 물음표 사업부
③ 개 사업부
④ 별 사업부

09 사업부 전략에서는 특정한 사업 영역 내에서 타사들에 비해 어떻게 경쟁우위를 확보하고, 이를 효과적으로 유지해 나가는지에 대한 방법의 문제를 주로 다룬다.

10 유지 전략은 강한 캐시카우 사업부에 적절한 전략으로서, 시장점유율을 현재 수준에서 유지하려는 전략이다.

11 투자 전략은 물음표 사업부에 적절한 전략으로서, 시장점유율을 높이기 위해 현금자산을 투자하는 전략이다.

정답 (09 ③ 10 ④ 11 ②)

12 SWOT 분석은 기업에 있어 기회가 되는 요인과 위협이 되는 요인을 구분하는 것이다. 즉, 기업 내부의 강점과 약점을 발견하여 기회가 되는 요인을 이용하고 위협을 피해가며 내부의 강점을 활용하고 약점을 보강하는 등의 전략을 짜는 것을 말한다.

13 기능 전략은 주로 기업의 생산, 마케팅, 재무, 인사 등 경영의 주된 기능 내에서 어떻게 하면 주어진 자원을 효과적으로 이용할 것인가의 문제를 다루는 역할을 한다.

14 기업사명의 규정 시 반영해야 하는 질문에는 ①·②·④ 이외에 '자사는 어떤 사업을 하는가?' 등이 있다.

12 다음 중 기업의 환경요인 및 조직내부의 능력을 고려하여 마케팅 전략을 세울 목적으로 만들어진 것은?

① STP 전략
② GE 매트릭스
③ SWOT 분석
④ BCG 매트릭스

13 다음 중 기능 전략의 개념으로 올바른 것은?

① 사업의 영역을 선택하고, 이를 기반으로 사업을 어떻게 효과적으로 관리할 것인가의 문제를 다루는 역할을 수행한다.
② 기업 또는 개인이 하고자 하는 사업에 대해 정확하게 인지하고, 해당 시장의 여건과 고객의 니즈에 부합하는 적절한 사업의 방향을 정하는 것을 말한다.
③ 특정한 사업 영역 내에서 타사에 비해 어떻게 경쟁우위를 확보하고, 이를 효과적으로 유지해 나가는지에 대한 방법의 문제를 다루는 역할을 수행한다.
④ 사업부 전략으로부터 도출되며, 상위의 전략을 효과적으로 실행하기 위한 하나의 수단으로써 그 역할을 수행한다.

14 다음 중 기업사명의 규정 시 반영해야 하는 질문에 해당하지 <u>않는</u> 것은?

① 자사의 소비자는 누구인가?
② 자사의 사업방향은 어떻게 될 것인가?
③ 자사의 매출은 얼마인가?
④ 자사의 사업이 소비자들을 만족시킬 수 있는 어떤 가치를 제공하는가?

정답 12③ 13④ 14③

15 다음은 4P에서 4C로 전환해야 한다는 주장에 의해 바뀌는 과정을 표시한 것이다. 다음 중 <u>틀리게</u> 짝지어진 것은?

① Place　　　→　Convenience
② Promotion　→　Communication
③ Product　　→　Consumer
④ Price　　　→　Comodity

16 현대적 개념의 마케팅에서는 4P 대신 4C를 사용해야 한다는 주장이 있는데, 다음 중 4C에서 4P의 'Promotion'에 해당하는 것은?

① Cost
② Communication
③ Conversation
④ Customer

17 다음 중 미시적 환경요소에 속하지 <u>않는</u> 것은?

① 경쟁사
② 중간상
③ 문화적 환경
④ 고객

정답　15 ④　16 ②　17 ③

18 일반적으로 마케팅 환경은 기업에 이해관계가 있는 집단인 경쟁사, 중간상, 주주 등의 미시적 환경과 단기적으로 잘 변하지 않는 환경(사회, 정치, 법, 기술 등)인 거시적 환경으로 구분할 수 있다.

18 마케팅 환경과 관련된 내용 중 성격이 <u>다른</u> 하나는?

① 정치

② 경쟁사

③ 기술

④ 법

19 마케팅 믹스 4P's에는 Price, Product, Place, Promotion 4가지가 속한다.

19 다음 중 마케팅 믹스 4P's에 속하지 <u>않는</u> 것은?

① Price

② Product

③ People

④ Place

20 4P → 4C로의 전환에서는 Price의 경우, 기업의 입장에서는 가격이지만 소비자의 입장에서는 비용으로 인식하므로 Cost가 된다.

20 마케팅 믹스 4P's에서는 'Price'에 속하지만, 이것이 4C로의 전환이 이루어질 때는 무엇으로 바뀌는가?

① Consumer

② Cost

③ Communication

④ Convenience

정답 18 ② 19 ③ 20 ②

➡ **SWOT 분석** : 기업이 내부 환경 및 외부 환경 등을 분석하여 자사의 강점(Strength)과 약점(Weakness), 기회(Opportunity)와 위협요인(Threat)을 규정하고, 이를 기반으로 마케팅 전략을 수립하는 데 사용되는 기법

➡ **경영전략의 수준**

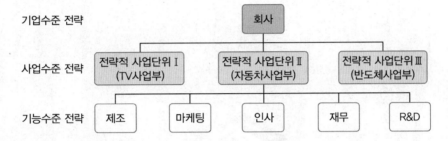

- 전사적 전략(기업수준전략) : 사업의 영역을 선택하고, 이를 기반으로 사업을 어떻게 효과적으로 관리할 것인가의 문제를 다룬다.
- 사업부 전략(사업수준전략) : 특정한 사업 영역 내에서 여러 타사에 비해 어떻게 경쟁우위를 확보하고, 이를 효과적으로 유지해 나가는지에 대한 방법의 문제를 다룬다.
- 기능 전략(기능수준전략) : 사업부 전략으로부터 도출되고, 상위의 전략을 효과적으로 실행하기 위한 하나의 수단으로써 그 역할을 한다.

➡ **BCG 매트릭스의 핵심적인 2가지 척도** : 시장성장률, 상대적 시장점유율

➡ **마케팅 믹스 4P에서 4C로의 전환**
- Product → Consumer : 구체적으로 소비자가 원하는 것을 의미
- Price → Cost : 소비자들이 구매하는 데 들어가는 노력, 시간, 심리적 부담 등의 비용
- Promotion → Communication : 판매자와 구매자 서로 간의 상호전달을 의미
- Place → Convenience : 구매의 편의성을 의미

➡ **거시적 환경요인(Macro-Environmental Factors)**
특정 개별기업의 마케팅활동에 직접적으로 영향을 미치지 않고 간접적이며, 단기적으로는 잘 변하지 않는 환경요인

SD에듀와 함께, 합격을 향해 떠나는 여행

제 3 장

소비자와 산업재 구매자 행동

우리 인생의 가장 큰 영광은 결코 넘어지지 않는 데 있는 것이 아니라
넘어질 때마다 일어서는 데 있다.

– 넬슨 만델라 –

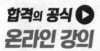
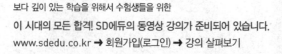

제 3 장 │ 소비자와 산업재 구매자 행동

제1절 소비자 행동모델

기업에서의 마케팅 관리자는 고객들의 니즈를 충족시킴으로써 자사의 이윤을 창출하는 것을 목적으로 함과 동시에, 이의 극대화를 위해 마케팅 전략을 수립하고 실행에 옮기는 마케팅 활동을 수행한다. 소비자 행동모델이란 '소비자 행동에 관계되는 변수들을 확인하고 그들 사이의 관계를 본질적으로 서술하여 행동이 형성되고 영향을 받는 양상을 묘사하기 위한 것'으로 정의된다. 또한, 고객지향적인 마케팅 관리는 소비자의 니즈를 발견·이해하고, 이를 기준으로 소비자를 만족시키기 위해 마케팅 믹스를 개발하는 데 중점을 둔다. 그래서 성공적인 마케팅을 위해 소비자와 소비자 니즈 및 구매행위에 대한 이해는 반드시 따르게 된다. 이러한 이해를 하기 위해 소비자 구매의사결정과정 및 소비자의 특성과 각종 요소를 알고 있어야 한다. 많은 소비자 행동의 연구자들은 각자의 동기부여와 행위의 근거가 되는 변수들에 관해 자신만의 아이디어를 갖고 있을 것인데, 이러한 아이디어를 묘사하는 흐름도가 바로 소비자 행동모델인 것이다.

(1) 전통적 소비자 구매행동모델(AIDMA) 기출

① Attention : 매체에 삽입된 광고를 접하는 수용자가 주의를 집중하는 단계

② Interest : 수용자가 광고에 흥미를 느끼는 단계

③ Desire : 수용자가 광고 메시지를 통해 제품의 소비나 사용에 대한 욕구를 느끼는 단계

④ Memory : 광고 메시지나 브랜드 이름 등을 기억·회상하는 단계

⑤ Action : 제품의 구매나 매장의 방문 등 광고 메시지에 영향을 받은 행동을 하는 단계

(2) 소비자 행동모델의 유용성

① 소비자 행동에 대해서 통합적인 관점을 제공하는 역할을 한다.

② 마케팅 의사결정에 필요한 조사 분야를 확인시켜 주며 변수 간 관계의 계량화를 격려하는 역할을 한다.

③ 조사발견점을 평가하고 그것을 의미하는 방법으로 해석하도록 도와주는 역할을 한다.

④ 마케팅 전략을 개발하고 소비자 행동을 예측하기 위한 근거를 제공해주는 역할을 한다.

⑤ 소비자 행동에 관한 이론구성과 학습을 지원하는 역할을 한다.

제2절 구매자 의사결정과정

소비자가 구매를 결정하게 되는 과정은 소비자의 니즈, 즉 필요성 인식단계, 정보수집단계, 대안평가단계, 구매행동단계, 구매 후 행동단계로 나눌 수 있는데, 기업의 마케팅 관리자는 이런 고객들의 구매의사 결정과정을 이해하고, 각 단계에 맞는 대응방안을 모색함으로써 자사에 유리한 의사결정을 이끌어낼 수 있다.

(1) 구매의사 결정과정 개요 기출

일단 소비자가 해당 기업의 제품을 구매하는 첫 단계는 소비자의 구매문제 또는 욕구의 인식으로부터 시작된다. 소비자는 동기 등 여러 가지 요인에 의해서 구매에 대한 필요성을 인지한다. 니즈에 맞는 구매 정보를 탐색하며 몇 개의 선택 대안들을 평가하는 과정을 거친다. 선택 대안의 평가과정 중에서 여러 가지 변수가 작용한다. 이러한 과정을 거쳐 소비자는 정해진 사항을 실천에 옮기게 되는데, 이 단계가 실제구매단계라고 할 수 있다. 소비자는 상표를 구매한 후 구입한 제품을 소비하고 사용한 후의 경험에 따라 이 상표를 평가하게 된다. 소비자가 상표 소비 후 느끼는 만족 또는 불만족은 소비자의 차후 구매의사 결정과정에 영향을 미치게 된다.

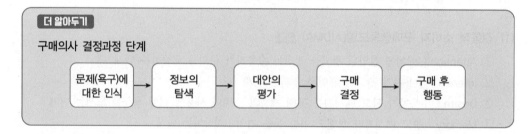

더 알아두기

구매의사 결정과정 단계

문제(욕구)에 대한 인식 → 정보의 탐색 → 대안의 평가 → 구매 결정 → 구매 후 행동

① 문제(욕구) 인식 기출

'어떤 사람이 추구하는 바람직한 상태와 실제로는 그렇지 못한 상태와의 차이'라고 할 수 있다. 예를 들면, 배고픔을 느낄 때 어떤 음식을 먹고 싶은데 음식이 없을 때 배고픔을 해결하기 위한 욕구가 발생한다.

② 정보탐색

소비자는 자신의 문제(욕구)를 인식하고 나면, 이를 충족시키기 위해서 대안(정보)을 탐색하는 과정에 들어간다. 즉, 정보탐색단계는 문제를 해결하기 위해서 어떤 대안이 있는지를 찾아내고, 그에 맞는 대안에 대한 정보를 수집하는 단계이며 크게 내부탐색과 외부탐색으로 나뉜다.

ⓒ 내부탐색 : 자신의 기억 또는 내면에 저장되어 있는 관련된 정보에서 의사결정에 도움이 되는 것을 끄집어내는 과정이다. 다시 말해, 어떤 제품을 반복 구매했다면 그 제품의 경우 쉽게 제품에 대한 과거정보를 머릿속에 떠올려 이용할 수 있다.

ⓒ 외부탐색 : 자신의 기억 외의 원천으로부터 정보를 탐색하는 활동을 말한다. 소비자는 기업이 제공하는 정보보다 공적인 정보나 또는 소비자의 개인적 원천(친구, 가족, 동료)을 통한 정보를 더 신뢰하는 경향이 있다. 다시 말해, 제품의 판매점 또는 소비자 정보지 등을 알아보거나 구입하고자 하는 제품을 이미 사용한 사람들에게 의견을 물어보는 등의 행동이 포함된다.

- 상기상표군(Evoked Set) : 내적 탐색을 하면서 기존에 알고 있던 상표들 중 떠오르는 상표군이다.
- 최초 상기상표(TOMA ; Top Of the Mind Awareness brand) : 내적 탐색을 통해 가장 먼저 생각나는 상표이다.
- 고려상표군(Consideration Set) : 기존에 알지 못했던 상표들 중에서 외적 탐색을 통해 발견된 상표군에 상기상표군을 더한 것으로, 대안평가를 하기 위해 최종적으로 고려되는 상표군을 말한다.
- 선택집합(Choice Set) : 고려상품군 중 최종적으로 고려되는 상품을 통틀어 의미한다.

③ 대안의 평가 [기출]

정보를 수집하는 중간이나 또는 정보를 수집한 후에 소비자는 그동안의 정보탐색을 통해 알게 된 내용을 기반으로 구매대상이 되는 여러 대안을 평가한다. 여러 대안의 평가 시 일정한 방식으로 평가를 함에 있어 보완적 방식, 비보완적 방식, 휴리스틱 방식으로 구분된다.

㉠ 보완적 방식 : 각 상표에 있어 어떤 속성의 약점을 다른 속성의 강점에 의해 보완하여 전반적인 평가를 내리는 방식이다. [기출]

〈보완적 방식의 예〉

평가기준	중요도	기차에 대한 평가		
		KTX	새마을호	무궁화호
경제성	40	8	3	5
기계성능	30	5	3	5
디자인	20	5	5	5
승차감	10	3	7	5
평가점수		600	380	500

보완적 방식의 경우에는 KTX는 제품속성별 평가점수가 각각 8, 5, 5, 3점이고 각 제품 속성이 평가에서 차지하는 중요도는 40, 30, 20, 10이므로, 이러한 **가중치를 속성별 평가점수에 곱한 후에 이를 모두 더하면 600이 된다.** 이것이 KTX의 종합평가점수이다.

이런 방식으로 새마을호와 무궁화호를 계산하면 다음과 같으며, 종합평가점수가 가장 높은 KTX가 소비자의 입장에 있어서 최종 구매대안이 되는 것이다.

- KTX의 가치값 = $0.4 \times (8) + 0.3 \times (5) + 0.2 \times (5) + 0.1 \times (3) = 8.7$
- 새마을호의 가치값 = $0.4 \times (3) + 0.3 \times (3) + 0.2 \times (5) + 0.1 \times (7) = 3.8$
- 무궁화호의 가치값 = $0.4 \times (5) + 0.3 \times (5) + 0.2 \times (5) + 0.1 \times (5) = 5$

㉡ 비보완적 방식 : 각 상표에 있어 어떤 속성의 약점이 다른 속성의 강점에 의해 보완되지 않는 평가방식을 말한다. [기출]

〈비보완적 방식의 예〉

평가기준	상표			
	페리오	메디안	송염	2080
충치예방	4	4	3	3
미백효과	3	2	3	1
향	1	2	3	5

• 사전편집식 : 가장 중요시하는 평가기준에서 최고로 평가되는 상표를 선택하는 방식이다.

> **예**
> 충치예방을 최우선적으로 중요시하고, 미백효과를 두 번째로 중요시한다면 페리오 치약이 선택된다.

• 순차적 제거식 : 중요하게 생각하는 특정 속성의 최소 수용기준을 설정하고 그 속성에서 수용기준을 만족시키지 못하는 상표를 제거해 나가는 방식이다.

> **예**
> 수용기준을 각 치약의 속성에 대해서 3점 이상으로 한다면, 송염 치약이 선택대안으로 고려된다.

• 결합식 : 상표 수용을 위한 최소 수용기준을 모든 속성에 대해 마련하고, 상표별로 모든 속성의 수준이 최소한의 수용기준을 만족시키는가에 따라 평가하는 방식이다.

> **예**
> 치약의 각 속성에 대한 최소 수용기준을 2점으로 한다면, 메디안 치약과 송염 치약이 선택대안으로 고려된다.

• 분리식 : 특별히 중요한 한두 가지 속성에서 최소 수용기준을 정하여 해당 기준을 만족시키는 대안들을 모두 선택하는 방식이다.

> **예**
> 향을 특히 중요시하고, 최소 수용기준을 4점으로 한다면, 2080 치약이 선택된다.

ⓒ 휴리스틱 기법 : 여러 요인을 체계적으로 고려하지 않고 경험, 직관에 의해 문제해결과정을 단순화시키는 규칙을 만들어 평가하는 것이다. 다시 말해, 어떠한 문제를 해결하거나 불확실한 상황에서 판단을 내려야 할 때 정확한 실마리가 없는 경우에 사용하는 방법이다.

④ **구매결정**

소비자의 여러 대안에 대한 태도가 정해지면, 다음은 구매의사를 결정해서, 구매행동으로 옮기는 단계이다. 하지만 대안에 대한 태도가 반드시 구매로 이어지는 것은 아니다. 그 이유로는 첫째, 개인적인 태도형성과 더불어 주위의 가까운 지인들의 의견이나 태도 등이 구매결정에 영향을 미치기 때문이다. 예를 들어, B라는 액세서리를 구입할 경우에 소비자의 지인이 가격이 저렴한 브랜드에 대해 강력한 찬성의지를 보낸다면 소비자에게 높은 평가점수를 받은 A 액세서리에 대한 구매태도가 구매의사로 연결되기는 어려울 것이다. 둘째, 인지된 위험 말고도 구매행동을 막는 요인은 예측지 못한 상황이 발생할 때이다. 예를 들어, 판매점에서 해당 제품에 대한 재고가 없어 구할 수 없거나, 판매사원의 태도가 부정적인 경우 등의 예상치 못한 상황이 발생하여 해당 브랜드의 구매를 좌절시킬 수 있다.

⑤ **구매 후 행동** 〔중요〕 〔기출〕

구매 후 행동은 구매의사 결정과정의 마지막 단계로서, 소비자의 구매결과를 평가하는 단계이다. 이 단계에서는 소비자가 제품의 성능과 구매 전 제품에 대해 기대했던 내용을 비교·평가하여 현 제품의 성능이 기대치보다 높으면 만족하고, 제품의 성능이 기대치에 미치지 못하면 불만족하게 되는 것이다. 그래서 소비자는 제품의 성능이 기대치에 미치지 못한 경우에 몇 가지 방안을 찾게 된다. 첫째, 구입한 제품에 대해 환불 또는 교환을 요구하거나 그에 따른 적절한 보상을 요구함과 동시에 불만족한 소비자들은 타인에게도 자신의 제품사용에 대한 불만족을 표출한다. 둘째, 소비자 는 자신의 구매결정을 정당화시키기 위해서 추가정보를 수집한다. 다시 말해, 소비자 자신의 기대 치 또는 사전의 평가결과와 실제 사용하고 난 후의 결과가 어긋난 데에 따른 불일치 현상을 잠재우 기 위해 구입한 제품에 대해 보다 긍정적인 정보들을 수집하며, 반대로 부정적인 정보들은 멀리하 려는 것이다.

더 알아두기

인지 부조화
고객이 제품의 성능과 구매 전 제품에 대해 기대했던 내용을 비교하여 제품의 성능이 기대치보다 높 으면 만족하게 되고, 반대로 제품의 성능이 기대치에 미치지 못하면 불만족하게 되는 것을 말한다(기 대 ≤ 성과 → 만족, 기대 > 성과 → 불만족).

---

(2) 구매의사결정 행동유형 〔기출〕

소비자 욕구 및 행동분석을 파악하기 위해서는 소비자의 라이프스타일, 문화적 요인, 사회적 요인, 개 인적 요인, 라이프사이클, 직업, 경제적 상황, 개성 등을 고려해야 한다. 일반적으로 관여도의 높고 낮 음은 다음과 같이 구분된다.

구분	저관여	고관여
브랜드 간의 차이가 크게 나타날 때	다양성을 추구한다.	복잡한 의사결정을 한다.
브랜드 간의 차이가 작게 나타날 때	관성적인 구매를 한다.	부조화는 감소된다.

① **고관여 구매행동** : 구매자는 각 회사의 제품이나 서비스를 구매하는 의사결정과정에 있어서 그 의사 결정을 중요하다고 생각하거나, 지극히 개인적인 관심을 많이 갖고 있는 경우에는 신중한 의사결정 을 한다. 예를 들어, 앞으로 다니게 될 학교를 선택한다든지 오디오나 컴퓨터를 구입하는 경우가 이에 해당된다. 관여도는 일반적으로 소비자가 그 제품이나 서비스에 대해 얼마나 개인적인 관심을 갖고 있는가 하는 개인적 요인과 구매하려는 제품이 갖는 중요성에 의해 좌우되는 제품요인, 구매의 신속을 요하는 정도 등의 기준으로 결정된다. 소비자가 제품에 대해 **많은 관심**을 가질수록, 제품의 구매가 **개인적으로 중요**할수록, 소비자가 처한 **구매 관련 상황이 급**할수록 소비자의 구매의사결정 에 대한 관여도는 높아지게 마련이고, 고관여 구매행동을 보이게 된다(전문품 및 선매품).

    ㉠ 복잡한 구매행동 : 소비자들의 제품구매에 있어, 높은 관여를 보이고 각 상표 간의 뚜렷한 차이점이 있는 제품을 구매할 경우의 구매행동은 일반적으로 매우 복잡한 구조가 된다. 소비자들은 제품의 가격이 비교적 높고 상표 간의 차이가 크며, 일상적으로 빈번히 구매하는 제품이 아닌 소비자 자신에게 매우 중요한 제품을 구매할 때 높은 관여를 보인다. 복잡한 구매행동을 요구하는 구매 시 소비자들은 제품구매를 위하여 많은 것을 알아야 한다. 여기서 중요한 점은 소비자들은 자신의 합리적 선택을 위하여 충분히 노력을 기울일 준비가 되어 있는 경우가 많다는 것이다. 이렇듯 복잡한 제품을 구매하는 경우 구매자는 첫 번째로 제품에 대한 지식에 근거하여 그 제품에 대해 주관적으로 갖게 되는 생각인 신념(인지)을 개발하고, 그 다음으로 해당 제품을 좋아하거나 싫어하는 정도를 말하는 태도를 형성하는 것이고, 마지막으로는 가장 합리적이라고 생각하는 구매대안을 선택하는 학습과정(행동)을 거치게 되는 것이다. 특히, 고관여 제품의 마케팅 관리자들은 고관여 소비자들의 정보수집행동과 그들의 구매행동 및 구매 후 평가 등에 대한 정확한 이해를 하고 있어야 한다. `기출`

    ㉡ 부조화 감소 구매행동 : 구매자들이 구매하는 제품에 대해 비교적 관여도가 높게 나타나고 제품의 가격이 고가에다 평소에 자주 구매하는 제품이 아니고 구매 후 결과에 대하여 위험부담이 있는 제품인 경우, 상표 간의 큰 차이가 없을 때 일어난다. 이렇듯 소비자들이 스스로 상표들의 차이를 판단할 수 있는 정보가 적기 때문에 소비자들은 자신에게 효율적인 정보를 얻기 위해 여러 점포를 방문하지만 최종적인 구매는 비교적 빨리 이루어진다. 상표 간의 큰 차이가 없는 제품 구매를 생각하는 것은 소비자들은 비교적 적당한 가격 등과 같은 내용에 먼저 반응하게 되고, 실제 제품구매를 한 뒤 구매한 제품에 대한 불만사항을 발견하거나 또는 주변으로부터 구입하지 않은 제품에 대한 긍정적인 정보나 이야기를 듣게 되면 구매 후 부조화를 경험하게 되는 것이다. 이러한 부조화를 줄이기 위해서 마케팅 관리자들은 소비자들이 구매 후 구매에 대한 확신을 갖게 하기 위한 촉진활동을 벌이는 것은 당연한 일이다.

② **저관여 구매행동** : 구매자들은 제품이나 서비스를 구매함에 있어 항상 높은 관여도를 보이지는 않는다. 예를 들어, 소비자들이 껌이나 물과 같은 편의품을 구매하는 경우 사전에 껌의 정보를 스스로 수집하기 위해 노력하는 경우는 거의 없을 뿐만 아니라 슈퍼마켓 등의 소매상에서 어떤 상표를 반복적으로 구입하거나 심지어는 아무 제품이나 구입하는 경우도 많다. 이처럼 소비자들이 해당 제품이나 서비스에 대해서 크게 관심이 없거나, 별로 중요한 구매의사결정이라고 생각하지 않거나, 또는 제품의 구매가 당장의 긴급을 요하는 상황이 아닌 경우에는 보통 저관여 행동 양상을 보이게 된다. 저관여 구매행동은 다시 해당 제품의 특성에 따라 습관적 구매행동과 다양성 추구 구매행동으로 나눌 수 있다.

    ㉠ 습관적 구매행동 : 제품에 대하여 구매자가 비교적 낮은 관여도(주로 편의품 등)를 보이며 제품의 상표 간 차이가 별로 나지 않는 경우에 나타난다. 예를 들어, 음료수를 구매하는 경우 구매자는 슈퍼마켓에 들어가서 상표에 대한 특별한 관심 없이 손에 잡히는 상표를 선택할 수 있을 것이다. 만약 같은 상표를 꾸준히 구매하게 된다면 이는 높은 상표충성도 때문이 아닌 제품에 대한 습관적 구매로 볼 수 있다. 제품의 가격이 비교적 낮으며 일상적으로 빈번히 구매하는 저관여 제품에 대하여 소비자들은 습관적 구매행동을 보이는 경우가 대부분이다. `기출`

    ㉡ 다양성 추구 구매행동 : 구매하는 제품에 대하여 비교적 저관여 상태이며, 제품의 상표간 차이가 뚜렷한 경우에 소비자들은 다양성 추구 구매를 하게 된다. 다양성 추구 구매를 하기 위하여 소비

자들은 잦은 상표 전환을 하게 된다. 예를 들어, 콜라를 구매할 때 소비자는 일단 제품에 대한 여러 가지 평가 없이 어떤 콜라 상표를 선택하고 그것을 이용하는 동안 해당 제품에 대한 소비자 나름대로의 평가를 한다. 다시 콜라를 구매할 경우 소비자는 다른 상표의 콜라를 선택하게 되는 데, 이번에는 전에 구매했던 것과 다른 상표를 사보겠다는 생각만으로 타사 상표를 구매하는 것 이지, 기존 제품의 상표에 대한 불만족을 드러내는 것은 아니다.

제3절 | 소비자 정보처리과정

소비자들은 자신이 원하든 원하지 않든 매일 상당수의 마케팅 자극에 노출되고 있다. 신문이나 TV, 대중매체 나 길을 걷다가도 여러 광고 등의 마케팅 자극에 노출된다. 소비자들은 이런 방식으로 노출된 자극에 흥미를 느끼게 되면 주의를 기울이지만, 반대로 흥미를 느끼지 못하면 주의를 기울이지 않게 마련이다. 이같이 소비 자가 자극에 노출되어 주의를 기울이고, 내용을 이해하여 회사의 제품에 대한 신념과 태도를 만들거나 또는 변화하기까지의 과정을 나타낸 것을 정보처리 과정이라고 한다. 다시 말해, 소비자가 정보에 노출되어 **주의**를 기울이고 내용을 이해하고 긍정적 또는 부정적 태도가 형성되는 일련의 과정을 말한다.

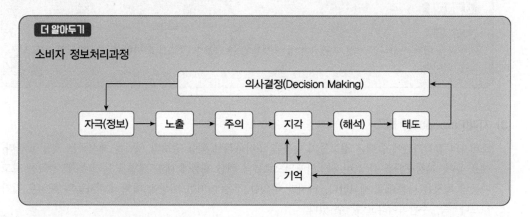

더 알아두기

소비자 정보처리과정

(1) 노출(Exposure) 중요 기출

노출은 소비자가 자극에 물리적으로 접근하여 5개 감각기관 중 하나 혹은 그 이상이 활성화될 준비상태 를 말하며, 정보처리과정의 첫 단계가 된다.

노출은 크게 의도적 노출과 우연적 노출 2가지로 구분할 수 있다.

① **의도적 노출(Intentional Exposure)** : 소비자가 문제를 해결하기 위하여 자신을 의도적으로 마케팅 정보에 노출시키는 것을 말한다.

② **우연적 노출(Accidental Exposure)** : 소비자가 의도하지 않은 상태에서 정보에 노출되는 것이다. 예를 들면, 가족이나 친구, 또는 직장 동료 등 여러 사람으로부터 우연히 제품에 대한 정보를 듣게

되거나, 식료품을 구매하기 위해 슈퍼마켓에 가더라도 P.O.P 전시나 판매원의 외침에 노출되는 것 등이 있다. 기출

> **더 알아두기**
>
> **선택적 노출(Selective Exposure)** 기출
> 소비자가 필요하고 관심이 있는 정보에만 자신을 노출시키는 것을 말한다. 예를 들어, 신문이나 잡지의 광고 부분을 의도적으로 보지 않거나, 또는 E-mail로 받게 되는 광고를 제목도 보지 않고 삭제해 버리는 경우가 해당된다.

(2) 주의(Attention)

소비자는 자신을 정보에 의도적으로 노출시키면 자연히 주의를 기울이게 된다. 하지만 어느 정보에 우연하게 노출되었다 하더라도 그러한 정보가 소비자에게 높게 관여되는 제품에 속한다면 소비자는 상당한 주의를 하게 된다. 만약, 어떠한 광고를 보고 단지 잘 만들었다고 생각해서 주의를 기울일 수도 있지만, 이런 경우는 주의의 대상이 전혀 다르다는 것을 알 수 있다. 다시 말해, 소비자가 제품 자체에 고관여인 상태에서는 제품에 대해 상당한 주의를 가지지만, 단지 광고에 흥미를 보이는 경우엔 거의 제품특성보다는 광고의 배경이나 연출 등에 주의를 기울인다고 할 수 있다.

> **더 알아두기**
>
> **관여도** 기출
> 제품의 구매가 소비자인 자신과 관련이 있는 정도 또는 중요한 정도를 의미한다. 즉, 관심의 높고 낮음을 의미한다.

(3) 지각(Perception) 기출

소비자의 감각기관에 들어온 정보들의 내용을 조직화해서 해당 정보의 의미를 해석하는 것을 말한다. 예를 들어, 제품구매를 한 소비자는 판매원으로부터 해당 제품에 대한 설명을 듣거나, TV광고를 보고 제품의 특징을 나름대로 해석한다. 하지만 주의할 것은 어떠한 대상에 대해 소비자들의 해석은 각각 다르다. 즉, 주관적이라고 할 수 있다.

> **체크 포인트**
>
> **선택적 주의, 선택적 왜곡, 선택적 보유**
> • 선택적 주의 : 소비자가 자신이 받아들인 자극 중에서 극히 일부에만 주의를 기울이는 현상을 말한다. 소비자가 받아들인 자극의 정도가 크거나, 또는 현재의 욕구와 관련 있을 때 주의를 기울인다.
> • 선택적 왜곡 : 소비자가 받아들인 정보를 자신의 선입견에 맞추어 해석하는 경향을 말한다. 예를 들어, 같은 광고를 보고도 달리 해석하는 것 등이 있다. 기출
> • 선택적 보유 : 기억에 관한 것으로 소비자 자신의 신념과 태도에 일치하는 정보만 기억하려는 경향을 말한다.

(4) 반응(Response)

정보처리를 하는 과정에서 자연스럽게 여러 가지 생각이 떠오르게 되거나 여러 가지 느낌을 가지게 되는 현상을 말한다.

더 알아두기

소비자 정보처리과정 중에 나타날 수 있는 반응
- 인지적 반응 : 소비자가 정보처리과정 중에 자연스럽게 떠올린 생각을 말한다.
- 정서적 반응 : 소비자가 정보처리과정 중에 자연스럽게 유발되는 느낌을 말한다.
- 2가지 반응은 소비자의 제품에 대한 태도에 영향을 미치는데, 긍정적 반응은 긍정적으로 부정적 반응은 부정적으로 제품태도에 영향을 미치게 마련이다. 즉, 긍정적인 반응이 많으면 많을수록 제품에 대한 태도는 긍정적으로, 부정적인 반응이 많으면 많을수록 제품에 대한 태도는 부정적으로 형성된다.

---

(5) 태도(Attitude)

어떠한 특정 대상을 얼마나 좋아하는지 또는 싫어하는지를 나타낸다. 즉, 소비자 입장에서는 정보처리과정에서 제품의 정보를 이해하면 이를 기반으로 해당 제품에 대해 긍정적이거나 부정적, 또는 중립적인 입장을 취하게 된다. 다시 말해, 소비자가 어떤 대상에 대해 **일관성 있게 호의·비호의적으로 반응**하는 학습된 경향을 말한다.

(6) 기억(Memory)

들어온 정보의 처리와 저장이 이루어지는 가설적 장소로서 보통 감각기억·장기기억·단기기억으로 구분된다. 감각기억은 외부에서 입력된 정보를 오감을 통해 보관한다. **정보처리는 주로 단기기억에서 이루어지며, 처리 결과는 장기기억에 저장된다.** 보통 장기기억에는 소비자가 과거에 사용했던 제품에 대한 경험, 다른 사람이나 광고로부터 획득한 제품정보와 태도 등 많은 내용이 저장되어 있다. 또한, 장기기억 속의 정보는 소비자의 제품에 대한 의사결정 시 대안평가에 영향을 미친다.

제4절 소비자 구매의사결정에 영향을 미치는 요인들 기출

일반적으로 소비자는 제품 구매에 있어 개인적 요인, 심리적 요인, 사회적 요인, 문화적 요인 등 여러 요인에 영향을 받는다.

(1) 개인적 요인(Personal Factors) 기출

① **인구통계적 특성** : 연령, 성별, 소득, 직업, 교육수준 등의 개인적 특성을 말한다. 특히, 나이와 관련하여 가족생활주기에 따라 소비패턴이 달라진다.

> **예**
> 옷의 경우, 젊은 소비자층은 밝고 경쾌한 느낌의 옷을 선호하지만, 나이든 소비자층은 대부분이 점잖은 느낌의 옷을 선호한다.

② **라이프스타일** : 개인이 어떤 활동을 하는가, 어떤 일에 관심을 주로 갖는가, 어떤 의견을 갖는가 등의 3가지 요소에 의해 결정되며 소비자들의 구매에 영향을 미친다. 기출

> **체크 포인트**
> **라이프스타일 세분화 변수**
> A(Activity : 활동), I(Interest : 흥미), O(Opinion : 의견)

③ **개성** : 한 개인의 비교적 지속적이면서 독특한 심리적 특성을 가진 것으로, 특정 제품 또는 상표를 선택하는 소비자 행동을 분석하는 데 유용한 지표로 쓰인다. 또한, 마케팅 관리자들은 제품의 개념을 소비자의 성격 및 자아개념과 관련지어 규정짓기도 한다.

> **예**
> 활동적이면서 창조적인 여성을 등장시킨 화장품 광고의 경우, 이런 자아개념을 가지는 여성들로 하여금 자신과 해당 제품의 특성 간에 일체감을 느끼게 하여 구매를 유도한다.

(2) 심리적 요인(Psychological Factors) 기출

① **동기(Motivation)** : 일반적으로 소비자들은 여러 욕구를 가지고 있다. 배고픔, 목마름 등의 생리적 욕구나, 존경 내지 소속감에 대한 욕구 등의 심리적인 것들도 있다. 이런 욕구들은 즉각적인 행동을 불러일으킬 만큼 강하지는 못하다. 그러므로 욕구는 보다 충분한 수준의 강도를 가질 때, 하나의 동기가 된다.

체크 포인트

매슬로우의 욕구 5단계설 기출

5단계의 욕구에 관하여 매슬로우(Maslow)는 다음과 같이 말한다. 보다 낮은 차원의 욕구가 기본적으로 채워지지 않은 상태에서는 그것보다 높은 차원의 욕구는 행동의 동기로 되지 않는다. 예를 들면 기본적으로 생리적 욕구가 채워지지 않은 상황에서 사람은 생리적 욕구를 채우기 위해 전력을 집중하게 되며, 안정과 안전의 욕구 이상은 행동의 동기로 작용하지 않는다. 또한 일단 충족된 욕구는 이미 행동의 동기 부여 요인으로 작용하지 않는다.

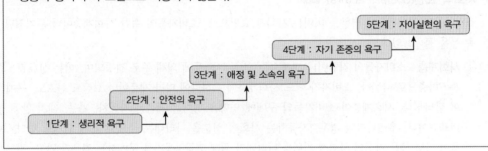

㉠ 생리적 욕구(Physiological Needs) : 욕구 단계설의 가장 첫머리에 위치하는 생리적 욕구는 인간에게 가장 기본이 되는 단계이다. 기본적인 의식주를 해결하는 단계라 할 수 있다.

㉡ 안전의 욕구(Safety Needs) : 생리적 욕구가 채워지면 안전의 욕구로 넘어간다. 안전의 욕구는 여러 위험 요소로부터 보호되고 안전해지기를 바라는 욕구를 말한다.

㉢ 소속감과 애정욕구(Belongingness and Love Needs) : 생리적 욕구와 안전의 욕구가 충족되면 소속감이나 애정욕구가 지배적으로 나타나게 된다. 즉, 집단을 만들고 싶다거나 동료들로부터 받아들여지고 싶다는 욕구이다. 인간은 사회적인 존재이므로 어디에 소속되거나 자신이 다른 집단에 의해서 받아들여지기를 원하고 동료와 친교를 나누고 싶어 하고, 이성교제나 결혼을 원하게 된다.

㉣ 자기존중의 욕구(Self-esteem Needs) : 인간은 어디에 속하려는 욕구가 어느 정도 만족되기 시작하면 어느 집단의 단순한 구성원이 아닌 그 이상의 것이 되기를 원한다. 이는 내적으로 자존·자율을 성취하려는 욕구(내적 존경욕구) 및 외적으로 타인으로부터 주의를 받고, 인정을 받으며, 집단 내에서 어떤 지위를 확보하려는 욕구(외적 존경욕구)를 의미한다.

㉤ 자아실현의 욕구(Self-actualization Needs) : 존경의 욕구가 충족되기 시작하면 그 다음에 '능력의 발휘' 또는 '자기계발의 지속' 등의 자아실현의 욕구가 강하게 나타난다. 이는 자신이 이룰 수 있는 것 또는 될 수 있는 것을 성취하려는 욕구를 말한다. 즉, 계속적인 자기발전을 통하여 성장하고 자신의 잠재력을 극대화하여 자아를 완성시키려는 욕구라 할 수 있다.

② **지각(Perception)** : 충분한 동기부여가 된 소비자들은 그에 따른 행동을 하게 된다. 이러한 개인의 행동은 소비자 자신이 처한 상황에 대한 지각으로부터 영향을 받는다.

③ **학습(Learning)** : 많은 사람의 행동에는 학습이 뒤따르기 마련이다. 학습은 어떤 사람의 경험으로부터 신념·행동의 변화가 일어나는 것을 말하며, 일반화와 차별화로 나눌 수 있다.

㉠ 일반화 : 유사한 자극에 대해서 동일하게 반응하는 것을 말한다.

㉡ 차별화 : 여러 회사의 제품 간 차이를 인식하고, 그에 따라 다르게 행동하는 것을 말한다.

④ **신념과 태도**

　　㉠ 신념 : 소비자가 가지는 어떤 대상에 대한 설명적인 생각으로서, 제품이나 서비스에 대해 이미지를 형성하며 구매행동에 많은 영향을 미치게 된다.

　　㉡ 태도 : 소비자 개인의 어떤 대상에 대한 비교적 지속적이면서도 일관성 있는 평가, 감정, 경향들로서 여러 소비자로 하여금 해당 대상을 좋아하거나 싫어하게 하는 결과를 낳게 한다.

(3) 사회적 요인(Social Factors) 기출

소비자들의 구매행동에 영향을 미치는 사회적 요인으로, 소비자들이 속한 사회계층이나 준거집단, 가족 등을 들 수 있다.

① **사회계층** : 소비자들의 직업이나 교통수준, 소득수준 등에 의해 주로 결정되며, 이는 상류층·중산층·하층으로 나뉜다. 소비자가 어느 사회계층에 속하냐에 따라 제품이나 브랜드 선호도, 구매패턴이 달라진다. 사회계층이 소비자들의 구매에 영향을 미치는 제품은 자동차, 가구, 레저 활동 등이 대표적이다. 우리나라의 경우, 자동차는 사회적 신분을 나타내는 주요 지표가 되기도 한다. 예를 들어, 상류층은 자신의 사회적 지위를 나타내기 위해 고급자동차를 구매하는 경우가 많고, 광고매체에서도 그런 현상이 나타난다. 상류층의 경우 뉴스나 시사적인 부분을 보는 반면에, 하층은 연속극을 선호한다.

② **준거집단** : 소비자가 따르기도 하고, 자신의 행동기준으로 삼는 준거집단의 특성이 구매행동에 영향을 미친다. 예를 들어, 서태지의 노래를 좋아하는 사람들은 서태지의 헤어스타일과 의상에 따라 힙합바지를 입거나 또는 헤어스타일을 바꾸기도 한다.

　　㉠ 1차 집단 : 가족, 친구, 동료, 이웃 등 지속적으로 상호작용함으로써 상당한 응집력이 있는 집단

　　㉡ 2차 집단 : 종교단체, 협회, 모임 등 덜 지속적인 상호작용을 하는 집단

　　㉢ 희구집단(열망집단) : 현재 소속되어 있지 않지만 소속되기를 원하고 갈망하는 집단

　　㉣ 회피집단 : 가치관이나 행동이 달라서 소속되고 싶지도 않고 영향 받고 싶지도 않은 집단

③ **가족** : 가족은 구성원들의 구매행동에 많은 영향을 미친다. 특히, 자녀들의 소비패턴은 부모의 가치관을 답습하는 경우가 많다. 예를 들어, 낭비가 심한 부모의 자녀는 충동구매를 많이 하는 반면에, 절약하는 부모의 자녀들은 합리적인 구매습관을 보이는 경우가 많다.

(4) 문화적 요인(Cultural Factors)

① **문화와 하위문화** : 문화는 사람들의 욕구와 행동 등을 유발시키는 요인 중 하나로, 인간의 지식·신념·행위의 총체를 나타낸다. 예를 들어, 어떤 어린이는 자국 문화의 영향권 안에서 성장하며 그 문화가 강조하는 가치와 인식, 욕구나 행동양식 등을 가족이나 주위 사람들로부터 배우는 경우이다. 문화는 국적이나 종교, 인종과 같이 더 작은 하위문화들로 구성된다. 많은 하위문화는 기업에게 시장을 세분화시키는 변수로 작용하기도 하며, 소비자들의 식습관, 여가시간의 활용 등에 영향을 미치므로 마케팅 관리자는 각 하위문화의 특성에 맞는 목표를 설정하여 그에 따른 전략을 세우기도 한다. 예를 들어, KFC의 경우에 핫윙이라는 매콤한 맛의 제품을 우리나라 시장에 출시하여 성공을 했는데, 이는 한국인들이 매운맛을 즐기는 것을 포착하고 이에 따른 전략을 세웠기에 가능했다.

② **사회계층**: 사회는 계층구조를 이루고 있다. 사회계층은 인간이 살아가는 사회의 지속적이고 순서적 구분으로서, 동일한 계층에 속한 구성원들은 서로 유사한 가치를 지니며 비슷한 행동양식을 가지고 있다. 또한, 소득과 같은 한 가지 변수로 결정될 수 없으며, 다른 요소들(직업, 교육수준, 재산 등)과의 조화가 이루어져서 판단 · 결정된다.

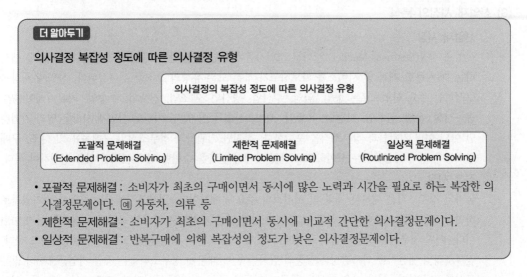

더 알아두기

의사결정 복잡성 정도에 따른 의사결정 유형

- **포괄적 문제해결**: 소비자가 최초의 구매이면서 동시에 많은 노력과 시간을 필요로 하는 복잡한 의사결정문제이다. 예 자동차, 의류 등
- **제한적 문제해결**: 소비자가 최초의 구매이면서 동시에 비교적 간단한 의사결정문제이다.
- **일상적 문제해결**: 반복구매에 의해 복잡성의 정도가 낮은 의사결정문제이다.

제5절 산업재 시장

(1) 산업재 시장의 개념 기출

다른 소비자들에게 판매, 임대, 공급할 제품이나 서비스를 생산하는 과정에 사용될 재화 및 서비스를 확보하려는 영리기업, 기관, 정부기관 등의 조직으로 구성된 시장을 말한다. 기관 시장은 학교, 병원 등의 기관으로 구성된다. 정부조직은 재화와 서비스의 주요 구매자이다. 통상적으로 소비재 시장과 비교해서 산업재 시장은 소수의 대규모 구매자로 구성되고, 고객기업과 공급기업 간의 관계가 밀접하고, 구매자들이 지리적으로 집중되어 있는 형태를 가진다. 산업재 시장에서의 수요는 소비재에 대한 수요로부터 파생된 파생수요이고, 이는 비즈니스 사이클에 따라 변동이 크다. 따라서 기업조직들은 완전 재구매(Straight Rebuy), 수정 재구매(Modified Rebuy), 신규 구매(New Task) 등의 3가지 유형의 구매상황에 직면하게 된다.

(2) 산업재 시장의 특성

산업재 시장은 소비재 시장과 시장구조와 수요, 구매단위의 성격, 의사결정 유형과 의사결정 과정 면에서 다른 성격을 지닌다. 산업재 시장은 적은 수, 더 큰 규모의 구매자이고, 지역적으로 더 집중되어 있으며, 수요가 최종 소비자 수요로부터 나오는 특징이 있다. 또한 단기적인 가격 변화에 영향을 덜 받는 편이며, 구매에 있어서는 훨씬 전문적인 구매노력이 수반되어야하므로 구매자 입장에서는 복잡한 구매 의사결정에 직면하게 된다. 더불어서 구매에서는 구매자와 판매자가 긴밀하게 협력하며, 장기간 관계를 형성하는 특징을 지닌다.

(3) 산업재 시장의 분석

① 산업재 시장

산업재 시장(Business Market)은 다른 소비자들에게 임대 및 판매, 공급할 제품이나 서비스를 생산하는 데 사용할 재화 및 서비스를 확보하고자 하는 모든 유형의 조직들로 구성된다. 산업재 시장을 구성하는 주요 산업으로는 농업, 임업, 수산업, 광산업, 제조업, 건축업, 수송업, 커뮤니케이션업, 공공시설, 은행, 금융업, 보험업, 유통업, 서비스산업 등이 있다. 이렇듯 산업재 시장은 영리 기업뿐만 아닌 여러 기관들과 정부조직을 포함한다. 하지만 기관들과 정부조직의 구매목표 및 니즈, 구매방법들은 영리 기업들과는 상이하므로 산업 마케팅 전략을 수립할 경우 이러한 점을 명심해야 한다.

② 정부 시장

국가의 정부조직은 대부분 재화 및 서비스의 주요 구매자이다. 정부조직에서는 공급하는 기업들로 하여금 입찰서를 제출하도록 하고 이 중에서 가장 낮은 가격으로 입찰한 공급자와 계약을 하기 마련이다. 어떤 경우에는 공급기업의 품질 우수성 및 적시조달의 명성 등을 고려해서 결정하기도 한다. 정부조직의 예산지출 의사결정은 공공의 감시를 받기 때문에 정부조직들은 공급 기업들로부터 많은 문서를 요구한다. 이런 이유 때문에 공급 기업들은 종종 지나친 문서작업, 관료주의, 규제들, 의사결정의 지연 등에 대해서 불만을 호소하기도 한다.

제6절　산업재 구매자 행동

(1) Patrick Robinson의 산업재 구매 상황 3가지 유형

① 완전 재구매(Straight Rebuy) : 조직의 구매부서가 사무실 비품 등을 일상적으로 재주문하는 구매 상황에서 나타나는 것을 말한다. 구매자는 '승인된 리스트(Approved List)'에 있는 공급기업 중에서 특정 기업을 선택하여 구매를 한다. 공급기업은 제품이나 서비스의 품질수준을 유지하기 위해 노력하고, 자동 재주문 시스템을 제공함으로써 구매기업이 시간을 절약할 수 있도록 한다.

② 수정 재구매(Modified Rebuy) : 구매기업이 구매제품의 명세나 가격, 배달조건, 기타 조건들을 변경하려고 하는 구매 상황에서 나타나는 것을 말한다. 보통 수정 재구매 상황에서는 구매기업과 공급기업의 당사자들로부터 많은 의사결정자가 참여하게 된다.

③ 신규 구매(New Task) : 구매기업에서 처음으로 제품이나 서비스를 구매하는 상황을 말한다. 비용이나 위험이 크면 클수록 더 많은 의사결정자가 참여하게 되고, 더 많은 정보를 수집하며, 최종적인 의사결정을 내리는 데 있어 많은 시간이 걸리게 된다.

(2) 산업재 구매의사 결정과정에의 참여자

① **발인자(Initiators)** : 사용자 등과 같이 제품이나 서비스를 구매하도록 요청하는 사람들을 말한다.

② **사용자(Users)** : 제품이나 서비스를 사용할 사람들로, 사용자들은 구매를 제안하고 제품명세서를 정의하는 데 도움을 준다.

③ **영향력 행사자(Influencers)** : 기술인력 등과 같이 구매의사결정에 영향력을 행사하는 사람들로 제품 명세를 정의하는 데 도움을 주고 대안을 평가하는 데 필요한 정보를 제공한다.

④ **결정자(Deciders)** : 제품의 명세와 공급업에 대해 결정을 내리는 사람들을 말한다.

⑤ **승인자(Approvers)** : 결정자나 구매자가 행한 활동들을 승인하는 사람들을 말한다.

⑥ **구매자(Buyers)** : 공급자를 선택하고, 구매조건을 결정할 공식적 권한을 가진 사람들로 제품 명세를 만드는 데 도움을 주지만 주요 역할은 공급기업의 선정 및 협상이다.

⑦ **문지기(Gatekeepers)** : 판매기업의 정보가 구매 센터의 구성원에게 접근하는 것을 막을 수 있는 권한을 가진 사람들로 구매담당자, 안내 및 접수대 근무요원, 전화 교환원 등이 여기에 해당한다.

(3) 산업재 구매의사결정에 영향을 미치는 요인

① **환경적 요인** : 경제적 발전, 공급 조건, 기술 변화, 정치적 규제상의 발전 등

② **조직적 요인** : 목적, 정책, 절차, 조직구조, 시스템 등

③ **개인적 요인** : 권위, 지위, 감정이입, 설득 등

④ **대인적 요인** : 연령, 소득, 교육, 직위, 개성 등

(4) 산업재 구매의사 결정과정(The Business Buying Process)

산업재 구매는 Robinson이 제시한 8개의 구매 단계를 거치게 된다. 수정 재구매나 완전 재구매 상황에서는 이들 단계 중의 일부가 축소되거나 건너뛰게 된다.

① **문제인식**

구매과정은 기업에 있는 누군가가 재화나 서비스를 구매하면 해결될 수 있는 문제나 니즈를 인식할 때 시작된다. 이러한 인식은 내부적 또는 외부적 자극에 의해 유발될 수 있다. 내부적인 문제인식은 기업이 새로운 장비나 원료를 필요로 하는 신제품을 개발하기로 하거나, 기계가 고장이 나서 새로운 부품을 필요로 하거나, 구매한 원자재가 만족스럽지 못하다는 것을 발견하거나, 구매 관리자가 보다 낮은 가격이나 더욱 우수한 품질로 구매할 수 있다는 것을 알게 되었을 때 발생하게 된다. 외부적인 문제인식은 구매자가 산업박람회 등에서 새로운 아이디어들을 접하거나, 광고를 보거나, 판매원으로부터 더 좋은 제품이나 더 낮은 가격의 제안을 접하게 될 때 발생하는 것이다.

② **전반적 니즈기술과 제품명세서 작성**

일단 문제가 인식되면 구매자는 필요로 하는 아이템들의 전반적인 특성과 필요로 하는 수량을 결정해야 한다. 즉, 표준적인 아이템의 경우에는 단순하지만 복잡한 아이템인 경우에는 신뢰성, 내구성, 가격 등의 특성을 정의하기 위해 조직 내 엔지니어나 사용자 등이 협력해야 한다. 이 단계에서 산업재 마케터는 그들의 제품이 구매자의 니즈를 어떻게 충족시켜 주는가를 설명해줌으로써 구매자를 도울 수 있다.

③ 공급기업 탐색

구매자는 업계명부를 조사하거나 공급기업에 직접 접촉 및 추천을 받거나, 광고를 하거나, 박람회에 참여함으로써 가장 적절한 공급기업들을 찾으려고 노력한다. 또한 산업재마케터들은 인터넷에 그들이 원하는 제품, 가격 등의 정보를 올릴 수도 있다.

④ 제안서 요청

구매자는 자격을 갖춘 공급기업들에게 제안서를 제출할 것을 요구하게 된다. 아이템이 복잡하고 고가인 경우 자격을 갖춘 공급자들로부터 자세한 서면제안서를 제출해 줄 것을 요청하게 된다. 제출된 제안서를 평가한 후에 구매자는 공개 프레젠테이션에 몇몇 공급기업을 초청한다. 그러므로 산업재마케터는 조사를 하고 제안서를 작성하고 프레젠테이션하는 기술을 가지고 있어야 한다.

⑤ 공급기업 선택

구매자는 공급기업을 선택하기 전에 구매 센터는 제품의 신뢰성, 서비스의 신뢰성 등과 같은 바람직한 공급기업의 속성들에 대한 기준을 설정하고, 이러한 기준들의 상대적 중요성을 결정해야 한다. 이후 가장 바람직한 공급기업을 파악하기 위해 이러한 속성을 이용해서 여러 공급기업을 평가하게 된다. 산업재 마케터는 구매기업들이 어떻게 공급기업을 평가하는지를 이해할 필요가 있다.

⑥ 주문명세서 작성

공급기업을 선정한 후 구매기업은 최종주문, 기술적 명세의 작성, 구매수량, 배송일정 등에 대해 협상을 진행하게 된다. 유지보수용 아이템의 경우에 구매기업은 정기적 구매주문 계약보다는 일괄계약을 사용하는 경우가 많다. 일괄계약(Blanket Contract)을 통해 공급기업은 구매기업과 정해진 기간 동안에 합의된 가격으로 구매기업이 필요로 하는 제품을 지속적으로 공급하게 됨으로써 장기적 관계를 구축할 수 있다. 이는 공급기업이 재고를 보유하기 때문에 일괄계약은 무재고 구매계획(Stockless Purchase Plans)이라 불리기도 한다. 일부 기업들은 주문과 관련된 책임을 공급기업에 넘기기도 하는데 이러한 시스템을 공급기업 관리재고시스템(Vendor-managed Inventory System)이라 부른다. 공급기업은 구매기업의 재고수준을 파악하면서 지속적인 보충 프로그램을 통해 자동적으로 재고를 보충하는 역할을 수행한다.

⑦ 성과평가

구매과정의 최종단계에서 구매기업은 성과평가 방법을 사용하여 선택한 공급기업의 성과를 정기적으로 검토한다. 구매기업은 최종사용자와 접촉해서 공급기업을 어떻게 평가해야 하는지를 알아본다. 이러한 정보들을 바탕으로 구매기업은 공급기업을 평가할 몇 가지 기준을 설정하여 공급기업을 평가할 수 있다. 성과평가 결과에 따라 공급기업과 거래 관계를 지속하거나 변경, 또는 종결하게 된다. 이를 지속적으로 공급하기 위해서 공급기업은 구매기업이나 최종사용자가 사용하는 기준에 입각하여 그들의 성과를 모니터해야만 한다.

⑧ 사업적 관계(위험과 기회주의)

공급기업과 강력한 사회적 관계를 구축하는가 여부는 구매기업이 공급기업을 어느 정도나 신뢰하는가에 의해 결정된다. 기업 간의 신뢰가 없다면 강력한 관계를 구축하기 어려운데 신뢰성은 기업의 전문성(Corporate Expertise), 기업의 신용가능성(Corporate Trustworthiness), 기업의 호감도(Corporate Likability) 등의 3가지에 기반을 둔다.

※ 다음 지문의 내용이 맞으면 ○, 틀리면 ✕를 체크하시오. [1~6]

01 구매의사결정단계는 '문제에 대한 인식 → 정보의 탐색 → 제품의 구매 → 구매 후 행동'으로 나눌 수 있다. (   )

02 내부탐색이란, 자신의 기억 외의 원천으로부터 정보를 탐색하는 활동을 의미한다. (   )

03 구입하고자 하는 제품에 대해 이미 사용한 사람들에게 의견을 물어보는 등의 행동은 외부탐색의 전형적인 예라고 할 수 있다. (   )

04 보완적 방식이란 각 상표에 있어 어떤 속성의 약점을 다른 속성의 강점에 의해 보완하여 전반적인 평가를 내리는 방식이다. (   )

05 소비자들은 제품의 성능이 기대치보다 높으면 만족하게 되고, 반대로 제품의 성능이 기대치에 미치지 못하면 불만족하게 된다. (   )

06 라이프스타일 세분화 변수에는 A(Activity : 활동), I(Information : 정보), O(Opinion : 의견) 등이 있다. (   )

정답과 해설 01 ✕ 02 ✕ 03 ○ 04 ○ 05 ○ 06 ✕

01 구매의사결정단계는 '문제에 대한 인식 → 정보의 탐색 → 대안의 평가 → 제품구매 → 구매 후 행동'으로 나눌 수 있다.
02 내부탐색이란, 자신의 기억 또는 내면에 저장되어 있는 관련된 정보에서 의사결정에 도움이 되는 것을 끄집어 내는 과정이다.
03 외부탐색이란 자신의 기억 외의 원천으로부터 정보를 탐색하는 활동을 말한다.
06 라이프스타일 세분화 변수에는 A(Activity : 활동), I(Interest : 흥미), O(Opinion : 의견) 등이 있다.

01 제품에 대한 소비자의 관심 정도를 나타내는 것을 관여도라 한다.

01 어떠한 제품에 대해 소비자가 관심이 있는지 또는 관련의 정도를 나타내는 것은?

① SWOT 분석
② 관여도
③ 태도
④ 지식

02 선택적 왜곡은 주의를 기울여 받아들인 정보를 자신의 선입견에 맞춰서 해석하는 것을 말한다. 예를 들면, A와 B가 같은 광고를 보았더라도 서로 생각하는 것이 다른 경우이다.

02 A와 B는 평소에 관심이 있었던 생활용품 광고를 보았다. 하지만 제품광고를 보고 난 A와 B의 반응(느낌)은 차이가 있었다. 이와 관련된 현상은?

① 선택적 노출
② 선택적 주의
③ 선택적 왜곡
④ 선택적 보유

03 선택적 보유는 스스로의 행동과 태도를 뒷받침 해주는 정보를 기억하려는 경향을 말한다.

03 다음 설명 중 옳지 않은 것은?

① 선택적 보유란, 소비자가 필요하고 관심이 있는 정보에만 자신을 노출시키는 것을 말한다.
② 선택적 주의란, 받아들인 자극 중에서 극히 일부에만 주의를 기울이는 것을 말한다.
③ 선택적 왜곡이란, 받아들인 정보를 자신의 선입관에 맞춰서 생각하는 것을 말한다.
④ 비보완적 방식이란, 한 가지 속성의 약점이 다른 속성에서의 좋은 평가에 의해 보완되지 않는 방식이다.

정답 01 ② 02 ③ 03 ①

04 충치예방이 되는 껌을 구매하려는 A라는 소비자가 가까운 사람을 통해 '자일리톨'이라는 브랜드를 듣게 되어 A라는 소비자의 구매 브랜드 중의 하나가 되었는데, 이때 '자일리톨'은 다음 보기 중 어디에 속하겠는가?

① 최초 상기 상표군
② 환기 상표군
③ 선택적 노출
④ 고려 상표군

04 구매자의 외적탐색을 통해 구매 대상이 되는 상표들은 구매자의 환기 상표군에 추가되어 고려상표군이 형성되는 것이다.

05 구매자가 어떠한 제품 및 상표를 꾸준히 좋아하거나 싫어하는 경향은 무엇인가?

① 지각
② 태도
③ 브랜드
④ 조사

05 태도는 구매자가 여러 가지 자극을 느껴 제품에 대한 긍정적 또는 부정적 인식이 형성되는 것을 말한다.

06 동문회·모임·산악회 및 소속된 종교 등과 같은 집단에 대한 설명으로 옳은 것은?

① 상위문화를 구성하는 집단이라 할 수 있다.
② 전형적인 라이프스타일의 분류이다.
③ 태도와 관련이 있다.
④ 준거집단이 되는 집단이라 할 수 있다.

06 준거집단은 개인에게 직접적 또는 간접적으로 영향을 미치는 집단을 의미한다.

정답 04④ 05② 06④

07 소비자들은 제품 및 서비스의 정보를 취득하기 위해 과거에 구매했던 경험이나 타인들의 의견을 기억하려는 내적탐색을 한다.

07 다음 내용 중에서 내적탐색에 속하는 것은?

① 지난주에 제품을 구매한 경험
② 거래처들의 결제 기록
③ 기업 내부의 마케팅 활동 기록
④ 소비자 정보지를 통한 정보 획득

08 사람들이 제품을 생각할 때, 자연스럽게 떠오르는 브랜드를 상기 상표군이라 하며, 이때 가장 먼저 떠오르는 브랜드를 최초 상기 상표군이라 한다.

08 사람들에게 가장 좋은 컴퓨터를 말하라고 하면, 머릿속에 가장 먼저 생각나는 브랜드가 있을 것이다. 이를 무엇이라 하는가?

① 외적탐색
② 최초 상기 상표군
③ 상기 상표군
④ 내적탐색

09 휴리스틱 방식은 소비자가 스스로의 경험 또는 직관에 의해서 평가방법을 만드는 방식이다.

09 우진이는 집 근처로 쇼핑을 하러 갈 때는, 어떤 브랜드가 많이 판매되는지를 알아보고 많이 팔리는 브랜드를 구매하는 편이다. 이때 우진이가 활용하는 평가방법은?

① 휴리스틱 방식
② 보완적 방식
③ 상기 상표군
④ 내적탐색

정답 (07 ① 08 ② 09 ①)

10 정원이는 전기세, 디자인 등의 속성을 기준으로 해서 중요도를 정하고, 이 결과들을 모두 더해서 최고점수가 나온 에어컨을 구매했는데, 이때 정원이가 사용한 평가방법은?

① 구매 후 부조화
② 휴리스틱 방식
③ 불만족
④ 보완적 방식

10 보완적 방식은 하나의 속성에 대한 나쁜 평가가 다른 속성에 대한 좋은 평가로 인해 상쇄되면서, 이를 종합적으로 평가하는 방법이다.

11 소비자 정보처리과정 중에 나타날 수 있는 반응에 대한 내용으로 옳지 <u>않은</u> 것은?

① 인지적 반응이란, 소비자가 정보처리과정 중에 자연스럽게 떠올린 생각을 말한다.
② 정서적 반응이란, 소비자가 정보처리과정 중에 자연스럽게 유발되는 느낌을 말한다.
③ 인지적 반응 및 정서적 반응 2가지 모두는 소비자의 제품에 대한 태도에 영향을 미친다.
④ 긍정적인 반응이 많으면 많을수록 소비자의 제품에 대한 태도는 부정적으로 흐르게 된다.

11 긍정적인 반응이 많으면 많을수록 소비자의 제품에 대한 태도는 긍정적으로 변한다.

12 규호가 다니는 회사는 주 5일 근무 시행으로 주말에 시간이 생겨 수동카메라 한 대를 구입하여 자신의 특기인 사진 찍기를 하며 취미생활을 시작하였다. 이때 규호의 행동은 매슬로우의 욕구계층의 어디에 속하는가?

① 생리적 욕구
② 자아실현의 욕구
③ 존중의 욕구
④ 안전의 욕구

12 자아실현의 욕구는 자기 스스로의 재능과 잠재력 발휘를 통하여 최선을 다하는 것을 말한다.

정답 10 ④ 11 ④ 12 ②

13 지각은 심리적 요인(Psychological Factors)에 속한다.

13 다음 중 소비자 행동에 영향을 미치는 요인 중에서 개인적 요인(Personal Factors)에 속하지 <u>않는</u> 것은?

① 인구통계적 특성
② 라이프스타일
③ 지각
④ 개성

14 사회계층은 사회적 요인(Social Factors)에 속한다.

14 다음 중 소비자 행동에 영향을 미치는 요인 중에서 심리적 요인(Psychological Factors)에 속하지 <u>않는</u> 것은?

① 동기(Motivation)
② 학습(Learning)
③ 신념과 태도
④ 사회계층

15 학습은 심리적 요인(Psychological Factors)에 속한다.

15 다음 중 소비자 행동에 영향을 미치는 요인 중에서 사회적 요인(Social Factors)에 속하지 <u>않는</u> 것은?

① 준거집단
② 사회계층
③ 학습
④ 가족

정답 13 ③ 14 ④ 15 ③

16 다음 중 소비자 행동에 영향을 미치는 요인 중에서 문화적 요인(Cultural Factors)에 속하는 것은?

① 문화와 하위문화
② 준거집단
③ 학습
④ 라이프스타일

17 우연적 노출에 대한 설명으로 옳은 것은?

① 소비자가 문제를 해결하기 위하여 자신을 의도적으로 마케팅 정보에 노출시키는 것을 말한다.
② 소비자가 의도하지 않은 상태에서 정보에 노출되는 것을 말한다.
③ 소비자가 필요하고 관심이 있는 정보에만 자신을 노출시키는 것을 말한다.
④ 제품의 구매가 소비자인 자신과 관련이 있는 정도 또는 중요한 정도를 의미한다.

18 지혜는 에어컨을 구매하려고 한다. 하지만 전기세가 많이 나올 것을 우려하여, 대형 에어컨과 100만 원 이상인 에어컨을 제외시키면서 점차적으로 선택할 수 있는 폭을 줄여나갔다. 이때 지혜가 사용한 평가방식은?

① 휴리스틱 방식
② 연속 제거식
③ 역경매 방식
④ 구매 후 부조화

16
② 사회적 요인
③ 심리적 요인
④ 개인적 요인

17 우연적 노출은 소비자가 전혀 의도하지 않은 상태에서 여러 정보에 노출되는 것을 의미한다.

18 연속 제거식(순차적 제거식)은 중요하게 생각하는 특정 속성의 최소 수용기준을 설정하고 난 뒤에 그 속성에서 수용기준을 만족시키지 못하는 상표를 제거해 나가는 방식이다.

정답 16 ① 17 ② 18 ②

19 휴리스틱 방식은 구매자가 경험·직관에 의해 문제해결과정을 단순화시키는 규칙을 만들어 평가하는 것이다.

19 A 아파트의 어머니들은 옷을 고를 때, 옷의 기능보다는 수입품을 선호하는 경향이 강하다. 이때 A 아파트의 어머니들이 쓰는 평가방법은 무엇인가?

① 휴리스틱 방식
② 선택적 노출
③ 보완적 방식
④ 비보완적 방식

20 인지적 반응은 소비자가 유입된 정보처리를 하는 동안에 자연스럽게 떠올린 생각들을 의미한다.

20 다음 중 인지적 반응에 대한 설명으로 옳은 것은?

① 유입된 정보를 인출하는 과정을 말한다.
② 구매 후 부조화와 같은 현상이다.
③ 소비자가 정보처리 시에 자연스럽게 떠올린 생각을 말한다.
④ 유입된 정보를 삭제하는 과정이다.

21 산업재 구매 상황 3가지 요소
• 완전 재구매(Straight Rebuy)
• 수정 재구매(Modified Rebuy)
• 신규 구매(New Task)

21 다음 중 Patrick Robinson의 산업재 구매 상황 3가지 요소에 해당하지 <u>않는</u> 것은?

① 신규 구매
② 완전 재구매
③ 수정 재구매
④ 중간 구매

정답 19 ① 20 ③ 21 ④

구매의사결정과정 단계
문제에 대한 인식 → 정보의 탐색 → 대안의 평가 → 제품의 구매 → 구매 후 행동

보완적 방식 : 각 상표에 있어 어떤 속성의 약점을 다른 속성의 강점에 의해 보완하여 전반적인 평가를 내리는 방식

비보완적 방식 : 각 상표에 있어 어떤 속성의 약점을 다른 속성의 강점에 의해 보완되지 않는 평가 방식

의도적 노출(Intentional Exposure) : 소비자가 문제를 해결하기 위하여 자신을 의도적으로 마케팅 정보에 노출시키는 것

선택적 노출(Selective Exposure) : 소비자가 필요하고 관심이 있는 정보에만 자신을 노출시키는 것

라이프스타일 세분화 변수 : A(Activity : 활동), I(Interest : 흥미), O(Opinion : 의견)

Patrick Robinson의 산업재구매 상황 3가지 유형
- 완전 재구매(Straight Rebuy)
- 수정 재구매(Modified Rebuy)
- 신규 구매(New Task)

전통적 소비자 구매행동 모델(AIDMA)
- Attention : 매체에 삽입된 광고를 접하는 수용자가 주의를 집중하는 단계
- Interest : 수용자가 광고에 흥미를 느끼는 단계
- Desire : 수용자가 광고 메시지를 통해 제품의 소비나 사용에 대한 욕구를 느끼는 단계
- Memory : 광고 메시지나 브랜드 이름 등을 기억, 회상하는 단계
- Action : 제품의 구매나 매장의 방문 등 광고 메시지에 영향을 입은 행동을 하는 단계

SD에듀와 함께, 합격을 향해 떠나는 여행

제 4 장

마케팅 정보의 관리

얼마나 많은 사람들이 책 한 권을 읽음으로써 인생에 새로운 전기를 맞이했던가.

– 헨리 데이비드 소로 –

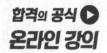

제 4 장 | 마케팅 정보의 관리

제1절 시장정보와 고객통찰력

(1) 고객통찰력

주어진 현실과 수치 간의 간격에 대한 극복책으로, 최근 중요하게 받아들여지고 있는 것이 통찰력이다. 통찰력은 어떤 일정한 현상을 보고 그 현상 그대로가 아닌 그 안에 담긴 또 다른 의미를 찾아낼 수 있는 능력을 말한다. 이를 마케팅에 적용하자면 통찰력은 '일정한 패턴을 찾아내는 능력'이라고 말할 수 있다. 다시 말해, 수치화된 여러 데이터를 보면서 수치 그 자체를 보는 것이 아니라 그 안에서 반복되는 고객의 패턴을 읽어내는 것이다.

(2) 고객통찰력 확보를 위한 소비자 조사기법

소비자 조사기법의 마케팅에서 고객통찰력은 반드시 필요한 부분이지만 현실적으로는 대다수의 기업이 소유하지 못한 것이기도 하다. 즉, 타인과는 다른 나만의 솔루션을 고객에게 제공하기 위해서는 고객이 진심으로 필요로 하는 것을 알고 있어야 한다. 변화하는 경영환경에서 기업은 나름대로의 통찰력을 가지고 고객들의 니즈를 충족시킬 수 있어야 한다.

① **소비자의 행동을 관찰하는 기법**

　㉠ 대규모 설문조사 : 상대적으로 비용이 저렴하면서도, 조사기간이 길지 않고, 구조화된 설문지를 기반으로 하기 때문에 이해하기 쉽고, 통계적 검증이 가능하므로 조사 결과의 일반화 및 객관화가 가능하다는 장점이 있어서 널리 사용되고 있는 기법이다. 시장규모나 지불가능 가격, 구매 빈도, 매장에 대한 선호도, 시장점유율 등의 수치화된 결과를 원하는 경우에는 정량조사가 꼭 필요하다. 그러나 응답자의 기억과 말에 의존하는 방법이므로 잠재적 니즈의 발굴에는 한계가 있고, 소비자들이 특정 제품군을 선호하는 이유, 특정 브랜드를 선호하는 이유, 제품이 소비자 생활에서 하는 역할, 제품에 대한 총체적 경험 등에 대해서는 답을 구하기 어렵다는 문제점이 있다.

　㉡ FGI(Focus Group Interview) 기출 : 정성조사의 한 방법으로 비교적 운용이 쉽고 비용이 저렴하므로 가장 널리 사용되고 있는 조사기법이지만, 고객통찰력 확보의 필요성을 주장하는 조사 전문가들로부터 가장 많은 공격을 받고 있다. FGI는 보통 2시간 안에 6~8명을 대상으로 10~30가지 문항을 질문한다. 얻고자 하는 정보는 너무 많고 개인에게 주어진 시간은 짧기 때문에 즉흥적인 반응을 얻기 쉽고, 상호 토론의 기회가 적다. FGI를 통해 기존 제품의 디자인 매력이나 제품 사용 편이성에 대한 소비자 반응을 확인할 수는 있지만 광고와 브랜드 이미지 평가, 신제품 콘셉트 개발 및 평가 등에는 효과적이지 못하고, 소비자의 심층적 사고와 감정을 파악하는 데 한계가 있다.

　㉢ 관찰법 : 사람의 행동이나 사건 중에서 조사 목적에 필요한 것을 관찰·기록하여 분석하는 방법으로 소비자의 자연스러운 행동을 관찰하여 내면세계나 잠재의식 및 욕구를 찾아낼 수 있다. 관찰법은 전체적인 소비자 조사 기법의 변화를 이끌어내며 가장 널리 사용되고 있다. 관찰조사의

주된 목적은 소비자가 당연하다고 여기거나 지금까지 한 번도 생각해보지 못했던 것을 소비자가 지각하는 순간을 잡아내려는 것이다. 기출

• 장점
  – 실제상황에서의 행동을 통해 무의식적인 동기나 태도를 유추하기가 쉽다.
  – 소비자 자신의 느낌이나 태도를 명확히 모르고 있는 경우에도 조사할 수 있다.
  – 응답자가 인지하지 못하는 문제를 발견할 수 있다.

• 단점
  – 방대한 양의 데이터를 분석하고 의미를 해석해야 하기 때문에 시간과 비용이 많이 소요된다.
  – 관찰이 불가능한 상황이나 행동이 생길 수 있다.
  – 응답자의 행동양식이 변하기 쉽다.
  – 행동을 정확하게 기록·분석하는 것이 어렵다.
  – 관찰자의 주관이 개입되어 응답자 심리상태 추정의 객관성 및 타당성이 낮을 우려가 있다.

관찰법은 일상적 환경에서 자연적인 행동을 관찰하는 것인지 조사환경과 대상을 설정하고 특정 행동을 관찰하는 것인지의 여부, 응답자가 자신이 관찰된다는 사실을 아는 상태인지 모르는 상태인지, 미리 관찰할 행동과 기록양식을 정해놓는 것인지 아닌지, 행동이 실제로 일어난 때 관찰하는 것인지, 과거 행동의 결과로 나타난 물리적 흔적을 관찰하는 것인지의 여부 등에 따라 분류할 수 있다.

ⓔ Shadow Tracking : 소비자의 생활상 및 제품 사용 패턴, 응답자의 이동 경로에 따른 행동 특성을 파악하기 위해 소비자의 일상생활을 동영상으로 촬영하여 관찰하는 방식이다. 주로 상품기획 단계에서 많이 활용되며, 새로운 제품 및 서비스의 기회를 파악하기 위해서나 실제 사용자의 니즈를 깊이 있게 파악하고자 할 때 사용한다. 예를 들어 서점에서 책을 고르고, 잡화점에서 생활용품을 사고, 백화점에서 옷을 고르는 등 소비자가 쇼핑하는 모습을 관찰하기 위한 동영상의 촬영 등이 있다.

ⓜ Peer Shadowing 기출 : 조사자가 기록하는 일반 Shadow Tracking 기법과 달리 본인, 친구, 가족 등 지인들이 선정된 소비자의 행동을 관찰·기록하는 방법이다. 이 방법은 조사자가 따라다닐 수 없는 부분까지 촬영이 가능하고, 심리적으로 편안함을 느끼며, 현장에서 주변 환경 및 주변인들과 상호작용을 통해 시각적 자료를 수집할 수 있다. 주의할 점은 비전문가가 조사주체가 되기 때문에 정확한 촬영 업무를 설정하고 참가자들을 체계적으로 훈련시키는 것이 중요하다. 사후 인터뷰나 FGI를 통해 행동에 대한 이유 및 동기를 추가로 파악할 수 있다.

ⓗ Town Watching 기출 : 소비자 집단의 라이프스타일이나 트렌드를 파악하기 위해 그들을 만날 수 있는 장소에서 관찰과 인터뷰를 진행하는 방식이다. 즉, 거리의 행인이나 매장을 주로 관찰하고, 제품기획단계에서 활용되는 조사로 소비자들의 특성이나 성향을 이해하고 제품 포지셔닝이 적절한지를 정확하게 파악하고자 할 때 주로 사용한다.

ⓐ Video Ethnography : 특정 제품이나 환경에 대한 소비자의 사용행태를 한 지점에 카메라를 고정·기록·관찰하는 방식이다. 즉, 가전제품 등 기존 제품 사용상의 문제점 파악 및 식품매장 등 특정 환경에서 소비자가 느끼는 문제점을 파악하여 이를 개선하거나 새로운 아이디어를 도출하는 데에 주로 활용한다.

ⓞ Home Visiting : 조사 대상 가구를 직접 방문하여 집안 환경을 관찰하고 가족구성원과의 인터뷰를 통해 가정 내 라이프스타일 및 제품 사용행태를 파악하는 방식이다. 즉, 새로운 제품과 서비스 기회를 파악하기 위해 실제 사용자의 니즈를 깊이 파악하고자 할때 사용한다. 예를 들어, 세탁기 사용과 관련해 세탁실은 주로 어디에 있는지, 세탁기 주변에 어떤 물건들이 놓이는지, 세탁물은 얼마나 되는지 관찰하고, 사용상의 불편한 점, 개선요구사항 등을 인터뷰할 수 있다. 이 방식은 면담실에서 진행하는 심층면접에 비해 사용 상황을 직접 관찰할 수 있고, 소비자가 좀 더 편안하게 제품을 직접 사용하는 순간에 떠오르는 생각들을 포착할 수 있다는 장점이 있다.

ⓩ POP(Point Of Purchase) : 매장 관찰이나 판매원 인터뷰를 통해 매장환경을 분석하고 고객의 구매행태를 관찰함으로써 문제점을 찾는 방식이다. 보통 매장환경 개선 및 소비자 구매행태를 통한 제품판매전략 수립에 사용된다.

ⓩ 온라인 일기 : 개인의 중요한 생활 이야기를 개인적 관점에서 기록하는 방식이다. 즉, 일상생활에서 기업의 제품 및 서비스 이용 경험에 대해 소비자가 내용을 스스로 작성하고 이미지를 기록하는 것이다. 소비자의 일상적인 라이프스타일 전반에 대한 구체적인 제품 사용 및 서비스 이용에 대한 경험 정보를 얻을 수 있다. 생활 전반에 걸친 특성을 이해하고 니즈를 파악하고자 할 때 주로 사용한다.

② 소비자의 신체반응을 관찰하는 기법

㉠ fMRI(기능적 자기공명영상) : 뇌가 활동할 때 혈류의 산소수준 신호를 반복 측정하여 뇌가 기능적으로 활성화된 정도를 측정하는 방식이다. 먼저, 피험자의 관심이 있는 뇌영역을 초기 촬영한다. 두 번째로 피험자가 광고 영상을 보거나, 브랜드를 떠올리게 하는 등 마케팅 자극과 관련한 인지 과정을 수행하는 동안 동일한 부분의 뇌 영상을 촬영한다. 두 번째 영상에서 첫 번째 영상을 제외하면, 자극을 통해 활성화된 뇌 영역이 나타난다. 하지만 이 방식은 피험자가 시끄럽고 갑갑한 장치 안에 누워 있어야 하며, 비용이 많이 드는 문제점이 있다.

㉡ fDOT(기능적 확산광학 촬영기법) : 대뇌 피질의 1cm 깊이에서 일어나는 신경 활동만을 기록하는 촬영기법으로, 촬영 중에도 어느 정도 움직일 수 있기 때문에 현장 측정이 가능하다. 또한, 소음이 적고 비용도 적게 든다. fMRI나 fDOT를 통해 얻은 뇌 영상을 해석하여 브랜드, 제품 디자인, 광고 등이 가지는 심층은유를 분리해내고 그중 어떤 것이 가장 주의를 끌고 오랫동안 기억될 수 있는지 평가할 수 있다. 하지만 뇌 영상을 통해 구체적인 사고나 감정을 판독할 수는 없고, 특정 종류의 사고 및 감정과 관련 있는 뇌 영역이 활성화되었다는 점만 확인할 수 있다.

㉢ Eye Tracking : 사람들의 동공의 움직임과 동선을 추적하여 고객 탐색 반응을 계량적으로 수치화하여 제공한다. '시선의 움직임'을 분석하여 구매 및 서비스 이용 시에 매장동선 최적화, 효과적인 디스플레이 방안 도출, 판촉물 제작시 콘텐츠의 효과적 배치와 가독성 증대 등에 많이 사용한다. 예를 들어, 마트나 편의점의 물품배치와 디스플레이, 자동차 및 비행기 내부 설계, 가전제품 디자인 등에 활용할 수 있다. Eye Tracking 장비에는 안경처럼 착용하는 형태, 시력 검사기처럼 머리를 고정시키고 세밀한 안구움직임을 관찰하는 형태, 모니터 앞에 설치된 카메라를 통

해 동공의 움직임과 머리의 움직임을 측정하는 형태, 모자에 추적 장비를 붙여 착용하는 형태 등이 다양하게 개발되어 있다. 소형고글과 레코더로 이루어진 장비의 경우, 레코더는 벨트에 부착하거나 어깨에 멘다.

③ **소비자의 무의식 세계를 탐사하는 기법**

ZMET(Zaltman Metaphor Elicitation Technique, 잘트만식 은유추출기법)는 내면심리 파악기법으로, 소비자들이 니즈를 말로 표현하는 데 장애를 겪는 것은 외부인이 자신의 내면 심리에 접근하는 것을 꺼리는 방어기제뿐만 아니라 의식적 지각영역 아래에 있는 니즈를 의식 수준으로 끌어올리는 데 인지적 장애가 존재하기 때문이다. 이런 장애를 극복하고 소비자의 숨은 니즈를 끌어내기 위해 ZMET는 은유를 이용한다. 소비자들이 타인에게 바람직하게 보이고 싶어 하는 욕구 때문에 자신의 의견을 직설적으로 표현하지 않는 경우에 사용하는 투사법과 다른 점은 소비자도 인지하지 못하는 심층의 잠재니즈를 알아내는 방식이라는 점이다.

제2절 마케팅 정보의 개발

현대에 들어와서 자금이나 자재 및 기계, 인력 외에 기업의 성공요소로 떠오르고 있는 것이 바로 정보이다. 마케팅 의사결정에서 필요한 정보는 마케팅 정보시스템과 마케팅 조사에 의해 효율적으로 제공될 수 있는 부분이다. 마케팅 정보시스템은 기업의 내·외부에 흩어져 있는 2차 자료들을 수집하고 이를 의사결정에 유용한 정보로 가공해서 의사결정자에게 제공한다. 만약, 마케팅 정보시스템에 의해 제공된 2차 자료가 의사결정과 연관성이 낮을 경우 마케팅 조사를 통해 관련 정보를 수집한다.

(1) 정보

정보는 의사결정을 하는 데 있어서 유용하게 활용되는 일련의 처리 내지 가공된 자료, 가치가 증대된 자료이다. 또한, 주어진 문제해결을 위해 가공되어 그 가치가 증대된 새로운 유형의 정보가 되며, 조직의 업무수행 시의 의사결정에 유용하게 활용된다.

(2) 정보시스템

정보를 수집, 처리, 가공, 저장, 공급함으로써 어떠한 조직의 활동과 의사결정 및 통제활동 등을 지원하는 구성요소들의 집합이다.

(3) 정보의 가치에 영향을 미치는 요소

기업에서의 정보는 의사결정자에게 어떠한 형태로든 도움을 주어야 정보로서의 가치가 있다. 이는 사용자에게 실제 가치가 있거나, 가치가 있다는 확신을 주어야 한다.

① **정확성** : 정보의 정확성은 정보에 오류가 어느 정도 포함되어 있는지에 대한 것을 말한다. 오류가 많이 포함되어 있는 정보는 정확성이 떨어져서 정확한 의사결정을 내리지 못하게 한다.

② **증거성** : 정보의 증거성은 정보의 정확성을 확인할 수 있는 정도를 의미한다. 보통 정보의 증거성은 해당되는 정보의 출처를 확인 및 기존에 알려진 다른 정보와 비교함으로써 파악이 가능하다.

③ **적합성** : 정보의 적합성은 관리자가 의사결정을 할 상황에서 제공되는 정보가 얼마나 적절한지, 의사결정의 내용과 얼마나 연관되어 있는지에 대한 것이다. 통상적으로 정보의 적합성이 높으면 높을수록 정보의 가치도 커진다.

④ **적시성** : 정보의 적시성은 기업에서 정보가 필요한 시기에 공급되는지의 정도를 의미한다. 정보는 제공되는 시기가 맞지 않으면 아무런 쓸모가 없기 때문이다. 적시에 제공되는 정보는 시간적 가치를 갖는 것과 같다.

⑤ **형태성** : 정보의 형태성은 정보의 사용자, 다시 말해 의사결정자의 요구에 정보가 얼마나 부합되는 형태로 제공되는지에 대한 정도를 말한다.

(4) 마케팅정보시스템

마케팅정보시스템(MIS ; Marketing Information System)은 마케팅 의사결정자가 마케팅활동을 효율적으로 계획하고 실행하는 데 필요한 좀 더 정확하고 시기적절한 정보를 수집·분류·평가하기 위한 사람·기구·절차로 구성되는 시스템이다.

① **필요성**
  ㉠ 마케팅 수단의 효율성에 관한 정보의 필요성 증대
  ㉡ 고객접촉의 기회가 감소하면서 고객에 대한 정보수집 필요성 증대
  ㉢ 한정된 자원의 효율적 이용
  ㉣ 시장변화에 대한 신속한 대응
  ㉤ 소비자 욕구의 다양화

② **마케팅정보시스템의 하위시스템**
  ㉠ 내부정보시스템(Internal Information System) : 내부에서 만들어지는 정보를 관리하는 시스템으로 내부정보는 마케팅 의사결정을 하는 데 있어 가장 기본적인 정보이다.
  ㉡ 마케팅인텔리젼스시스템(Marketing Intelligence System) : 기업 주변의 마케팅 환경에서 발생되는 정보를 수집하기 위한 시스템으로 기업 주변에서 일어나는 정보를 수집·분석한다.
  ㉢ 고객정보시스템(Customer Information System) : 고객의 인구통계적 특성, 라이프스타일, 구매행동 등의 자료를 축적한 데이터베이스다.
  ㉣ 마케팅조사시스템(Marketing Research System) : 마케터의 의사결정에 직접적으로 관련된 1차자료를 수집하기 위한 시스템이다.
  ㉤ 마케팅의사결정지원시스템(Marketing Decision Support System) : 얻어진 자료를 마케팅 의사결정에 쉽게 사용할 수 있도록 만들어주는 시스템이다.

체크 포인트

마케팅정보시스템과 마케팅 조사의 비교

구분	마케팅정보시스템	마케팅 조사
정보	외부 및 내부자료 취급	외부정보 취급에 치중
목적	문제해결/문제예방	문제 해결
운영시기	지속적	단편적/단속적
방향	미래지향적	과거의 정보에 취중
하위시스템	마케팅 조사 이외에도 다른 하위시스템 포함	마케팅정보시스템에 정보를 제공하는 하나의 자료원

제3절 마케팅 조사

(1) 마케팅 조사의 역할

일반적으로 기업의 의사결정자를 비롯한 마케팅 관리자는 업무에 관련된 여러 내용에 대한 의사결정을 시행한다. 효율적인 의사결정을 하기 위해서는 시장의 상황, 경쟁사, 소비자, 중간상 등의 마케팅 환경에 대한 객관적인 실제 수치자료가 반드시 필요하다. 즉, 이러한 정보들을 얻기 위해 마케팅 관리자들은 여러 가지 조사기법을 사용한다.

① **마케팅 조사 개요**

현대의 마케팅 관리자는 의사결정에 있어 차지하는 마케팅 조사의 중요성을 이해하고 있지만, 마케팅 조사는 합리적인 의사결정에 도움을 주는 것이지 의사결정 자체를 대신하는 것은 아니다. 다시 말해, 마케팅 조사는 의사결정이 아니며 최선의 의사결정을 위한 확률을 높이는 것이다.

② **마케팅 조사의 개념 및 역할**

　㉠ 마케팅 조사 : 마케팅 의사결정을 하기 위해 필요한 각종 정보를 제공하기 위해 자료를 수집·분석하는 과정이다.

　㉡ 마케팅 조사의 역할 : 서로 관련이 있는 사실들을 찾아내고 분석하여, 가능한 조치를 제시함으로써 마케팅 의사결정을 돕는 것이다.

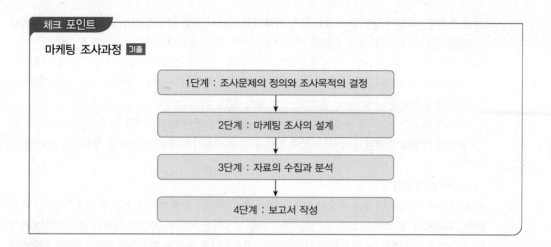

체크 포인트

마케팅 조사과정 기출

1단계 : 조사문제의 정의와 조사목적의 결정

2단계 : 마케팅 조사의 설계

3단계 : 자료의 수집과 분석

4단계 : 보고서 작성

(2) 문제의 정의

마케팅 조사를 수행하기 위해서는 먼저 조사문제를 정확하게 정의해야 한다. 마케팅 조사는 특정한 의사결정을 위해 수행되는 것이므로, 의사결정문제에서부터 조사문제가 결정된다. 하지만 이렇게 조사문제를 정확하게 정의하는 것은 상황에 따라 용이하지 않을 수 있다. 예를 들어, 특정기간 동안의 기업 매출이 하락했을 경우, 매출 하락의 원인은 다양하기 때문이다. 따라서 문제의 원인이 많을수록 기업의 마케팅 관리자들은 정확하게 조사문제를 정의할 필요가 있다.

(3) 조사설계

조사설계 단계에서는 연구에 대한 구체적인 목적을 공식화하여, 조사를 수행하기 위한 순서와 책임을 구체화시켜야 하며, 연구조사의 주체·대상·시점·장소 및 방법 등을 결정한다.

① 조사설계 개요

기업이 당면한 문제에 대해 구성된 가설을 검증하기 위한 포괄적인 계획이다. 특히, 조사 목적을 효율적으로 이루기 위해서는 이에 대한 지침서가 되는 조사계획의 수립에 나타나는 다양한 마케팅 조사방법을 이해하고, 각 조사방법의 장·단점을 기반으로 한 적합한 조사방법을 채택해야 한다. 마케팅 조사문제는 조사의 성격에 따라 탐색조사(Exploratory Research), 기술조사(Descriptive Research), 인과조사(Casual Research)로 나뉜다.

② 탐색조사 중요

탐색조사는 기업의 마케팅 문제와 현 상황을 보다 잘 이해하기 위해서, 조사목적을 명확히 정의하기 위해서, 필요한 정보를 분명히 파악하기 위해서 시행하는 예비조사이다. 다시 말해, **특정 문제가 잘 알려져 있지 않은 경우에 적합한 조사방법이다. 즉, 문제의 규명이 목적인 것이다.** 하지만 탐색조사는 그 자체에서 끝나는 것이 아니고, 기술조사와 인과조사를 하기 위한 전 단계의 역할을 수행하는 경우가 일반적이다. 탐색조사가 필요한 이유는 기업이 당면한 마케팅 문제와 상황, 조사목적 또는 필요한 정보에 대한 정확한 정의 없이 조사 진행을 하면, 도출된 결과가 마케팅 문제를 해결하는 데 도움이 되지 못하고, 오히려 비용과 시간 및 노력을 낭비한 결과를 초래할 확률이 커지기 때문이다. 이런 탐색조사에 활용되는 방법으로 사례조사·문헌조사·전문가 의견조사·FGI 등이 있다.

    ㉠ 사례조사 : 기업이 당면한 문제점 등을 파악하기 위해서 기업 활동의 일부 또는 어느 특정 부서에 대한 집중적 분석을 통해 문제를 파악하고, 이에 대한 해결책을 찾는 조사를 말한다.

    ㉡ 문헌조사 : 기업이 당면한 문제점을 파악하기 위해 기존에 공개되어 있는 2차 자료를 활용하는 것을 말한다. 예를 들어, 조사자가 문제파악을 위해 회사 내의 자료, 과거의 조사자료, 협회지, 통계청이 발표한 자료 등을 검토하는 것 등이 있다.

    ㉢ 전문가 의견조사 : 기업이 당면한 문제 또는 해결책에 대한 아이디어를 찾기 위해서 어떠한 산업이나 기업에 관련된 풍부한 지식과 경험을 갖춘 전문가를 통해서 정보를 찾아내는 조사를 말한다.

③ **기술조사** 중요 기출

현재 나타나고 있는 마케팅 현상을 보다 정확하게 이해하기 위해서 수행되는 조사를 말한다. 다시 말해, 소비자가 생각하고, 느끼고, 행동하는 것을 기술하는 조사로 확실한 목적과 조사하려는 가설을 염두에 두고 시행하는 엄격한 조사방식이다. 기술조사의 목적은 **현상태를 있는 그대로 정확하게 묘사**하는 데 있다. 하지만 여러 사람에게 주로 설문조사를 통하여 데이터를 수집한다는 부분에서 탐색조사와 차이점이 있다. 기술조사에는 횡단조사와 종단조사 2가지 방식이 있다.

체크 포인트

기술조사 : 어떤 집단의 특성을 기술하려 할 때, 또는 예측하고자 할 때 사용한다.

- 횡단조사 : 모집단에서 추출된 표본에서 단 1회의 조사를 통해 마케팅 정보를 수집하는 방법을 말한다. 즉, 마케팅 조사에서 쓰이는 서베이 조사처럼 어떤 한 시점에서의 소비자 구매형태를 측정해서 시장의 전반적인 상황을 조사하고자 하는 것이다. 횡단조사의 경우, 소비자로부터 구매한 상표들의 정보를 얻을 수는 있으나, 소비자들의 기억능력의 한계로 인해 최근의 구매에 대한 정보로 만족해야 하는 제약이 있다.
- 종단조사 : 횡단조사와는 달리 동일한 표본을 대상으로 일정한 간격으로 반복적 조사를 통해서 마케팅 변수의 변화추이를 보는 조사이다. 이는 일정기간을 두고 한 번 이상 조사를 하므로, 변화에 따른 마케팅 변수에 대한 소비자의 반응 측정이 가능하다. 다시 말해, 가격변화에 대한 전후 상황, 판촉실시의 전후 등 소비자의 반응을 알아봄으로써 소비자에게 미치는 영향을 파악하는 것이다. 보통 패널 조사라고 한다.

---

④ **인과조사** 기출

마케팅 현상의 원인이 무엇인지 밝혀내기 위한 조사를 말한다. 분명한 인과관계를 밝히기 위해서는 원인변수 이외에 결과변수에 영향을 미치는 다른 변수들의 영향을 배제한 상태에서, 원인변수가 변하면 이에 따라 결과변수도 변화하는지 알아보아야 한다. 이러한 과정은 설문조사로는 어렵고, 실험 등을 통한 조사방법에 의해서 가능하다. 인과조사는 인과 관련성을 파악하는 데 그 목적이 있다. 예를 들어, 'X는 Y를 초래한다.'는 등의 인과관계를 밝히는 것이 목적이다.

체크 포인트

마케팅 조사 목적과 자료수집방법
- 탐색조사 : 사례조사, 문헌조사, 전문가 의견조사, FGI(표적집단면접법)
- 기술조사 : 설문조사법
- 인과조사 : 실험법

더 알아두기

인과관계 추론 기준 기출
- 원인 X는 결과인 Y보다 먼저 일어나야 한다.
- 두 개의 사건 X와 Y는 서로 같이 일어나야 하고, 같이 움직여야 한다.
- 또 다른 설명이 가능하지 않아야 한다(즉, Y의 결과를 초래하는 Z가 존재하지 않아야 한다).

실험법 내용정리
- 실험법은 주로 인과관계 조사를 위해서 많이 활용되는 조사기법이다.
- 실험대상자를 몇몇의 집단으로 분류한 후, 원인이라고 추정되는 변수들을 각 집단에 대해서 서로 다르게 조작해 놓는다. 결과가 집단 간에 다르게 나타나는지에 따라 주어진 문제에 대한 인과관계를 규명해 나간다.
- 실험법은 외생변수의 통제가 필요하다.
- 실험실에서의 실험인 경우에 실험 조사자가 목적에 알맞은 실험상황을 만들며, 이때 외생변수의 영향력에 대한 통제는 용이하다.
- 현장실험인 경우에 이는 실제 상황에서 수행하므로 현실성이 높은 반면에, 외생변수의 영향력에 대한 통제를 하기는 어렵다.

의미차별화 척도 : 서로 대칭이 되는 형용사를 놓고 사이에 5개 또는 7개의 의미 공간을 설정하여 응답자가 표시하는 것을 말한다. 기출

아래 보기에 제시된 내용 중에서 스타벅스에 대하여 느낀 점을 표시하시오.						
커피 맛	좋다	□	□	□	□	□	나쁘다
청소상태	깨끗하다	□	□	□	□	□	더럽다
커피종류	많다	□	□	□	□	□	적다
가 격	저렴하다	□	□	□	□	□	비싸다

리커트 척도 : 주어진 문장에 대하여 동의 혹은 동의하지 않는 정도를 표시한다.

부모님은 휴일에 아이들하고 놀이동산에 가는 것을 좋아한다.				
매우 맞다	맞다	그저 그렇다	틀리다	매우 틀리다
□	□	□	□	□

(4) 자료수집방법의 결정

설정된 조사목적에 대해 우선적으로 필요한 정보는 무엇인지, 다시 말해 구체적인 정보의 형태가 결정되어야 한다. 이 단계에서는 조사목적이 보다 구체적인 조사과제로 바뀐다.

① **1차 자료와 2차 자료**

마케팅 조사자는 관리자의 요구에 맞추어 1차 자료와 2차 자료를 수집한다. 1차 자료는 주로 구체적인 조사목적을 위해서 조사활동 기간에 최초로 수집된 것이며, 2차 자료는 다른 목적을 위해서 이미 조사·정리된 것을 말한다.

체크 포인트

1차 자료와 2차 자료 비교 기출

구분	1차 자료	2차 자료
개념	조사자가 현재 수행 중인 조사목적을 달성하기 위하여 직접 수집한 자료를 말한다.	현재의 조사목적에 도움을 줄 수 있는 기존의 모든 자료를 말한다.
장점	• 조사목적에 적합한 정확도, 신뢰도, 타당성 평가가 가능하다. • 수집된 자료를 의사결정에 필요한 시기에 적절히 이용 가능하다.	• 일반적으로 자료 취득이 쉽다. • 시간, 비용, 인력에 있어서 저렴하다.
단점	자료수집이 2차 자료에 비해 시간, 비용, 인력이 많이 든다.	자료수집 목적이 조사목적과 일치하지 않는다 (자료의 신뢰도가 떨어진다).
유형	리포트, 전화서베이, 대인면접법, 우편이용법 등이 있다.	논문, 정부간행물, 각종 통계자료 등이 있다.

---

② **관찰법** 기출

관찰법은 보통 조사대상의 행동이나 상황을 직접적 또는 기계장치를 통해서 관찰하여 자료를 수집하는 방법을 말한다. 예를 들어, 통행량 관찰의 경우 신규점포 개설을 위한 최적위치를 찾는 데 이용된다. 이는 관련이 있는 사람들이나 행동 또는 상황 등을 직접 관찰하여 자료를 수집하는 방법으로 사람들이 제공할 수 없거나 제공하기를 꺼리는 정보를 얻는 데 적합한 방법이다. 하지만 관찰자는 느낌이나 태도, 동기 등은 관찰할 수 없고, 소비자들의 장기적인 행동도 관찰하기는 쉽지가 않다. 관찰자가 관찰을 통해 정보를 수집할 때 유의해야 할 점은 피관찰자가 눈치채지 못하도록 자연스럽게 관찰해야 한다. 누구나 그렇듯이, 자신이 관찰을 당하고 있다는 것을 알게 되면 평상시와 다르게 행동하는 경우가 많기 때문이다.

㉠ 관찰법의 장점
  • 자료를 수집하는 데 응답자의 협조 의도나 응답능력이 문제가 되지 않는다.
  • 조사자에서 발생하는 오류를 제거할 수 있다.
  • 일반적으로 객관성과 정확성이 높다.

㉡ 관찰법의 단점
  • 태도, 동기 등과 같은 심리적 현상은 관찰할 수 없다.
  • '장기간에 걸쳐 발생하는 사건'과 '사적인 활동'은 관찰하기 어렵다.

- 설문지에 비해 비용이 많이 든다.
- 관찰대상자가 자신이 관찰되고 있다는 사실을 알면 평상시와 다른 행동을 할 수도 있다.

③ **면접법**

연구자와 응답자 간의 언어적인 상호작용을 통해 필요한 자료를 수집하는 방법을 말한다. 면접은 연구자와 응답자 간의 면대면 방식으로 상호작용을 통해 자료를 수집한다는 점에서 다른 방법과 구분된다.

㉠ 면접법의 장점

- 모든 사람에 대해서 할 수 있다.
- 질문지법보다 더 공정한 표본을 얻을 수 있다.
- 개별적 상황에 따라 높은 신축성과 적응성을 갖는다.
- 다양한 질문을 사용할 수 있고 정확한 응답을 얻어낼 수 있다.
- 환경을 통제·표준화할 수 있다.
- 타인의 영향을 배제시킬 수 있다.
- 응답자 과거의 행동이나 사적 행위에 관한 정보를 얻을 수 있다.

㉡ 면접법의 단점

- 절차가 복잡하고 불편하다. 면접법의 경우 사전에 전화를 해서 협력을 얻어야 하고, 조사대상 자의 시간에 맞추어 일정을 잡고, 직접 찾아가 만나야 하는 등 복잡하다.
- 조사자가 응답자를 현장에서 일일이 만나 면접을 실시해야 하기 때문에 시간, 노력, 비용이 발생된다.
- 응답자가 힘들거나 다른 일에 전념하거나 불편할 때, 면접이 이루어지면 응답에 부정적인 영향을 미칠 수 있다.
- 응답에 대한 표준화가 어렵다. 응답자에 따라 서로 다른 질문을 해야 하고 개인적인 질문을 해야 하는 경우가 많은데, 이는 응답자의 응답을 표준화해서 비교할 때 어려움이 따를 수도 있다.
- 넓은 지역에 걸쳐 분포된 사람을 대상으로 하는 어려움이 있다.
- 응답자에 따라서는 면접자에게 자신의 상황을 드러내는 것이 어려울 수도 있다. 면접의 경우 응답자를 개인적으로 만나는 것이 아니라 그들의 집에 가서 가정환경이나 가족, 또는 이웃 등 개인의 사생활을 관찰하게 되는데, 이러한 일들이 응답자에게 부담을 줄 수 있기 때문이다.

더 알아두기

대인면접법 · 우편질문법 · 전화면접법의 장점과 단점

구분	대인면접법	우편질문법	전화면접법 기출
장점	• 가장 융통성 있는 자료수집 방법이다. • 응답자의 확인이 가능하다. • 응답률이 높다. • 표본분포의 통제가 가능하다.	• 표본분포가 폭넓고, 대표성을 지닐 수 있다. • 면접의 오류발생이 없다. • 현장조사자가 필요 없다. • 조사비용이 저렴하다. • 특정 이슈에 대한 솔직한 응답이 가능하다. • 응답자가 충분한 시간적 여유를 가지고 답변할 수 있다. • 편견적 오류가 감소한다. 여기에는 면접자가 없으므로 면접자의 개인적 특성 및 면접자들 사이의 차이에서 나올 수 있는 오류가 나타나지 않게 된다.	• 표본분포가 폭넓고 다양하다. • 한 시점에 나타나는 일에 대해 정도가 높은 정보취득이 가능하다. • 컴퓨터를 이용한 자동화 조사가 가능하다. • 면접이 어려운 사람에게 적용 가능하다.
단점	• 익명성의 부재가 발생된다. 응답 내용에 따라 응답자는 정보 제공을 하더라도 익명으로 할 때가 있기 때문이다. • 조사비용이 많이 소요된다. • 면접자의 감독과 통제가 어렵다. 응답자가 만나기를 꺼리거나, 비협조적인 경우 면접자가 응답을 조작할 우려가 있다.	• 애매모호한 무응답으로 인해 오류가 발생한다. • 질문에 대한 통제가 불가능하다. • 무응답된 질문에 대한 처리가 어렵다. • 포괄적인 조사와 같은 특정 질문은 할 수 없다. • 주제에 관심이 있는 사람들만이 응답할 우려가 많다. • 모집단의 특정 지역은 접근이 불가능하다(문맹자 등). • 회수율이 낮다.	• 질문의 길이와 내용에 있어 제한적이다. • 보조도구를 사용하기 어렵다. • 조사 도중에 전화를 끊어 조사가 중단될 수 있다. • 특정 주제에 대해 응답의 회피가 나타날 수 있다.

④ **델파이 기법**

각 분야의 전문가가 가지고 있는 지식을 종합해서 미래를 예측하는 방법이다. 면밀하게 계획된 익명의 반복적 질문지 조사를 실시함으로써, 전문가들은 직접 모이지 않고 주로 우편이나 전자 메일을 통신수단으로 의견을 수렴하고 의견을 제시할 수 있다. 집단성원의 합의를 유도해 낼 수 있는 일종의 집단협의 방식에 대한 대안적 조사방법으로서 의견을 여러 차례 듣고 피드백을 통해 최종 예측치의 평균값 또는 중앙값으로 결과를 예측하는 방법이다.

⑤ **설문조사법**

조사자가 주어진 문제에 대해서 작성한 일련의 질문사항에 대하여 피험자가 대답을 기술하도록 한 조사방법을 말한다. 설문조사에서 각 질문 문항은 실제로 응답자에게 질문할 말을 그대로 기술해야 하고, 질문할 순서대로 배열해야 한다. 또한, 많은 형태의 1차 자료는 단순한 관찰을 통해 얻어지는 경우는 흔하지 않기 때문에 조사자는 실제 설문조사를 해야만 한다. 종업원이나 공급자 또는 소비자의 태도나 의견을 알고 싶을 때는 설문조사법을 사용해야 한다.

설문지 작성의 경우, 한번 만들어진 내용으로 모든 조사자가 의도한 자료를 얻을 수는 없다. 설문지 작성을 위한 순서를 만들고, 순서별 문제점을 파악하여 보완해 나가야 한다.

더 알아두기

설문조사과정

필요한 정보의 결정 → 자료수집방법의 결정 → 개별항목의 내용결정 → 질문형태의 결정 → 개별문항의 완성 → 질문의 수와 순서결정 → 설문지의 외형결정 → 설문지의 사전조사 → 설문지 완성

㉠ 설문지 개발 시 주의할 점

많은 조사자는 설문지를 실질적으로 사용하기 전에 설문지의 오류를 찾아 고치기 위해서 사전조사를 실시한다. 설문지 개발 시 주의할 사항으로는 다음과 같다.

- **적절한 설문항목의 결정**: 일반적으로 설문지에 꼭 들어가야 할 항목을 누락시키거나 응답자들이 대답하기 곤란한 질문 또는 대답하고 싶지 않은 질문 등을 포함하는 경우가 많다. 그러므로 조사자들은 각 설문항목이 조사목적에 적합한지를 확인해야 한다.
- **조사목적에 적합한 설문형식을 결정**: 설문형식에는 개방형 질문과 폐쇄형 질문이 있다.

더 알아두기

개방형 질문과 폐쇄형 질문

① 개방형 질문: 응답자로 하여금 응답자 스스로의 말로 대답하도록 하는 형식을 말한다.

⟮예⟯ 해당 점포의 서비스에 대해 당신의 생각은 어떤가요?

⟮예⟯ 어젯밤 뉴스가 당신에게 어떤 의미가 있나요?

㉠ 장점
- 조사자는 응답자로 하여금 사전에 주어진 답을 강요하지 않는다. 다시 말해, 응답자는 자신의 생각을 자유롭게 표현할 수 있다.
- 만약 대답이 명확하지 않은 경우에 조사자가 이에 대한 추가설명을 요구할 수 있으므로 오해를 제거하고 친밀도를 높일 수 있다.

㉡ 단점
- 설문지에서 보기를 선택하는 것이 아니기 때문에 응답자의 거부율이 높아질 가능성이 있다.
- 질문에 대한 답을 하는 시간이 폐쇄형 질문에 비해 오래 걸리므로 많은 질문을 할 수 없다.

② 폐쇄형 질문: 가능한 예를 제시하고, 응답자가 제시된 예 중에서 선택하도록 하는 방식을 말한다.

⟮예⟯ 이번 휴가 때 누구랑 여행을 갈 것인가요?

① 친구 ② 부모님 ③ 아내 ④ 모임

⟮예⟯ 이 음식점의 음식 맛은 어떻습니까?

① 아주 맛있다 ② 맛있다 ③ 보통이다 ④ 맛없다

㉠ 장점
- 조사하고자 하는 내용에 대한 응답항목이 사전에 정해져 있기 때문에 조사자의 조사 작업과 분석과정이 용이하다.
- 폐쇄형 질문은 통계적으로 분석하거나 그 결과를 해석하는 데 용이하다.

ⓛ 단점
- 응답자에게 보기로 제시된 항목 중에서 선택을 강요하거나, 응답자는 주어진 보기로 생각하지는 않지만, 어쩔 수 없이 보기 중에서 골라야 하는 어려움이 있다.
- 설문 조사자가 제시하는 응답범주는 응답자들의 응답에 영향을 미친다.

- **적절한 설문 용어와 순서의 결정** : 설문에 사용하는 용어는 보편적이면서도 직접적이고 편견이 없어야 한다. 동시에 설문항목은 논리적으로 배치되어야 하며, 쉬운 질문에서 어려운 질문으로 옮겨가야 한다.

> **예**
>
> 당신이 거주하는 지역에 지하철역이 있습니까?
> ① 예 ② 아니요 ③ 건설예정이다

- 응답자에게 지나칠 정도의 자세한 질문은 금지해야 한다.

> **예**
>
> 당신의 한 달 급여는 얼마입니까?
> ① 100만 원 이하 ② 100~150만 원 ③ 200만 원 이하 ④ 200만 원 이상

- 부정적·선동적인 질문은 금지해야 한다.

> **예**
>
> 당신은 대기업 총수들의 세금탈세 행위가 올바르다고 생각하십니까?
> ① 예 ② 아니요 ③ 잘 모르겠다 ④ 관심 없다

- 하나의 항목에 2가지 질문은 금지해야 한다.

> **예**
>
> 당신은 우리나라의 정치 분야 및 경제 분야에 대해서 어떻게 생각하십니까?

- 대답하기 힘든 질문이나 응답이 곤란한 질문은 금지해야 한다.

> **예**
>
> 당신은 아무데나 쓰레기를 버리십니까?

더 알아두기

양자택일형 질문
양자택일형은 찬·반식 질문이라고도 하며, 일반적으로 찬성 – 반대, 또는 그렇다 – 아니다 등 긍정적·부정적인 것처럼 극단적 범주의 응답 중에서 하나를 선택하는 방법을 말한다.
예 대학 등록금 인상에 대해 어떻게 생각하십니까?
　 ① 찬성한다 ② 반대한다

ⓛ 설문의 순서
- 흥미 있는 문항을 앞부분에 배열 : 시작하는 질문은 응답자의 흥미를 불러일으킬 수 있는 것으로 해야 한다. 처음부터 지루하거나 어려우면 응답을 거부할 확률이 높아진다.
- 지루하거나 어려운 질문은 설문의 중간에 배치 : 응답자가 응답 시작 후 진행이 된 상태이므로, 힘들지만 지속적인 응답을 할 확률이 높아진다.
- 내용이 심각하거나 민감한 것은 뒷부분에 배치 : 심각한 내용의 질문은 응답여부에 큰 영향을 미치므로 뒷부분에 배치하는 것이 좋다.
- 설문조사시 객관적 사실에 기초한 것부터 시작해서, 주관적인 내용으로 질문을 진행하는 것이 좋다.
- 일반적인 것부터 먼저 물어보고, 특별한 것들을 그 후에 질문한다.

(5) 표본설계

표본설계는 조사대상을 어떻게 결정하는 것인가를 결정하는 과정을 말한다. 표본설계에 있어, 모집단은 표본조사에 대한 통계적 추정에 의해 자료를 얻으려는 집단이다. 다시 말해, 조사하고자 하는 대상을 말하고 이러한 모집단에서 추출된 일부분을 표본이라 한다. **통계조사 시 모집단 전부를 조사하는 방법을 전수조사라 하며,** 어느 집단의 특성을 알고자 할 때 **집단의 일부를 조사함으로써 집단 전체의 특성을 추정하는 방법을 표본조사라 한다.** 일반적으로 사회조사 대상인 사회현상은 워낙 범위가 크기 때문에 전수조사가 불가능한 경우가 많으며, 대신에 표본조사의 기술·방법이 발달함에 따라 요즘에는 사회조사에 표본조사 방식이 일반적으로 많이 사용된다.

> **더 알아두기**
>
> **표본조사가 전수조사보다 많이 활용되는 이유**
> - 시간 및 비용 그리고 노력을 절감할 수 있다.
> - 보다 세밀한 조사가 가능하다.
> - 모집단의 수가 너무 많거나 모집단의 정확한 파악이 어려운 경우엔 전수조사를 사용하기가 어렵다.

① **표본추출단계**

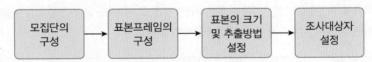

모집단의 구성 → 표본프레임의 구성 → 표본의 크기 및 추출방법 설정 → 조사대상자 설정

ⓐ 모집단 : 통계적인 관찰의 대상이 되는 집단 전체를 말한다.
ⓑ 표본프레임의 작성 : 표본이 실제 추출되는 연구대상 모집단의 목록을 의미한다.
ⓒ 표본크기 결정 : 표본크기 결정은 통계조사나 실험연구에서 첫 단계에서 부딪히는 가장 근본적이고 중요한 문제이다. 일반적으로 통계조사에 있어서 표본의 크기가 필요이상으로 크면 예산이 낭비될 뿐만 아니라, 비 표본오차도 개입되어 조사의 정확도가 떨어질 수 있고, 반대로 표본의 크기가 작으면 조사의 정확도가 떨어져 좋지 않다. 조사의 중요도에 따라 정해진 목표를 만족시킬 수 있는 범위에서 적절한 수준이 좋다.

② 표본추출방법의 결정 : 표본추출방법의 결정에는 확률 표본추출방법과 비확률 표본추출방법이 있다.

⑩ 조사대상자의 선정 : 실질적인 조사대상자를 선정하는 단계이다.

② **표본추출방법**

표본을 추출하는 방법으로는 크게 2가지가 있는데, 확률 표본추출방법과 비확률 표본추출방법으로 나뉜다.

㉠ 확률 표본추출방법 : 모집단의 표본추출단위가 표본으로 추출될 확률이 사전에 미리 알려져 있으며, '0'이 아니도록 표본을 추출하는 방법을 말한다. 확률 표본추출방법은 비확률 표본추출방법에 비해 모집단에 대한 표본의 대표성을 높이는 장점이 있는 반면에 그에 따른 비용과 시간이 많이 들어간다. 확률 표본추출방법 유형으로는 단순무작위 표본추출방법, 층화 표본추출방법, 군집 표본추출방법, 체계적 표본추출방법 등이 있다.

> **더 알아두기**
>
> **확률 표본추출방법의 종류** 기출
> - **단순무작위 표본추출법** : 단순 임의추출법이라고도 하며 모집단에 포함되어 있는 모든 구성원이 뽑힐 확률을 같게 하여 뽑는 방법을 말한다. 보통 난수표를 사용해 표본을 추출하는 것이 특징이다.
> - **층화 표본추출법** : 모집단을 서로 겹치지 않도록 여러 개의 층으로 분할한 후, 층별로 단순임의추출법을 적용시켜 표본을 얻는 방법을 말한다.
>   - 예 서울특별시를 몇 개의 구역으로 분할한 후, 구역별로 일정 수의 표본을 추출하는 경우이다.
> - **군집 표본추출법** : 모집단이 비슷한 소그룹으로 구성되어 있을 때, 한 그룹 전체를 표본으로 추출하거나 한 그룹 내에서 확률 표본추출을 하는 것을 말한다.
>   - 예 요즘 대학생들의 라이프스타일을 알아보기 위해서 몇몇 대학을 선정한 후, 이를 다시 몇 개의 학부, 학과, 학년 등으로 나누어서 해당 학생들을 조사하는 경우이다.
> - **체계적 표본추출법** : 표본 추출단위 간에 어떠한 순서가 있을 때에 일정한 간격으로 표본을 추출하는 방법을 말한다. 이때 표본추출 간격은 모집단 크기를 표본크기로 나눈 것을 말한다.
>   - 예 1,000명의 모집단이 있을 때, 이 중 100명의 표본을 추출하는 경우 표본추출 간격은 10이 된다. 이때 처음의 10명에서 무작위로 1명이 추출되고, 매 10명에서 구성원 1명씩 추출되는 것이다.

㉡ 비확률 표본추출방법 : 비확률 표본추출방법은 표본추출단위나 표본으로 추출될 수 있는 확률이 사전에 미리 알려지지 않은 표본추출방법을 말한다.

> **더 알아두기**
>
> **비확률 표본추출방법의 종류**
> - **편의 표본추출법** : 비확률 표본추출방법 중에서 가장 흔하게 쓰이는 방법으로, 조사자가 편리할 때 편리한 장소에서 임의로 표본을 추출하는 방법을 말한다. 이는 시간 및 비용이 절약되고 편리함이 장점으로 나타나는 반면, 일반화시키기 어렵다는 단점이 있다.
>   - 예 텔레비전 방송의 프로그램에서 표본을 선택할 때 아무나 붙잡고 질문하는 경우이다.

- 판단 표본추출법 : 모집단의 구성원 중에서 정확한 정보를 제공해줄 수 있다고 조사자가 판단하는 구성원들을 표본으로 추출하는 것을 말한다.
  - 예 고객들의 니즈변화 또는 제품의 시장성과에 대해서 자료 수집을 위해 기존의 경험이 많은 판매원의 의견을 수렴하는 것이다.
- 할당 표본추출법 : 인구통계적 특성(연령, 성별 등) 또는 거주지 등을 기준으로 사전에 정해진 비율에 대해 모집단 구성원을 할당하는 방법을 말한다.
  - 예 대통령 선거 투표 직전에 당선예측조사를 하기 위해서 또는 도별 유권자 수의 비율에 따라 유권자들을 추출하는 것이다.

확률 표본추출방법과 비확률 표본추출방법의 비교

확률 표본추출방법	• 표본으로 추출된 확률이 알려진 경우 사용 • 무작위 추출 • 모집단에 대한 정보가 필요 • 비확률 표본추출법에 비해 시간과 비용이 과다
비확률 표본추출방법	• 표본의 규모가 작은 경우 유리 • 인위적 추출 • 비용과 시간적 측면에서 경제적 • 모집단에 대한 정보가 불필요

마케팅 정보의 분석과 사용

마케팅 조사의 마지막 단계는 조사자가 분석한 결과를 토대로 의사결정대안을 도출하여 보고서로 작성하여 제출하고, 조사결과에 대해서 발표하는 것이다.

> **더 알아두기**
>
> **보고서 작성 시 주의사항**
> - 보고서는 정확하면서도 간단해야 한다. 의사결정자는 결과에 대한 세부적인 내용까지는 보지 않으려 하기 때문에 생략할 부분과 포함시킬 부분을 고려해서 의사결정자가 빠르게 받아들일 수 있도록 만들어야 한다.
> - 보고서는 객관적이어야 한다. 만약, 결과가 조사자의 경험·판단에 비추어지면 의사결정자는 결과에 대해 신뢰를 하지 않으므로, 객관적 자료를 바탕으로 만들어야 한다.
> - 보고서는 의사결정자의 니즈에 맞게 정보를 수집·가공하여야 한다.
> - 보고서는 조사과정에서 발생할 수 있는 오류 등에 대한 관리가 이루어져야 한다.

※ 다음 지문의 내용이 맞으면 ○, 틀리면 ✕를 체크하시오. [1~7]

01 자료는 의사결정을 함에 있어서 유용하게 활용되는 일련의 처리 내지 가공된 것을 말한다.
( )

02 마케팅 조사문제는 조사의 성격에 따라 탐색적 조사, 기술적 조사, 인과적 조사로 나누어진다.
( )

03 탐색조사에 활용되는 방법으로 사례조사·문헌조사·전문가 의견조사 등이 있다. ( )

04 횡단조사는 동일한 표본을 대상으로 일정한 간격으로 반복적 조사를 통해서 마케팅 변수의 변화 추이를 보는 조사를 말한다. ( )

05 종단조사는 현재 기업이 당면한 문제점 등을 파악하기 위해서, 기업 활동의 일부 또는 어느 특정 부서에 대한 집중적 분석을 통해 문제를 파악하고, 이에 대한 해결책을 찾는 조사를 말한다.
( )

06 관찰법은 태도, 동기 등과 같은 심리적 현상을 관찰할 수 있다. ( )

07 확률표본 추출방법은 모집단의 표본추출단위가 표본으로 추출될 확률이 사전에 미리 알려져 있으며, '0'이 아니도록 표본을 추출하는 방법을 말한다. ( )

정답과 해설 01 ✕ 02 ○ 03 ○ 04 ✕ 05 ✕ 06 ✕ 07 ○

01 정보는 의사결정을 함에 있어 유용하게 활용되는 일련의 처리 내지 가공된 자료 또는 가치가 증대된 자료를 말한다.

04 횡단조사는 모집단에서 추출된 표본에서 단 1회의 조사를 통해 마케팅 정보를 수집하는 방법이다.

05 종단조사는 동일한 표본을 대상으로 일정한 간격으로 반복적인 조사를 통해 마케팅 변수의 변화추이를 보는 조사이다.

06 관찰법은 태도, 동기 등과 같은 심리적 현상은 관찰할 수 없다.

01 주로 기업의 마케팅 문제와 현 상황을 보다 잘 이해하기 위함과 동시에 조사목적을 명확히 정의하기 위해서 시행하는 예비조사는 무엇인가?

① 기술조사
② 인과조사
③ 1차 자료
④ 탐색조사

02 문제의 규명이 목적인 조사방법은?

① 탐색조사
② 여론조사
③ 기술조사
④ 인과조사

03 서울 마포구 상권 내 직장인들의 구매특성을 조사하려고 할 때, 어떤 조사방법이 적절한가?

① 관찰
② 탐색조사
③ 기술조사
④ 인과조사

01 탐색조사는 기업의 마케팅 문제와 현 상황을 보다 잘 이해하기 위해서, 조사목적을 명확히 정의하기 위해서, 더불어 필요한 정보를 분명히 파악하기 위해서 시행하는 예비조사이다.

02 탐색조사는 기업의 마케팅 문제와 현 상황을 보다 잘 이해하기 위해서, 조사목적을 명확히 정의하기 위해서, 더불어 필요한 정보를 분명히 파악하기 위해서 시행하는 예비조사를 말하며, 동시에 문제를 규명하는 것이 목적인 조사방법이다.

03 기술조사는 어떤 집단의 특성을 기술하려 할 때, 또는 예측하고자 할 때 사용하는 조사방법이다.

정답 (01 ④　02 ①　03 ③)

04 횡단조사는 관심 있는 집단에서 추출한 표본을 한 시점에서 측정하는 방법으로, 일정시점에서의 한 단면을 보여준다.

04 다음 설명의 괄호 안에 들어갈 적절한 말은 무엇인가?

> (   )조사는 관심 있는 집단에서 추출한 표본을 한 시점에서 측정하는 방법으로, (   )에서의 한 단면을 보여준다.

① 횡단 – 일정시점
② 횡단 – 일정기간
③ 종단 – 일정시점
④ 종단 – 일정기간

05 마케팅 조사과정
조사문제의 정의 및 조사목적의 결정 → 마케팅 조사의 설계 → 자료의 수집 및 분석 → 보고서 작성

05 다음 중 마케팅 조사과정의 순서로 올바른 것은?

① 조사문제의 정의 및 조사목적의 결정 → 자료의 수집 및 분석 → 마케팅 조사의 설계 → 보고서 작성
② 조사문제의 정의 및 조사목적의 결정 → 보고서 작성 → 자료의 수집 및 분석 → 마케팅 조사의 설계
③ 조사문제의 정의 및 조사목적의 결정 → 마케팅 조사의 설계 → 자료의 수집 및 분석 → 보고서 작성
④ 마케팅 조사의 설계 → 조사문제의 정의 및 조사목적의 결정 → 보고서 작성 → 자료의 수집 및 분석

06 1차 자료는 현재 수행 중인 조사목적을 달성하기 위하여 조사자가 직접 수집한 자료이다.

06 다음 중 1차 자료에 대한 설명으로 틀린 것은?

① 다른 목적으로 만들어진 기존의 모든 자료를 말한다.
② 2차 자료에 비해 시간 및 비용이 많이 들어간다.
③ 자료의 신뢰성이 높다.
④ 전화조사, 면접법 등이 있다.

정답 (04 ① 05 ③ 06 ①)

07 다음 중 2차 자료에 대한 설명으로 옳지 <u>않은</u> 것은?

① 1차 자료에 비해 시간과 비용이 많이 든다.

② 현재의 조사목적에 도움을 줄 수 있는 기존의 모든 자료를 의미한다.

③ 1차 자료에 비해서 자료의 신뢰도가 떨어진다.

④ 정부간행물, 각종 통계자료 등이 대표적 자료이다.

07 2차 자료는 1차 자료에 비해 시간과 비용, 노력이 적게 든다.

08 마케팅 조사는 크게 3가지로 구분되는데, 이에 속하지 <u>않는</u> 것은?

① 탐색조사

② 기술조사

③ 인과조사

④ 2차 자료

08 마케팅 조사문제는 조사의 성격에 따라 탐색조사, 기술조사, 인과조사로 나뉜다.

09 다음 설명의 괄호 안에 들어갈 내용으로 적절한 것은?

> (   )는 기업이 당면한 문제점을 파악하기 위해 기존에 공개되어 있는 2차 자료를 활용하는 것을 의미한다.

① 전문가 조사

② 사례조사

③ 문헌조사

④ 통계조사

09 문헌조사는 기업이 당면한 문제점을 파악하기 위해 기존에 공개되어 있는 2차 자료를 활용하는 것이다.

정답 07① 08④ 09③

10 의사소통의 융통성이 가장 높은 방식은 면접법이다.

10 다음 서베이 방법 중에서 의사소통의 융통성이 가장 높은 방식은?

① 인터넷
② 면접법
③ 전화
④ 우편

11 마케팅 조사의 역할은 서로 관련이 있는 사실들을 찾아내고 분석하여, 가능한 조치를 제시함으로써 마케팅 의사결정을 돕는 것이다.

11 다음 중 마케팅 조사의 근본적인 역할을 가장 바르게 표현한 것은?

① 가설을 세우는 것이다.
② 의사결정에 관련된 불확실성을 감소시키는 것이다.
③ 마케팅 문제를 해결하는 것이다.
④ 마케팅 의사결정에 정답을 제시하는 것이다.

12 마케팅 정보시스템은 문제해결뿐만 아니라 문제예방에도 관심을 갖는다.

12 다음 중 마케팅 조사와 마케팅 정보시스템에 대한 설명으로 틀린 것은?

① 마케팅 조사는 컴퓨터의 지원이 없이도 가능하지만, 마케팅 정보시스템은 컴퓨터를 이용해야 한다.
② 마케팅 조사는 단편적이나, 마케팅 정보시스템은 지속적인 특징을 갖는다.
③ 마케팅 조사와 마케팅 정보시스템은 주로 문제해결에만 관심을 갖는다.
④ 마케팅 조사는 외부 정보에 치중하는 한편, 마케팅 정보시스템은 내·외부 정보에 관심을 갖는다.

정답 (10 ② 11 ② 12 ③)

13 다음 중 탐색조사에 해당하지 <u>않는</u> 것은?

① 우편조사

② 문헌조사

③ 표적집단면접

④ 심층면접

14 어느 특정 상권에서의 소비자들의 구매 특성을 조사하기에 적절한 조사방법은?

① 패널조사

② 횡단조사

③ 면접법

④ 상권분석

15 다음 조사방법 중에서 질문순서에 있어 오류가능성이 높은 것은?

① 관찰법

② 면접법

③ 전화조사

④ 우편조사

정답 13 ① 14 ② 15 ④

16 면접법은 응답자와 마주보고 진행하므로 조사자의 영향력이 개입될 가능성이 크다.

16 다음 조사방법 중에서 조사자의 영향력이 가장 큰 방식은?

① 우편조사
② 면접법
③ 관찰법
④ 전화조사

17 보통 조사자의 인상 및 질문방법이나 태도에 의해 응답자의 반응이 달라지는 가능성을 말하는데, 우편조사의 경우는 조사자의 영향력이 개입되는 경우가 거의 없다.

17 다음 조사방법 중에서 조사자의 영향력이 가장 적은 조사방법은?

① 우편조사
② 관찰법
③ 전화조사
④ 면접법

18 면접법은 조사자와 응답자가 서로 만나서 이루어지므로, 상황에 따른 융통성을 발휘해서 질문을 할 수 있다.

18 다음 서베이 방법 중 커뮤니케이션의 융통성이 가장 큰 방식은?

① 인터넷
② 면접법
③ 전화조사
④ 우편조사

정답 16 ② 17 ① 18 ②

19 다음 내용은 어떤 질문 형태를 제시하고 있다. 이 같은 질문 형태의 척도는 무엇인가?

> **청소상태**
> 깨끗하다 □　□　□　□　□ 지저분하다

① 찬성·반대형 척도
② 유도성 질문
③ 의미차별화 척도
④ 리커트 척도

19 의미차별화 척도는 질문의 양쪽에 서로 대칭이 되는 형용사를 넣은 상태에서, 그 사이에 5~7개의 공간이 있고, 조사자가 측정하고자 하는 개념에 대한 태도를 표시하게끔 하는 방법이다.

20 다음 중 고객통찰력 확보를 위한 소비자 조사기법 중에서 소비자의 신체반응을 관찰하는 기법에 속하는 것은?

① fMRI
② FGI
③ 관찰법
④ Shadow Tracking

20 소비자의 신체반응을 관찰하는 기법
• fMRI(기능적 자기공명영상)
• fDOT(기능적 확산광학 촬영기법)
• Eye Tracking

정답 19 ③ 20 ①

Self Check로 다지기 | 제4장

➜ **탐색조사에 활용되는 방법** : 사례조사 · 문헌조사 · 전문가 의견조사 등

➜ **탐색조사** : 특정 문제가 잘 알려져 있지 않은 경우에 적합한 조사방법

➜ **기술조사** : 현재 나타나고 있는 마케팅 현상을 보다 정확하게 이해하기 위해서 수행되는 조사

➜ **인과조사** : 어떤 마케팅 현상의 원인이 무엇인지를 밝혀내기 위한 조사

➜ **의미차별화 척도** : 서로 대칭이 되는 형용사를 놓고 사이에 5개 또는 7개의 의미 공간을 설정하여 응답자로 하여금 표시하게 하는 것

➜ **1차 자료와 2차 자료 비교**

구분	1차 자료	2차 자료
개념	조사자가 현재 수행 중인 조사목적을 달성하기 위하여 조사자가 직접 수집한 자료를 말한다.	현재의 조사목적에 도움을 줄 수 있는 기존의 모든 자료를 말한다.
장점	• 조사목적에 적합한 정확도, 신뢰도, 타당성 평가가 가능하다. • 수집된 자료를 의사결정에 필요한 시기에 적절히 이용 가능하다.	• 일반적으로 자료 취득이 쉽다. • 시간, 비용, 인력에 있어서 저렴하다.
단점	2차 자료에 비해 자료수집에 있어 시간, 비용, 인력이 많이 든다.	자료수집 목적이 조사목적과 일치하지 않는다(자료의 신뢰도가 떨어진다).
유형	리포트, 전화서베이, 대인면접법, 우편이용법 등이 있다.	논문, 정부간행물, 각종 통계자료 등이 있다.

➜ **확률 표본추출방법과 비확률 표본추출방법 비교**

확률 표본추출방법	• 표본으로 추출된 확률이 알려진 경우 사용 • 무작위 추출 • 모집단에 대한 정보가 필요 • 비확률 표본추출법에 비해 시간과 비용이 과다
비확률 표본추출방법	• 표본의 규모가 작은 경우 유리 • 인위적 추출 • 비용과 시간적 측면에서 경제적 • 모집단에 대한 정보가 불필요

제 5 장

시장세분화, 표적시장 선택 및 포지셔닝

지식에 대한 투자가 가장 이윤이 많이 남는 법이다.

– 벤자민 프랭클린 –

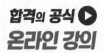

제 5 장 | 시장세분화, 표적시장 선택 및 포지셔닝

제1절 시장세분화

(1) 시장세분화(Market Segmentation)의 개념

① 시장세분화의 개념이 도입되기 이전에는 차별성이 없는 단일의 상품이나 서비스를 대량생산하여 대량소비하도록 하는 비차별적 마케팅(Undifferentiated Marketing)과 대량 마케팅(Mass Marketing)이 지배적이었다. 하지만 소비자들의 소득수준, 교육수준 등 생활 전반에 걸친 질적 향상으로 소비자들의 구매욕구가 다양해지고, 개별기업들은 자사제품이나 서비스를 경쟁사와 차별화시키려는 노력으로 차별적 마케팅(Differentiated Marketing) 활동을 전개함으로써, 이를 위해서는 시장세분화가 불가피하게 되는 것이다.

② 전체시장을 하나의 시장으로 보지 않고, 소비자 특성의 차이 또는 기업의 마케팅 정책 등 가격이나 제품에 대한 반응에 따라 전체시장을 몇 개의 공통된 특성을 가지는 세분시장으로 나누어서 마케팅을 차별화시키는 것을 말한다.

③ 시장세분화의 좋은 예를 치약시장에서 찾아볼 수 있는데, 과거 공급자 위주의 치약시장에서는 한 종류의 치약밖에 없었으나, 최근 소득수준이 높아지면서 치약에 대한 소비자들의 욕구가 다양해지면서 치약시장이 세분화되기 시작하였다. 그래서 지금의 치약시장은 가격에 민감한 시장, 구강건강이 주된 관심인 시장, 치아의 미용 효과가 주된 관심인 시장, 유아용 치약시장, 노인 및 환자를 주된 고객으로 하는 치약시장까지 개발되어 있다.

> **체크 포인트**
>
> **시장세분화의 개념** ◀ ★ 개념을 응용한 사례들이 자주 출제되고 있음!
> 전체시장을 비슷한 기호와 특성을 가진 차별화된 마케팅 프로그램을 원하는 집단별로 나누는 것

(2) 시장세분화의 요건 ◁ ★ 각 요건과 개념을 반드시 알아둘 것! ▷ 기출

시장세분화의 주된 목적은 세분시장별로 상이한 마케팅 전략을 수립하여 이를 효과적으로 실행함으로써 기업의 마케팅 목표를 효율적으로 달성하려는 데 있다. 따라서 시장세분화 전략이 효율적으로 실행되기 위해서는 적어도 4가지 요건이 충족될 때에 가능하다.

① **측정가능성(Measurability)** : 마케팅 관리자가 각 세분시장의 규모나 구매력 등을 측정할 수 있어야 한다는 것이다.
  ㉠ 우리나라 인구 중 왼손잡이가 차지하는 비중이 높아지고 있지만 이러한 왼손잡이 소비자집단을 목표시장으로 하는 제품은 거의 전무한 실정이다. 이유는 통계청의 조사나 조사전문기업에서도 이들에 관한 어떠한 통계도 발표하고 있지 않아 세분시장의 소비자집단을 측정하거나 확인하기가 어렵기 때문이다.
  ㉡ 만성적인 피로 때문에 장시간 동안 책상에 앉아 업무를 처리하기 곤란한 소비자들을 구체적으로 확인하거나 그 규모를 측정하기는 어렵다.

② **유지가능성(Sustainability)** : 세분시장이 충분한 규모이거나 이익을 낼 수 있을 정도의 크기가 되어야 함을 의미한다. 즉, 각 세분시장 내에는 특정 마케팅 프로그램을 지속적으로 실행할 가치가 있을 만큼의 동질적인 수요자들이 존재해야 한다. 예를 들어, 장애자들은 버튼조작만으로 운전할 수 있는 승용차를 원하고 있지만, 그러한 시장의 규모가 경제성을 보증하지 못한다면 세분시장의 가치가 적은 것이다.

③ **접근가능성(Accessibility)** : 적절한 마케팅 노력으로 세분시장에 효과적으로 접근하여 제품이나 서비스를 제공할 수 있는 적절한 수단이 있어야 한다는 것이다.
  ㉠ 향수제조회사가 자사상품을 다량 사용하는 고객이 밤늦게까지 밖에 있고, 매우 사교적인 생활을 하는 독신 여성들이라는 사실을 알고 있더라도 이들이 어떤 장소에 살고, 어디에서 구매하며, 어떤 매체에 노출되는지 알 수 없다면 이들에게 접근할 수 없는 것이다.
  ㉡ 낙도나 산간지방에는 제품을 유통시키기 곤란하며, 문맹자들에게는 인쇄매체를 통한 접근이 불가능하다.

④ **실행가능성(Actionability)** : 각 세분시장에서 고객들에게 매력 있고, 이들의 욕구에 충분히 부응할 수 있는 효율적인 마케팅 프로그램을 계획하고 실행할 수 있는 정도를 의미한다. 다시 말해, 아무리 매력적인 세분시장이 존재하더라도 이들 시장에 적합한 마케팅 프로그램을 개발할 기업의 능력이 결여된 경우에는 실행가능성이 사라지게 된다.

⑤ **내부적 동질성과 외부적 이질성** : 특정한 마케팅 믹스에 대한 반응이나 세분화 근거에 있어서 같은 세분시장의 구성원은 동질성을 보여야 하고, 다른 세분시장의 구성원과는 이질성을 보여야 함을 의미한다. 이를테면, 전체시장을 소득수준에 따라 세분할 때 같은 세분시장에 속하는 소비자들의 반응행동은 유사하고 다른 세분시장에 속하는 소비자들의 반응행동은 상이해야 한다.

더 알아두기

시장세분화의 요건 기출

구분	개념
측정가능성	마케터는 각 세분시장에 속하는 구성원을 확인하고, 세분화 근거에 따라 그 규모나 구매력 등의 크기를 측정할 수 있어야 한다.
유지가능성	각 세분시장은 별도의 마케팅 노력을 할애받을 만큼 규모가 크고 수익성이 높아야 한다.
접근가능성	마케터는 각 기업이 세분시장에서 별도의 상이한 마케팅 노력을 효과적으로 집중시킬 수 있어야 한다.
실행가능성	마케터는 각 세분시장에 적합한 마케팅 믹스를 실제로 개발할 수 있는 능력과 자원을 가지고 있어야 한다.
내부적 동질성과 외부적 이질성	특정한 마케팅 믹스에 대한 반응이나 세분화 근거에 있어서 같은 세분시장의 구성원은 동질성을 보여야 하고, 다른 세분시장의 구성원과는 이질성을 보여야 한다.

(3) 시장세분화의 유의점

① 고객들의 라이프스타일 또는 구매혜택에 의해 시장을 세분했을 때, 세분시장의 크기는 측정 가능해야 한다. 다시 말해, 소득이나 연령 등에 의해 시장을 나눌 때와 마찬가지로 시장을 측정 가능한 형태로 세분화해야 한다는 것이다.

② 시장을 세분화했을 때의 이익이 세분화 비용보다 커야 한다.

> **예**
>
> 신발시장의 경우 초대형 신발시장의 규모는 너무 작아서 세분화하는 비용이 세분화함으로써 얻게 되는 혜택보다 더 크다. 이런 경우에는, 시장세분화의 의미가 없다. 따라서 기업은 현실성을 고려하여 시장세분화 전략을 수립할 때 보다 더 좋은 결과를 얻을 수 있다.

(4) 시장세분화의 이점

전체시장은 '원하는 바'가 다양한 소비자들로 구성되어 있으며, 각 세분시장의 잠재력도 각각 다를 것이므로 마케터는 세분시장의 선호패턴, 경쟁의 양상, 기업의 강점 등의 측면에서 가장 잘 봉사할 수 있는 세분시장을 확인해야 한다. 그 다음으로 이러한 세분시장(표적시장)에 있어서 가장 바람직한 소비자의 반응을 얻어내기 위한 마케팅 믹스를 구성해야 한다. 이 과정에서 시장세분화는 적어도 3가지의 이점을 기업에게 제공해 준다.

① **새로운 마케팅 기회를 효과적으로 포착하도록 해준다** : 마케터는 각 세분시장이 '원하는 바'와 경쟁자들의 제품을 검토함으로써 보다 효과적으로 소비자를 만족시키기 위한 방안을 결정할 수 있다.

② **마케팅 믹스를 정밀하게 조정하도록 해준다** : 마케터는 모든 소비자가 '원하는 바'의 차이를 고려하지 않고 하나의 마케팅 믹스를 제공하기보다는, '원하는 바'를 효과적으로 충족시키기 위해 세분시장별로 마케팅 믹스를 조정할 수 있다.

③ **각 세분시장의 반응특성에 따라 자원을 효율적으로 할당하도록 해준다** : 마케터는 각 세분시장의 반응특성을 근거로 하여 바람직한 목표를 효과적으로 달성할 수 있도록 마케팅 노력을 합리적으로 할당할 수 있다.

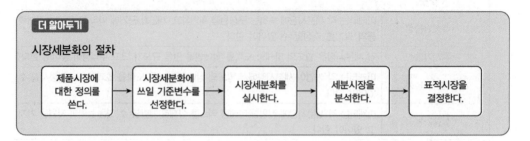

더 알아두기

시장세분화의 절차

제품시장에 대한 정의를 쓴다. → 시장세분화에 쓰일 기준변수를 선정한다. → 시장세분화를 실시한다. → 세분시장을 분석한다. → 표적시장을 결정한다.

(5) 시장세분화의 기준 기출

특정 시장의 세분화를 위한 적절한 기준을 선택하는 데는 마케팅 관리 상의 전문성과 경험이 요구되며 이전에 실시한 마케팅 조사, 구매경향, 마케팅 관리자의 판단 등에 의하여 몇 가지 초기세분화를 위한 기준변수가 결정된다. 예를 들면, 자동차 시장을 세분하는 경우에는 나이, 성별, 소득수준, 라이프스타일 등이 시장세분화를 위한 초기 기준으로 고려될 수 있다.

체크 포인트

시장세분화의 기준변수

세분화 기준	세분화 범주의 예
지리적 세분화	
지역 도시, 시골 기후	• 서울 · 경기, 중부, 호남, 영남, 강원, 제주 • 대도시, 농촌, 어촌 • 남부, 북부
인구통계적 세분화	
나이	• 유아, 소년, 청소년, 청년, 중년, 노년 : 7세 미만, 7~12세, 13~18세, 18~24세, ……, 60세 이상
성별 가족 수 결혼유무 소득 직업 학력 종교	• 남, 여 • 1~2명, 3~4명, 5명 이상 • 기혼, 미혼 • 100만 원 미만, 101~200만 원, 201~300만 원, 301만 원 이상 • 전문직, 사무직, 기술직, 학생, 주부, 농업, 어업 • 중졸 이하, 고졸, 대졸, 대학원졸 • 불교, 기독교, 천주교, 기타
심리행태적 세분화(생활양식)	
사회계층 라이프스타일 개성	• 상, 중상, 중, 중하, 하 • 전통지향형, 쾌락추구형, 세련형 • 순종형, 야심형, 이기형

인지 및 행동적 세분화	
태도	• 긍정적, 중립적, 부정적
추구편익	• 편리성, 절약형, 위신형
구매준비	• 인지 전, 인지, 정보획득, 관심, 욕구, 구매의도
충성도	• 높다, 중간, 낮다
사용률	• 무사용, 소량사용, 다량사용
사용상황	• 가정에서, 직장에서, 야외에서
이용도	• 비이용자, 과거이용자, 잠재이용자, 현재이용자
산업재 구매자 시장의 세분화	
기업규모	• 대기업, 중기업, 소기업
구매량	• 소량구매, 대량구매
사용률	• 대량사용, 소량사용
기업유형	• 도매상, 소매상, 표준산업분류 기준상의 여러 유형
입지	• 지역적 위치, 판매지역
구매형태	• 신규구매, 반복구매, 재구매

① **인구통계적 기준** : 인구통계적 시장세분화에서는 주로 고객의 나이, 성별, 소득수준, 직업, 가족 수 등 인구통계적 변수에 의해 시장이 나뉜다.

㉠ 고객의 연령에 의해 나눌 수 있다. 즉, 고객의 연령층에 따라 차별화된 제품과 마케팅 믹스가 제공된다.
• 장난감이나 의류의 경우 연령층에 따라 차별화된 제품이 제공된다.
• 맥도널드 햄버거 회사는 어린이용, 10대 청소년용, 어른용, 노인용에 따라 광고방법을 달리한다. 즉, 10대용 광고는 댄스음악을 효과음으로 넣고, 모험적인 광고장면이 빨리 바뀌는 형식을 취하며, 노인용 광고는 부드럽고 감상적이다.

㉡ 성별에 의해서도 나뉜다.
• 말보로 담배는 전통적으로 남성담배의 전형인 반면에 버지니어 슬림 또는 이브 등은 여성고객을 주된 대상으로 하는 담배제품이다.
• 미국의 매텔사와 해즈브로사는 업계 1·2위를 다투는 장난감 회사이다. 매텔사의 주요제품은 배추인형, 바비인형이고, 이는 여자아이들이 좋아하는 인형을 대상으로 했으며, 해즈브로사는 트랜스포머, 퍼비인형 등 남자아이들이 좋아하는 인형을 대상으로 하고 있다.

㉢ 가족 수에 의해서도 나뉜다.
여러 명 또는 혼자 사는지에 따라서도 소비패턴은 달라진다. 혼자 사는 여성들은 혼자사는 남자들에 비해 병원출입이나 약의 사용, 건강보험을 위해 2배 정도 더 소비한다고 한다. 그리고 선물을 많이 사며, 자선단체에 남자들보다 3배 이상의 돈을 쓴다고 한다. 하지만 남성들은 여성들에 비해 외식에 사용하는 비용이 2배 정도 많으며, 세탁 및 외부 활동비용에 여성들보다 더 많이 소비한다.

② **지리적 세분화** : 고객이 살고 있는 거주 지역을 기준으로 시장을 세분화하는 방법이다.
㉠ 교복회사의 경우에 강남과 강북 학생 교복의 가격을 서로 다르게 책정하고 있어, 지역별 시장세분화 전략을 수행하는 사례가 있다.

ⓛ Maxwell House 커피는 제품을 전국적으로 생산·판매하고 있으나, 맛을 지역적으로 다르게 하여 강한 커피를 좋아하는 서부지역에는 진한 커피를 팔고, 동부지역에는 그보다 약한 커피를 판매하였다.

③ **심리행태적 세분화(생활양식)** : 심리행태에 의한 세분화(Psychographic Segmentation)는 소비자의 개인적 특성 가운데 심리적 행태에 따라 시장을 세분화하는 방법이다. 이 방법은 사후시장세분화 형태를 따르고 있으며, 일반적으로 소비자의 행동(Activity), 관심(Interest), 의견(Opinion)에 대한 소비자 조사를 바탕으로 소비자 시장을 집단화하여 구분한다.

ⓖ 사회계층(Social Stratification) : 사회계층에 따라 소비행태는 다양하게 나타난다. 특히 자동차, 의류, 가전제품, 여가선용 등에서 계층 간의 소비 격차는 크게 나타난다.

ⓛ 라이프스타일(Life Style) : 개인의 욕구, 동기, 태도, 생각 등을 총망라한 결합체이다.

- General Food의 카페인 없는 커피 sanka는 이러한 라이프스타일을 이용해 카페인이 있는 커피와 차별화하여 또 다른 커피시장을 개척하게 되었다.
- 리복 운동화는 건강하고 날렵한 몸매를 위해 에어로빅을 하는 여성에 초점을 맞추어 크게 성공한 사례가 있다.

체크 포인트

AIO분석 ◀ ★ AIO분석의 정의는 반드시 기억할 것!

나이나 성별, 소득, 직업 등 동일한 인구통계적 집단 내 속한 사람들도 서로 상이한 정신심리적 특성을 가지고 있을 수 있다는 정신심리적 특성을 기초로 시장을 나누는 것을 말한다. 많은 기업이 특정 사회 계층을 위한 제품이나 서비스를 설계하는 데 있어 60년대 이후 가장 많이 쓰이는 변수 중에 하나가 라이프스타일이다. 이에 따라 시장을 소비자 라이프스타일에 따라 세분화하는 것이다. 라이프스타일은 흔히 **활동(Activity)**과 **관심(Interest), 의견(Opinion)**을 기준으로 분류되는데, 그 머리글자를 따서 AIO분석이라고 한다. 즉, **소비자가 어떻게 시간을 보내고, 어떤 일을 중시하며, 어떤 견해를 갖고 있는 가를 척도로 나타내어 수치화**하는 것이다. 이런 방법은 시장에 대해 풍부한 정보를 주는 반면 세분화의 경계가 모호하여 측정이 어렵다는 단점이 있다.

---

④ **인지 및 행동적 세분화** : 인지 및 행동적 세분화 변수에 의한 시장세분화는 제품이나 서비스의 편익, 사용량, 사용경험, 상표충성도 등에 대한 소비자의 태도나 반응에 따라 시장을 구분하는 것이다. [기출]

ⓖ 편익(Benefit)이란 소비자들이 제품을 사용하면서 얻고자 하는 가치를 말한다. [기출]

예

치약의 경우 소비자들은 충치 및 치주질환을 예방하는 기능을 추구하는 집단, 치아를 하얗게 해주는 기능을 추구하는 집단, 양치질 후의 상쾌한 맛과 향기를 추구하는 집단 등으로 나눌 수 있고 샴푸의 경우 머릿결을 부드럽게 해주는 기능을 추구하는 집단, 비듬을 없애는 기능을 추구하는 집단, 머리에 영양을 주는 기능을 추구하는 집단, 샴푸와 린스의 효과를 동시에 주는 기능을 원하는 집단 등으로 나눌 수 있다.

ⓛ 사용경험은 소비자들이 제품을 사용하는 상황이나 경험을 말한다. 같은 제품이라도 소비자 자신이 사용하기도 하고 다른 사람에게 선물로 주기도 한다.

ⓒ 화장실용 휴지, 화장용 휴지, 휴대용 휴지 등 사용하는 상황에 따라서 제품이 달라지는 경우도 있다.

ⓔ 제품 사용량에 따라 대량소비자, 소량소비자 등으로 세분화하기도 한다.

ⓜ 자사 상표에 대한 호의적인 태도와 반복구매 정도를 나타내는 브랜드 충성도(Brandloyalty)에 따라 자사브랜드 선호 집단, 경쟁브랜드 선호 집단 등으로 세분화하기도 한다.

제2절 표적시장의 선정

(1) 표적시장의 선택 기출

세분시장이 확인되고 나면, 기업은 얼마나 많은 그리고 어떤 세분시장을 표적으로 할 것인지를 결정해야 한다.

① **무차별적(비차별적) 마케팅 전략** : 전체시장을 하나의 동일한 시장으로 간주하고, 하나의 제품을 제공하는 전략 기출

　ㄱ 장점 : 비용을 줄일 수 있다.

　ㄴ 단점 : 모든 계층의 소비자를 만족시킬 수 없으므로 경쟁사가 쉽게 틈새시장을 찾아 시장에 진입할 수 있다.

> **예**
> 코카콜라의 경우 전체 콜라시장을 하나의 시장으로 간주하고 똑같은 맛의 콜라를 똑같은 디자인의 병에 담아 전 세계 어디에서나 공급하는 방식

> **예**
> 필요한 정보를 찾기 위해 사용하는 야후 같은 검색엔진 등

② **차별적 마케팅 전략** : 전체시장을 여러 개의 세분시장으로 나누고, 이들 모두를 목표시장으로 삼아 각기 다른 세분시장의 상이한 욕구에 부응할 수 있는 마케팅 믹스를 개발하여 적용함으로써 기업의 마케팅 목표를 달성하고자 하는 것 기출

　ㄱ 장점 : 전체시장의 매출은 증가한다.

　ㄴ 단점 : 각 세분시장에 차별화된 제품과 광고 판촉을 제공하기 위해 비용이 늘어난다.

　ㄷ 특징 : 주로 자원이 풍부한 대기업이 사용한다.

> **예**
> 현대자동차의 경우 소득수준에 따라 전체시장을 나누어 998cc 경차에서부터 4,500cc 대형 고급승용차에 이르기까지 제품을 차별화하여 공급하고 있다.

③ **집중적 마케팅 전략** : 전체 세분시장 중에서 특정 세분시장을 목표시장으로 삼아 집중 공략하는 전략 [기출]

　　㉠ **장점** : 해당 시장의 소비자 욕구를 보다 정확히 이해하여 그에 걸맞은 제품과 서비스를 제공함으로써 전문화의 명성을 얻을 수 있다. 동시에 생산·판매 및 촉진활동을 전문화함으로써 비용을 절감시킬 수 있다.

　　㉡ **단점** : 대상으로 하는 세분시장의 규모가 축소되거나 경쟁자가 해당 시장에 뛰어들 경우 위험이 크다.

　　㉢ **특징** : 자원이 한정된 중소기업이 사용한다.

> **예**
>
> 치약의 경우 값이 싼 치약, 충치예방용 치약, 하얀 치아를 위한 치약을 따로 만들기보다는 그중 하나를 선택하여 전문화하는 정책이다.

(2) 표적시장 선정 시 고려 요소

① **기업의 자원** : 기업의 자원이 제한된 경우에는 집중적 마케팅 전략이 적합하다.

② **제품의 동질성** : 동질적 제품은 비차별적 마케팅 전략, 이질적 제품은 차별적 마케팅 전략이 적합하다.

③ **제품의 수명주기** : 도입기에는 비차별적 마케팅 전략, 성숙기에는 차별적 마케팅 전략이 적합하다.

④ **시장의 동질성** : 시장의 동질성이 높을수록 비차별적 마케팅 전략이 적합하다.

⑤ **경쟁사** : 경쟁사의 수가 많을수록 비차별적 마케팅 전략이 적합하다.

⑥ **경쟁사의 마케팅 전략** : 경쟁사가 비차별적 전략을 추구하면 차별적 마케팅 전략이나 집중적 마케팅 전략이 적합하다.

⑦ **소비자의 민감도** : 민감도가 높은 제품은 차별적 마케팅 전략, 민감도가 낮은 제품은 비차별적 마케팅 전략이 적합하다.

제3절 　차별화와 포지셔닝

(1) 차별화 전략의 개념

제품의 생산, 주문, 배송 및 서비스 등을 포함하고 있는 기업이 실행하고 있는 활동에서 소비자를 위한 가치를 창조하는 전략이라 할 수 있다. 다시 말해, 포화상태 시장에서 자사의 제품 판매를 위해 동종업종의 경쟁사와 차별화시키는 것을 말한다.

(2) 제품차별화(Product Differentiation)

기업의 제품이 시장에 도입되어 일정 정도 보급이 되고 기본적인 수요가 환기되었을 단계, 다시 말해 제품 수명주기에 비유하면 성장기 이후에 제품 수요를 자극하는 선택적 추구를 통해서 전개된다. 특정 제품으로 수요자의 선호가 유도될 때, 이론적으로는 일종의 독점적 시장지배를 기업에 보증하고, 기업은 경쟁에서 이탈하여 가격결정의 자주성을 확보하며, 더불어 판매경로에 있어서도 설정과 통제를 타사에 비해 유리하게 전개할 수 있다. 하지만 수요자의 제품에 대한 선호는 오로지 경제적 요인만으로 결정되는 것은 아니고, 소비자들의 심리적·사회적 요인에 의해서도 영향을 받기 때문에, 이와 같은 수요자의 선호에 의존하는 제품차별화의 정책적 유효성은 경제의 외적 여러 요인과의 대응관계에서 고려되어야 한다.

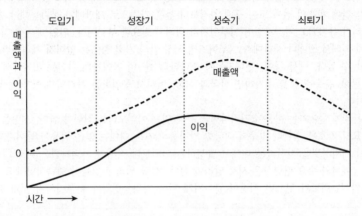

> **더 알아두기**
>
> **성공적인 제품차별화 전략의 구비 조건**
> • 소비자가 가격에 민감하지 않아야 한다. 만약에 가격에 민감한 소비자만 존재하는 시장이라면, 기업이 제품을 차별화하고 그 특징을 광고하더라도 효과를 기대하기가 거의 힘들다. 그러므로 제품차별화에 성공하기 위해서는 가격에 너무 민감하지 않은 소비자가 존재해야 한다.
> • 차별화의 초점은 매력적이어야 한다. 이는 기업의 입장에서 일방적인 판단을 할 것이 아니라 소비자들의 기호를 조사·분석하여 자사의 제품에 부가될 특징이 매력적이도록 노력을 해야 한다.
> • 상당액의 판촉 예산을 갖추어야 한다. 아무리 자사의 제품차별화가 훌륭하더라도 실제 구매를 하는 소비자의 이해가 없이는 매출액의 증가 또한 기대할 수 없게 된다. 그러므로 광고를 함에 있어서도 여러가지 프로모션 툴을 효과적으로 동원하여 제품의 특징을 강하게 소비자들에게 소구하여야 한다.
> • 독점적인 판매 경로를 확보해야 한다. 일반적으로 기업의 가격 경쟁은 유통 단계에서 이루어진다. 기업은 매력적인 제품의 차별화에 성공하더라도 도매상이나 소매상이 그 제품 판매에 협력치 않으면 제품차별화에 대한 노력이 모두 원위치될 수 있다. 그러므로 기업에서는 자사 제품의 독점적인 판매 경로가 무엇보다도 확보되어야 한다.
> • 제품의 관리 체계를 확립해야 한다. 자사의 내부에 제품 관리가 가능한 조직을 설정하고 제품별 라이프사이클에 적합한 대응책을 가질 수 있도록 제품의 관리 체계를 확립해 두어야 한다.

(3) 가격차별화(Price Discrimination)

가격차별화는 기업의 동일한 제품에 대하여 시간적·지리적으로 서로 다른 시장에서 각각 다른 가격을 매기는 것을 의미한다. 다시 말해, 이는 생산자가 공급하는 재화 및 용역을 생산비가 같음에도 불구하고, 소비자의 각 집단에 서로 다른 가격으로 결정을 해서 판매하는 것을 뜻한다. 이때 생산자는 일반적으로 소비 시장을 2가지 이상으로 분리시켜 운영하게 된다.

> **더 알아두기**
>
> **가격차별화를 시행하기 위한 조건**
> - 판매자가 제품에 대한 시장 지배력을 가지고 있어야 한다. 시장 가격에 전혀 영향력을 미치지 못하는 완전경쟁기업이나 제품 등은 가격차별을 시행할 수 없다.
> - 시장이 2개 이상으로 쉽게 구분될 수 있어야 한다.
> - 소비자 간에 제품의 전매 또는 구매 가격보다 높은 가격으로 재판매가 불가능해야 한다. 이는 시장의 분리가 유지되고 가격차별이 이루어지기 위해서 필요한 부분이다. 만일 매매 차익을 노리는 구매자들에 의해서 전매나 재판매가 이루어지면 시장 간의 가격 차이는 없어져 가격차별 전략의 의미는 실패할 수 있다. 예를 들어, 현대자동차 소나타의 한-미 판매가의 차이는 미국에서 소량을 들여올 경우 관세, 운송비 등을 추가하면 한국과 미국, 어디서 구입하든 가격의 차이가 발생하지 않는다는 의미이다.
> - 시장 분리에 들어가는 비용이 가격차별을 통해 얻는 이익보다는 작아야 한다. 시장을 분리해서 각각의 수요자 기호를 정확히 맞추어 적당한 가격을 매기는 데에는 많은 비용이 들어가게 마련이다. 그 비용이 가격차별을 실시하는 데에서 발생하는 이익보다 작아야 가격차별은 비로소 성립하게 된다.
> - 각 시장에서의 수요 탄력성은 서로 달라야 한다. 설령 위의 조건들이 충족되더라도 각 시장에서 수요의 가격탄력도가 같으면 시장이 같아지게 되어 가격차별화가 이루어지지 않기 때문이다.

(4) 포지셔닝의 개념 기출

제품의 큰 경쟁우위를 찾아내어 이를 선정된 목표시장의 소비자들의 마음속에 자사의 상품을 자리 잡게 하는 것, 즉 소비자들에게 경쟁제품과 비교하여 자사제품에 대한 차별화된 이미지를 심어주기 위한 계획적인 전략접근법이다.

(5) 포지셔닝 전략유형 중요 기출

① **제품속성에 의한 포지셔닝** : 자사제품에 의한 포지셔닝은 **자사제품의 속성이 경쟁제품에 비해 차별적 속성**을 지니고 있어서 그에 대한 혜택을 제공한다는 것을 소비자에게 인식시키는 전략이다. 동시에 가장 널리 사용되는 포지셔닝 전략방법이다. 기출

> **예**
>
> 자동차의 경우가 대표적이다. 특히, 안정성과 경제성 등을 기반으로 하는데, 스웨덴의 'VOLVO'의 경우는 안정성을 강조하는 것으로 포지셔닝을 하였고, GM대우의 '마티즈'의 경우는 세금 및 저렴한 유지비를 강조하는 것으로 소비자들에게 포지셔닝한다. 레간자의 경우, '소리 없이 강하다'라는 문구로 조용함이라는 속성을 강조한다.

> **예**
>
> '파로돈탁스'는 잇몸질환치료 치약이다. 이 경우, 타사 제품과는 다른 잇몸질환을 예방해 준다는 속성을 강조하여 소비자에게 포지셔닝하는 방법이다.

> **예**
>
> OLYMPUS 디지털카메라의 경우, '당신의 디카는 비 앞에서 당당한가?'라는 문구로, 자사의 제품이 생활방수기능이 된다는 속성을 강조하면서 포지셔닝하는 방법이다.

> **예**
>
> 하우젠 세탁기의 경우, '삶지 않아도~ 하우젠 드럼 세탁기'라는 문구로, 기존과는 다른 삶지 않아도 세탁과 살균이 동시에 된다는 속성을 강조하고 있다.

② **이미지 포지셔닝** : 제품이 지니고 있는 **추상적인 편익을 소구하는 전략방법이다.** 기출

> **예**
>
> 맥심커피의 경우 '가슴이 따뜻한 사람과 만나고 싶다', '커피의 명작. 맥심' 등의 광고 문구를 이용하여 소비자들에게 정서적, 사색적인 고급 이미지를 형성하려고 오랜 기간 어필하여 성공한 사례이다.

> **예**
>
> 아시아나의 경우 서비스가 중요시되는 항공사의 특성을 살려 '아름다운 사람, 그녀의 이름은 아시아나'라는 문구로 소비자들의 아시아나 항공사에 대해서 좋은 감정을 갖도록 포지셔닝하였다.

③ **경쟁제품에 의한 포지셔닝** : 소비자가 인식하고 있는 기존의 **경쟁제품과 비교함으로써 자사 제품의 편익을 강조하는 방법을 말한다.** 기출

> **예**
>
> 'AVIS는 렌트카 업계 2위의 기업입니다. 하지만 더욱 열심히 노력하고 있습니다.'

> **예**
>
> SKY는 'It's different'라는 광고 문안으로 타 업체와는 무언가가 다르다는 것을 소비자에게 포지셔닝하는 방법이다.

> **예**
>
> 7-UP은 자사의 세븐업이 콜라와 유사한 제품이 아니며, 사이다 제품의 대표적인 브랜드라는 것을 인식시킴으로써 Un-Cola라는 것을 강조한다.

④ **사용상황에 의한 포지셔닝** : 자사 제품의 적절한 사용상황을 설정함으로써 타사 제품과 사용상황에 따라 차별적으로 다르다는 것을 소비자에게 인식시키는 전략이다. 기출

> **예**
>
> 게토레이는 일반음료와는 다른 운동 후 마시는 음료라는 것을 강조한다.

> **예**
>
> 오뚜기 3분 요리는 요리를 어떻게 해야 할지 모를 때, 또는 시간이 없어서 급하게 요리를 해야 할 때 등의 상황을 강조한다.

⑤ **제품사용자에 의한 포지셔닝** : 제품이 특정 사용자 계층에 적합하다고 소비자에게 강조하여 포지셔닝하는 전략이다.

> **예**
>
> 도브는 피부가 건조한 소비자층을 표적으로 이에 적합한 비누라는 것을 강조한다.

> **예**
>
> 샴푸와 린스를 따로 쓰지 않는 겸용샴푸 '하나로', '랑데뷰' 같은 제품은 아침시간에 바쁜 직장인, 맞벌이 부부들을 등장시켜 시간을 절약할 수 있는 제품으로 포지셔닝하는 방법이다.

(6) 재포지셔닝 기출

소비자의 욕구 및 경쟁환경의 변화에 따라 기존제품이 가지고 있던 포지션을 분석하여 새롭게 조정하는 활동이다.

> **예**
>
> 존슨 앤 존슨의 베이비 화장품은 처음에 유아층을 목표고객을 삼았는데, 이후 변화하는 소비자들의 욕구에 맞추어 청소년과 아기처럼 연한 피부를 가진 성인 여성을 목표로 하는 순한 화장품으로 재포지셔닝하였다.

> **예**
>
> 맥주회사 Miller의 경우, 처음에는 상류층이나 여성들이 마시는 맥주로 포지셔닝하였으나, 1970년대 초반에 들어서면서 Philip Morris사가 Miller사를 인수하고 맥주시장의 주요 고객인 노동자계층이 마시는 맥주로 재포지셔닝하였다.

> **예**
>
> 우리나라는 과거 삼성시계의 카파가 실용적인 시계에서 젊음의 패션시계로 재포지셔닝함으로써 마케팅 시장에서 다시금 성장기회를 잡는 포지셔닝 전략의 성공사례가 있었다.

> ☑ **주의**　재포지셔닝은 소비자들에게 기존제품이나 브랜드에 대한 이미지가 너무 강한 경우에는 처음에 굳어져 버린 이미지를 변화시키기가 쉽지 않고, 그러한 소비자의 인식을 변화시키기 위해서는 많은 마케팅 비용이 추가되어야 하므로 신제품의 포지셔닝 전략에 비해 어려움이 따른다.

(7) 포지셔닝 맵 기출

① **개념** : 소비자의 마음속에 자리 잡고 있는 자사의 제품과 경쟁 제품들의 위치를 2차원 또는 3차원의 도면으로 작성해 놓은 도표
② **포지셔닝 맵의 작성절차** : 차원의 수를 결정 → 차원의 이름을 결정 → 경쟁사 제품 및 자사 제품의 위치 확인 → 이상적인 포지션의 결정
③ **내용**
　㉠ 다른 말로 지각도(Perceptual Map)라고도 한다.
　㉡ 여러 가지로 평가할 수 있는 차원에 따라 **제품 및 상표의 위치를 나타낸** 것이다.

ⓒ 소비자들이 제품 또는 상표 등에 대한 **신념 및 선호도**를 형성하는 데 있어 고려하는 여러 가지 제품의 속성을 2~3개의 차원으로 압축해서 각 차원들 간의 제품 지각공간을 형성한 후 다음 제품들의 전반적인 유사성 또는 선호도에 대한 소비자 조사를 근거로 해서 각각의 제품, 상표들을 기하학적인 거리로 환산해서 이를 공간상에 표시하는 것이다.

ⓔ 지각도 상의 각 대상들의 위치는 고려되는 속성차원에서 해당 대상들이 얼마나 **강점 및 약점** 등을 지니는지를 나타내주고 표시된 제품들 사이의 거리로 미루어 각 제품들 간의 **유사성 정도**의 판단이 가능하다.

ⓜ 지각도 분석을 통해서 소비자들이 제품을 평가하는데 있어 활용하는 기본적 인식차원을 알 수 있으며 이러한 차원 상에서 기존 제품과 잠재적 제품과의 상대적인 위치를 알 수 있다.

체크 포인트

STP 전략

- 시장세분화(Segmentation) : 동질적 니즈를 가진 소비자들끼리 묶어 몇 개의 세분화된 시장으로 나누는 것을 말한다.
- 타깃팅(Targeting) : 몇 개의 세분시장 중 기업과의 적합도가 가장 높은 세분시장을 선택하는 과정을 말한다.
- 포지셔닝(Positioning) : 선택한 세분시장에서 고객들의 마음속에 자사의 브랜드를 자리 잡게끔 하는 활동을 말한다.

○X 로 점검하자 | 제5장

※ 다음 지문의 내용이 맞으면 ○, 틀리면 ×를 체크하시오. [1~6]

01 시장세분화의 요건 중 측정가능성이란 세분시장이 충분한 규모이거나 또는 이익을 낼 수 있는 정도의 크기가 되어야 한다는 것을 말한다. (　　)

02 시장세분화의 요건 중 접근가능성이란 각 세분시장에서 고객들에게 매력 있고, 이들의 욕구에 충분히 부응할 수 있는 효율적인 마케팅 프로그램을 계획하고 실행할 수 있는 정도를 말한다. (　　)

03 특정한 마케팅 믹스에 대한 반응이나 세분화 근거에 있어서 같은 세분시장의 구성원은 동질성을 보여야 하고, 다른 세분시장의 구성원과는 이질성을 보여야 한다. (　　)

04 인구 통계적 시장세분화의 기준으로는 사회계층, 라이프스타일 등이 있다. (　　)

05 인지 및 행동적 세분화의 기준으로는 태도, 추구편익, 충성도, 사용률 등이 있다. (　　)

06 제품속성에 의한 포지셔닝은 자사제품의 속성이 경쟁제품에 비해 차별적 속성을 지니고 있어서 그에 대한 혜택을 제공한다는 것을 소비자에게 인식시키는 전략이다. (　　)

정답과 해설 　01 ×　02 ×　03 ○　04 ×　05 ○　06 ○

01 측정가능성이란 마케팅관리자가 각 세분시장의 규모나 구매력 등을 측정할 수 있어야 한다는 것을 말한다.
02 접근가능성이란 적절한 마케팅 노력으로 인해 세분시장에 효과적으로 접근해서 제품 또는 서비스를 제공할 수 있는 적절한 수단이 있어야 한다는 것을 말한다.
04 인구 통계적 시장세분화의 기준으로는 고객의 나이, 성별, 소득수준, 직업, 가족 수 등이 있다.

01 기업이 가격이나 제품에 대한 반응에 따라 전체시장을 몇 개의 공통된 특성을 가지는 세분시장으로 나누어서 차별화시키는 것을 무엇이라고 하는가?

① 관계 마케팅

② 시장세분화

③ 포지셔닝

④ 대중 마케팅

01 과학기술이 발달하면서 소비자의 개성과 취향이 중시되고, 소비자를 일정 기준에 따라 몇 개의 세분시장으로 분류한 후에 각 세분시장에 적합한 마케팅 전략을 사용하는 방법을 시장세분화라 한다.

02 시장세분화 기준변수 중에서 인구통계적 요인에 속하지 <u>않는</u> 것은?

① 연령

② 성별

③ 라이프스타일

④ 학력

02 라이프스타일은 심리행태적(생활양식) 세분화 요인에 속한다.

03 시장세분화 기준변수 중에서 나머지 셋과 성격이 <u>다른</u> 하나는?

① 사회계층

② 개성

③ 라이프스타일

④ 기후

03 ①·②·③은 심리행태적 세분화에 속하는 요인이고, ④는 지리적 세분화에 속하는 요인이다.

정답 (01 ② 02 ③ 03 ④)

04 시장세분화의 이점으로는 ① · ② · ③이 있으며, ④는 포지셔닝 전략의 개념에 대한 설명이다.

04 다음 중 시장세분화의 이점으로 옳지 <u>않은</u> 것은?

① 새로운 마케팅 기회를 효과적으로 포착하도록 해준다.

② 마케팅 믹스를 정밀하게 조정해준다.

③ 시장의 반응에 따라 자원을 효율적으로 할당하도록 해준다.

④ 경쟁제품과 비교하여 자사제품에 대한 차별적인 이미지를 심어주기 위한 계획이다.

05 지리적 세분화는 고객이 살고 있는 거주 지역을 기준으로 시장을 세분화하는 방법이다.

05 다음 내용은 시장세분화의 기준변수 중에서 어떤 세분화 유형에 속하는 것인가?

> Maxwell House 커피는 제품을 전국적으로 생산 · 판매하고 있지만, 맛의 경우는 지역적으로 다르게 해서 판매하고 있다.

① 지리적 세분화

② 심리행태적(생활양식) 세분화

③ 인구통계적 세분화

④ 인지 및 행동적 세분화

06 심리행태적(생활양식) 세분화는 소비자의 개인적 특성 가운데 심리적 행태에 따라 시장을 세분화하는 방법이다.

06 다음 내용은 시장세분화의 기준변수 중에서 어떤 세분화 유형에 속하는 것인가?

> 리복 운동화는 건강하고 날렵한 몸매를 위해 에어로빅을 하는 여성에 초점을 맞추어 크게 성공한 사례가 있다.

① 인지 및 행동적 세분화

② 심리행태적(생활양식) 세분화

③ 지리적 세분화

④ 인구통계적 세분화

정답 04 ④ 05 ① 06 ②

07 다음 내용은 시장세분화의 기준변수 중에서 어떤 세분화 유형에 속하는 것인가?

> 말보로 담배는 전통적으로 남성담배의 전형인 반면에 버지니어 슬림 또는 이브는 여성고객을 주된 대상으로 하는 담배제품이다.

① 지리적 세분화
② 인지 및 행동적 세분화
③ 인구통계적 세분화
④ 심리행태적(생활양식) 세분화

07 인구통계적 세분화는 주로 고객의 나이, 성별, 소득수준, 직업, 가족 수 등 인구통계적 변수에 의해 시장이 나뉜다.

08 다음 설명 중 틀린 것은?

① 시장세분화는 전체시장을 비슷한 기호와 특성을 가진 차별화된 마케팅 프로그램을 원하는 집단별로 나누는 것이다.
② 포지셔닝은 자사 제품의 큰 경쟁우위를 찾아내어 이를 선정된 목표시장의 소비자들의 마음속에 자사의 상품을 자리 잡게 하는 것을 말한다.
③ 같은 세분시장 내의 구성원은 이질성을 보여야 한다.
④ 무차별적 마케팅 전략은 전체시장을 하나의 동일한 시장으로 간주하고, 하나의 제품을 제공하는 전략을 말한다.

08 같은 세분시장 내의 구성원은 동질성을 보여야 한다.

09 다음 중 차별적 마케팅 전략에 대한 설명으로 옳지 <u>않은</u> 것은?

① 다른 세분시장의 상이한 욕구에 부응할 수 있는 마케팅 믹스를 개발하여 적용함으로써 기업의 마케팅 목표를 달성하고자 하는 것이다.
② 전체시장의 매출을 증가시킨다.
③ 세분시장에 차별화된 제품과 광고 판촉을 제공하기 위한 비용은 늘어난다.
④ 자원이 한정된 중소기업이 사용하는 전략이다.

09 차별적 마케팅 전략은 자원이 풍부한 대기업이 사용하는 전략이다.

정답 07 ③ 08 ③ 09 ④

10 각 세분시장은 충분한 규모이거나 이익을 낼 수 있는 정도의 크기가 되어야 한다.

10 다음 중 시장세분화 조건에 대한 설명으로 옳지 <u>않은</u> 것은?

① 각 세분시장의 규모나 구매력 등을 측정할 수 있어야 한다.

② 세분시장은 충분한 규모와 더불어 이익을 낼 수 있는 정도의 크기는 아니어도 된다.

③ 세분시장에 효과적으로 접근하여 제품이나 또는 서비스를 제공할 수 있는 적절한 수단이 있어야 한다.

④ 같은 세분시장의 구성원은 동질성을 보여야 하고, 다른 세분시장의 구성원과는 이질성을 보여야 한다.

11 접근가능성(Accessibility)은 적절한 마케팅 노력으로 세분시장에 효과적으로 접근하여 제품이나 또는 서비스를 제공할 수 있는 적절한 수단이 있어야 한다.

11 다음 내용은 시장세분화 조건 중 어느 것에 대한 설명인가?

> 마케터는 각 세분시장에 기업이 별도의 상이한 마케팅 노력을 효과적으로 집중시킬 수 있어야 한다.

① 접근가능성
② 실행가능성
③ 측정가능성
④ 유지가능성

12 경쟁제품에 의한 포지셔닝은 소비자가 인식하고 있는 기존의 경쟁제품과 비교함으로써 자사 제품의 편익을 강조하는 방법이다.

12 다음 내용은 어떤 포지셔닝 전략 유형에 대한 설명인가?

> AVIS는 렌터카 업계 2위의 기업입니다. 하지만 더욱 열심히 노력하고 있습니다.

① 제품속성에 의한 포지셔닝
② 이미지 포지셔닝
③ 경쟁제품에 의한 포지셔닝
④ 사용상황에 의한 포지셔닝

정답 (10 ② 11 ① 12 ③)

13 재포지셔닝에 대한 설명으로 옳은 것은?

① 자사 제품의 큰 경쟁우위를 찾아내어 이를 선정된 목표시장의 소비자들의 마음속에 자사의 상품을 자리 잡게 하는 것이다.

② 전체 세분시장 중에서 특정 세분시장을 목표시장으로 삼아 집중 공략하는 전략이다.

③ 각기 다른 세분시장의 상이한 욕구에 부응할 수 있는 마케팅 믹스를 개발하여 적용하는 것이다.

④ 소비자의 욕구 및 경쟁 환경의 변화에 따라 기존 제품이 가지고 있던 포지션을 분석하여 새롭게 조정하는 활동이다.

14 자원이 풍부한 대기업이 주로 사용하는 전략은 무엇인가?

① 심바이틱 마케팅 전략

② 차별적 마케팅 전략

③ 집중적 마케팅 전략

④ 포지셔닝 전략

15 스웨덴의 'VOLVO'는 안정성을 강조하는 포지셔닝 방법을 사용하였다. 이는 포지셔닝 전략 유형 중 어디에 속하는가?

① 재포지셔닝

② 사용상황에 의한 포지셔닝

③ 제품속성에 의한 포지셔닝

④ 경쟁제품에 의한 포지셔닝

13 재포지셔닝은 소비자의 니즈와 경쟁 환경의 변화에 맞추어 기존제품이 가지고 있던 포지션을 재분석하여 새롭게 조정해 나가는 활동을 의미한다.

14 차별적 마케팅 전략은 전체 시장을 여러 개의 세분시장으로 나누고, 각 세분시장의 상이한 욕구에 부응할 수 있는 마케팅 믹스를 개발하여 적용함으로써 기업의 마케팅 목표를 달성하고자 하는 것이며, 이는 주로 자원이 풍부한 대기업이 사용하는 전략이다.

15 제품속성에 의한 포지셔닝은 자사제품의 속성이 경쟁사의 제품에 비해 차별적 속성을 지니고 있어서 이에 대한 혜택을 제공한다는 것을 소비자에게 인지하게끔 하려는 전략이다. 즉, 자사의 자동차에 대한 '안정성'이라는 혜택을 소비자들에게 제공한다는 것을 강조하는 전략이다.

정답 13 ④ 14 ② 15 ③

16 제품사용자에 의한 포지셔닝은 제품이 특정 사용자 계층에 적합하다고 소비자에게 강조하여 포지셔닝하는 전략이다.

16 다음 내용이 의미하는 것은 무엇인가?

> 샴푸와 린스를 따로 쓰지 않는 겸용샴푸 [하나로], [랑데뷰] 같은 제품은 아침시간에 바쁜 직장인, 맞벌이 부부들을 등장시켜 시간을 절약할 수 있는 제품으로 소비자들에게 포지셔닝하는 방법이다.

① 사용상황에 의한 포지셔닝
② 제품사용자에 의한 포지셔닝
③ 경쟁제품에 의한 포지셔닝
④ 이미지 포지셔닝

17 실행가능성이란 세분시장에서 고객들에게 매력있게 다가설 수 있으며, 소비자의 욕구에 충분히 부응할 수 있는 효율적인 마케팅 프로그램을 계획하고 실행할 수 있는 정도를 의미하는 것이다.

17 다음 내용은 시장세분화의 조건 중 어디에 속하는가?

> 마케터는 각 세분시장에 적합한 마케팅 믹스를 실제로 개발할 수 있는 능력과 자원을 가지고 있어야 한다.

① 실행가능성
② 측정가능성
③ 접근가능성
④ 유지가능성

정답 16 ② 17 ①

⊐ **시장세분화** : 전체시장을 비슷한 기호와 특성을 가진 차별화된 마케팅 프로그램을 원하는 집단별로 나누는 것

⊐ **시장세분화의 요건**

구분	개념
측정가능성	마케터는 각 세분시장에 속하는 구성원을 확인하고, 세분화 근거에 따라 그 규모나 구매력 등의 크기를 측정할 수 있어야 한다.
유지가능성	각 세분시장은 별도의 마케팅 노력을 할애 받을 만큼 규모가 크고 수익성이 높아야 한다.
접근가능성	마케터는 각 세분시장에 기업이 별도의 상이한 마케팅 노력을 효과적으로 집중시킬 수 있어야 한다.
실행가능성	마케터는 각 세분시장에 적합한 마케팅 믹스를 실제로 개발할 수 있는 능력과 자원을 가지고 있어야 한다.
내부적 동질성과 외부적 이질성	특정한 마케팅 믹스에 대한 반응이나 세분화 근거에 있어서 같은 세분시장의 구성원은 동질성을 보여야 하고, 다른 세분시장의 구성원과는 이질성을 보여야 한다.

⊐ **무차별적 마케팅 전략** : 전체시장을 하나의 동일한 시장으로 간주하고, 하나의 제품을 제공하는 전략

⊐ **차별적 마케팅 전략** : 전체시장을 여러 개의 세분시장으로 나누고, 이들 모두를 목표시장으로 삼아 각기 다른 세분시장의 상이한 욕구에 부응할 수 있는 마케팅믹스를 개발하여 적용함으로써 기업의 마케팅 목표를 달성하고자 하는 것

⊐ **집중적 마케팅 전략** : 전체 세분시장 중에서 특정 세분시장을 목표시장으로 삼아 집중 공략하는 전략 포지셔닝 전략유형
- 제품속성에 의한 포지셔닝
- 이미지 포지셔닝
- 경쟁제품에 의한 포지셔닝
- 사용상황에 의한 포지셔닝
- 제품사용자에 의한 포지셔닝

SD에듀와 함께, 합격을 향해 떠나는 여행

제 6 장

제품관리

행운이란 100%의 노력 뒤에 남는 것이다.

– 랭스턴 콜먼 –

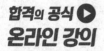

제 6 장 | 제품관리

제1절 | 제품의 개념과 분류

(1) 제품의 개념

① **제품의 의미** : 제품은 일반적으로 소비자들의 기본적인 욕구와 욕망을 충족시켜 주기 위한 것으로, 이는 시장에 출시되어 사람의 주의, 획득, 사용이나 소비의 대상이 되는 것을 말한다.

더 알아두기

제품전략의 유의점

제품전략은 단순하게 유형의 제품이나 서비스를 공급하는 것에서 그치는 것이 아니라, 나아가 포장에 관한 결정, 사후보증 및 신제품 개발 등이 모두 포함된다. 즉, 소비자를 만족시키기 위한 제품의 유형적 측면과 동시에 서비스 그리고 상징적인 요소를 개발하는 것이고, 단순한 제품이나 서비스의 기능, 형태적 특성을 넘어서고 있다.

제품정의의 예

유형성 측면에서의 정의	소비자의 본질적인 욕구중심의 정의
• 우리는 화장품 생산하여 판매한다.	• 우리는 아름다움에 대한 희망을 판다.
• 우리는 철도회사이다.	• 우리는 사람과 물건의 이동에 관한 서비스를 제공한다.
• 우리는 가솔린을 판매한다.	• 우리는 에너지를 공급한다.
• 우리는 영화를 제작한다.	• 우리는 오락을 제공한다.
• 우리는 에어컨과 난방기기를 생산한다.	• 우리는 쾌적한 주거환경을 선사한다.
• 우리는 비료를 판매한다.	• 우리는 농업생산성을 증대시킨다.
• 우리는 백과사전을 판매한다.	• 우리는 정보 생산 및 유통산업에 종사한다.
• 우리는 드릴(송곳)을 생산하고 판매한다.	• 우리는 구멍(홈)을 판매한다.

---

② **제품차원의 구성** 기출

⊙ 핵심제품 : 이것은 제품의 핵심적인 측면을 나타내는 것으로서, **제품이 본질적으로 수행하는 기능**, 다시 말해 소비자의 욕구충족이나 문제해결의 차원을 의미한다.

> **예**
> 화장품의 본질적 차원 : 아름다워지려는 욕구충족 또는 아름다움에 대한 문제해결의 기능

> **예**
> 자동차의 핵심제품은 목적지까지 운전자를 이동시켜 주는 역할이라고 할 수 있다.

⊙ 유형제품 : 말 그대로 제품의 유형적 측면을 나타내는 것으로서, 소비자가 **제품으로부터 추구하는 혜택을 구체적인 물리적 속성들의 집합으로 유형화시킨 것**을 의미한다. 즉, 우리가 일반적으로 말하는 유형의 제품은 여기에 속한다. 기출

> **예**
> 포장화, 상표명, 특성, 품질, 스타일 등

⊙ 확장제품 : 전통적 제품의 개념이 고객서비스까지 확대된 것으로 제품에 대한 사후보증, 애프터서비스, 배달, 설치, 대금지불방법 등의 고객서비스를 모두 포함하는 차원의 개념이다. 기출

> **체크 포인트**
>
> **3가지 수준의 제품개념(Kotler 교수가 정의)** 기출
> - 핵심제품 : 소비자가 상품을 소비함으로써 얻을 수 있는 핵심적인 효용을 의미
> - 유형제품(실제제품) : 눈으로 보고, 손으로도 만져볼 수 있도록 구체적으로 드러난 물리적인 속성차원의 상품
> - 확장제품 : 유형제품의 효용가치를 증가시키는 부가서비스 차원의 상품을 의미, 즉 유형제품에 부가로 제공되는 서비스, 혜택을 포함한 개념
>   예 설치, 배달, A/S, 신용판매, 품질보증 등

(2) 제품의 분류 중요

일반적으로 마케팅 관리를 위해서 제품과 서비스를 분류하는 것은 효과적이다. 보통 제품은 구매자의 성격에 따라 소비재와 산업재로 나뉜다.

① **소비재** : 개인이 최종적으로 사용하거나 소비하는 것을 목적으로 구매하는 제품을 말한다.
  - ㉠ 편의품(Convenience Goods) : 구매빈도가 높은 저가의 제품을 말한다. 최소한의 노력과 습관적으로 구매하는 경향이 있는 제품이다. 기출
    예 치약, 비누, 세제, 껌, 신문, 잡지 등
  - ㉡ 선매품(Shopping Goods) : 소비자가 가격, 품질, 스타일이나 색상 면에서 **경쟁제품을 비교한 후**에 구매하는 제품이다. 기출
    예 패션의류, 승용차, 가구 등
  - ㉢ 전문품(Specialty Goods) : 소비자는 자신이 찾는 품목에 대해서 너무나 잘 알고 있으며, 그것을 구입하기 위해서 특별한 노력을 기울이는 제품이다. 기출
    예 최고급 시계, 보석 등

> **체크 포인트**
>
> **제품계획에 따른 분류**
>
> | 구분 | 편의품 | 선매품 | 전문품 |
> | --- | --- | --- | --- |
> | 구매 전 계획정도 | 거의 없다 | 있다 | 상당히 있다 |
> | 가격 | 저가 | 중·고가 | 고가 |
> | 브랜드 충성도 | 거의 없다 | 있다 | 특정상표 선호 |
> | 고객쇼핑 노력 | 최소한이다 | 보통이다 | 최대한이다 |
> | 제품회전율 | 빠르다 | 느리다 | 느리다 |
> | 관여도 | 낮다 | 보통이다 | 높다 |

> **더 알아두기**
>
> **비탐색품(Unsought Goods)**
> 일반적으로 소비자에게 알려져 있지 않거나 또는 알려져 있더라도 소비자의 입장에서 구매의사가 낮은 제품을 말한다. 즉, 소비자가 애써 찾아다니며 구매하지 않는 제품이며, 훗날에는 필요가 있겠지만 지금 당장은 구매할 필요가 없다고 생각하는 제품이다.
> 예 보험, 헌혈, 백과사전류

② **산업재** : 구매자가 개인이 아니라 기업 등의 조직으로 최종 소비가 목적이 아니라 다른 제품을 만들기 위하여 또는 제3자에게 판매할 목적으로 구매하는 제품을 말한다.

　㉠ 원자재의 구분

　　• 원자재 : 제품의 제작에 필요한 모든 자연생산물을 의미한다.

　　• 가공재 : 원료를 가공 처리하여 제조된 제품으로서 다른 제품의 부분으로 사용되는데, 이것은 다른 제품의 생산에 투입될 경우에 원형을 잃게 되는 제품을 말한다. 기출

　　　예 철강, 설탕 등

　　• 부품 : 생산과정을 거쳐 제조되었지만 그 자체로는 사용가치를 지니지 않는 완제품으로, 더 이상 변화 없이 최종 제품의 부분이 된다.

　　　예 소형 모터, 타이어 등

　㉡ 자본재의 구분

　　• 설비 : 고정자산적 성격이 강하고, 매우 비싸며, 건물이나 공장의 부분으로 부착되어 있는 제품을 말한다.

　　• 소모품 : 제품의 완성에는 필요하지만 최종 제품의 일부가 되지 않는 제품을 말한다.

　　　예 윤활유, 페인트 등

제2절　서비스 제품의 의미와 특성

(1) 서비스의 개념

제품이나 상품 같은 물질적 재화 이외의 생산 또는 소비에 관련된 모든 경제활동을 뜻하는 말이다. 보통, 상품을 제외하고 교사들의 수업이나 이발사의 이발, 근로자들의 업무 등도 이에 포함된다.

(2) 서비스의 특성

서비스는 일반적으로 4가지 특성, 무형성·소멸성·비분리성·이질성으로 나뉜다.

① **무형성** : 소비자가 제품을 구매하기 전에 보거나·듣거나·맛보거나·느끼거나·냄새를 맡을 수 없는, 즉 오감을 통해 느낄 수 없는 것을 말한다. 예를 들어, 항공사를 이용할 경우에 고객은 항공 이용에 대한 서비스를 이용할 뿐, 소유를 하는 것이 아니다. 마찬가지로 학교에서 교육을 받은

것에 대한 교육서비스를 이용했을 뿐, 이를 소유할 수 없는 것이다. 즉, 무형의 혜택을 소유할 수는 없는 것이다.

② **소멸성** : 판매되지 않은 서비스는 사라지며 이를 재고로 보관할 수 없다는 것을 말한다. 설령, 구매 되었다 하더라도 1회로써 소멸을 하고, 더불어 서비스의 편익도 사라지게 된다. 즉, 서비스는 제공 되는 순간 사라지고 기억만 남게 된다.

③ **비분리성** : 일반적으로 유형의 제품은 생산과 소비가 시간·공간적으로 분리가 가능하지만, 서비스 는 생산과 동시에 소비가 되는 서비스의 성격을 말한다. 즉, 고객이 생산라인에 참여하고, 거래에 직접적으로 영향을 미치게 되며, 타 고객과의 관계도 서비스의 성과에 영향을 미칠 것이다. 기출

④ **이질성** : 서비스의 생산 및 인도과정에서의 가변성 요소로 인해 서비스의 내용과 질이 달라질 수 있 다는 것을 말한다.

체크 포인트

서비스의 4가지 특징

이질성	• 서비스를 제공하며, 제공받는 사람에 따라서 서비스의 질이 달라진다. • 서비스는 비표준적이기 때문에 고객 서비스의 표준화가 어려워질 수 있다.
소멸성	• 서비스는 유형의 형태가 아니기 때문에 재고로 남지 않고 소멸된다. • 서비스는 소멸하므로 수송이 불가능하고 고객감동을 위해 계속적인 재생산이 필요하다.
무형성 (비정형성)	• 서비스는 눈에 보이지 않는 추상적인 개념이다. • 서비스를 제공받는 순간 인식할 수 있으며, 그 가치를 파악하기가 어렵다.
비분리성 (동시성)	• 서비스는 소비와 생산이 동시에 일어나는 현상이다. • 판매자가 서비스를 생산하면, 소비자는 즉시 소비하게 된다.

제3절 제품계열관리

(1) 제품믹스의 개념 기출

① **제품믹스(Product Mix)** : 일반적으로 기업이 다수의 소비자에게 제공하는 모든 형태의 제품계열과 제품품목을 통합한 것을 말한다.

② **제품계열(Product Line)** : 제품믹스 중에서 물리적·기술적 **특징**이나 **용도**가 비슷하거나, 동일한 고객집단에 의해 구매되는 제품의 집단을 의미한다. 즉, 특성이나 용도가 비슷한 제품들로 이루어진 집단이다. 제품계열의 구성은 제품믹스의 폭(너비, Width), 제품믹스의 길이(Length), 제품믹스의 깊이(Depth)로 구성된다.

　㉠ 제품믹스의 폭(Width) : 기업이 가지고 있는 **제품계열의 수**를 의미한다.

　㉡ 제품믹스의 길이(Length) : 각 **제품계열을 구성하는 제품들의 수**를 의미한다. 즉, 특정 제품계열 내에 있는 제품의 수이다.

ⓒ 제품믹스의 깊이(Depth) : 특정 제품계열 안에서 다른 종류로 생산되는 품목 수를 의미한다. 각 제품이 얼마나 다양한 품목으로 판매되는지를 나타낸다.

> **예**
>
> A라는 자동차 회사가 있다. 이 회사에서는 승용차, 버스, 트럭의 3가지 제품계열을 가지고 있다. 승용차의 경우, 소형, 중형, 대형의 3가지 모델을 갖추고 중형은 용도에 따라 중형, 중형 세단, 중형 하이브리드로 출시된다. 이때 A회사의 제품믹스의 폭과 중형 승용차 제품믹스의 깊이는 얼마인가?

> ☑ **풀이** 특징과 용도가 비슷한 제품집단 : 승용차, 버스, 트럭은 공통적으로 운송수단이라는 용도로 쓰이므로 제품믹스의 폭(개념에 적용하여)은 '3'이며, 제품믹스의 깊이(예문에서는 중형 승용차를 용도에 따라 중형차, 중형 세단, 중형 하이브리드로 나누었다)는 '3'이다.

제품믹스의 폭(너비)

계열1	계열2	계열3
승용차	버스	트럭
소형	미니	일반화물
중형	대형	덤프트럭
대형		레미콘

제품믹스의 깊이 ← 중형 / 중형 세단 / 중형 하이브리드

제품믹스의 길이

(2) 제품믹스관리 전략

① 하향확대 전략

ⓐ 시장 초기에는 고급품을 출시하던 회사가 현재의 품목보다 낮은 가격과 품질의 품목을 추가하는 전략을 말한다.

ⓑ 하향확대 전략을 활용하게 되는 경우
- 고급품목 시장에서 공격을 당할 때, 이에 대한 대비로 경쟁사의 저가품목 시장에 침투한다.

> **예**
>
> 미국의 캐터필러라는 중장비 제조업체는 100마력 이상의 대형 트랙터를 판매했지만, 일본 중장비업체가 대형 트랙터 시장에 진출한 것에 대한 반격으로 일본 경쟁업체들의 100마력 이하의 중·소형 트랙터 시장에 진출한 사례를 들 수 있다.

- 고급품목 시장의 성장률이 하락할 때, 매출을 높이기 위해 사용하는 때이다.

> **예**
>
> IBM은 대형 컴퓨터시장을 무대로 삼고 있었는데, 해당 시장의 성장률이 하락하면서 성장률이 높은 소형컴퓨터 시장에 진출하여 전체 매출을 높인 사례를 들 수 있다.

- 고급품목 시장에서 쌓아온 브랜드를 이용하여 저급품목 시장으로 눈을 돌리는 때이다.

> **예**
>
> 자동차 회사를 예로 들면, 시장에 출시하는 초기에는 고가품의 모델을 선보여 고급품목의 이미지를 쌓은 후에 저가품목 등의 배기량이 적은 모델을 시장에 출시하는 경우이다.

> **예**
>
> 삼성자동차는 SM5로 중형자동차 시장에서 입지를 굳힌 후, 소형자동차 시장에 SM5의 브랜드를 이용한 SM3를 출시하여 소형자동차 시장에서 고평가를 받은 경우이다.

② **상향확대 전략** 기출

  ㉠ 시장 초기에는 밑 부분에 위치한 기업이 현재의 품목보다 더 높은 고품질·고가격의 품목을 추가하는 전략을 말한다.

  ㉡ 상향확대 전략을 활용하게 되는 경우

   • 고급품목의 시장성장률이 높아지거나, 저급품목 시장에서의 경쟁이 치열하여 상대적으로 고급품목 시장의 마진율이 높아질 때 사용하는 전략이다.

   > **예**
   >
   > 일본의 자동차업체는 미국 시장에서 소형자동차 시장이 과열되어, 마진이 줄어들자 오히려 마진이 높고, 성장률이 높은 고급자동차 시장으로 진출하여 성과를 거둔 경우이다.

   • 저가품목의 이미지가 전달되지 않도록 하기 위해서 고급품목의 경우 새로운 상표명을 만든다거나 아니면 완전히 탈바꿈하여 새로운 기업을 따로 만드는 방법도 있다.

   > **예**
   >
   > 소형자동차로 브랜드 이미지를 심어주었던 도요타 기업의 경우 고급자동차 시장에는 렉서스라는 새로운 대형자동차를 출시하여 성공을 거두는 경우이다.

③ **쌍방확대 전략** : 현 제품계열에서 이를 저가품목과 고가품목의 시장으로 양분해 나가는 것을 말한다.

> **예**
>
> 미국의 텍사스 인스트루먼트 회사는 소형계산기 시장에서 입지를 굳힌 회사로 저가품목시장에서는 일반인들을 대상으로 저렴한 계산기 시장에 진입하고, 고가품목시장에서는 전문가층이나 엔지니어들을 대상으로 한 고기능 계산기 시장에 진입하여 성공한 사례가 있다.

제4절 상표의 의의 및 전략

(1) 상표의 개념

① **상표** : 사업자가 자기가 취급하는 상품을 타사의 상품과 식별(이름, 표시, 도형 등을 총칭)하기 위하여 상품에 사용하는 표지를 말한다.

② **상표명** : 상표의 나타내는 구체적인 이름을 말한다.

③ **상표마크** : 상표에 드러난 심벌모형을 의미한다.

(2) 구매자 입장에서 상표의 좋은 점

① 상표는 공급업자가 생산하는 제품의 질을 보증하는 역할을 수행한다.

② 상표는 상품구매의 효율성을 높여준다. 구매자들은 특정 상품에 대한 충성도가 높으면 높을수록 해당 상품에 대한 식별을 용이하게 하여, 구매할 수 있기 때문이다.

(3) 회사 입장에서 상표의 좋은 점 [기출]

① 상표를 사용함으로써 판매업자로 인해 주문처리와 문제점 추적을 쉽게 할 수 있다.

② 자사만의 제품특성을 법적으로 보호를 받음으로써 타사가 모방할 수 없게 해준다.

③ 고객에 대한 기업의 이미지가 상승한다.

④ 고객의 자사제품에 대한 신뢰도를 구축하여 꾸준하게 구매가능성이 높은 고객층을 확보하도록 해준다.

(4) 상표의 결정

일반적으로 상표명은 소비자층에 대해 기억하기 쉽고, 타사의 상표명과는 명확하게 구별되어야 하며, 나아가 제품속성이 가진 편익 등을 알리면 더욱 좋다.

(5) 상표별 분류 [기출]

① **무상표 상품(GB ; Generic Brand)** : 포장의 겉에 특정한 브랜드의 명칭은 없이 자체의 이름만을 강조하는 형태이다. 현재는 상표화가 일반적인 경향임에도 불구하고 상표촉진과 품질유지의 비용을 감당할 수 없거나 절감하기 위해서, 또는 제품의 차별화가 불가능한 경우 마케터는 상표설정을 하지 않고 단순히 제품계층 명칭을 사용할 수 있다.

> **예**
> 포장지 바깥에 원두커피, 치약, 소금, 설탕, 껌이라고만 적혀 있는 것들을 의미한다.

② **제조업자 상표(NB ; National Brand)** : 제품생산자에 의해 개발되어 사용되는 상표로서 전국상표라고도 한다. 즉, 전국 각지에서 만들고 판매되는 상품을 의미한다.

> **예**
> 삼성, 현대, LG 각 회사는 전국에서 제품을 만들어 낸다.

③ **중간상 상표(PB ; Private Brand)** : 보통 제조설비를 갖추지 않은 유통업체가 개발한 상표로서, 이 유통업체가 독자적인 상품을 기획하여 생산만 제조업체인 메이커에 의뢰하는 것을 말한다. 이때, PB는 '유통업자 주도형 상표'라고 하며, 동시에 유통업자가 상표의 소유권과 판매책임을 모두 갖게 된다.

④ **공동 상표** : 하나의 기업이 생산해내는 모든 제품계열에 대해 동일한 상표를 붙이는 것을 말한다.

> **예**
> BMW, SONY, 아모레 등

⑤ **개별 상표** : 모든 제품계열에 대하여 개별 상표를 붙이는 것을 말한다.

⑥ **상표수식어** : 구형 모델과 구분하기 위해 붙이는 숫자나 수식어이다.

> **예**
>
> 제네시스 G70, 제네시스 G80, 윈도우 7, 윈도우 10 등

(6) 상표 전략

① **복수상표 전략** : 동일한 제품라인에 브랜드를 추가하여 브랜드명을 복수로 하는 것을 말한다. 즉, 판매자가 동일한 제품범주 내에서 둘 또는 그 이상의 상표를 개발하는 전략이다.

> **더 알아두기**
>
> **상표이미지를 강화하는 요소** 기출
> • 기능적으로 우수한 제품 품질에 대한 구체적인 강조
> • 상표에 대한 일관된 광고와 마케팅 커뮤니케이션
> • 상표가 지니는 개성
>
> **기업에서 복수상표 전략을 활용하는 이유 4가지**
> • 상이한 제품들 간의 특성으로 인해 서로 다른 구매동기를 가진 차별화된 시장을 공략하기 위함이다.
>   예 풀무원의 경우, 중상류층을 대상으로 하는 시장에서는 고가격의 '풀무원'이라는 브랜드로 공략함과 동시에 가격에 민감한 계층인 중·하류층 시장에서는 중저가격의 '찬마루'라는 브랜드를 사용하는 경우이다.
> • 기업의 입장에서 훨씬 더 많은 진열공간의 확보를 위해 복수상표 전략을 쓰기도 한다. 매장 내 전시공간을 확보함으로써 좀 더 소비자에게 눈에 띄게 됨과 동시에 선택될 확률이 그만큼 높기 때문이다.
>   예 코카콜라의 경우, 기존 상표인 코카콜라 말고도 체리콜라라는 브랜드를 출시하면서 각 매장 내에 자사의 진열공간을 확보함으로써 시장점유율을 높인 경우가 있다.
> • 브랜드 전환고객을 확보하기 위한 차원에서 복수상표 전략을 사용하기도 한다.
> • 자사의 제품 간 선의의 경쟁을 유도하는 목적에서 복수상표 전략이 사용되기도 한다.
>   예 현대자동차가 기아자동차를 인수했지만, 동급의 자동차인 경우 현대와 기아의 상표명을 유지하면서 선의의 경쟁을 유도하는 것인데, 기아의 K5와 현대의 소나타는 중형자동차 시장에서 서로 선의의 경쟁을 하는 브랜드이다.

② **상표확장 전략** : 기존 시장에서 성공을 거둔 제품의 상표를 신제품이나 개선된 제품에 장착함으로써 성공적인 상표에 대하여 소비자들이 갖고 있는 호의와 상표충성도를 그대로 지속시키고 소비자들의 인지도를 높여 신제품 도입을 용이하게 하려는 전략이다. 보통 상품 확장을 할 경우에 높은 인지도를 구축할 수 있으며, 마케팅 비용을 절감할 수 있다. 하지만 두 제품의 유사성이 낮을 경우에는 실패하여 기존의 제품에까지 나쁜 영향을 미칠 수 있다.

③ **공동상표 전략** : 생산·판매되는 모든 제품에 하나의 상표를 붙이는 전략이다. 신제품에 공동상표 전략을 실행할 경우 기존제품의 이미지와 연결되어 낮은 비용으로 쉽게 인지도를 높일 수 있다. 유사성이 없는 제품에 사용할 경우 소비자에게 혼란을 초래할 수 있으며, 한 제품의 실패가 다른 제품에까지 영향을 미칠 수 있다.

(7) 포장 전략과 라벨

포장은 요즘 들어 제품 전략의 중요한 역할을 차지하고 있다. 포장의 근본적인 목적은 절도, 파손 등의 각종 위험으로부터 제품을 보호하기 위한 것이다. 그래서 최근의 마케팅 경향은 포장 또한 제품구매에 영향을 미치므로 포장은 소비자의 마음에 들게 만들어야 한다.

① **포장의 개념** : 물품을 수송·보관함에 있어서 이에 대한 가치나 상태 등을 보호하기 위하여 적절한 재료나 용기 등에 탑재하는 것을 말한다. 상표에 대해 소비자로 하여금 바로 인지하게 하는 역할을 수행하게 하는 것이다.

② **포장의 목적**

    ㉠ 제품의 보호성 : 포장의 근본적인 목적임과 동시에, 제품이 공급자에서 소비자로 넘어가기까지 운송, 보관, 하역 또는 수·배송을 함으로써 발생할 수 있는 여러 위험요소로부터 제품을 보호하기 위함이다.

    ㉡ 제품의 경제성 : 유통상의 총비용을 절감한다.

    ㉢ 제품의 편리성 : 제품취급을 편리하게 해주는 것을 말한다. 제품이 공급자의 손을 떠나 운송, 보관, 하역 등 일련의 과정에서 편리를 제공하기 위해서이다.

    ㉣ 제품의 촉진성 : 타사 제품과 차별화를 시키면서, 자사 제품 이미지의 상승효과를 기하여 소비자들로 하여금 구매충동을 일으키게 하는 것을 말한다.

    ㉤ 제품의 환경보호성 : 포장이 공익성과 함께 친환경적인 포장을 추구해 나가는 것을 의미한다.

③ **포장의 종류**

    ㉠ 낱 포장(개별포장) : 제품의 **상품가치를 높이거나, 물품 특징을 보호**하기 위해서 그에 적합한 용기 등을 물품에 시공한 상태를 말한다.

    ㉡ 속 포장(내부포장) : 포장된 화물의 내부포장을 말하며, 물품에 대한 수분, 습기, 열 또는 충격을 막아주며 그에 적합한 재료나 용기 등을 물품에 시공한 상태를 말한다.

    ㉢ 겉 포장(외부포장) : 포장된 화물의 외부포장을 말하며, 이는 물품에 상자, 포대, 또는 나무통 및 금속 등의 용기에 넣거나 아니면 용기를 이용하지 않고 그대로 묶어서 함을 이용한 방법 또는 시공한 상태를 말한다.

④ **라벨** : 상품에 대한 상품명 및 상품에 대한 여러 가지 사항을 표시한 종이를 말한다. 보통, 사람들이 즐겨 찾는 음료수나 과자 등이 대표적인 예이다. 라벨의 근본적인 목적은 소비자들의 비교 구매를 도와주는 것이다.

[더 알아두기]

라벨의 기능

- 라벨은 제품이나 상표 등을 확인시켜주는 기능을 한다.
  - 예 선키스트 오렌지에 붙어 있는 라벨이 선키스트임을 확인시켜 준다.
- 라벨은 제품에 대한 정보를 제공해준다.
  - 예 제품을 누가 만들었는지, 원산지는 어디인지, 내용물을 어떤 것이 있는지, 제품을 어떻게 사용하는지 등이 있다.
- 라벨은 소비자에게 어필 가능한 그래픽 디자인을 통하여 고객들로 하여금 제품에 대한 선호도를 높이는 기능을 수행한다.

제5절   브랜드 자산의 의의 및 관리

최근 들어 국내의 유수 기업들이 상표나 브랜드의 중요성을 깨닫고 현재까지 브랜드가 없었던 제품들에 대해 브랜드를 붙이거나 기존의 오랫동안 사용했던 브랜드를 CI(Corporate-Identity : 기업이미지 통일) 작업을 통해 새로운 브랜드로 바꾸는 방식으로 브랜드의 가치를 높이기 위해 많은 노력을 하고 있는 실정이다.

(1) 브랜드의 개념과 중요성

① **브랜드** : 하나의 기업이 제품을 식별하여 타사의 제품과 차별화시키기 위해 사용하는 이름, 용어, 상징 또는 디자인 등을 의미한다.

② **브랜드의 중요성** : 브랜드는 제품의 이미지를 개발시키는 데에도 중요한 역할을 하고 있다. 소비자 들이 어떤 특정 브랜드를 알고 있다면, 해당 상표가 나타내는 것은 그 기업의 광고물로 구축되기 때문이다. 또한, 성공적인 상표명은 타사와의 가격경쟁을 회피하는 중요한 수단이 된다. 예를 들면, 널리 알려진 상표명은 경쟁자에 비해 어려움 없이 매우 높은 가격에 팔리는 경우가 이에 해당된다.

(2) 브랜드 자산의 개념 [기출]

요즘 들어, 브랜드의 가치를 나타내는 개념으로 브랜드 지분 또는 자산(Brand Equity)이라는 개념이 등장하기 시작했다.

브랜드 자산은 브랜드의 존재 유무에 대해 소비자들이 인지하는 제품 가치의 차이가 발생하는 것을 의 미한다. 브랜드 자산이 중요한 이유는 구매자들이 제품자체의 성능보다는 브랜드 이미지를 중시하여 구매하는 경우가 많기 때문이라 할 수 있다.

> **예**
>
> 대표적인 예로 풀무원을 들 수 있는데, 이 브랜드는 과거에 특별한 브랜드 없이 판매되었던 두부나 된장 등에 풀무원이라는 브랜드를 탑재하고 시장에 출시함으로써, 상표가 없는 제품들과의 차별화로 고가격·고품질의 이미지를 구매자들에게 심어주고 '뭔가 다르다'라는 인식을 남겨 성공한 사례가 있다.

(3) 브랜드 자산 관리

① **브랜드 인지도**

㉠ 브랜드 재인(Brand Recognition) : 단서로써 브랜드가 제시되었을 경우 사전에 노출되었던 브 랜드 경험을 통해서 특정 브랜드를 떠올릴 수 있는 능력을 말하며 보조인지라고도 한다. 브랜드 회상보다 상대적으로 강도가 약하다.

㉡ 브랜드 회상(Brand Recall) : 제품 카테고리 내에서 특정 브랜드를 떠올릴 수 있는 능력을 말하 며 비보조인지라고도 한다.

㉢ 최초 상기 브랜드 : 브랜드 회상으로 상기된 브랜드들 중에서, 소비자의 마음속에서 가장 먼저 떠오르는 브랜드를 말한다. 이렇게 가장 먼저 상기된 브랜드는 시장에서 타사에 비해 높은 경쟁 우위를 가지고 있다. 그러므로 시장점유율을 측정할 수 있는 중요한 브랜드 지표이다.

② **브랜드 이미지 관리**

보통, 특정 제품의 범주에서 소비자가 기억할 수 있는 브랜드는 아무리 많아야 7개(일반적으로 2~3개)를 넘지 않는다고 한다. 따라서 기업의 입장에서는 브랜드 인지도가 높을수록 자사의 제품이 소비자의 구매대상에 포함될 가능성이 그만큼 높아지는 것이다. 또한 높은 브랜드 인지도는 상표친숙성(Brand Familiarity)을 형성하여 추후에도, 해당 브랜드에 대한 선호도와 선택 가능성을 증가시킬 수 있다.

③ **브랜드 인지도를 증가시키는 방법** `기출`

　㉠ 반복광고를 시행한다. 반복광고는 제품에 대한 메시지를 소비자들의 기억 속에 오랫동안 유지시킬 수 있는 효과적인 방법 중에 하나이다. 하지만 반복광고의 빈도가 너무 잦으면 소비자들은 광고내용에 익숙해져 더 이상 제품광고에 주의를 기울이지 않을 뿐만 아니라, 싫증을 내게 된다.

> `예`
> 현대카드 W / '아버지는 말하셨지 인생을 즐겨라~'

　㉡ 시각적 정보(Symbol)를 제품정보와 함께 제공하여 고객의 기억 속에 쉽게 회상될 수 있도록 한다.

> `예`
> KFC의 콜로넬 샌더스 할아버지

　㉢ 브랜드명과 제품정보가 소리의 형태(로고송, 슬로건)로 기억되도록 한다.

> `예`
> • '12시에 만나요'(부라보 콘)
> • '엄마가 김치를 해 주었네'(삼성 김치냉장고)
> • '쥬시 후레쉬~ 후레쉬 민트~ 스피아 민트~ 오, 롯데 껌'(롯데 껌)

　㉣ 구매시점에서 자사 브랜드에 대한 기억을 쉽게 떠올릴 수 있는 암시 또는 단서를 제공한다.

④ **브랜드 이미지 관리** : 브랜드 이미지 전략은 어떠한 심벌을 지속적으로 이용하여, 고급스런 이미지나 품질에서의 좋은 이미지 등을 강조하면서 오랫동안 시도하고 있다고 할 수 있다. 보통, 심벌에 사용되는 이미지들은 모델이나 유명 인사를 많이 활용하고 있다.

`더 알아두기`

브랜드 관련 용어 `기출`
• 브랜드 자산 : 제품이·브랜드를 지님으로써 발생되는 바람직한 마케팅 효과를 말한다.
• 브랜드 연상 : 브랜드에 대해 떠오르는 것과 연계되는 모든 것을 말한다.
• 브랜드 충성도 : 어떤 브랜드에 대해 지속적인 선호와 만족, 반복적인 사용을 말한다.
• 브랜드 인지도 : 잠재구매자가 어떤 제품군에 속한 특정 브랜드를 재인식 또는 상기할 수 있는 능력을 말한다.
• 브랜드 이미지 : 브랜드와 관련된 여러 연상들이 결합되어 형성된 브랜드에 대한 전체적인 인상을 말한다.

더 알아두기

바람직한 브랜드이미지가 갖추어야 할 특성
• 고객에게 호의적인 이미지로 다가서야 한다.
• 브랜드와 관련된 이미지가 소비자의 기억 속에 연속적으로 떠오를 수 있도록 강력한 브랜드 연상이
  형성되어야 한다.
• 독특한 브랜드 연상이 형성되어야 한다. 이는 타 브랜드와 차별화시킬 수 있는 중요한 요소이기
  때문이다.

⑤ **브랜드 연상의 유형** 기출
  ㉠ 제품속성과 관련된 연상 유형
    • 제품범주에 의한 연상 : 자사 브랜드와 제품범주 사이의 강력한 연상관계는 해당 제품이 시장
      내에서 지속적으로 타사와 비교하여 경쟁우위를 유지할 수 있는 기반이 된다.
    • 제품속성에 의한 연상 : 자사 브랜드와 소비자가 바라는 제품의 구성요소를 연결시키면 시장에
      서 경쟁우위를 차지할 수 있다는 것을 말한다.

      예
      대우-탱크주의, 삼성 문단속냉장고, 독립만세-냉동실과 냉장실의 냉기를 따로 쓰기 때문에 식품이
      오래오래 살아있다 등이 있다.

    • 품질 · 가격에 의한 연상 : 소비자들이 자사의 브랜드에 대하여 가지고 있는 품질 이미지란 자
      사 브랜드의 전반적인 성능에 대한 생각을 의미한다. 무엇보다도 소비자들에게 이러한 이미지
      를 심는다면 가격책정에 있어서도 타사에 비해 경쟁우위에 올라설 수 있다는 것이다.

      예
      풀무원 생 두부, 하겐다즈 아이스크림 등이 있다.

  ㉡ 제품속성과 관련이 없는 연상 유형
    • 브랜드 퍼스낼리티에 의한 연상 : 브랜드 퍼스낼리티는 브랜드의 속성을 인간적인 특성(성별,
      연령, 사회계층 등)들로 표현하는 것을 말한다. 흔히 소비자들은 자신의 자아개념(이미지)과
      일치하는 정보를 더 잘 기억하고, 브랜드를 더 선호하게 마련이다.

      예
      Amex 신용카드-성공한, Benetton 의류-과감하고 현대적인, 버지니아슬림 담배-여성적인, 말보르
      담배-남성적인 등이 있다.

    • 사용자와 관련된 연상 : 브랜드의 이미지를 자사 브랜드 모델과 연결시켜 판매를 촉진한다.

      예
      나이키-마이클 조던이 신은 신발, 경동보일러-시골에 계신 부모님, 다시다-한국의 어머니상인 김혜
      자가 사용하는 조미료 등이 있다.

• 제품용도와 관련된 연상 : 브랜드를 제품의 용도와 강하게 연관시킴으로써 강력한 브랜드 자산을 구축할 수 있는 것을 말한다.

> **예**
>
> 게토레이–운동 후에 마시는 갈증해소 음료, 컨디션–거래처 접대 전에 마시는 음료 등이 있다.

• 원산지와 관련된 연상 : 어느 한 분야에서 유명한 지역이나 국가를 연상시켜 강력한 브랜드 자산을 구축할 수 있는 것을 말한다.

> **예**
>
> 씨, 페페 등의 국내 패션의류나 마몽드, 라네즈 등 국내 화장품 브랜드가 이탈리아어나 불어 느낌이 나는 단어를 사용하여 소비자에게 세련된 느낌을 강조하는 것 등이 있다.

ⓒ 기업과 관련된 연상 : 기업문화, 경영이념 등 기업과 관련된 브랜드 이미지는 개별 브랜드의 자산구축에 엄청난 영향을 미친다. 특히 대기업의 기업광고는 이러한 이유에서 많이 이루어진다.

> **예**
>
> 삼성–'기업은 곧 사람이다'는 인재제일주의 경영, LG–'고객만족'이라는 고객지향적인 이미지 등이 있다.

> **더 알아두기**
>
> **효과적인 브랜드명의 개발기준**
> • 의미 위주로 짓는다.
> 　예 현대, 삼성
> • 인명 또는 지명을 따서 짓는다.
> 　예 포드자동차, 켈로그 콘프레이크, 켄터키 후라이드 치킨
> • 발음 위주, 다시 말해 발음이 쉽고 기억에 오래 남게 하는 소리 위주로 짓는다.
> 　예 코닥

○✕로 점검하자 | 제6장

※ 다음 지문의 내용이 맞으면 ○, 틀리면 ✕를 체크하시오. [1~7]

01 핵심제품이란 소비자가 제품으로부터 추구하는 혜택을 구체적인 물리적 속성들의 집합으로 유형화시킨 것이다. (　　)

02 설치, 배달, A/S, 신용판매, 품질보증 등은 유형제품의 전형적인 사례라 할 수 있다. (　　)

03 선매품은 소비자가 가격, 품질, 스타일이나 색상 면에서 경쟁제품을 비교한 후에 구매하는 제품을 말한다. (　　)

04 가공재는 원료를 가공 처리하여 제조된 제품으로 타 제품의 부분으로서 사용되는데, 이는 다른 제품의 생산에 투입될 경우에 원형을 잃게 되는 제품이다. (　　)

05 서비스의 특성은 무형성, 비소멸성, 이질성, 비분리성이다. (　　)

06 제품믹스의 깊이란 제품믹스 내의 모든 제품품목의 수를 의미한다. (　　)

07 낱 포장이란 제품의 상품가치를 높이거나, 물품 특징을 보호하기 위해서 그에 적합한 용기 등을 물품에 시공한 상태를 말한다. (　　)

정답과 해설　01 ✕　02 ✕　03 ○　04 ○　05 ✕　06 ✕　07 ○

01 핵심제품은 제품의 핵심적인 측면을 나타내는 것으로, 제품이 본질적으로 수행하는 기능을 말한다.
02 확장제품은 유형제품에 부가로 제공되는 서비스, 혜택을 포함한 개념으로서 이에는 설치, 배달, A/S, 신용판매, 품질보증 등이 있다.
05 서비스의 특성은 무형성, 소멸성, 비분리성, 이질성이다.
06 각 제품계열 안에 있는 품목 수를 의미한다.

01 확장제품은 제품에 대한 사후보증, A/S, 배달, 설치, 대금지불방법 등의 고객서비스를 모두 포함하는 차원의 개념이다.

01 자전거에 대한 설명 중에서 제품개념의 확장제품에 속하는 것은?

① 건강을 위해 자전거를 구입하였다.
② 지속적인 애프터서비스가 가능하다.
③ 페달이 튼튼하다.
④ 다른 자전거에 비해 가볍다.

02 편의품은 구매빈도가 높은 저가의 제품을 의미하며, 소비자가 최소한의 노력과 습관적으로 구매하는 경향이 있는 제품을 일컫는다.

02 다음 내용이 설명하는 제품은?

> 구매빈도가 높은 저가격의 제품이며, 습관적으로 구매하는 경향이 있는 제품이다.

① 편의품   ② 전문품
③ 선매품   ④ 부품

03 유형제품은 실제제품이라고도 하며, 눈으로 보고 손으로도 만져볼 수 있도록 구체적으로 드러난 물리적인 속성차원의 제품을 말한다.

03 다음 내용이 설명하는 제품은?

> 코틀러 교수가 분류한 제품의 분류 중에서 눈으로 보고, 손으로도 만져볼 수 있도록 구체적으로 드러난 물리적인 속성차원의 제품이다.

① 유형제품
② 확장제품
③ 핵심제품
④ 신제품

정답 01 ②   02 ①   03 ①

04 다음 중 구매자의 지위를 강조하는 광고를 널리 사용하는 제품은 무엇인가?

① 자본재
② 편의품
③ 선매품
④ 전문품

05 A라는 사람은 오늘 오토바이를 구입하였다. 점원은 제품구매 기념으로 사용하다가 제품이상 시에 무상으로 고쳐준다고 약속하고, A라는 사람의 집까지 배송을 해주었다. 이 같은 조건은 제품 개념 중 어디에 속하는가?

① 유형제품
② 확장제품
③ 핵심제품
④ 유사품

06 소비자가 통상적으로 여러 제품을 비교·평가한 후에 구매하는 비교적 고가격대의 제품은 무엇인가?

① 편의품
② 선매품
③ 전문품
④ 비매품

04 전문품(Specialty Goods)은 구매자의 지위와 연관이 깊고, 매우 높은 가격대의 제품이다.

05 확장제품은 단순히 제품의 물리적 속성을 뛰어 넘어 제품의 구매에 도움을 주는 요소를 포함한다. 제품의 보증, 배달, A/S가 확장제품의 적절한 예이다.

06 선매품(Shopping Goods)은 편의품에 비해 구매빈도는 낮으나 가격은 고가에 속하는 비교적 고관여의 제품이다. 그러므로 편의품처럼 습관적으로 구매하기보다는 여러 브랜드를 놓고 비교·구매하는 특성을 지닌다.

정답 04 ④ 05 ② 06 ②

07 전문품은 매우 높은 관여도를 보이며, 일반적으로 상표충성도에 의한 구매를 하는 제품들이 대부분이다. 최고급 시계·보석·전문가용 카메라 등이 대표적인 전문품이다.

07 최고급 시계, 보석, 전문가용 카메라 등은 어떤 제품유형에 속하는가?

① 선매품
② 전문품
③ 편의품
④ 비탐색품

08 전문품은 다른 제품에 비해 제품에 대한 브랜드 충성도가 가장 높게 나타나는 제품이다.

08 제품에 대한 브랜드 충성도가 구매에 결정적인 역할을 하는 제품은 무엇인가?

① 비탐색품
② 소모품
③ 전문품
④ 편의품

09 전문품은 소비자가 제품을 구입하기 위해서 특별한 노력을 기울이는 제품이며, 제품에 대한 브랜드 충성도 또한 가장 높다.

09 다음 그림이 의미하는 제품유형은 무엇인가?

① 편의품 　　② 선매품
③ 전문품 　　④ 비매품

정답 07 ②　08 ③　09 ③

10 다음 2가지 그림이 의미하는 제품유형은 무엇인가?

① 편의품
② 전문품
③ 선매품
④ 비매품

11 철강이나 설탕 등은 산업재 중 어디에 속하는가?

① 원자재
② 가공재
③ 부품
④ 소모품

12 다음 중 보험, 헌혈 등은 어떤 제품에 속하는가?

① 선매품
② 소모품
③ 비탐색품
④ 편의품

10 선매품은 소비자가 제품에 대한 가격과 품질, 스타일이나 색상 면에서 경쟁사의 제품과 비교한 후에 구매하는 제품이다.

11 가공재는 다른 제품의 생산에 투입될 경우에 원형을 잃게 되는 제품을 말하는데, 철강이나 설탕이 대표적인 예이다.

12 비탐색품(Unsought Goods)은 아직은 크게 소비자에게 알려지지 않은 제품 또는 소비자들이 알고 있지만 당장 구매할 것을 고려하지 않는 제품이다.

정답 10 ③ 11 ② 12 ③

13 소모품은 제품의 완성에는 필요하지만, 실질적으로 최종 제품의 일부가 되지 않는 제품이다.

13 윤활유나 페인트 등은 산업재 중 어디에 속하는가?

① 소모품
② 부품
③ 설비
④ 가공재

14 중간상 상표(PB ; Private Brand)는 일반적으로 제조설비를 갖추지 않은 유통업체가 개발한 상표를 의미하며, 이런 유통업체가 스스로 독자적인 제품을 기획하여 생산만 제조업체인 메이커에 의뢰하는 것을 말한다.

14 다음 중 중간상 상표(PB ; Private Brand)에 대한 설명으로 옳은 것은?

① 하나의 기업이 생산해내는 모든 제품계열에 대해 동일한 상표를 붙이는 것이다.
② 보통 제조설비를 갖추지 않은 유통업체가 개발한 상표를 의미한다.
③ 제품생산자에 의해 개발되어 사용되는 상표를 말한다.
④ 포장의 겉에 특정한 브랜드의 명칭은 없이 자체의 이름만을 강조하는 형태의 상표를 말한다.

15 서로 상이한 제품들 간의 특성으로 인해 서로 다른 구매동기를 가진 차별화된 시장을 공략하기 위해서이다.

15 다음 중 기업에서 복수상표 전략을 활용하는 이유로 틀린 것은?

① 기업의 입장에서 훨씬 더 많은 진열공간의 확보를 하기 위해서이다.
② 브랜드 전환고객을 확보하기 위해서이다.
③ 상표에 대한 일관된 광고와 마케팅 커뮤니케이션을 위해서이다.
④ 자사의 제품 간 선의의 경쟁을 유도하기 위해서이다.

정답 13 ① 14 ② 15 ③

16 다음 중 포장의 목적에 해당하지 <u>않는</u> 것은?

① 제품의 소멸성

② 제품의 보호성

③ 제품의 편의성

④ 제품의 촉진성

17 다음 중 라벨의 기능이 <u>아닌</u> 것은?

① 제품이나 상표 등의 확인기능

② 제품에 대한 가격을 상승시키려는 기능

③ 제품에 대한 정보제공기능

④ 제품에 대한 선호도를 높이는 기능

18 다음 내용의 괄호 안에 들어갈 알맞은 말은?

> (   )(이)란, 브랜드의 존재 유무에 대해 소비자들이 인
> 지하는 제품 가치의 차이가 발생하는 것을 뜻한다.

① 브랜드 자산

② 브랜드 이미지

③ 브랜드 상표

④ 브랜드 광고

16 포장의 목적은 ②·③·④ 이외에 제품의 경제성, 제품의 환경보호성 등이 있다.

17 라벨은 제품이나 상표 등의 확인기능, 제품에 대한 정보제공기능, 제품에 대한 선호도를 높이는 기능을 한다.

18 브랜드 자산은 브랜드의 존재 유무에 대해 소비자들이 인지하는 제품 가치의 차이가 발생하는 것을 말한다.

정답 16 ① 17 ② 18 ①

19 포장은 물품을 수송·보관함에 있어서 이에 대한 가치나 상태 등을 보호하기 위하여 적절한 재료나 용기 등에 탑재하는 것을 말한다. 동시에 상표에 대해 소비자로 하여금 바로 인지하게 하는 역할을 수행하게 하는 것이다.

19 다음 내용이 설명하는 것은 무엇인가?

> 물품을 수송·보관함에 있어서 이에 대한 가치나 상태 등을 보호하기 위하여 적절한 재료나 용기 등에 탑재하는 것이다.

① 브랜드
② 상표
③ 라벨
④ 포장

20 브랜드 재인(Brand Recognition)은 단서로써 브랜드가 제시되었을 경우 사전에 노출되었던 브랜드 경험을 통해서 특정 브랜드를 떠올릴 수 있는 능력을 말한다.

20 브랜드 재인(Brand Recognition)에 대한 설명으로 옳은 것은?

① 제품 카테고리 내에서 특정 브랜드를 떠올릴 수 있는 능력이다.
② 브랜드 경험을 통해서 특정 브랜드를 떠올릴 수 있는 능력이다.
③ 소비자의 마음속에서 가장 먼저 떠오르는 브랜드이다.
④ 소비자들이 인지하는 제품 가치의 차이가 발생하는 것이다.

21 제품속성에 의한 연상은 자사 브랜드와 소비자가 바라는 제품의 구성요소를 연결시키면 시장에서 경쟁우위를 차지할 수 있다는 것을 뜻한다.

21 브랜드 연상의 유형 중 제품속성에 의한 연상의 사례로 적절한 것은?

① 대우 – 탱크주의
② Amex 신용카드 – 성공한
③ 버지니아슬림 담배 – 여성적인
④ 말보르 담배 – 남성적인

정답 19 ④ 20 ② 21 ①

22 브랜드 연상의 유형 중 품질 · 가격에 의한 연상의 사례로 적절한 것은?

① 경동보일러 – 시골에 계신 부모님

② Benetton 의류 – 과감하고 현대적인

③ 풀무원 생 두부 – 깨끗하고 살아있는

④ 대우 – 탱크주의

22 소비자들이 자사의 브랜드에 대하여 가지고 있는 품질 이미지란 자사 브랜드에 대한 전반적인 성능에 대한 생각을 의미한다. 기업의 입장에서는 무엇보다도 소비자들에게 이러한 이미지를 심는다면 가격책정에 있어서도 타사에 비해 경쟁우위에 올라설 수 있기 때문이다.

23 브랜드 연상의 유형 중 사용자와 관련된 연상의 사례로 적절한 것은?

① Amex 신용카드 – 성공한

② 나이키 – 마이클 조던이 신은 신발

③ 게토레이 – 운동 후에 마시는 갈증해소 음료

④ 대우 – 탱크주의

23 사용자와 관련된 연상에서는 브랜드의 이미지를 자사 브랜드 모델과 연결시켜 판매를 촉진한다.

24 브랜드 연상의 유형 중 제품용도와 관련된 연상의 사례로 적절한 것은?

① 컨디션 – 거래처 접대 전에 마시는 음료

② 버지니아슬림 담배 – 여성적

③ 대우 – 탱크주의

④ Amex 신용카드 – 성공한

24 제품용도와 관련된 연상은 브랜드를 제품의 용도와 강하게 연관시킴으로써 강력한 브랜드 자산을 구축할 수 있는 것이다.

정답 22 ③   23 ②   24 ①

➡ 제품차원의 구성

- 핵심제품 : 제품의 핵심적인 측면을 나타내는 것으로서, 제품이 본질적으로 수행하는 기능
- 유형제품 : 소비자가 제품으로부터 추구하는 혜택을 구체적인 물리적 속성들의 집합으로 유형화시킨 것
- 확장제품 : 전통적 제품의 개념이 고객서비스까지 확대된 것

➡ 소비재의 구분

- 편의품 : 구매빈도가 높은 저가의 제품으로 최소한의 노력과 습관적으로 구매하는 경향이 있는 제품
- 선매품 : 소비자가 가격, 품질, 스타일이나 색상 면에서 경쟁제품을 비교한 후에 구매하는 제품
- 전문품 : 소비자는 자신이 찾는 품목에 대해서 너무나 잘 알고 있으며, 그것을 구입하기 위해서 특별한 노력을 기울이는 제품

➡ 제품계획에 따른 분류

구분	편의품	선매품	전문품
구매 전 계획정도	거의 없다	있다	상당히 있다
가격	저가	중·고가	고가
브랜드 충성도	거의 없다	있다	특정상표 선호
고객쇼핑 노력	최소한이다	보통이다	최대한이다
제품회전율	빠르다	느리다	느리다

➡ 서비스의 특징 : 무형성, 소멸성, 비분리성, 이질성

➡ 제품믹스의 개념

- 제품믹스의 폭(Width) : 기업이 가지고 있는 제품계열의 수
- 제품믹스의 깊이(Depth) : 각 제품계열 안에 있는 품목 수
- 제품믹스의 길이(Length) : 제품믹스 내의 모든 제품품목의 수

제 7 장

신제품 개발과
제품수명주기 전략

또 실패했는가? 괜찮다. 다시 실행하라. 그리고 더 나은 실패를 하라!

– 사뮈엘 베케트 –

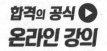

제1절 신제품 개발 전략

(1) 신제품 개념

신제품 개발 전략은 자사의 목표와 마케팅목표를 달성하는 데 있어 신제품이 수행해야 할 전략적 역할을 규명하는 것이다. 신제품 개발계획을 입안하기 위해 마케팅 관리자는 신제품 개발과정에서 이루어져야 할 주요 의사결정영역을 미리 확인하고, 영역별 의사결정요소들을 검토해야 한다. 특히, 시장에 적합한 신제품을 출시하기 위해서는 어떤 방법으로 새로운 제품을 만들어낼 것인가를 사전에 염두에 두어야 한다.

(2) 신제품 개발

① **앤소프의 제품·시장 매트릭스** : 앤소프는 전략을 '기업이 판매할 제품과 시장을 선택해 나가는 것'이라 정의하였는데, 이때 성장벡터(Growth Vector)를 표시하고, 각 전략 간의 시너지 효과를 통해 타사에 비해 경쟁우위를 얻기 위한 전략을 도출해내기 위한 매트릭스이다.

> **더 알아두기**
>
> **성장벡터**
> 제품과 시장차원을 놓고 볼 때, 자사가 나아갈 성장의 방향을 제시한 것으로 궁극적으로는 시장과 제품이 계속 개발되는 확대화 전략의 방향을 말한다.
>
> | 시장 \ 제품 | 기존 제품 | 새로운 제품 |
> |---|---|---|
> | 기존 시장 | 시장침투 전략 | 제품개발 전략 |
> | 새로운 시장 | 시장개발 전략 | 다각화 전략 |

  ㉠ 시장침투 전략 : 기존 제품을 가지고 기존 시장에서의 시장점유율을 증대시킴으로써 성장을 도모하는 전략을 말한다.
  ㉡ 시장개발 전략 : 현 제품을 필요로 하는 새로운 고객을 개척해 나가는 전략을 말한다.
  ㉢ 제품개발 전략 : 기존 제품을 대체하기 위해 새로운 제품을 만드는 것을 말한다.
  ㉣ 다각화 전략 : 신제품의 개발과 새로운 시장을 개척하는 방법을 말한다.

> **더 알아두기**
>
> - 시장침투 전략과 시장개발 전략은 기존 제품의 폭과 깊이를 변경하는 데 관심을 두고 있으므로 제품 계열과 관련된 전략이다. 이 전략으로 성장하고자 하는 기업은 기존 제품의 기능개선 및 기능추가, 새로운 용도의 개발, 신 시장으로의 침투 등으로 기존 제품에 약간의 변화를 주는 방향으로 신제품 개발 계획을 편성하게 된다.
> - 제품개발 전략과 다각화 전략을 선택하게 되면, 전폭적인 제품믹스의 변화를 시도하므로 신제품개 발정책이 이루어져야 한다. 그러므로 이런 경우에는 신제품 연구·개발에 많은 투자를 해야 하며, 조직구조상에도 변화를 가져오게 된다.

② **신제품 개발 전략 유형**

일반적으로 기업에서는 시장에 신제품을 출시할 때, 세분화된 시장에서 마케팅 전략을 실행함으로써 제품에 대한 차별화를 명확히 하고, 그에 따른 판촉 및 유통과 같은 마케팅 믹스를 얼마나 유용하게 사용하느냐가 제품의 성패를 좌우하게 된다. 동시에 이러한 신제품으로 실질적인 시장점유율을 높이기 위해서는 많은 노력과 시간이 필요하다.

반응전략	선제전략
방어적 전략	연구개발(R&D) 전략
모방 전략	마케팅 전략
보다 나은 두 번째 전략	창업가적 전략
대응 전략	매수, 제휴

㉠ 반응전략 : 경쟁사들이 새로운 제품을 도입할 때까지 기다렸다가 시장에서 성공했을 경우에 모방하는 전략을 말한다.
- 방어적 전략(Defensive Strategy) : 경쟁사의 신제품 출시로 인해 매출의 하락가능성이 있는 자사의 기존 제품을 보호하려는 전략을 말한다.
- 모방 전략(Imitative Strategy) : 경쟁사가 신제품을 출시한 후에 시장에서 성공하기 전에 해당 신제품을 그대로 복사하는 전략을 말한다. 'Me Too' 전략이라고도 하며, 주로 패션과 옷감, 가구 또는 가전제품의 디자인 부문에 사용되며, 제품계열의 확장에 유용하게 쓰이는 전략이다.
- 보다 나은 두 번째 전략(Second But Better) : 경쟁 신제품보다 더 우수한 제품을 개발하는 것을 말한다. 다시 말해, 기업이 단순하게 경쟁사의 제품을 그대로 복사하는 것뿐만 아니라, 해당 제품의 포지셔닝까지 개선할 수 있는 방법도 파악하는 것이다.
- 대응 전략(Response) : 소비자들의 요구에 대해 의도적으로 반응하는 전략을 말한다. 예를 들어, 어떠한 과학기구를 사용하는 사람은 자기 스스로 기구들을 개선 내지 수정을 한다. 이때 생산업체에서는 사람들로부터 이러한 정보를 얻어서 또 다시 새로운 기회를 만드는 것이다.
㉡ 선제 전략 : 경쟁사가 대항하기 힘든 제품을 개발하여 경쟁사보다 훨씬 빨리 시장에 도입해서 소비자들에 대한 지지를 확실하게 획득하려는 것을 말한다.
- 연구개발 전략(R&D 전략) : 소비자들의 잠재적인 니즈, 다시 말해 표현되지 않은 소비자들의 니즈 또는 미래의 니즈를 예측하여 신제품을 개발하고, 이를 통해 잠재소비자들에게 니즈를 불러일으키는 것을 말한다.

- 마케팅 전략 : 기업은 무엇보다도 소비자의 니즈를 파악하고 이러한 니즈를 만족시키는 편익을 제공하는 제품을 개발할 수 있는 것이다. 이러한 전략을 위해서는 기업이 소비자들로부터 들어오는 정보를 이해해야 하며, 동시에 시장조사 및 사용자와의 대화과정, 소비자와 대화가 가능하도록 하는 순환배치 등이 중요하다.
- 창업가적 전략(Entrepreneurial) : 모든 종업원이 아이디어를 가지고 신제품 개발에 참여하게 되는 것을 말한다. 또한, 모험에 대한 열정과 자원을 모으는 능력으로 아이디어를 가능하게 한다. 예를 들어, 실리콘 밸리나 보스턴의 128번 도로 주변에 위치한 많은 하이테크 기업은 이러한 방식으로 시작했다.
- 매수(Acquisition) : 성장과 재무적 성공을 위한 효과적인 전략이라 할 수 있다. 이 경우에 매수되는 기업은 새로운 제품 및 시장을 가지고 있는 회사들이 대부분이다. 매수는 합법적으로 2개의 기업을 결합하는 공식적인 제휴를 의미한다.
- 제휴(Alliance) : 제휴 제조업자나 서비스 제공자에만 제한될 필요가 없는 것을 말한다. 제휴에는 생산자나 중간상 또는 소비자까지도 포함될 수 있다. 소비자들과의 협력은 기업들로 하여금 시장에서의 고객들의 니즈와 가까운 거리를 유지할 수 있도록 한다. 제휴는 기술, 생산, 마케팅, 재무 또는 지역적 경험과 같은 노하우를 불러 모으는 역할을 하게 된다. 그렇게 제휴에 참여한 기업이 시장에서 경쟁력을 가지고 목표를 달성할 수 있도록 한다. 이러한 제휴는 시장에 새로 진입하는 기업에 낮은 비용으로 기술을 획득할 기회를 제공하고, 참여자는 시장개발의 위험을 모두 감수해야 하는 위험부담 없이 성장할 수 있는 기회를 가진다.

더 알아두기

신제품의 유형
- **혁신제품** : 소비자와 기업에게 모두 새로운 신제품
- **모방제품** : 소비자에게는 이미 알려진 제품으로 기업에서 기존의 제품을 모방하여 처음 생산하는 제품
- **확장제품** : 제품수정, 제품추가, 제품 재포지셔닝을 통하여 제품을 확장한 제품

제2절 신제품 개발 과정

첫 번째 단계는 기업에서의 마케팅 목표와 부합되는 신제품에 관한 아이디어를 창출하고 모으는 것이다. 두 번째 단계는, 첫 번째 단계를 통해 많은 신제품 아이디어가 창출되면 몇 차례의 선별과정을 거쳐서 가능성 있는 아이디어를 선별해내는 것이다. 세 번째 단계는 이렇게 선택된 신제품 아이디어를 제품개념으로 보다 정교화시키고 이것을 기업이 목표한 표적고객들이 받아들일지 여부를 시험하는 단계가 된다. 제품개념을 개발하고 테스트한 결과 가장 최선의 개념이라고 판단되면 제품을 시장에 도입하기 위한 최초의 마케팅 전략을 개발하여야 한다. 제품개념과 마케팅 전략을 결정한 이후에는 제품개념의 사업성 분석을 실시한다. 사업성 분석에서 제품개념이 유망한 것으로 판단되면 연구개발부나 기술부로 넘겨져서 실제 제품을 개발하는 단계로 이행

한다. 신제품의 기능 테스트와 소비자 테스트가 성공적으로 끝난 이후에는 소규모의 실제시장에 신제품을 도입하여 소비자의 반응과 실제매출가능성을 조사할 필요가 있는데 이것을 시험마케팅이라고 한다. 시험마케팅 결과는 신제품을 본격적으로 시장에 출시할 것인가의 여부를 결정할 수 있는 중요한 단서를 제공해 준다. 이를 토대로 전국시장에 신제품을 본격적으로 도입하는 상용화 단계에 들어서게 되는 것이다.

> **더 알아두기**
>
> **신제품 개발 과정** `기출`
> 아이디어 창출 – 아이디어 선별(평가) – 제품개념 개발 및 테스트 – 마케팅 전략 개발 – 사업성 분석 – 제품 개발 – 시험마케팅 – 상업화

(1) 아이디어 창출

① 제품개발의 첫 단계이며, 제일 좋은 아이디어는 소비자들의 욕구를 충족시켜 줄 수 있다.

② **신제품 아이디어의 원천**

　㉠ 기업내부 : 기업의 공식적인 연구 부서를 통해 새로운 아이디어를 얻으며, 경영층·과학자·기술자 등 각 부서의 직원들에게서 얻을 수 있다.

　㉡ 고객 : 고객의 행동 등을 잘 분석하여 그들의 욕구를 듣는 것에서부터 시작할 수 있고, 소비자 조사를 실시하여 고객의 욕구나 필요를 경쟁사보다 먼저 찾아내는 것도 가능하다.

　㉢ 경쟁자 : 보통 경쟁자의 각종 판촉물 등으로 정보를 얻을 수 있고, 경쟁사의 제품을 구매한 후 분석함으로써 그 원리를 알아낼 수 있다.

　㉣ 유통업자·공급업자 : 고객들의 불만, 신제품 가능성에 대한 아이디어를 기업에 제공하는 역할을 한다.

(2) 아이디어 선별(평가)

전반적인 자사의 목적에 맞지 않거나 또는 자사의 가용자원으로써 더 이상은 개발할 수 없는 아이디어들이 사라지는 단계이다.

〈신제품 아이디어 평가점검표〉

평가기준	평가점수	중요도(가중치)
목표고객에의 혜익 경쟁제품과의 차별성 생산의 경제성 마케팅상의 경제성 회사 이미지와의 일관성 회사 임직원의 능력 기술상의 능력 과다한 자금지출의 필요여부 환경에의 영향		
종합평가점수		

(3) 제품개념 개발 및 테스트

① **제품개념 개발** : 제품의 아이디어를 고객이 사용하는 의미 있는 단어로 구체화시킨 것을 말한다.
② **제품개념 테스트** : 실제적인 소비자 조사를 통해서 제품개념의 적합성 여부를 확인하는 것이다.

> **예**
>
> 제품의 특징, 기능, 유형을 글로써 설명하거나 그림을 통해 보여주기도 한다. 요즘에는 이에 대한 신뢰도를
> 높이기 위해서 가상현실 기법을 사용하여 신제품의 모습을 실제적인 형태로 보여주기도 한다. 이러한 내용
> 등을 소비자들에게 주고 그들의 응답을 기반으로 예상매출을 측정하기도 한다.

(4) 마케팅 전략 개발단계

신제품을 시장에 출시하기 위한 초기의 마케팅 전략이 개발되는 단계이다.

(5) 사업성 분석단계

신제품의 매출이나 비용 또는 이익에 대해 예상되는 측정치를 계산하고, 실제 이익이 되는지를 가늠하
는 단계이다. 이때 사업성 분석을 통한 신제품이 자사의 이익목표를 충족할 것으로 판단되면 다음 단계
로 넘어가게 된다.

(6) 제품개발

엔지니어나 연구 개발자가 제품콘셉트를 물리적인 형태를 지닌 제품으로 개발한다. 이때 많은 투자를
필요로 하고, 신제품 아이디어가 실제 작동하는 제품으로 개발될 수 있는지를 보여주는 단계가 되는
것이다.

(7) 시험마케팅 [기출]

제품이 개발되어 기능 테스트와 소비자 테스트를 통과하게 되면, 제품은 시장에서 테스트를 받는 단계
로 옮겨진다. 마케터는 이 단계를 거쳐 시장에 출시하기 전에 신제품과 마케팅에 보다 많은 경험을 가지
게 된다.

> **더 알아두기**
>
> **시험마케팅 실시를 위해 일반적으로 사용되는 기법**
> • **모의판매기법** : 잠재고객들을 대상으로 해서 실사질문, 현실적으로 꾸민 가게의 진열대에서 고객들
>   이 직접 선택하게 하는 방법인데, 이때 고객들은 지출이나 위험부담이 발생하지 않는다.
> • **실제판매방법** : 구매자가 실제로 구매하도록 하는 시험방법인데, 비공식적으로 통제된 상태의 형태
>   에서 진행된다.
> • **제한적 마케팅** : 제품을 판매하기로 의사결정을 한 후에 사용되며, 신제품의 전국 출시에 앞서 학습
>   을 가능하게 하는 부분이 된다.

(8) 상업화

경영자에게 신제품 출시에 대해 최종적인 의사결정을 내리게 하는 단계이다. 상업화는 신제품을 시장에 내놓는 것을 의미하므로, 이때 소비자들은 일반시장에서 신제품을 구매할 수 있게 된다.

제3절 신제품의 개발 관리

(1) 신제품 성공요소 및 실패요소

신제품을 성공으로 이끌기 위해서 여러 가지 고려해야 할 요소들이 있는 반면에, 잠재력을 지닌 신제품들이 실패하여 시장에서 결국 제 위치를 확보하지 못하는 경우가 많이 있다. 일반적으로 신제품 실패에 대한 원인은 신제품 자체의 결함보다는 신제품에 대한 전략의 수행, 통제상의 문제와 관련이 많다.

① **신제품 성공요소**

　㉠ 구매자와 연관된 요소들 : 신제품이 성공하기 위해서 가장 먼저 전제되어야 하는 것은 출시될 신제품이 고객의 니즈와 부합해야 한다. 고객들의 니즈에 부합하는 아이디어는 고객들에 대한 각종 자료를 통해서 얻을 수 있다.

　㉡ 기술과 연관된 요소들 : 기술에 관련된 요소들도 고객들의 니즈를 제공하면 된다.

　㉢ 시장환경과 연관된 요소들 : 신제품이 성공하기 위해서는 시장에서의 성장가능성을 가늠해야 한다. 단지, 성장가능성만 있다고 해서 되지 않고, 기업의 내·외부적인 상황을 고려해야 한다.

　㉣ 기업 내부 요소들 : 기업은 자사의 분석을 통해, 타사에는 없으면서 자사의 이전 제품과는 호환성이 큰 제품을 출시해야 한다.

② **신제품 실패요소**

　㉠ 구매자와 연관된 요소들 : 신제품의 경우, 해당 제품만이 가지는 차별화된 속성을 구매자에게 제때에 주지 못하는 경우이다.

　㉡ 마케팅 전략과 연관된 요소들 : 유형상으로는 좋은 제품을 출시했지만, 과정상의 오류로 인해 실패하는 경우가 있다.

　㉢ 각종 자원의 불충분 : 유통경로상의 자원(중간상, 홍보, 프로모션 등)이 불충분한 것도 실패의 원인이 될 수 있다.

　㉣ 자사의 조직과 연관된 요소들 : 제품개발을 위해서는 기존과는 다른, 부서 간의 연계가 중요하다. 즉, 자원이나 조직이 모두 전사적으로 움직여야 한다는 것이다.

제4절 신제품 수용과 확산

(1) 신제품 수용과정 [기출]

신제품의 수용과정은 예상되는 소비자가 신제품에 대해 노출이 되고부터 이를 최종 구매하는 단계에 다다를 때까지의 단계별 의사결정과정이다.

① **인지** : 신제품에 대한 정보를 가장 먼저 접하는 부분으로, 제품에 대한 정확한 지식이 부족한 상태이다.

② **흥미** : 신제품에 대한 광고와 구전 등에 의해 지속적으로 노출됨으로써 제품에 대해 흥미를 보이는 단계이다. 그러므로 신제품이 어떤 혜택을 주는지에 대해 정보를 알아보게 된다.

③ **평가** : 기존에 수집된 제품정보를 기반으로 신제품 구매에 대한 판단을 하고, 구매여부를 결정하는 단계이다.

④ **사용** : 신제품에 대해 실제사용을 통해 제품의 가치를 경험적으로 확인하는 것이다.

⑤ **수용** : 신제품에 대한 평가가 긍정적이라면 해당 제품을 수용하지만, 만약 부정적인 평가가 내려지면 해당 제품에 어떠한 변화가 없는 한 수용하지 않는다.

(2) 신제품 확산과정

신제품의 확산과정은 목표시장에서 신제품의 수용이 퍼져나가는 과정이다. 즉, 신제품이 선택되어 사람들에게 수용되는 현상을 말한다. 신제품의 소비자들은 수용시점·수용하려는 경향에 따라 보통 혁신자, 초기 수용자, 초기 다수자, 후기 다수자, 최종 수용자 등으로 분류된다.

> **더 알아두기**
>
> **신제품의 확산율이 빨라지게 되는 요소** [기출]
> • 상대적 우위성 : 기존 제품보다 고객에게 주는 혜택이 우월한 정도
> • 양립가능성 : 개인의 가치나 경험이 일치하는 정도
> • 단순성 : 제품의 이해나 사용상의 용이성
> • 전달용이성 : 신제품이 가지는 혁신의 결과를 볼 수 있거나 말로 표현할 수 있는 정도
> • 사용가능성 : 신제품을 구매하기 전에 미리 사용해 볼 수 있는 정도
>
> **신제품의 수용시점에 따른 소비자 범주**
>
>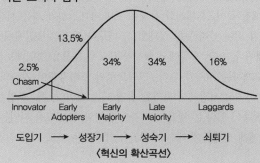
>
> 〈혁신의 확산곡선〉

제5절 제품수명주기 전략 기출

(1) 제품수명주기

제품도 사람과 마찬가지로 처음 태어날 때부터 죽을 때까지 일련의 단계를 거치게 되는데, 이러한 과정을 제품수명주기(Product Life Cycle)라 한다. 보통, 제품이 시장에 처음 출시되는 **도입기** → 본격적으로 매출이 증가하는 **성장기** → 매출액 증가율이 감소하기 시작하는 **성숙기** → 매출액이 급격히 감소하여 더 이상의 제품으로 기능을 하지 못하는 **쇠퇴기**로 이루어지며, 각 단계마다 다른 전략들을 적용해야 한다. 일반적으로 마케팅 관리자는 제품수명주기가 마케팅 전략의 개발에 있어 차지하는 전략적 의미와 중요성을 반드시 인식하고 있어야 한다. 즉, 제품수명주기는 제품의 단계에 따른 발전과정을 가늠하여, 마케팅 계획을 수립하는 데 있어 중요한 기준점이 되고 있다.

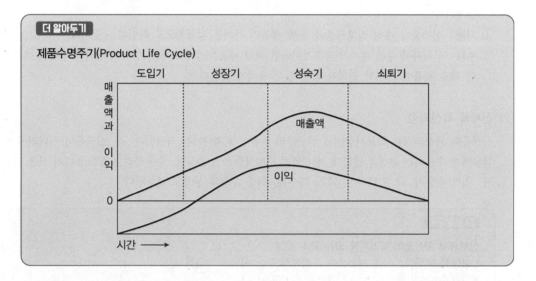

(2) 제품수명주기의 단계별 마케팅 관리

① **도입기(Introduction Stage)** 중요 기출

㉠ 제품 도입단계(Introduction)

다수의 소비자를 대상으로 했을 때, 어떤 제품이 있다는 사실을 알고 있는 사람이 극소수에 불과한 시기이다. 예를 들어, 휴대전화 시장을 보면 휴대전화가 처음 시장에 출시되었을 때에는 많은 사람에게 인지가 되어 있지 못한 상태였다. 더구나 이전의 통신매체인 호출기(삐삐)가 시장을 점유하고 있을 때이다. 이런 상황에서 혁신자(새로운 제품을 경험해보는 사람)들은 사용 후에 각종 매체를 통해 소개하는 시기가 된다. 그럼으로써 소비자층이 기존의 호출기 대신에 휴대전화에 대한 인식이 높아지고 시장에서 자리를 잡게 되는 것이다. 즉, 도입기 단계에서의 핵심 포인트는 시장에 '이런 제품이 있다'는 것을 소비자들에게 알리고 '교육'시키는 것에 있다. 기업의 경우 이러한 혁신자들에게 신제품에 대한 시험판을 제공하는 것도 시장 진입에 있어 좋은 방법이 될 수 있다.

ⓛ 도입기에서의 마케팅 전략

시장 도입기에서의 제품은 보통 가동률이 낮기 때문에 제품의 원가가 높고 기술적인 문제가 완전히 해소되지 못한 상태이므로, 제품개발에 들인 막대한 비용을 충당하기 위해서 일반적으로 제품의 가격이 높은 편이다. 무엇보다도 도입기에서는 제품에 대한 소비자들의 **인지도와 사용**을 높이기 위한 광고와 판촉이 주가 된다. 즉, 제품수명주기의 첫 단계로 기업은 신제품에 대한 수요를 일으키려고 노력을 한다는 것이다. 동시에 선택적인 수요보다는 기본적인 수요를 자극하는 것이 필요하다. 또한, 도입기의 가격전략이 중요한데, 이때는 제품에 대한 **경쟁자가 거의 없고** 가격탄력성도 낮아서 기업의 입장에서는 제품 개발에 들였던 많은 투자비용을 초기에 회수하기 위해 보통 고소득층을 대상으로 한 초기 고가격전략을 많이 사용한다. 이 초기 고가격전략은 시장진입 초기에 높은 가격을 매겨서 소비자들에게 품질 선도 기업이라는 이미지를 심어주기 위해 사용한다. 우리나라의 경우, '풀무원', '파스퇴르' 기업이 있다. 반대로 시장진입초기부터 실질적인 시장점유율을 확보하기 위해 침투가격전략을 사용하기도 한다. 우리나라의 경우 캐주얼 의류시장의 '지오다노'가 있다. 기업의 입장에서는 제품에 대한 프로모션을 함으로써 기본적인 수요를 창출함과 동시에 소비자들에게 제품에 대한 시용을 유도하는 것도 도입기에서 중요한 부분이 된다.

더 알아두기

침투가격전략

지각하는 경제적 가치보다 훨씬 낮은 가격을 책정해서 많은 소비자를 유인하는 가격전략으로, 이는 소비자가 기대하는 경제적 가치보다 훨씬 저렴한 가격을 비교하는 고객들에게 유용한 전략이다. 즉, 기존기업 간의 경쟁이 심한 경우에 시장 진입을 용이하게 하기 위해 쓰는 저가격전략이다.

---

② **성장기(Growth Stage)**

㉠ 제품 성장단계

도입기를 지나 성장기에서의 전략은 본격적인 시장점유율에 초점을 맞추게 된다. 이시기에는 자사의 제품구매를 유도하기 위해 선택적 수요를 자극하는 것이 필요하다. 도입기의 제품이 초기 수용자들에게 호평을 받게 되면, 소비자들이 이들을 따라서 제품을 수용하게 되어 판매가 급격히 증가하기 때문이다. 무엇보다도 새로운 시장이나 유통경로를 설정하고, 광고 전략에 초점을 두고 제품의 인지도를 높이는 단계에서 나아가 상표충성도를 높이는 방향으로 움직여야 한다.

㉡ 성장기에서의 마케팅 전략 **기출**

성장기에는 **매출액이 급격히 증가하는 시기**이므로 새로운 고객들의 수요가 기존의 초기 고객들의 재구매 수요에 덧붙여진다. 또한, 구매자들 사이에서 구전효과와 지속적인 광고를 함으로써 잠재고객들로 하여금 시험구매를 하게 된다. 그래서 기업은 신제품에 대한 이익을 창출하게 되는 것이다. 이때 가격전략은 가격을 내려 가격에 민감한 소비자들을 유인하는 전략을 쓰거나 기존 가격을 유지하기도 한다. 유통전략에 있어서는 자사의 제품을 많이 취급할 수 있도록 하는 점포의 수를 늘리는 **집약적 유통전략**을 사용한다.

③ **성숙기(Maturity Stage)** 기출

이 단계에서는 성숙기 제품을 대체할 신제품의 불확실성 내지 제품의 잠재이익이 크므로, 이러한 제품들을 어떤 방식으로 관리해 나가느냐가 중요한 문제로 떠오른다.

ⓐ 성숙기에서의 마케팅 전략

성숙기에 접어들면, 기업은 경쟁자에 대한 시장점유율을 방어하면서 이익을 극대화하려고 노력한다. 이 단계에서는 제품이 시장에 출시된 지 오래되고, 이미 구매자들에게 브랜드 인지도가 뚜렷이 인식되고 그들의 취향에 맞추어 제품개선을 지속적으로 해 오기 때문에 시장을 확장하고, 제품수정을 한다. 농심의 '새우깡', 오리온의 '초코파이', 롯데제과의 '목캔디' 등이 대표적인 예이다. 제품수명주기상에 포화상태인 성숙기를 유지하기 위해 사용하는 전략으로는 새로운 시장을 개척하거나 제품을 개선한다든지, 마케팅 믹스를 수정하는 방안에 대해 초점을 맞추게 된다.

ⓑ 성숙기 단계에서의 구체적인 마케팅 전략

- 새로운 시장을 개척 : 기존 제품에 소비를 증대시키기 위한 방안으로, 기존 제품의 새로운 기능을 만들어 내고, 그 안에서 새로운 세분시장을 개척하는 것을 말한다.
- 제품의 개선 : 제품의 특성이나 품질, 스타일 등의 제품속성을 꾸준히 수정함으로써, 새로운 구매자를 유인하고, 기존 구매자의 제품사용률을 높이려는 전략이다.
  - 품질개선의 경우, 내구성과 취향 등 제품의 성능을 개선하는 것이다.

> **예**
> 자동차 신 모델을 소개할 때 기존보다 더 강력해진 엔진을 채택하는 것은 품질이나 성능개선에 해당한다.

  - 특성개선의 경우, 다용도나 안전 및 편의성을 추가하는 것이다.

> **예**
> 자동차에 새로운 액세서리나 안전장치를 부착하는 경우이다.

  - 스타일 개선은 제품의 심미적인 소비자의 구매력을 높이려는 방안이다.

> **예**
> 자동차의 기존 엔진 등은 그대로 두고, 차체의 스타일만을 바꾸는 경우이다.

- 마케팅 믹스의 수정 : 제품 판매 시에 새로운 서비스를 제공, 기존 서비스를 수정하는 것이다. 가격에 있어서도 잠재고객과 경쟁사 고객을 끌어오기 위한 가격인하를 실행하기도 한다.

더 알아두기

- **성숙기에서 비사용자를 사용자로 전환하는 전략** : 기존 제품을 사용하지 않은 사람을 이용자로 전환하는 전략이다.
  - 예 국내의 모 항공사의 경우, '비행기를 이용할 시에 고객 분들은 호텔비를 내지 않고 하루 만에 다녀올 수 있습니다.'라는 문구를 통해 기차나 개인차량을 이용하는 잠재고객들을 대상으로 비행기를 이용함으로써 매출증대효과를 거둔 경우가 있다.

- **성숙기에서 신 시장을 개척하는 전략** : 제품의 새로운 용도를 찾아 이를 시장화하는 전략을 말한다.
  [예] 아스피린의 경우, 해열제로 개발되어 널리 알려졌지만, 요즘에는 심장병을 예방하는 기능이 새롭게 발견되어 시장에서의 매출이 상승하고 있다.
- **성숙기에서 경쟁자 시장을 공략하는 전략** : 경쟁자로부터 고객을 빼앗아 오는 것을 말한다.
  [예] 펩시콜라의 경우, 기존 시장점유율 1위인 코카콜라사의 시장점유율을 빼앗기 위해 '챌린지(Challenge)' 캠페인을 벌인 적이 있다. 이는 소비자로 하여금 눈을 가리게 하고 코카콜라와 펩시콜라를 시음하게 한 후, 어떤 콜라가 더 맛있는지를 물어보는데 많은 사람이 펩시콜라가 맛있다고 답하는 광고로 시장점유율을 높이는 데 큰 역할을 하였다.

④ **쇠퇴기(Decline Stage)**

㉠ 새로운 기술의 개발로 인한 대체품의 출현과 소비자의 니즈를 만족시켜 주거나 신제품이 기존제품보다 성능이 좋다든가 또는 가격이 저렴한 신제품이 등장하거나 소비자의 기호가 시간의 흐름에 따라 변화하여 판매량이 점차 감소하면서, 기업의 매출과 이익이 감소하므로 쇠퇴기에 진입하게 된다.

㉡ 쇠퇴기 전략

쇠퇴기에서의 전략은 비용의 절감과 투자비의 회수가 된다. 이 단계의 전략은 매출액이 부진한 품목 등을 제거하여 최소한의 이익을 유지하는 수준에서 저가격전략을 취한다. 유통흐름에서는 취약한 중간상들을 제거함으로써 일정 수의 점포만을 유지하는 등 선택적 유통전략으로 전환한다. 판촉 면에서도 소비자들에게 자사의 상표를 인지시키는 수준에서만 최소한의 광고를 하여 판촉비를 줄이게 된다.

체크 포인트

각 주기의 단계별 특징 [기출] ◀ ★ 반드시 기억!!

- **도입기의 특징**
  - 제품이 시장에 처음 소개된 시기, 즉 제품이 처음으로 출시되는 단계로서 제품에 대한 인지도나 수용도가 낮고, 판매성장률 또한 매우 낮다.
  - 이익이 전혀 없거나, 혹은 있다 해도 이익수준이 극히 낮다.
  - 시장 진입 초기이므로, 과다한 유통촉진비용이 투입된다.
  - 경쟁자가 없거나 혹은 소수에 불과하다.
  - 제품수정이 이루어지지 않은 기본형 제품이 생산된다.
  - 기업은 구매가능성이 가장 높은 고객(보통 고소득층 집단)에게 판매의 초점을 맞추고, 일반적으로 가격은 높게 책정되는 경향이 있다.

- **성장기의 특징**
  - 제품이 시장에 수용되어 정착되는 단계이다(= 급속한 시장 확대가 이루어진다).
  - 실질적인 이익이 창출되는 단계이다.
  - 도입기에서 성장기에 들어서면 제품의 판매량은 빠르게 증가한다.
  - 이윤도 증가하지만 또한 유사품, 대체품을 생산하는 경쟁자도 늘어난다.
  - 가격은 기존수준을 유지하거나 또는 수요가 급격히 증가함에 따라 약간 떨어지기도 한다.

- **성숙기의 특징**
  - 경쟁제품이 출현해서 시장에 정착되는 성숙기에는 대부분의 잠재소비자가 신제품을 사용하게 됨으로써 판매성장률은 둔화되기 시작한다.
  - 경쟁심화를 유발시킨다.
  - 많은 경쟁자를 이기기 위해서 제품에 대한 마진을 줄이고, 가격을 평균생산비 수준까지 인하하게 된다.
  - 기존과는 달리, 제품개선 및 주변제품개발을 위한 R&D 예산을 늘리게 된다.
  - 강진 약퇴의 현상이 발생하게 된다.

- **쇠퇴기의 특징**
  - 제품이 개량품에 의해 대체되거나 제품라인으로부터 삭제되는 시기이다(= 기존 제품시장에서 탈퇴한다).
  - 거의 모든 제품의 판매가 감소하면서, 이익의 잠식을 초래하게 된다(= 매출액이 급락한다).

더 알아두기

제품수명주기의 단계별 마케팅 전략

효과/반응	도입기	성장기	성숙기	쇠퇴기
경쟁업자	중요하지 않음	소수의 경쟁자가 발생	하찮은 제품에도 경쟁자 발생	거의 없음
전반적 전략	시장확보 : 제품을 사용하도록 초기 수용자를 설득	시장침투 : 자사제품을 선호하도록 대중시장을 설득	상표위치방어 : 경쟁자의 유입 방지	취약제품 폐기준비 : 가능한 모든 이익을 고려한 철수
이익	높은 생산성과 마케팅 비용으로 인하여 적자	고가격과 수요 증가로 인한 절정수준에 도달	성장률 둔화	마이너스 성장
소매가격	고가격(제품도입기에 과도한 비용회복이 원인)	고가격(소비자의 집중적 수요를 이용하기 때문)	경쟁대응가격설정 : 가격경쟁 회피가 요구됨	재고품 정리를 신속히 할 만큼 충분히 낮게 설정
유통	선택적 유통(유통 경로가 서서히 구축되기 때문)	집중적 유통구축 : 거래점들이 제품 저장을 원하므로 소규모 도매 할인을 도입	집중적 유통구축 : 빈번한 거래는 선반의 공간을 확보	선택적 유통(수익이 낮은 경로는 점차적으로 폐쇄)
광고전략	초기 수용층 목표	대중시장에서의 상표 이점을 인식	유사한 상표 간의 차이점을 강조하여 매체를 이용	재고품 감소를 위한 저가격 강조
광고강조	높다(초기 수용자의 인식과 관심 및 자사 제품비축을 위한 중간상 설득)	보통(구전추천을 이용한 매출 증대)	보통(대부분의 구매자들은 상표 특성을 인지)	제품폐기를 위한 최소의 비용
판매촉진	과다지출(목표 집단에게 견본품이나 쿠폰 및 기타 유인품 제공)	보통(상표 선호도 창출을 위한 적절한 전략)	과다지출(제품전환을 유도하기 위한 판매촉진)	최저수준(제품이 스스로 쇠퇴하도록 유도)

※ 다음 지문의 내용이 맞으면 ○, 틀리면 ✕를 체크하시오. [1~6]

01 시장침투 전략은 현 제품을 필요로 하는 새로운 고객을 개척해 나가는 전략이나. (   )

02 제품개발 전략은 신제품의 개발과 새로운 시장을 개척하는 방법이다. (   )

03 모의판매기법은 구매자가 실제로 구매하도록 하는 시험방법인데, 이 시험은 비공식적, 통제된 상태의 형태에서 진행된다. (   )

04 시장 도입기에서의 제품은 통상적으로 가동률이 낮으므로, 제품의 원가가 높고 기술적인 문제가 완전히 해소되지 못한 상태이다. (   )

05 성숙기에서는 매출액이 급격히 증가하는 시기이므로 새로운 고객들의 수요가 기존의 초기 고객들의 재구매 수요에 덧붙여진다. (   )

06 침투가격전략이란 기존 기업들 간의 경쟁이 심한 경우에 시장 진입을 용이하게 하기 위해 쓰는 저가격전략이다. (   )

정답과 해설   01 ✕   02 ✕   03 ✕   04 ○   05 ✕   06 ○

01 시장침투 전략은 기존 제품을 가지고 기존 시장에서의 시장점유율을 증대시킴으로써, 성장을 도모하는 전략이다.

02 제품개발 전략은 기존 제품을 대체하기 위해 새로운 제품을 만드는 것을 말한다.

03 모의판매기법은 잠재고객들을 대상으로 해서 실사질문, 현실적으로 꾸민 가게의 진열대에서 고객들이 직접 선택하게 하는 방법이다.

04 도입기는 시장에 '이러이러한 제품이 있다'는 것을 소비자들에게 알리고 '교육'시키는 시기이다.

05 성숙기에서는 제품을 대체할 신제품의 불확실성 내지 제품의 잠재이익이 크므로, 이러한 제품들을 어떤 방식으로 관리해 나가느냐가 중요한 문제로 떠오르는 단계이다.

06 침투가격전략은 지각하는 경제적 가치보다 훨씬 낮게 가격을 책정해서 많은 소비자들을 유인하게 하는 가격전략으로, 이는 소비자가 기대하는 경제적 가치보다 훨씬 저렴한 가격을 비교하는 고객들에게 유용한 전략을 말한다.

01 제품수명주기(Product Life Cycle)는 '도입기 → 성장기 → 성숙기 → 쇠퇴기'의 순서로 진행된다.

01 다음 중 제품수명주기(Product Life Cycle)의 순서가 올바르게 나열된 것은?

① 도입기 → 성숙기 → 성장기 → 쇠퇴기
② 도입기 → 성장기 → 성숙기 → 쇠퇴기
③ 쇠퇴기 → 도입기 → 성장기 → 성숙기
④ 쇠퇴기 → 성장기 → 성숙기 → 도입기

02 경쟁심화를 유발시켜 시장이 포화상태가 되는 것은 성숙기 단계에 해당한다.

02 제품수명주기 단계 중 성장기에 대한 설명으로 틀린 것은?

① 보통 기업에서 자사의 제품구매를 유도하기 위해 선택적 수요를 자극하는 과정을 거치게 된다.
② 기업의 실질적인 이익이 창출되는 단계라 할 수 있다.
③ 경쟁심화를 유발시켜 시장이 포화상태가 된다.
④ 유사품 및 대체품을 생산하는 경쟁자가 늘어나는 시기이다.

03 소비자가 제품에 대한 이해와 사용이 쉬워야만 빠르게 확산된다.

03 다음 중 신제품 확산 내용에 대한 설명으로 틀린 것은?

① 기존 제품보다 고객에게 주는 혜택이 우월해야 빠르게 확산된다.
② 개인의 가치나 경험이 일치하는 정도가 커야 빠르게 확산된다.
③ 신제품이 가지는 혁신의 결과를 확인해 볼 수 있거나, 말로 표현할 수 있는 정도가 커야 빠르게 확산된다.
④ 제품의 이해나 사용이 어려워야 빠르게 확산된다.

정답 (01 ② 02 ③ 03 ④)

04 다음 중 신제품 성공요소에 대한 설명으로 옳지 <u>않은</u> 것은?

① 신제품이 성공하기 위해서 전제되어야 할 것은 앞으로 출시될 신제품이 고객의 욕구에 부합해야 한다는 것이다. 이런 고객들의 욕구에 부합하는 아이디어는 고객들에 대한 여러가지 자료를 통해서 취득할 수 있다.

② 기업에서는 자체 분석을 통해, 경쟁사는 가지고 있지 않으면서 자사의 이전 제품과는 호환성이 큰 제품을 출시해야 한다.

③ 신제품이 시장에서 성공하기 위해서는 기업의 내·외부적 상황은 고려할 필요 없이 성장가능성만 가지고 있으면 된다.

④ 기술에 관련된 요소들도 고객들의 원하는 욕구를 채워줄 수 있으면 된다.

05 다음 신제품 개발의 시험 마케팅 중에서 비용이 가장 저렴한 것은?

① 확대 시험 마케팅
② 사업성 분석 단계
③ 모의 시험 마케팅
④ 통제 시험 마케팅

06 새로 나온 화장품을 소비자에게 사용하도록 하는 것은 확산을 촉진하는 요인 중 어디에 가까운 것인가?

① 시용 가능성
② 양립 가능성
③ 상대적 이점
④ 단순성

04 신제품이 시장에서 성공하기 위해서는 단순히 성장가능성만 있으면 되는 것이 아니라, 그에 따른 자사의 내·외부적인 상황까지 고려해야 한다.

05 모의 시험 마케팅은 타 시험 마케팅에 비해 시간 및 비용이 저렴하다는 장점이 있지만, 그만큼 범위도 작아지므로 신뢰성이 떨어진다.

06 시용 가능성은 적은 양으로 소비자들에게 사용해 볼 수 있도록 하는 것을 말한다.

정답 04 ③ 05 ③ 06 ①

07 양립 가능성은 출시된 신제품이 잠재소비자의 기존의 신념과 관습에 부합하는 정도를 말한다.

07 술을 마시지 않는 사람들이 속해 있는 집단은 술에 대한 확산이 느리기 마련인데, 이것은 확산에 영향을 미치는 요인 중에서 어디에 해당하는가?

① 양립 가능성
② 상대적 이점
③ 시용 가능성
④ 단순성

08 시용 가능성은 잠재소비자가 수용하기 전에 적은 양으로 사용할 수 있는 정도를 말한다.

08 최근 대형 마트의 식품에 대한 시식코너들이 많은데, 이는 제품에 대한 확산을 촉진하는 요인 중 어떤 것과 관련이 있는가?

① 단순성
② 시용 가능성
③ 상대적 이점
④ 양립 가능성

09 제품수명주기에서 도입기에는 제품에 대한 소비자들의 인지도가 낮으므로, 인지도를 상승시키기 위해 제품을 널리 알려야 한다.

09 제품수명주기(PLC)에서 도입기에 적합한 판촉 전략은?

① 제품의 차별화를 시도한다.
② 제품에 대한 프로모션은 최소한으로 낮춘다.
③ 제품을 널리 알린다.
④ 제품을 시장에서 철수시킨다.

정답 07 ① 08 ② 09 ③

10 제품수명주기에서 성장기에 적합한 판촉 전략은?

① 자사 제품의 차별성을 강조한다.

② 제품을 시장에서 철수시킨다.

③ 제품에 대한 최대한의 할인 판매를 한다.

④ 최소한의 프로모션만을 수행한다.

11 제품수명주기에서 성숙기에 적합한 판촉 전략은?

① 자사 제품에 대한 홍보를 최대한으로 한다.

② 자사의 제품이 시장에 있다는 것을 소비자들에게 상기시킨다.

③ 자사 제품의 차별화를 강조한다.

④ 자사 제품의 프로모션을 최소로 한다.

12 제품수명주기에서 쇠퇴기에 적합한 판촉 전략은?

① 자사의 제품차별화를 시도한다.

② 제품 광고를 최대화한다.

③ 자사 제품이 시장에 있다는 것을 상기시킨다.

④ 제품에 대한 프로모션은 최소로 한다.

10 제품수명주기에서 성장기에는 경쟁사가 늘어나므로, 타사 제품에 비해 자사 제품의 차별성을 강조해야 한다.

11 제품수명주기에서 성숙기에는 소비자들에게 자사의 제품이 시장에 있다는 정도만 알리는 것을 목표로 한다.

12 제품수명주기에서 쇠퇴기에는 최소한의 프로모션만을 수행한다.

정답 10 ① 11 ② 12 ④

13 성숙기에서는 시장점유율의 확대가 어려우므로, 기존 점유율을 유지하면서 자사 제품에 대한 존재를 확인시키는 것이 목적이 된다.

13 보통 기업에서 상기형 광고를 통해 소비자들에게 자사 제품의 존재를 확인시키는 것은 제품수명주기 단계 중 어디에 속하는가?

① 도입기
② 쇠퇴기
③ 성숙기
④ 성장기

14 도입단계(Introduction)는 다수의 소비자들을 대상으로 어떤 제품이 있다는 사실을 알고 있는 사람이 극소수에 불과한 시기이다.

14 다음 내용은 제품수명주기(PLC)에서 어느 단계에 해당하는 설명인가?

> 이익이 전혀 없거나 혹은 적자이거나, 있다 해도 이익수준이 극히 낮으며, 시장 진입 초기에는 과다한 유통·촉진비용이 투하된다. 또한, 경쟁자가 없거나 혹은 소수에 불과하다.

① 성숙기 　　　　　② 도입기
③ 쇠퇴기 　　　　　④ 성장기

15 도입기를 지나 성장기에서의 전략은 본격적인 시장점유율에 초점을 맞추게 된다.

15 다음 내용은 제품수명주기(PLC)에서 어느 단계에 해당하는 설명인가?

> 제품이 시장에 수용되어 정착되는 단계로, 기업의 경우는 실질적인 이익이 창출되는 단계라 할 수 있다. 이 단계로 들어서면 제품의 판매량은 빠르게 증가한다.

① 성장기 　　　　　② 쇠퇴기
③ 성숙기 　　　　　④ 도입기

정답　13 ③　14 ②　15 ①

16 다음 내용은 제품수명주기(PLC)에서 어느 단계에 해당하는 설명인가?

> 경쟁제품이 출현해서 시장에 정착되는 이 시기에는 대부분의 잠재소비자가 신제품을 사용하게 됨으로써 판매성장률은 둔화되기 시작한다. 또한, 이 단계에는 극심한 경쟁심화를 유발시킨다.

① 도입기
② 성장기
③ 성숙기
④ 쇠퇴기

16 성숙기에 접어들면, 기업은 경쟁자에 대한 시장점유율을 방어하면서 이익을 극대화하려고 노력하게 된다.

17 다음 내용은 제품수명주기(PLC)에서 어느 단계에 해당하는 설명인가?

> 제품이 개량품에 의해 대체되거나 제품라인으로부터 삭제되는 시기이다.

① 성숙기
② 도입기
③ 쇠퇴기
④ 성장기

17 이 단계에서는 새로운 기술의 개발로 인한 대체품의 출현과 소비자의 니즈를 만족시켜주거나 신제품이 기존 제품보다 성능이 좋다든가 또는 가격이 저렴한 신제품이 등장하거나 소비자의 기호가 시간의 흐름에 따라 변화하여 판매량이 점차 감소하면서, 기업의 매출과 이익이 감소하므로 쇠퇴기에 진입하게 된다.

18 다음 중 신제품 개발 전략 유형의 반응전략에 속하지 않는 것은?

① 마케팅 전략
② 보다 나은 두 번째 전략
③ 대응 전략
④ 방어적 전략

18 반응전략의 종류
• 방어적 전략
• 모방 전략
• 보다 나은 두 번째 전략
• 대응 전략

정답 16 ③ 17 ③ 18 ①

19 **선제전략 종류**
• 연구개발 전략
• 마케팅 전략
• 창업가적 전략
• 매수, 제휴

19 다음 중 신제품 개발 전략 유형의 선제전략에 속하지 <u>않는</u> 것은?

① 창업가적 전략

② 보다 나은 두 번째 전략

③ 연구개발 전략

④ 마케팅 전략

20 모방 전략은 경쟁사가 신제품을 출시한 후에 시장에서 성공하기 전에 해당 신제품을 그대로 복사하는 전략을 말한다.

20 다음 내용이 설명하는 것으로 옳은 것은?

> 주로 패션과 옷감, 가구 또는 가전제품의 디자인 부문에 사용되며, 제품계열의 확장에 유용하게 쓰이는 전략이다.

① 대응 전략

② 방어적 전략

③ 보다 나은 두 번째 전략

④ 모방 전략

정답 19 ② 20 ④

➡ 앤소프의 제품·시장 매트릭스

시장 \ 제품	기존 제품	새로운 제품
기존 시장	시장침투 전략	제품개발 전략
새로운 시장	시장개발 전략	다각화 전략

➡ 신제품 개발과정

아이디어 창출 → 아이디어 선별(평가) → 제품개념 개발 및 테스트 → 마케팅 전략 개발 → 사업성 분석 → 제품 개발 → 시험마케팅 → 상업화

➡ 신제품의 확산율이 빨라지게 되는 요소

- 상대적 우위성 : 기존 제품보다 고객에게 주는 혜택이 우월한 정도를 나타낸다.
- 양립가능성 : 개인의 가치나 경험이 일치하는 정도를 나타낸다.
- 단순성 : 제품의 이해나 사용상의 용이성을 나타낸다.
- 전달용이성 : 신제품이 가지는 혁신의 결과를 볼 수 있거나 말로 표현할 수 있는 정도를 나타낸다.
- 사용가능성 : 신제품을 구매하기 전에 미리 사용해 볼 수 있는 정도를 나타낸다.

➡ 제품수명주기의 특징

- 도입기
  - 제품이 시장에 처음 소개된 시기, 즉 제품이 처음으로 출시되는 단계
  - 시장 진입 초기이므로, 과다한 유통촉진비용이 투입(이익수준이 극히 낮다)
- 성장기
  - 제품이 시장에 수용되어 정착되는 단계로 실질적인 이익이 창출
  - 이윤도 증가하지만 유사품, 대체품을 생산하는 경쟁자도 늘어남
- 성숙기
  - 대부분의 잠재소비자가 신제품을 사용하게 됨으로써 판매성장률은 둔화되기 시작
  - 경쟁심화를 유발
- 쇠퇴기 : 제품이 개량품에 의해 대체되거나 제품라인으로부터 삭제되는 시기

SD에듀와 함께, 합격을 향해 떠나는 여행

제 8 장

가격 결정

이성으로 비관해도 의지로써 낙관하라!

– 안토니오 그람시 –

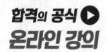
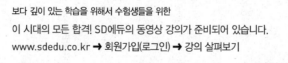

제 8 장 | 가격 결정

제1절 **가격의 의미와 역할**

가격은 기업 수익에 공헌한다는 점에서는 마케팅 비용을 발생시키는 타 마케팅 요소들과는 달리 차별적인 특징을 가지고 있다. 이러한 관점에서 볼 때 기업에게는 가격이 수익과 이익의 원천이지만, 다른 면에서 볼 때는 소비자가 지불해야 하는 구입의 대가이므로 촉진의 한 수단이면서 경쟁도구로서의 역할을 수행하게 된다. 그러므로 기업이 선택한 제품의 가격수준에 의해 타 마케팅 활동의 실행수준이 결정되므로 가격은 타 마케팅 믹스 전략의 기초가 될 수 있다.

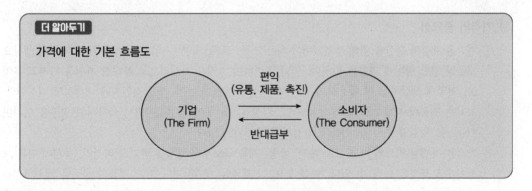

더 알아두기

가격에 대한 기본 흐름도

편익
(유통, 제품, 촉진)

기업
(The Firm) → 소비자
(The Consumer)

반대급부

(1) 가격의 의미

가격은 공급자로부터 제공받는 재화와 서비스에 대해 소비자가 이에 대한 대가로 지급하는 화폐의 양을 말하며, 경제학에서는 상품의 교환가치라고 정의하기도 한다. 소비자의 입장에서는 자원배분 등의 문제가 있는데, 다시 말해 소비자가 가지고 있는 돈은 한계가 있지만 해결해야 할 여러 문제가 산재해 있는 것이다. 바로, 제품과 서비스에 대한 가격결정이다. 가격시스템은 소비자들의 이런 문제에 대한 솔루션을 제공한다. 예를 들면, 소비자가 음식보다 스포츠 용품을 구입하고 싶어 할 수도 있다. 하지만 스포츠용품의 가격이 상승하게 되면 스포츠용품의 구매보다는 소지한 금액을 음식에 소비할 수도 있는 것이다. 결국, 가격은 전반적인 경제 부분에 방향을 결정짓기도 한다. 즉, 다른 마케팅 믹스 요소(제품, 판촉, 유통) 중 수익을 낸다는 점에서 가격전략은 그만큼 중요한 전략적 사안이라 할 수 있다.

(2) 가격의 역할

가격은 시장에서 그 입지가 대단히 중요하다.

① 가격은 **품질에 대한 정보제공의 기능**을 갖는다. 예를 들면, 제품의 가격이 시장에서 상승하게 되면 제품을 만들기 위해 조달되는 부품들의 양이 많아질 것이고 그런 부품들이 희소해져 가격은 올라가기 때문이다.

② 타 마케팅 믹스 요소 중에서 **자사의 이익을 결정하는 유일한 변수** 역할을 한다. 이것은 물론 고객의 니즈에 부합하는 재화나 서비스를 제공함으로써 이익을 얻을 수 있고, 나머지 마케팅 믹스인 제품, 유통, 촉진 등은 비용을 유발하는 요소이다.

③ **경쟁의 도구**이다. 마케팅 믹스 요소 중에서 가격 이외의 타 변수들은 짧은 기간 안에 변화시킬 수는 없다. 가격의 경우, 정해지면 실행할 수 있기에 타 변수에 비해 경쟁적 도구로서 의미가 있다.

> **체크 포인트**
>
> **가격의 역할**
> • 품질에 대한 정보제공의 기능
> • 자사의 이익을 결정하는 변수
> • 경쟁의 도구

(3) 가격의 중요성

① 가격은 제품의 생산을 위해 투입되어야 하는 노동, 토지, 자본, 기업자 능력 등의 여러 가지 생산요소들의 결합 형태에 영향을 미친다. 이와 관련하여 가격은 사회적으로 부족한 자원을 가지고 무엇을, 어떻게 생산하는 데 활용하며, 나아가 생산된 제품을 누가 가질 것인지에 대해서도 결정한다.

② 가격은 제품의 시장수요 및 경쟁적 지위, 시장점유율 등에 직접적이면서 즉각적인 영향을 미치며 이는 곧, 기업의 수익 및 이윤과 밀접하게 관련되어 있다.

③ 가격은 마케팅 믹스의 다른 요소(촉진, 유통, 제품)들로부터 영향을 받기도 하지만, 동시에 다른 요소에게도 영향을 미칠 수 있다. 예를 들어, 신제품을 개발하거나 기존 제품의 품질을 개선하려는 제품에 대한 의사결정은 그러한 조치에 수반되는 비용을 소비자들이 기꺼이 부담해 줄 경우에나 수행이 가능하므로 원가와 적정이윤을 보상하려는 가격결정은 마케팅 믹스의 타 요소들에게 영향을 미친다.

④ 심리적 측면에서 보면 소비자들은 가격을 전통적인 교환비율이기보다는 품질의 지표로 이용할 수도 있으므로, 기업은 가격에 대한 소비자의 심리적 반응을 충분히 고려해야 한다.

제2절 | 가격 결정 시 고려 요인 [기출]

기업이 자사 제품의 가격을 결정하는 데 있어서 여러 가지 내부요인과 외부요인들이 가격결정에 영향을 미치게 된다.

(1) 내부요인

① **마케팅 목표**

기업 조직이 제품에 대한 가격을 결정하기 이전에 표적시장 및 특정한 고객집단을 명확하게 알고 있어야 한다. 이를 기반으로 표적시장에서 '자사 제품이 이익을 극대화시킬 수 있을 것인가?', '시장점유율을 넓힐 것인가?', '빠른 시간 안에 이익을 회수할 것인가?' 등의 해당 기업이 달성하고자 하는 마케팅 목적을 결정해야 한다. 그러므로 기업의 표적시장에서 자사의 목적을 실현시키기 위해 고객에 따른 적합한 마케팅활동과 가격을 선택하게 되는 것이다.

② **마케팅 믹스 전략**

가격은 마케팅 믹스 4P's의 한 요소로서, 무엇보다도 마케팅 목적이 결정되면 이러한 목적을 실현하기 위한 효과적인 마케팅 믹스 전략을 수립해야 한다. 이 경우 가격은 마케팅 믹스의 한 요소로서 기업이 선택한 가격정책이 달성되기 위해서는 가격에 적합한 제품을 설계하고, 그에 따른 유통경로를 확보하며, 적합한 촉진활동 등을 고려하여 마케팅 믹스 전략을 결정해야 한다.

③ **원가**

기업의 제품을 생산하기 위해 투입된 생산비뿐만이 아니라 유통, 판촉비용 모두를 포함한 것으로 가격의 최하한선을 의미한다.

또한, 가격결정에 있어 원가가 중요한 요소로 작용되는 것은 원가가 낮은 제품을 생산할 수 있는 기업은 시장에서 비교 우위를 확보할 수 있으므로, 저가격에 따라 제품판매가 증대되면서 이익 또한 증가시킬 수 있기 때문인 것이다.

④ **조직** : 가격결정의 조직부서가 상위, 하위 또는 위원회인가를 의미한다. 조직부서가 소기업의 경우에는 최고 경영자가, 반대로 대기업의 경우는 사업부장이나 제품계열 관리자 등이 가격정책을 설정한다.

(2) 외부요인

① **시장과 수요** : 가격의 하한선은 비용에 의해 결정되지만, 가격의 상한선은 시장과 수요에 의해 결정된다. 소비자들은 시장가격 수준의 제품을 구입한 후 시장이 어떠한 성격을 지니고 있는지, 가격에 따른 소비자의 태도에 따라 가격은 영향을 받게 된다.

㉠ 시장의 유형에 따른 가격결정

• 완전경쟁시장은 시장에서 다수의 소비자와 판매자가 특정 제품을 거래함에 있어서 어느 누구도 현재 시장가격에 영향을 미칠 수 없는 것을 말한다.

• 독점적 경쟁시장은 완전경쟁과 독점적 성격을 나누어 가지는 시장조직으로 산업 안에는 많은 기업이 존재하고, 기업의 자유로운 전출입이 보장되는 점에서는 완전경쟁과 똑같다. 하지만 완전경쟁기업은 시장지배력을 가지지 못하는 반면에, 독점적 경쟁 기업은 경쟁사들 제품과는 다른

차별화된 상품을 생산하는 데에서 그 차이점이 있다. 보통 독점적 경쟁으로 분류되는 업종으로는 세탁소·이발소·음식점·책방·약국 등이 있다.

- 과점경쟁시장은 소수의 대기업에 의해 지배되는 성격의 시장을 말한다. 과점시장은 상호의존적인 관계로 치열한 비가격경쟁과 가격의 경직성을 들 수 있으며, 기업들의 담합 내지 기타 공동행위와 같이 비경쟁행위를 하려는 경향이 강하게 나타난다.
- 독점시장은 어느 한 재화나 서비스의 공급이 하나의 기업에 의해 이루어지는 시장형태를 의미한다. 독점기업의 공급량은 해당 제품에 대한 시장의 총 공급량과 일치하며, 독점기업은 동시에 시장지배력을 가지고 다른 시장 형태와 비교해 볼 때 아주 밀접한 대체재를 생산하는 경쟁사로부터 도전을 받지 않는 시장이다.

ⓛ 가격에 대한 소비자의 태도 : 소비자의 입장에서 가격을 바라볼 때, 제품을 구입·사용함으로써 얻게 되는 이익을 소비자들이 제품에 대해 충분한 이익을 얻었다고 인식될 수 있도록 책정되어야 한다. 그러므로 기업에서는 소비자가 제품에서 얻고자 하는 효익은 무엇인지를 파악하고, 그러한 효익에 대한 가치에 따라 가격을 결정해야 한다.

ⓒ 가격과 수요에 대한 가격결정 : 가격과 수요와의 관계를 나타낸 것이 수요곡선이다. 수요곡선은 제품의 가격수준에 따라 수요량의 차이를 나타내게 된다.

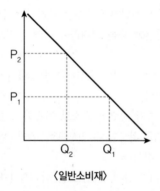

〈일반소비재〉

일반소비재의 경우, A의 가격이 P_1에서 P_2로 인상되면 수요량은 Q_1, Q_2로 줄게 될 것이다. 가격이 P_1에서 P_2로 인하되면 수요량은 반대로 늘어날 것이다. 이처럼 수요와 가격은 역의 관계에 놓이게 된다.

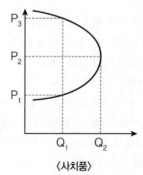

〈사치품〉

사치품의 경우 A의 가격을 P_1에서 P_2로 인상한다면, 소비자들은 가격이 비쌀수록 고급의 제품으로 인식하여 수요량은 Q_2로 늘어나게 된다.

② 수요의 가격탄력성은 시장에서 제품 가격의 변화에 따른 수요의 반응을 의미한다. 탄력적·비탄력적이라고 하는 것은 가격에 대한 수요의 변동 폭을 말하는 것으로 만일 가격의 적은 변화에도 수요가 민감한 반응을 보인다면 이는 탄력적이라고 할 수 있는 것이다. 기출

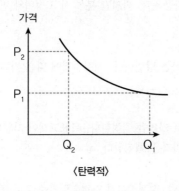

〈탄력적〉

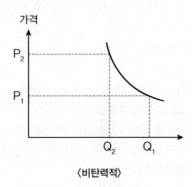

〈비탄력적〉

② **경쟁자** : 경쟁제품의 가격수준과 경쟁사의 가격정책에 대해 이를 바라보는 소비자들의 반응을 조사함으로써 자사제품의 가격을 결정하는 데 큰 도움을 준다.

③ **기타 환경요인** : 유통부문에서 종사하는 중간상이 이윤을 가격에 가산할 수 있도록 해서 중간상의 판매촉진을 자극할 수 있는 것을 말하며, 동시에 기업 활동에 대한 정부의 규제 및 인플레이션, 이자율도 가격결정에 영향을 미친다.

(3) 가격의 결정

① 원가중심 가격결정

원가에 적절한 마진을 붙이거나 제품을 생산·판매하는 데 들어가는 모든 원가를 충당하고, 목표이익을 반영하여 가격을 결정하는 방법이다. 원가중심적 가격결정에는 원가가산식 가격결정, 가산이익률식 가격결정, 목표투자이익률식 가격결정, 손익분기점 분석식 가격결정이 있다.

⊙ 원가가산식 가격결정(Cost-Plus Pricing)

원가가산식 가격결정이란 총원가에 원하는 목표이익을 가산하는 방법이다. 가격변화가 판매량에 큰 영향을 미치지 않거나 기업이 가격을 통제할 수 있는 경우 효과적이며 계산이 매우 편리하다는 장점이 있다. 하지만 소비자의 실제 수요를 고려하지 않고 효율화를 통해 비용을 절감하려는 동기부여를 제공하지 못한다는 단점이 있다. 총생산량을 추정하여 고정비용과 변동비용을 산출하고, 여기에 목표이익을 합산하여 이 값을 총생산량으로 나눈 값을 가격으로 결정한다.

ⓛ 가산이익률식 가격결정(Markup Pricing)

총비용에 남기고 싶은 마진율을 적용하는 방법으로, 제품 한 단위당 원가를 계산하고 원하는 가산이익률을 적용하여 가격을 결정한다. 계산이 비교적 간편하고 가격수정이 용이하며 모든 기업들이 동일한 가산이익률을 채택할 경우 가격경쟁이 줄어든다는 장점이 있다. 반면, 기업의 수요예측이 실패하면 적절한 이익을 보장하지 못한다는 단점이 있다.

ⓒ 목표투자이익률식 가격결정(Target Return Pricing)

기업이 목표로 하는 투자이익률을 달성할 수 있도록 가격을 설정하는 방법이다. 수요를 정확히 예측하여 표준생산량을 설정한다면 기업이 원하는 투자이익률을 회수할 수 있다는 장점이 있다.

ⓔ 손익분기점 분석식 가격결정(Break-Even Analysis Pricing)

손익분기점 분석을 통해 가격이 주어졌을 때 손실을 면할 수 있는 최소한의 판매량을 계산할 수 있기 때문에 신제품을 출시할 때 유용하게 사용된다. 하지만 분석 시 고정비와 변동비를 파악하기 쉽지 않다.

② 경쟁중심 가격결정

경쟁사들의 가격을 참고하여 제품 가격을 결정하는 방법이다. 시장가격에 따른 가격결정과 경쟁입찰에 따른 가격결정으로 구분된다.

③ 소비자중심 가격결정

제품에 대한 소비자들의 지각된 가치를 바탕으로 가격을 결정한다. 목표고객이 기업의 제품에 대해 가지고 있는 가치를 고려하여 이를 중심으로 가격을 책정한다.

④ 통합적 가격결정

원가중심적 가격결정법, 소비자중심적 가격결정법, 경쟁중심적 가격결정법을 모두 통합적으로 고려하여 가격을 결정하는 방법이다.

제3절 신제품 가격 전략

신제품 가격결정은 많은 위험이 따르며, 사전에 구매자 집단을 표본으로 하여 여러 가지 가격수준을 테스트하는 것이 좋다. 예를 들면, 자사의 목표고객이 고소득층이어서 가격보다 품질이 우선시되는 경우에는 고가격 전략이 효과적이고, 반대로 목표고객층이 가격에 민감한 중·저소득층인 경우, 저가격의 침투전략이 효과적일 수 있다.

(1) 초기 고가격 전략 기출

초기 고가격 전략은 보통 스키밍이라고도 한다. 시장 진입 초기에는 비슷한 제품에 비해 상대적으로 가격을 높게 정한 후에 점차적으로 하락시키는 전략을 말한다. 이 전략은 특히, 자사가 신제품으로 타사에 비해 높은 우위를 가질 때 효과적으로 적용시킬 수 있는 전략이다. 이러한 가격전략은 휴대전화나 컴퓨터 등 하이테크 제품에서 고소득층을 목표고객으로 정했을 때 효과적으로 사용된다. 신제품의 경우에 스키밍 전략을 사용하는 경우가 적지 않다.

(2) 침투가격 전략 [기출]

침투가격 전략은 시장 진입 초기에는 비슷한 제품보다 상대적으로 가격을 저렴하게 정한 후에 실질적인 시장점유율을 확보하고 나서부터는 서서히 가격을 올리는 전략이다. 보통 침투가격 전략은 가격에 상당히 민감하게 반응하는 중·저소득층을 목표고객으로 정했을 때 효과적이며, 이익수준 또한 낮으므로 타사의 진입을 어렵게 만드는 요소로 작용한다. 동시에 이 전략은 대량생산이나 마케팅 제반비용 등을 감소시키는 데 효과적이다.

체크 포인트

인터넷상의 가격결정

- 온라인 경매 : 온라인 경매란, 소비자가 제품에 대하여 선호하는 만큼의 가격을 제시하게 되고 제시된 가격 중 최고가에 가격이 결정되는 방식을 말한다. 또한, 판매자는 경매 과정에서 거의 아무런 역할을 못하고 소비자들끼리의 경쟁에 의해서 가격이 결정된다.
- 역경매 : 일반적인 경매는 구매자 간의 경쟁에 의해 가격이 결정되는데, 역경매에서는 오히려 반대로 판매자들 간의 경쟁에 의해 가격이 결정되는 경우를 말한다. 소비자가 원하는 제품의 수량, 최고가격 등을 제시하면, 판매자들이 자신들의 가격을 제시하고 최저가격을 제시한 제품이 판매된다.
- 온라인 공동구매 : 정해진 수의 소비자들이 모이면 저렴한 가격에 제품을 구입할 수 있게 해 주는 방식의 공동구매를 말한다. 결국, 고객들은 대량구매 할인 혜택을 받을 수 있으며, 동시에 제조업체는 박리다매로 안정된 수익을 올릴 수 있다. 커뮤니티 사이트의 특정 커뮤니티 회원들이 공동으로 구매하게 될 경우에는 이는 상당한 교섭력을 발휘하게 되어 제품의 가격을 결정하게 될 가능성이 매우 높아지는 결과를 만든다.

제4절 | 제품믹스 가격 전략

(1) 가격계열화(Product Line Pricing, Price Lining)

가격계열화는 하나의 제품에 대한 단일가격의 설정이 아닌 제품의 품질이나 디자인의 차이에 따라 제품의 가격대를 설정하고, 그러한 가격대 안에서 개별 제품에 대한 구체적인 가격을 결정하는 가격정책을 의미한다. 다시 말해, 기업에서는 가격을 이용해서 여러 제품 간의 품질 차이를 납득시킬 수 있는 것을 말한다.

(2) 2부제 가격 또는 이중요율(Captive-Product Pricing, Two-Part Price)

제품의 가격체계를 기본가격과 사용가격으로 구분하여 2부제로 부과하는 가격정책을 의미한다. 이러한 이중요율을 실시하는 대표적인 예로는 전기, 전화(기본요금 + 사용요금), 수도 등의 공공요금 및 택시요금, 놀이공원(입장료 + 시설이용료) 등이 있다. 즉, 구매량과는 상관없이 기본가격과 사용가격이 적용되는 가격 시스템을 의미한다.

(3) 부산품 전략

부산물은 주산물에 대하여 종속의 위치에 놓이는 입장이지만, 이는 생산과정에서 필연적으로 발생하는 작업 쓰레기와는 구별되며, 그 자체가 제품가치를 지니고 있어 그대로 또는 가공 후에 판매되거나 자가 소비된다. 다시 말해, 가치가 없던 것들을 재가공하여 또 다른 부가가치로 만드는 전략을 말한다.

(4) 묶음가격(Bundling Price)

묶음가격은 두 가지 또는 그 이상의 제품 및 서비스 등을 결합해서 하나의 특별한 가격으로 판매하는 방식의 마케팅 전략으로, 제품이나 서비스의 마케팅 등에서 종종 활용하는 기법이다. 대체로 식료품의 묶음, 휴가상품 패키지, 패스트푸드점의 세트메뉴, 프로야구 시즌티켓 판매 등이 묶음가격 전략의 대표적인 예라 할 수 있다. 이러한 묶음판매를 하는 주요한 이유는 가격차별화를 통한 이익의 증대를 가져오기 위함이다.

① **순수 묶음가격** : 서비스를 오로지 패키지로만 구매가 가능하도록 하고, 개별 제품들은 없도록 가격을 정하는 것을 말한다. 대표적인 예로 스키 캠프, 해외여행 패키지 등이 있다.

② **혼합 묶음가격** : 하나 또는 그 이상의 서비스 등을 개별구매 또는 패키지로도 구매가 가능하도록 가격을 정하는 것을 말한다. 이때 서비스의 경우 개별 서비스를 상호 간에 연결하여 활용할 가능성이 높으므로 혼합 묶음가격을 적용시키는 경우가 많은데, 패키지로 서비스를 구매하는 고객들에 대해서 서비스를 따로 구매할 때보다 다소 낮은 가격으로 제공하는 것을 말한다.

> **더 알아두기**
>
> **버저닝을 이용한 가격차별**
>
> 일반적으로 버저닝의 경우에는 고정비가 많고, 변동비가 상대적으로 적은 디지털 제품의 가격결정에 특히 많이 쓰이는 방법으로, 무료고객의 경우에 유료고객으로 전환시키거나, 유료고객의 경우 프리미엄 제품 사용자도 전환시키기 위한 목적으로 주로 사용된다.
> - 배달지연 : 사건 및 시세 등과 같은 중요 정보의 배달속도를 제한시키는 것
>   예 1시간 지연, 실시간
> - 동작속도 : 지불비용에 따라 전송 속도를 제한시키는 것
>   예 1M, 10M
> - 시간제한 : 지불비용에 따라 사용시간을 제한시키는 것
>   예 20일 체험판, 무제한 이용
> - 이미지 해상도 : 지불비용에 따라 제공해주는 사진 등의 이미지 해상도를 제한시키는 것
>   예 저해상도, 고해상도
> - 포괄성 : 기사의 검색 및 인물정보검색 등 지불비용에 따라 제공해주는 정보의 폭 또는 깊이에 제한을 두는 것
>   예 기본정보, 광범위한 정보
> - 기능의 수 : 지불비용에 따라 활용 가능한 기능의 수를 제한하는 것
>   예 일반인용, 전문가용
> - 정보조작 : 지불비용에 따라 조작 가능여부에 제한을 두는 것
>   예 정보열람만 가능, 정보의 저장 및 출력을 허용
> - 번거로움 : 지불비용에 따라 고객들을 불편하게 하는 정도에 제한을 두는 것
>   예 광고의 노출, 광고 노출 없음

제5절 가격조정 전략

(1) 할인

일반적으로 할인(Discount)이란, 어떤 일정한 상황 및 조건에 따라 제품의 가격을 낮추는 것을 의미한다.

① **수량할인** : 제품을 대량으로 구입할 경우에 제품의 가격을 낮추는 것을 말한다.

② **현금할인** : 제품에 대한 대금결제를 신용이나 할부가 아닌 현금으로 할 경우에 일정액을 차감해주는 것을 말한다.

③ **계절할인** : 제품판매에서 계절성을 타는 경우에 비수기에 제품을 구입하는 소비자에게 할인혜택을 주는 것이다. 여행사에서 소비자들을 대상으로 성수기와 비수기의 요금을 차별적으로 정한 것도 계절할인의 한 예이다.

④ **기능할인(거래할인)** : 유통의 기능을 생산자 대신에 수행해주는 중간상, 즉 유통업체에 대한 보상성격의 할인을 의미한다.

(2) 공제(Allowance)

공제는 가격의 일부를 삭감해 주는 것으로, 크게 보상판매와 촉진공제로 나누어진다.

① **보상판매(Trade-in Allowance)** : 소비자가 어느 기업의 제품을 구매하면서 중고품을 가져오는 경우에 구매 제품 판매가의 일부를 공제해 주는 것을 말한다.

② **촉진공제(Promotional Allowance)** : 중간상이 생산자 대신에 제품에 대해 지역광고 및 판촉활동을 대신 해줄 경우 이에 대해서 보상차원으로 제품 가격에서 일부를 공제해 주는 것을 말한다.

더 알아두기

판매촉진 가격결정(Promotional Pricing)
소비자들의 구매를 짧은 기간에 촉진시키기 위해 가격을 일시적으로 낮추거나 유통업자들에게 유인책으로 가격을 조정하는 것을 말한다.

- 유인가격(Loss Leader) : 유인가격은 보통 소비자들에게 잘 알려진 제품의 가격을 저렴한 가격으로 공급함으로써 소비자들에게 해당 점포의 가격수준이 저렴하다는 이미지를 심어주기 위함이다. 제품 자체로서는 손실을 초래할 수도 있지만, 타 제품의 판매를 유도하는 역할을 하므로 Loss Leader라 불린다. 기출
- 세일행사(Bargain Sale) : 보통 백화점 등에서 일정기간에 취급품목을 할인해서 판매하는 방식이다. 이는 단기적 매출증대와 상품회전을 통한 재고감소의 효과를 가져온다.
- 수량할인(Quantity Discounts) : 소비자가 제품을 대량으로 구입할 경우 현금할인을 해주는 것을 말한다.
- 계절할인(Seasonal Discounts) : 제품판매에서 계절성을 타는 경우, 비수기에 제품을 구입하는 소비자에게 할인혜택을 주는 것이다. 여행사의 경우, 소비자들을 대상으로 성수기와 비성수기의 요금을 차별적으로 정한 것도 계절할인의 한 예이다.
- 보상판매(Trade-in Allowances) : 소비자가 자사의 제품을 구입하고, 중고품 등을 가져오는 경우 판매가의 일부를 공제해주는 것이다.

(3) 가격차별화

통상적으로 동일한 제품에 대해서 지리적 또는 시간적으로 서로가 각기 다른 가격을 설정하는 것을 말하며, 이렇게 해서 설정된 가격들을 가격차별화라 한다. 동일한 제품에 대해서 서로 다른 별개의 가격이 설정되는 이유로는 명확한 구별이 가능한 몇 개의 시장에서 수요의 가격탄력의 크기가 서로 다르기 때문이다.

더 알아두기

가격차별화의 선결조건

기업의 입장에서는 가격차별화 전략을 실시함으로써 이익을 증대시킬 수가 있지만, 이를 실시하기 위해서는 현실적 제약조건을 반드시 고려해야 한다.

• 서로 다른 세분고객들이 다른 가격에 대해 반응하는 결과가 달라야 한다. : 표적시장 내 소비자들이 서로 각기 다른 유보가격을 가지고 있어야 한다는 것이다. 모든 소비자의 유보가격이 똑같다고 한다면, 가격차별화를 진행할 이유는 없다. 예를 들어, 생필품의 경우에는 유보가격의 차이가 별로 나지 않는다. 그러므로 가격차별화 전략으로 인한 이익도 크기가 작을 것이다. 반대로 전문품의 경우에는 유보가격의 격차가 크게 나므로, 가격차별화를 진행할 경우에 그에 따르는 인센티브는 상당히 크다.

• 시행할 가격차별화 정책 등이 법적으로 하자가 없어야 한다. : 공정거래법에서는 부당하게 거래 상대방을 차별해서 취급하는 행위를 규제를 하고 있다. 하지만 이러한 선결조건에는 기업과 소비자 간의 거래보단 기업 간의 거래에 훨씬 더 타당성이 있는 조건이다. 즉, 여기에는 '정당한 사유'라는 단서조항이 있으므로, 기업에게 정당한 사유만 있다면 기업 간의 가격차별화 전략이 성립한다는 말이 된다.

• 재정거래 문제가 없어야 한다. : 미국의 생필품 업체의 경우에는 마케팅 전략의 차별화를 위해 지역별 특성과 시기에 따라 제품가격을 달리 한다.

• 소비자가 차별된 제품가격에 대해 혼란을 느껴서는 안 된다. : 이는 고가품을 구입한 소비자 스스로가 제품을 고가로 구매했다는 것을 느꼈을 때, 판매업체를 상대로 악감정을 갖는 것을 극소화시켜야 한다는 것이다.

---

① **소비자에 따른 차별화** : 소비자는 나이, 소득수준 또는 라이프스타일 등에 따라서 여러 가지 유형으로 분류되고, 같은 유형에 속하는 소비자들과 서비스 가치에 대해서 서로 다르게 인식을 한다. 그러므로 소비자들을 인지구조에 따라서 몇몇 유형으로 분류하고, 이에 따라 가격차별화를 시행하는 것이 요구된다. 예를 들어, 나이에 따라 노인 및 어린이들을 대상으로 게임 및 공원 입장료를 저렴한 가격으로 제공할 수 있고, 박물관이나 버스 이용의 경우에도 학생을 대상으로 할인된 금액을 적용한다. 또한 직업에 따라 군인 등에게 할인혜택을 주는 경우도 흔히 볼 수 있는 대표적인 예이다.

② **구매시점에 따른 차별화** : 서비스는 제품에 비해서 상대적으로 고정원가에 대한 비중이 높으므로, 공급과 수요를 일치시키는 것이 가장 중요하다. 다시 말해, 생산과 동시에 소비하지 못하면 소멸해 버리므로 수요에 맞게 공급능력을 조절하는 것이 상당히 중요하다. 제품의 이용시간대가 다른 소비자들은 가격민감도가 서로 다르기 때문에 이러한 경우의 가격민감도에 따라 가격 또한 차등화함으로써 수요를 조절할 수 있다. 즉, 상대적으로 수요가 적은 시간대에는 수요를 창출하고, 반대급부로 수요가 많은 시간대에는 수요를 억제함으로써 자사의 공급능력에 맞게 소비자들을 유치할 수 있게 된다.

③ **구매량에 따른 차별화** : 일반적으로 소비자들은 자신들이 구매해야 할 수량이 증가함에 따라 수량에 대한 할인을 적용하면 훨씬 많은 양을 구매하고, 또한 대량구매자들은 대량구매에 따른 할인도 기대하게 된다. 그러므로 대량구매자가 소량구매자에 비해 가격탄력적이라 할 수 있다. 구매량에 따른 차별화의 장점은 소비자가 제품 및 서비스를 구매하고자 할때, 어느 정도의 수량을 구매하느냐에 따라 지불할 가격이 결정되며, 이를 기반으로 가격 차별화를 위해 시장을 미리 세분화할 필요가 없게 되는 것이다. 즉, 소비자들은 자신이 스스로의 세분시장을 찾아가기 때문이다. 또한 소비자가 어느 정도의 일정량 이상을 구입해야만 할인혜택을 받을 수 있으므로, 단골고객을 다수 확보할 수 있다. 즉, 할인을 원하는 소비자는 일정량 이상의 서비스를 구입해서 사용하면 자연스레 해당 제품에 대한 애착을 가질 가능성이 커지기 때문이다. 모든 소비자에게 똑같은 가격체제를 적용시킴으로 인해서 가격차별화에 따른 법적인 문제 또한 발생하지 않는다.

더 알아두기

유보가격
소비자가 어떠한 제품에 대해서 지불할 용의가 있는 최고가격을 말한다.

---

(4) 동태적 가격관리

동태적 가격관리는 기업의 장기적인 이익의 극대화를 가격정책의 목표로 삼고, 현 가격이 현재 및 미래의 판매와 이익에 영향을 준다는 것을 고려해서 가격을 관리하는 것을 의미한다.

① **현재의 판매 및 미래 수요** : 기업의 입장에서 제품의 현재 판매에 있어서의 영향은 긍정적인 것일 수도 있지만, 반대로 부정적일 수도 있다. 즉, 긍정적 영향으로 제품의 판매가 늘어남으로써 기업의 인지도가 높아짐과 동시에 소비자들의 해당 기업 제품에 대한 의구심도 낮아진다. 더불어, 제품의 사용 후 만족을 한 소비자의 경우에는 구전효과가 나타나며, 이런 구전효과는 지속적인 제품판매에 도움이 되지만, 반대로 부정적 구전효과도 고려해야 한다.

② **현재 가격이 미래 수요에 미치는 영향** : 제품에 대한 현재 가격의 효과는 이전의 기간 동안에 가격이 얼마였는지에 따라서 달라진다. 다시 말해, 소비자는 보통 제품의 현재 가격을 기존 가격과 비교한다. 이것은 소비자들에게 있어 과거 가격은 현재 가격의 비교기준이 되는 것이라 할 수 있다. 소비자들은 과거 가격이나 경쟁제품의 가격 등을 참고하여 소비자 나름대로 준거가격을 형성하곤 한다. 준거가격은 소비자가 현재 가격을 판단할 때 비교기준으로 많이 쓰인다. 현재 가격이 미래 판매에 미치는 영향으로 가격기대효과(Price Expectation Effect)가 있다. 보통 소비내구재 경우에 있어 시간의 흐름에 따라 실제가격이 하락하는 경우가 있는데, 과거 이런 현상을 경험해 왔던 소비자로서는 '추후에도 가격이 더 하락할 것이다.'라는 기대감에 구입을 늦추는 경우도 있다. MP3, 캠코더, PC 등이 그 예이다.

③ **현재 가격과 미래 원가** : 세 번째 동태적 효과로, 현재 가격이 미래 원가에 미칠 수 있는 간접적 영향, 다시 말해 '현재 가격 → 현재 기간의 판매량 → 미래 원가'로의 연결고리를 의미하는데, 이는 경험곡선효과(Experience Curve Effect)로 설명된다. 우선 경험곡선이란 제품의 누적생산량이 두 배로 늘어날 때마다 제품 하나씩 만드는 비용이 일정률만큼 하락하는 것을 의미한다. 기업의 입장에서는 생산·마케팅에서 경험을 쌓으며 제품 단위 원가는 그만큼 하락하는 것이다. 동태적 가격관리

에서 이러한 효과를 중요시하는 것은 무엇보다도 경험을 쌓는 데 많은 시간이 걸리기 때문이라 할 수 있다. 즉, 시간이 걸림으로써 얻을 수 있는 경쟁우위는 확보하기가 상당히 어렵다. 하지만 한번 경쟁우위를 확보해두면, 시간이라는 요인 때문에 타사들이 쫓아오기가 그만큼 어렵다는 것이다.

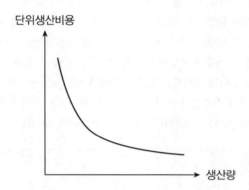

④ **현재 가격과 경쟁상황** : 현재 가격은 타사들과의 경쟁상황에서도 발생 가능하다. 현재 처한 산업의 매력도가 얼마인지에 따라 잠재적인 경쟁사들의 투자결정에 상당한 영향을 미치기 때문이다. 하지만 큰 이익을 얻을 수 있다고 생각되는 시장은 경쟁사들이 모여 있으며, 이를 이유로 타사의 시장진입을 막거나 또는 늦추기 위한 목적으로 저렴한 가격에 신제품을 공급하는 경우도 있다. 무엇보다도 이러한 변화에서 대응하기 가장 좋은 것은 혁신적인 신제품을 먼저 개발하는 것인데, 이마저도 요즘의 경우에는 어렵다. 날이 갈수록 우수한 기술들은 개발·보급되고 있으며, 경쟁사들도 너무나도 뛰어난 모방능력이 있기 때문이다. 요즘에는 단순한 제품 말고도 소비자들이 중요시하게 여기는 서비스를 추가함으로써 제품차별화를 꾀하고 있다.

(5) 심리적 가격결정방법 중요 기출

심리적 가격결정방법은 많은 국가 사용하고 있는 가격결정방법 중 하나이다. 또한, 마케팅 관리자들도 어느 특정한 가격수준이 소비자들에게 훨씬 더 호소력이 있다고 생각하고 있다.

① **단수가격(Odd Pricing)** : 시장에서 경쟁이 치열할 때 소비자들에게 심리적으로 저렴하다는 느낌을 주어 판매량을 늘리려는 가격결정방법이다. 즉, 제품의 가격을 100원, 1,000원 등과 같이 현 화폐단위에 맞게 책정하는 것이 아니라, 그보다 조금 낮은 95원, 970원, 990원 등과 같이 단수로 책정하는 방식이다. 단수가격의 설정목적은 소비자의 입장에서는 가격이 상당히 낮은 것으로 느낄 수 있고, 정확한 계산에 의해 가격이 책정되었다는 느낌을 줄 수 있다.

> **예**
> • 옷값을 10,000원이라고 하기보다는 9,900원으로 붙여놓으면, 100원밖에 차이는 없지만, 소비자의 입장에서는 할인된 가격이라는 느낌을 받는다.
> • 9,900원 횟집 등

② **관습가격(Customary Pricing)** : 일용품의 경우처럼 장기간에 걸친 소비자의 수요로 인해 관습적으로 형성되는 가격을 말한다. 소매점에서 포장 과자류 등을 판매할 때, 생산원가가 변동되었다고 하더라도 품질이나 수량을 가감하여 종전가격을 그대로 유지하는 것을 의미한다.

③ **명성가격(Prestige Pricing)** : 자신의 명성이나 위신을 나타내는 제품의 경우에 일시적으로 가격이 높아짐에 따라 수요가 증가하는 경향을 보이기도 하는데, 이를 이용하여 **고가격으로 가격을 설정하는 방법**이다. 즉, 제품의 가격과 품질의 상관관계가 높게 느껴지게 되는 제품의 경우에는 고가격을 유지하는 경우가 많다. [기출]

④ **준거가격(Reference Pricing)** : 구매자는 어떤 제품에 대해서 자기 나름대로의 기준이 되는 준거가격을 마음속에 지니고 있어서, 제품을 구매할 경우 그것과 비교해보고 제품 가격이 비싼지 여부를 결정하는 것을 말한다.

> **예**
> A구매자가 B백화점에서 청바지 가격이 대략 10만 원 정도라고 생각했는데 15만 원의 청바지를 보면 비싸다고 느끼는 경우, A구매자에게 청바지의 준거가격은 10만 원 정도가 된다.

(6) 지리적 가격조정

기업에서는 각 지역별로 운송비 등 물류비용에 차이가 나게 되는 경우에 비용처리 방식에 따라 여러 가지 가격조정이 이루어진다.

① **균일운송가격(Uniform Delivered Pricing)** : 지역에 상관없이 모든 고객에게 운임을 포함한 동일한 가격을 부과하는 가격정책으로, 운송비가 가격에서 차지하는 비율이 낮은 경우에 용이한 가격관리를 위한 방법이다.

② **FOB(Free On Board)가격** : 균일운송가격과는 반대로 제품의 생산지에서부터 소비자가 있는 곳까지의 운송비를 소비자가 부담하도록 하는 방법이다. 이 가격방법은 일반 소비재의 경우에는 현실적인 적용이 어렵고, 발생하는 건수가 많지 않은 산업재·제조업자와 중간상 간의 거래에 많이 이용된다.

③ **구역가격(Zone Pricing)** : 하나의 전체 시장을 몇몇의 지대로 구분하고, 각각의 지대에서는 소비자들에게 동일한 수송비를 부과하는 방법이다. 동시에 지역 간의 운송비 차이를 일정 정도 반영하면서 가격관리의 효율성도 같이 취할 수 있는 방법이다. FOB 가격과 균일운송가격의 중간 형태로 볼 수 있다.

④ **기점가격(Basing Point Pricing)** : 공급자가 특정한 도시나 지역을 하나의 기준점으로 하여 제품이 운송되는 지역과 상관없이 모든 고객에게 동일한 운송비를 부과하는 방법을 말한다.

⑤ **운송비 흡수가격(Freight Absorption Pricing)** : 특정한 지역이나 고객을 대상으로 공급업자가 운송비를 흡수하는 방법이다. 이것은 사업 확대를 위하여 실제 운송비의 일부 또는 전부를 제품가격에 부과하지 않고, 제조업자가 흡수한다. 이런 가격결정은 사업확장, 시장침투, 또는 경쟁이 심한 시장에서의 유지를 위해 사용하는 방법이다.

☑ 참고 **제품믹스에 대한 가격결정** 기출

① 제품계열에 대한 가격결정: 제품계열을 구성하는 여러 제품들 간에 어느 정도의 가격 차이를 둘 것인가를 결정하는 방법이다. 각 제품에 대한 가격은 원가, 계열 내 제품들 간의 소비자 평가, 경쟁사 제품의 가격 등을 고려해야만 하며, 자사상표 잠식을 방지하는 수준에서 결정해야 한다.

② 종속제품에 대한 가격결정: 특정한 제품과 반드시 함께 활용되는 제품에 대해 부과되는 가격을 의미한다. 또한, 기본제품에 대해서 가격을 낮게 책정하고, 종속제품에 대해서는 고가격을 책정하는 가격 전략을 종종 활용한다.

 예 면도기와 함께 사용하는 면도날, 프린터에 사용하는 (잉크)토너 등이 종속제품이다.

③ 사양제품에 대한 가격결정: 기업의 주력제품과 함께 판매되는 각종 사용제품 또는 액세서리에 부과되는 가격을 의미한다. 또한 옵션으로 제공되는 품목에 대해서는 상대적으로 고마진의 제품가격을 책정하는 경향이 있다.

④ 묶음제품에 대한 가격결정: 기업은 관련 제품들을 함께 묶어 저렴한 가격으로 판매하는데, 이를 묶음제품 가격결정이라고 한다.

제6절   가격 변화의 주도 및 대응

일반적으로 가격결정구조 전략이 수립되어도 기업의 입장에서는 종종 가격의 변화를 주도하거나 경쟁사의 가격변화에 대응할 수밖에 없는 상황에 놓인다. 이때 가격변화를 주도하려 할 경우에 기업은 소비자와 경쟁사들의 반응을 반드시 고려해야만 한다. 특히, 가격인상을 주도하는 경우와 가격인하를 주도하는 경우가 시사하는 점은 서로 다르기 때문이다.

> **더 알아두기**
>
> **가격변화의 결정에서 경쟁 측면 및 소비자 측면의 고려사항** 기출
> • 경쟁 측면에서의 고려사항
> – 제품 가격의 인하 시에는 불필요하게 가격경쟁이 일어나지 않도록 해야 한다.
> – 제품 가격의 인상 시에는 경쟁사들이 따라오도록 만들어야 한다.
> – 마켓 리더는 경쟁사의 가격 인하에 대해서 신중한 반응을 보이며 대처해야 한다.
> – 경쟁사의 가격변화에 대한 대응방안으로 가격인하, 제공물의 가치 제고, 제품의 품질 향상, 저가격대의 투사형 상표 출시 등을 고려한다.
> • 소비자 측면에서의 고려사항
> – 가격의 인상이 있기 전에 다른 대안들을 찾아봐야 한다.
> – 제품의 출고가격을 인하하는 경우라도 소매가격에 반영되지 않을 수도 있다.

※ 다음 지문의 내용이 맞으면 ○, 틀리면 ×를 체크하시오. [1~6]

01 기업에게 제품이란 수익과 이익의 원천이지만, 다른 면에서 볼 때는 소비자가 지불해야 하는 구입의 대가이므로 촉진의 한 수단이면서 경쟁도구로서의 역할을 수행하게 된다. (   )

02 가격은 타 마케팅믹스 요소 중에서 자사의 이익을 결정하는 유일한 변수 역할을 한다. (   )

03 시장 진입 초기에는 비슷한 제품에 비해 상대적으로 가격을 높게 정한 후에 점차적으로 하락시키는 전략을 침투가격 전략이라고 한다. (   )

04 시장 진입 초기에는 비슷한 제품보다 상대적으로 가격을 저렴하게 정한 후에 실질적인 시장점유율을 확보하고 나서부터는 서서히 가격을 올리는 전략을 침투가격 전략이라고 한다. (   )

05 역경매란 소비자가 제품에 대하여 선호하는 만큼의 가격을 제시하게 되고 제시된 가격 중 최고가에 가격이 결정되는 방식이다. (   )

06 이중요율은 제품의 가격체계를 기본가격과 사용가격으로 구분하여 2부제로 부과하는 가격정책이다. (   )

정답과 해설   01 ×   02 ○   03 ×   04 ○   05 ×   06 ○

01   기업에게 가격이란 수익과 이익의 원천이지만, 다른 면에서 볼 때는 소비자가 지불해야 하는 구입의 대가이므로 촉진의 한 수단이면서 경쟁도구로서의 역할을 수행하게 된다.

02   타 마케팅믹스인 제품, 유통, 촉진 등은 비용을 유발하는 요소이지만 가격은 유일하게 자사의 이익을 결정하는 변수이다.

03   시장 진입 초기에는 비슷한 제품에 비해 상대적으로 가격을 높게 정한 후에 점차적으로 하락시키는 전략을 초기 고가격 전략이라고 한다.

05   역경매는 판매자들 간의 경쟁에 의해 가격이 결정되는 방식이다.

01 단수가격은 시장에서 경쟁이 치열할 때 소비자들에게 심리적으로 저렴하다는 느낌을 주어 판매량을 늘리려는 가격결정방법이다.

01 제품의 가격을 100원, 1,000원 등과 같이 현 화폐단위에 맞게 책정하는 것이 아니라, 그보다 조금 낮은 95원, 990원 등과 같이 책정하는 방식으로 소비자들의 심리를 이용한 가격전략은 무엇인가?

① 단수가격   ② 명성가격
③ 관습가격   ④ 준거가격

02 침투가격 전략은 가격에 민감하게 반응하는 중·저소득층을 목표고객으로 정했을 때 효과적이다.

02 시장 진입 초기에 비슷한 제품보다 상대적으로 가격을 저렴하게 정한 후에 실질적인 시장점유율을 확보하고 나서부터는 서서히 가격을 올리는 전략은 무엇인가?

① 준거가격
② 스키밍 전략
③ 명성가격
④ 침투가격 전략

03 EDLP(Every Day Low Price)는 매일매일 저렴한 가격에 제품을 판매하려는 전략이다.

03 EDLP와 HIGH·LOW 가격관리에 대한 설명으로 **틀린** 것은?

① EDLP는 평상시의 경우, 가격이 타 점포보다 저렴하다.
② EDLP는 비싸게 판매하다가 바겐세일 또는 행사 기간 때 저렴하게 판매하는 것을 말한다.
③ HIGH·LOW의 경우 소비자의 입장에서는 언제 세일을 할까 하는 흥미를 불러일으킨다.
④ HIGH·LOW는 평상시에 제품품질과 고객 서비스에 더 신경을 쓸 수 있다.

정답 (01 ① 02 ④ 03 ②)

04 지역에 상관없이 모든 고객에게 운임을 포함한 동일한 가격을 부과하는 가격정책은 무엇인가?

① 균일운송가격
② 구역가격
③ 운송비 흡수가격
④ 기점가격

05 다음 중 가격의 중요성에 해당하지 <u>않는</u> 것은?

① 제품의 생산을 위해 투입되어야 하는 노동, 토지, 자본, 기업자 능력 등의 여러 가지 생산 요소들의 결합 형태에 영향을 미친다.
② 마케팅 믹스의 다른 요소들로부터 영향을 받지만, 동시에 다른 요소에는 영향을 미치지 않는다.
③ 제품의 시장수요 및 경쟁적 지위, 시장점유율 등에 직접적이면서 즉각적인 영향을 미치며, 기업의 수익과 밀접한 연관성을 가진다.
④ 심리적 측면에서 보면 소비자들은 가격을 전통적인 교환비율이기보다는 품질의 지표로 이용할 수도 있으므로, 기업은 가격에 대한 소비자의 심리적 반응을 충분히 고려해야 한다.

06 다음 중 가격의 역할이 <u>아닌</u> 것은?

① 제품의 품질에 대한 정보를 제공한다.
② 기업의 수익을 결정하는 유일한 변수이다.
③ 중요한 경쟁도구이다.
④ 경제상황과 별 상관관계가 없다.

04 균일운송가격은 운송비가 가격에서 차지하는 비율이 낮은 경우에 용이한 가격관리 방법이다.

05 기업에서 신제품을 개발하거나 기존 제품의 품질을 개선하려는 의사결정은 그러한 조치에 수반되는 비용을 소비자들이 기꺼이 부담해 줄 경우에나 수행 가능하므로 원가와 적정이윤을 보상하려는 가격결정은 마케팅 믹스의 타 요소들에 영향을 미친다.

06 가격은 경제상황과 밀접한 관계가 있다.

정답 (04 ① 05 ② 06 ④)

07 준거가격은 구매자가 기준가격을 마음속에 지니고 있으면서, 제품을 구매할 경우 그것과 비교해 보고 제품가격이 비싼지 여부를 결정하는 것을 말한다.

07 다음 내용이 의미하는 것은?

> 구매자는 어떤 제품에 대해 자기 나름대로의 기준이 되는 것을 마음속에 지니고 있어서, 제품을 구매할 경우 그것과 비교해보고 제품가격이 비싼지의 여부를 결정한다.

① 명성가격
② 준거가격
③ 관습가격
④ 단수가격

08 가격은 시장에서 판매자나 소비자에게 제품 및 서비스의 가치를 나타내는 기준이다.

08 시장에서 판매자나 소비자에게 제품이나 서비스의 가치를 나타내주는 기준은?

① 수요
② 공급자
③ 마케팅
④ 가격

09 관습가격(Customary Pricing)은 일용품의 경우처럼 장기간에 걸친 소비자의 수요로 인해 관습적으로 형성되는 가격을 말한다.

09 소매점에서 과자 등을 판매할 때, 생산원가가 변동되었다고 하더라도 품질이나 수량을 가감하여 종전가격을 그대로 유지하는 것은?

① Odd Pricing
② Customary Pricing
③ Prestige Pricing
④ Reference Pricing

정답 07 ② 08 ④ 09 ②

10 다음 내용의 괄호 안에 들어갈 가격결정 방법은?

> A구매자가 B백화점에서 청바지 가격이 대략 10만 원 정도라고 생각했는데 15만 원의 청바지를 보면 비싸다고 느끼는 경우에, A구매자에게 청바지의 (   )은 10만 원 정도가 된다.

① 준거가격
② 명성가격
③ 단수가격
④ 관습가격

11 다음 중 지리적 가격조정에 해당하지 <u>않는</u> 것은?

① Free On Board
② Zone Pricing
③ Uniform Delivered Pricing
④ Customary Pricing

12 다음 중 판매촉진 가격결정에 속하지 <u>않는</u> 것은?

① Loss Leader
② Bargain Sale
③ Quantity Discounts
④ Freight Absorption Pricing

10 준거가격은 소비자가 제품에 대한 가격이 비싼지 싼지를 판단하는 데 기준으로 삼는 가격을 말한다.

11 관습가격(Customary Pricing)은 소비자의 심리적 가격결정방법에 속한다.

12 운송비 흡수가격(Freight Absorption Pricing)은 지리적 가격조정에 속한다.

정답 10 ① 11 ④ 12 ④

13 FOB(Free On Board)가격은 균일운
송가격과는 반대로 제품의 생산지에
서부터 소비자가 있는 곳까지의 운
송비를 소비자가 부담하도록 하는
방법이다.

13 다음 내용이 의미하는 것은 무엇인가?

> 균일운송가격과는 반대로 일반 소비재에는 현실적인 적용이
> 어렵고, 발생하는 건수가 많지 않은 산업재·제조업자와 중
> 간상 간의 거래에 많이 이용된다.

① FOB(Free On Board)
② Zone Pricing
③ Basing Point Pricing
④ Uniform Delivered Pricing

14 초기 고가격 전략은 시장 진입 초기
가격을 높게 정한 후에 점차적으로
하락시키는 전략이다.

14 다음 중 초기 고가격 전략에 대한 설명으로 옳지 않은 것은?

① 자사가 신제품으로 타사에 비해 높은 경쟁우위를 가질 때 효
과적으로 적용시킬 수 있는 전략이다.
② 시장 진입 초기에는 가격을 저렴하게 책정한 후에 실질적인
시장점유율을 확보하고 나서부터는 서서히 가격을 올리는 전
략이다.
③ 다른 말로 스키밍 전략(Skimming Strategy)이라고도 한다.
④ 휴대전화나 컴퓨터 등의 하이테크 제품에서 고소득층을 목표
고객으로 정했을 때 효과적으로 사용 가능하다.

정답 13 ① 14 ②

15 침투가격 전략에 대한 설명으로 <u>틀린</u> 것은?

① 시장 진입 초기에 가격을 저렴하게 책정한 후 서서히 가격을 올리는 전략이다.

② 이익수준이 낮으므로 타사의 진입을 어렵게 만드는 요소로 작용한다.

③ 대량생산이나 마케팅 제반비용 등을 감소시키는 데 있어 효과적으로 사용되는 전략이다.

④ 자사가 신제품으로 타사에 비해 높은 우위를 가질 때 효과적으로 적용되는 전략이다.

15 자사가 신제품으로 타사에 비해 높은 우위를 가질 때 효과적으로 적용시킬 수 있는 전략은 초기 고가격 전략이다.

16 다음 중 가격결정 시 고려요인 중 내부요인에 속하지 <u>않는</u> 것은?

① 원가
② 마케팅 믹스 전략
③ 시장과 수요
④ 마케팅 목표

16 가격결정시 내부 고려요인
- 마케팅 목표
- 마케팅 믹스 전략
- 원가
- 조직

17 다음 중 가격결정 시 고려요인 중 외부요인에 속하지 <u>않는</u> 것은?

① 경쟁자
② 정부의 규제 및 인플레이션
③ 시장과 수요
④ 마케팅 목표

17 가격결정시 외부 고려요인
- 시장과 수요
- 경쟁자
- 기타 환경요인(정부의 규제 및 인플레이션, 이자율 등)

정답 (15 ④   16 ③   17 ④)

18 묶음가격 전략은 두 가지 또는 그 이상의 제품 및 서비스 등을 결합해서 하나의 특별한 가격으로 판매하는 방식의 마케팅 전략으로, 이는 제품이나 서비스의 마케팅 등에서 종종 활용하는 기법이다.

18 다음 내용이 설명하는 것으로 적절한 것은?

> 식료품의 묶음, 또는 휴가상품 패키지 및 패스트푸드점의 세트메뉴, 프로야구 시즌티켓 판매 등이 대표적인 예이다. 이 전략을 취하는 주요 목적은 가격차별화를 통한 이익의 증대를 가져오기 위함이다.

① 이중요율 전략
② 묶음가격 전략
③ 가격계열화 전략
④ 부산품 전략

19 2부제 가격 또는 이중요율 전략은 제품의 가격체계를 기본가격과 사용가격으로 구분하여 2부제로 부과하는 가격정책을 말한다. 다시 말해, 이 방식은 제품의 구매량과는 상관없이 기본가격과 사용가격이 적용되는 가격 시스템을 의미한다.

19 다음 내용이 설명하는 것으로 적절한 것은?

> 대표적인 예로는 전기, 전화, 수도 등의 공공요금 및 택시요금, 놀이공원 등이 있다.

① 2부제 가격 또는 이중요율
② 부산품 전략
③ 묶음가격
④ 가격계열화

정답 18 ② 19 ①

Self Check로 다지기 | 제8장

⇥ **가격의 역할**
- 품질에 대한 정보제공의 기능
- 자사의 이익을 결정하는 유일한 변수
- 경쟁의 도구

⇥ **신제품 가격 전략**
- 초기 고가격 전략 : 시장 진입 초기에는 비슷한 제품에 비해 상대적으로 가격을 높게 정한 후에 점차적으로 하락시키는 전략
- 침투가격 전략 : 시장 진입 초기에는 비슷한 제품보다 상대적으로 가격을 저렴하게 정한 후에 실질적인 시장점유율을 확보하고 나서부터는 서서히 가격을 올리는 전략

⇥ **역경매** : 판매자들 간의 경쟁에 의해 가격이 결정되는 형태

⇥ **가격차별화의 선결조건**
- 서로 다른 세분고객들이 다른 가격에 대해 반응하는 결과가 달라야 한다.
- 시행할 가격차별화 정책 등이 법적으로 하자가 없어야 한다.
- 재정거래 문제가 없어야 한다.
- 소비자가 차별된 제품가격에 대해 혼란을 느껴서는 안 된다.

⇥ **심리적 가격결정방법**
- 단수가격(Odd Pricing) : 시장에서 경쟁이 치열할 때 소비자들에게 심리적으로 저렴하다는 느낌을 주어 판매량을 늘리려는 가격결정방법
- 관습가격(Customary Pricing) : 일용품의 경우처럼 장기간에 걸친 소비자의 수요로 인해 관습적으로 형성되는 가격
- 명성가격(Prestige Pricing) : 자신의 명성이나 위신을 나타내는 제품의 경우에 일시적으로 가격이 높아짐에 따라 수요가 증가됨을 이용하여 고가격으로 가격을 설정하는 방법
- 준거가격(Reference Pricing) : 구매자는 자기 나름대로의 기준으로 제품을 비교해보고 제품 가격이 비싼지 여부를 결정하는 것

SD에듀와 함께, 합격을 향해 떠나는 여행

제 9 장

촉진관리(1)

할 수 있다고 믿는 사람은 그렇게 되고, 할 수 없다고 믿는 사람도 역시 그렇게 된다.

– 샤를 드골 –

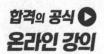
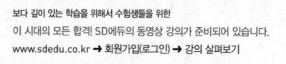

제 9 장 | 촉진관리(1)

제1절　촉진믹스

(1) 촉진믹스(Promotion Mix)

우리말로 촉진이라고 하며, 제품이나 그에 따르는 서비스를 소비자에게 판매하고, 소비하기 위한 일련의 활동이라 할 수 있다. 현실적으로 아무리 좋은 제품이라 하더라도, 소비자들이 이를 인지하지 못한다면 제품이 팔리지 못한다. 그래서 기업의 입장에서는 자사의 제품이 타사보다 우월하다는 것을 소비자들에게 인식시켜 줄 필요가 있다. 결국, 소비자와의 커뮤니케이션과 연관되는 문제는 고객의 니즈를 충족시켜주고, 기업에서는 마케팅 목표를 실현하기 위한 주요한 마케팅 활동이다. 이를 프로모션 관리라 한다. 다시 말해, 제품을 고객에게 알려 이를 구매하도록 적극적으로 설득하고, 구매로 이어지게 하는 인센티브를 제공하여 판매를 촉진하는 총체적 마케팅 활동이라 할 수 있다. 요즘 들어, 기업의 촉진 비용으로 판촉의 중요성이 늘어나는 이유는 다음과 같다.

첫째, 시장에서의 경쟁이 심화됨에 따라 구매자들의 제품에 대한 선택의 폭이 점차적으로 넓어져 가고 있다.

둘째, 광고의 효율성이 점차 줄어들면서, 빠른 기간 안에 효과를 볼 수 있는 판촉의 비중이 높아져가고 있다.

셋째, 실질적인 소득이 떨어져 미래에 대한 불확실성이 높아지면서 구매자들이 가격에 보다 민감해지고 있는 현실이다.

정리하면, 판촉은 가격에 민감한 소비자들의 구매 또는 대량구매를 유도하거나, 시장에서의 비수기에 구매자들의 수요를 자극하여 지속적인 판매를 유지하는 목적으로 주로 사용된다.

(2) 촉진믹스의 개념

기본적으로 소비자들에게 정보 전달을 주목적으로 하는 협의의 커뮤니케이션 수단으로 선택할 수 있으며, 이를 고객에게 전달하기 위한 프로모션 방법으로는 광고, 판매촉진, 인적 판매, PR 등이 있다. 촉진믹스(Promotion Mix)란 어떤 특정한 기간 동안 자사가 기울이는 여러 가지 촉진적 노력들의 결합체를 의미한다. 일반적으로 대부분의 기업은 2가지 이상의 촉진유형을 사용하고 있으나, 한 가지 촉진유형만 이용하는 경우도 있다. 단일 촉진유형의 예를 들면, 우편주문을 통해서 제품을 판매하는 신용카드사의 홈쇼핑 판매가 있다. 신용카드 회사는 카탈로그를 통해 제품정보를 소비자에게 전달하는 방식을 채택하고 있는데, 이것은 주로 인쇄광고 매체에만 의존하는 촉진전략이라는 것을 알 수 있다.

> **더 알아두기**
>
> **촉진믹스 계획 시 고려해야 할 요인**
> • 전체 마케팅 믹스에 있어서 촉진활동의 역할
> • 제품의 특성
> • 시장의 특성

(3) 촉진믹스 전략 [기출]

일반적으로 촉진전략이란, 기업 조직이 예상되는 고객들의 수요 욕구를 환기시키기 위해서 의도적으로 벌이는 모든 활동과 관련된 전략을 말한다. 이를 위한 촉진믹스는 효율적인 촉진 전략의 실행을 위한 도구로써 4가지로 나뉜다.

① **광고활동(Advertising)** : 특정한 광고주가 기업의 제품 및 서비스 등을 대가를 지불하게 되면서 비인적 매체를 통해 제시·촉진하는 것을 말한다. 이것은 소비자들에 대한 인지도를 구축함에 있어서 많은 영향을 미치는 매체로써 호소할 수는 있으나, 실질적으로 소비자들의 구매행동으로까지 연결시키기에는 그 힘이 너무나 약한 상태이다.

② **인적판매활동(Personal Selling)** : 한 명 또는 그 이상의 잠재소비자들과 직접 만나면서 커뮤니케이션을 통해 판매를 실현하는 방법을 말한다. 사람에 따라 효과의 차이가 너무나도 크기 때문에 비용 대비 효과를 반드시 고려해야만 한다.

③ **판매촉진활동(Sales Promotion)** : 소비자들에게 기업의 서비스 또는 제품의 판매 및 구매를 촉진시키기 위한 실질적인 수단으로, 소비자들에게 구매하게끔 하는 요소이다.

④ **홍보활동(Public Relations)** : 좋은 기업이미지를 만들고, 비호감적인 소문 및 사건 등을 처리 및 제거함으로써 우호적인 관계를 조성하는 방법으로, 많은 비용을 들이지 않고도 활용할 수 있는 매우 효율적인 수단이다.

> **더 알아두기**
>
> **제품수명주기와 커뮤니케이션 믹스**
> • **도입기** : 도입기 단계에서는 인지도를 높이기 위해 광고 및 PR, 중간상을 대상으로 한 인적판매, 샘플링을 활용한다.
> • **성장기** : 성장기 단계에서는 구매 설득을 위해 차별적 특성을 알리는 광고의 비중이 커진다.
> • **성숙기** : 성숙기 단계에서는 소비자들에게 제품을 상기시키고 경쟁에 대처하기 위해 인적판매의 비중이 커지고 제품의 새로운 용도와 특성을 강조하는 광고를 활용한다.
> • **쇠퇴기** : 쇠퇴기 단계에서는 마케팅 커뮤니케이션을 최소화한다.

제2절 통합적 마케팅 커뮤니케이션

(1) 통합적 마케팅 커뮤니케이션의 개념

통합적 마케팅 커뮤니케이션(IMC ; Integrated Marketing Communication)의 기본적인 가정은 '고객을 설득하는 과정'으로 이는 기업의 마케팅 믹스활동 및 촉진전략을 이해하기 위한 접근법이다. 다시 말해, IMC는 별개로 취급해 오던 여러 커뮤니케이션의 믹스 요소들, 즉 인적판매·PR·광고·판매촉진 등을 하나의 통합적인 관점에서 이를 잘 배합해서 일관성 있게 메시지를 전달하여, 특정 커뮤니케이션 수용자들의 행동에 영향을 주는 목적으로 실행되는 것을 말한다. IMC는 단순하게 어떤 메시지 또는 이미지의 통합이 아니라 소비자들의 데이터베이스를 통해 그들에 대한 전반적인 정보를 수집하고, 이렇게 수집된 데이터를 활용하여 광고, 프로모션, 직접우편 등과 같은 마케팅 전략을 통해 세분화된 특정 소비자를 목표로 그들의 욕구를 충족시키는 전략의 실행방안이기도 하다. 더불어 이러한 실행방안은 일회적인 것이 아닌 전략 수행 후 평가하고 소비자 반응에 대한 데이터를 다시 구축하는 단계를 완료함으로써 다음 전략의 성공을 준비하는 소비자 위주의 순환적 피드백 시스템에 기초해야 한다. 또한, IMC 전략 수행 시에 마케팅 커뮤니케이션 도구의 활용은 반드시 모든 매체를 사용하여야만 하는 것은 아니다. 전략 시너지 효과를 제고하기 위해 타깃의 상표 접촉 포인트 분석에 근거하여 소비자들에게 가장 효과적으로 전달할 수 있는 도구들의 통합이어야 한다.

〈IMC의 과거와 현재 비교〉

과거	기업 (The Firm)	일방적 ◄──► 자극·반응	소비자 (The Consumer)
현재	기업 (The Firm)	지속적인 ◄──► 관계 상호작용	소비자 (The Consumer)

(2) 커뮤니케이션 전략

① 커뮤니케이션 믹스

무엇보다도 각 커뮤니케이션 수단이 가지고 있는 특성을 이해해야 한다. 고객과 커뮤니케이션을 하기 위한 수단은 다음의 그림과 같다. 이러한 5가지 수단은 각각 장단점을 가지고 있다. 이 장단점을 서로를 보완하여 가장 효과적인 커뮤니케이션 믹스가 되도록 조합할 수 있는 것이다. 판매 촉진 전략과 광고 전략은 커뮤니케이션 활동의 중심을 이루며 밀접관계에 있다. 일반적인 기업에서는 먼저 광고, 판촉, 예산이라는 커다란 범위로 예산을 확보해 두고서 전략적 의도에 따라 비용을 분할하는 방식을 취하고 있다.

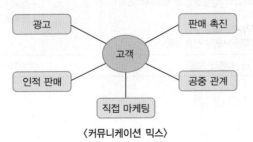

〈커뮤니케이션 믹스〉

② 소비자의 태도 변화 프로세스(구매 결정 프로세스)

이상적인 커뮤니케이션 믹스를 만들기 위해서는 소비자의 구매 특성과 구매에 이르기까지의 구매 행동 프로세스를 알아두어야 한다. 마케팅의 목적은 최종적으로 소비자로 하여금 구매하도록 하는 데 있으며 소비자가 구매에 이르기까지의 여러 의사결정 프로세스가 존재한다. 기업에 있어 중요한 것은 현재 잠재 소비자가 어떤 단계에 있으며 어떤 커뮤니케이션 방법으로 주의를 끌 것인가 하는 부분이다. 판매자는 잠재 소비자의 주의를 끌고(Attention), 소비자가 흥미를 갖게 하고(Interest), 소비자의 욕구를 환기시키고(Desire), 소비자에게 동기를 부여하고(Motive), 그리고 소비자가 행동에 나서게 하게끔(Action) 메시지를 전달해야 한다. 소비자의 태도 변화 프로세스에서 각 커뮤니케이션 수단의 중요도는 제품의 특성에 따라 달라지는데, 통상적으로 소비자가 제품에 대한 흥미를 보이는 단계에는 광고가 상대적으로 가장 효과적이며 실제로 구매를 하는 단계에서는 인적 판매가 가장 효과적인 수단으로 나타난다.

③ 인지도 및 호감도

커뮤니케이션 활동(그중에서도 광고활동 및 판매촉진 활동)에서의 주요한 역할은 단순히 제품을 광범위하게 알리는 것만이 아니다.

④ 푸시 전략과 풀 전략

커뮤니케이션 믹스 전략 중에서 중요한 개념으로 떠오르는 것 중의 하나가 푸시 전략과 풀 전략이다. 마케팅 믹스를 하기 전에 먼저 푸시 전략과 풀 전략의 믹스를 설정하는 것이 상당히 효과적이다.

푸시 전략		풀 전략	
제조회사	• 높은 이익률 제공 • 직접 광고 • 인적 판매	제조회사	• 소비자에게 직접 판촉 • 품질을 강조한 가격 소구 • 유통업체자 낮은 이익률 제공
↑ ⇓		⇑ ↓	
도매업	• 높은 이익률 제공 • 판매 지원 • 인적 판매	도매업	• 고객이 원하는 브랜드의 유용성을 찾아 소구 • 고객이 원하는 브랜드를 낮은 가격에 매입
↑ ⇓		⇑ ↓	
소매업	• 높은 이익률 누림 • 판매 활동 • 상품 선점 지원	소매업	• 고객이 원하는 브랜드의 유용성과 가격을 소구 • 고객이 원하는 브랜드의 대량 판매를 통한 이익 확보
↑ ⇓		⇑ ↓	
소비자	• 소매업의 상품선정과 어드바이스에 의지 • 편의성에 따라 구입 • 강력한 브랜드 선호 없음	소비자	• 강력한 브랜드 선화 • 점포보다 브랜드로 구입
→ 제품의 흐름		⇒ 커뮤니케이션의 흐름	

그림을 설명하면, 제품이 제조회사에서 도매와 소매를 거쳐 소비자에 도달되는 과정에서 제품의 흐름상 위쪽에서 아래쪽으로 작용을 가하는 전략을 푸시 전략이라고 한다. 제조회사는 도매상을 상대로 해서 재정의 원조, 제품의 설명, 판매의 방법 지도, 판매 의욕을 환기(리베이트 등)시키고, 뒤이어 도매상은 소매상을 상대로 작용을 가하고, 소매상은 소비자를 상대로 해당 제품 및 브랜드의 우수성을 납득시켜 구매로 이끄는 과정이다. 반면에, 풀 전략은 제조회사가 소비자에게 직접적으로 작용을 가하여 구매에 대한 의욕을 환기시킴으로써 소비자에게 해당 제조회사의 제품 및 브랜드를 구매하도록 하는 과정이다.

> **더 알아두기**
>
> **푸시 전략(Push Strategy)** `기출`
> 푸시 전략은 제조업자가 소비자를 향해 제품을 밀어낸다는 의미로 **제조업자는 도매상에게, 도매상은 소매상에게, 소매상은 소비자에게 제품을 판매하게 만드는 전략**을 말한다. 이것은 중간상들로 하여금 자사의 상품을 취급하도록 하고, 소비자들에게 적극 권유하도록 하는 데 있다. 푸시 전략은 소비자들의 브랜드 애호도가 낮고, 브랜드 선택이 점포 안에서 이루어지며, 동시에 **충동구매가 잦은 제품**의 경우에 적합한 전략이다.
>
> **풀 전략(Pull Strategy)** `기출`
> 풀 전략은 제조업자 쪽으로 당긴다는 의미로 소비자를 상대로 적극적인 프로모션 활동을 하여 소비자들이 스스로 제품을 찾게 만들고 중간상들은 소비자가 원하기 때문에 제품을 취급할 수밖에 없게 만드는 전략을 말한다. 풀 전략은 광고와 홍보를 주로 사용하며, 또한 소비자들의 브랜드 애호도가 높고, 점포에 오기 전에 미리 브랜드 선택에 대해서 **관여도가 높은 상품**에 적합한 전략이다.

⑤ **커뮤니케이션 전략 입안 단계**

커뮤니케이션 전략은 제품 매출에 있어서 지대한 영향을 미친다. 그러므로 이를 입안할 때는 다양한 요인을 고려하면서 계통적으로 생각해 나가야 한다.

⑥ **커뮤니케이션 전략에 영향을 미치는 요인**

㉠ 제품에 따른 소비자의 구입 스타일 차이

소비자의 구매 프로세스를 이해하는 것은 매우 중요한 부분이다. 소비재의 적절한 커뮤니케이션 믹스와 생산재의 그것은 서로 다르다. 예를 들어, 의료용 전자 기기 또는 산업용 로봇 같은 생산재에서는 제품의 특성 및 기능을 자세하게 비교하고 평가한 다음에 구입하므로 소비재처럼 충동적인 구매가 이루어지지 않기 때문이다. 또 제품의 라이프 사이클에 따라 효과적인 프로모션 수단도 달라지게 마련인데, 수명주기 상에서 제품의 도입기에는 소비자에 대한 보다 과감한 지원이 필요하므로 인적 판매가 필요하고, 시장이 성숙하여 제품 라인이 확대되면 이를 널리 알리기 위한 광고가 필요한 것이다.

㉡ 경쟁사의 커뮤니케이션 전략

커뮤니케이션 전략을 검토할 때는 경쟁사가 어떤 전략을 취하고 있는지에 대한 파악 또한 중요하다. 기업의 입장에서는 경쟁사와 같은 커뮤니케이션 믹스를 선택해서 경쟁을 할 것인지, 반대로 경쟁사와는 다른 자사만의 독특한 전략을 취할 것인가 하는 것이다.

ⓒ 자사의 브랜드 파워, 제품 라인

기업의 커뮤니케이션 활동이 제품마다 이루어질 수는 없다. 이럴 경우에는 그 전까지 쌓아온 해당 기업의 브랜드 파워 및 이미지, 또는 제품 라인의 풍부함 등이 빛을 발하게 된다. 예를 들어, LG가 어떠한 신제품을 시장에 선보일 경우 무명의 제조회사가 같은 종류의 제품을 출시할 때보다 그 품질을 알리기에는 노력이 훨씬 절감된다.

더 알아두기

통합적 마케팅 커뮤니케이션(IMC)이 갖추어야 할 3C's 기출
- 명확성(Clearness) : 메시지가 전달되는 모든 커뮤니케이션 요소에서 명확성을 가져야 함을 말한다.
- 일관성(Consistency) : 메시지가 전달되는 모든 매체에서 메시지가 일관성을 가져야 한다는 것을 말한다.
- 이해가능성(Comprehensiveness) : 여러 요소로부터 전달되어지는 모든 메시지는 쉬우면서도 이해할 수 있는 것을 말한다.

통합적 마케팅의 새로운 접근

4P(생산자 중심) → 4C(소비자 중심)	내용
Product → Consumer	생산자 중심의 판매에서 소비자 니즈에 맞는 제품으로 이동
Price → Cost	소비자 입장에서 기회비용을 충족하는 가격으로 이동
Promotion → Communication	과거의 일방적 홍보에서 소비자와 생산자 간의 상호 소통하는 방식으로 이동
Place → Convenience	소비자가 편리하게 구매할 수 있도록 유통방식의 이동

제3절 커뮤니케이션 과정

일반적으로 커뮤니케이션은 마케팅 목표를 보다 효과적으로 달성하기 위해 행해지는 커뮤니케이션 활동이라 할 수 있다. 즉, '정보의 전달(교환)' 또는 '발신자와 수신자 간 사고에 있어서의 공통영역을 구축하는 과정' 등으로 정의된다.

(1) 마케팅 커뮤니케이션 과정

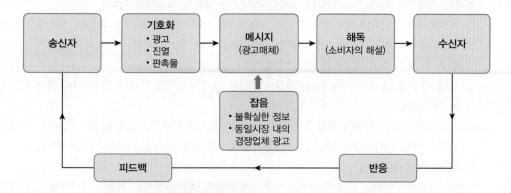

(2) 마케팅 커뮤니케이션 과정의 구성요소 [기출]

① **발신인** : 또 다른 개인이나 그룹 등에게 메시지를 보내는 당사자를 말한다.

② **부호화** : 전달하고자 하는 것들을 문자나 그림 또는 언어 등으로 상징화하는 과정을 말한다.

③ **메시지** : 발신인이 전달하고 싶은 내용을 조합한 것을 말한다.

④ **매체** : 발신인에서 수신인으로 메시지를 전달하는 데 있어 사용되는 의사전달경로를 말한다.

⑤ **해독** : 발신인이 부호화해서 전달한 내용을 수신인이 해독하는 과정을 말한다.

⑥ **수신인** : 메시지를 받는 당사자를 말한다.

⑦ **반응** : 메시지에 노출이 된 후에 나타나는 수신인의 행동을 말한다.

⑧ **피드백** : 수신인의 발신인에 대한 반응을 말한다.

⑨ **잡음** : 의사전달 과정 시에 뜻하지 않은 현상 또는 왜곡으로 인해 일어나는 것을 말한다. 수신인은 발신인이 말하고자 하는 내용을 수신하지 못하거나 또는 발신인의 의도하고는 전혀 상관없는 메시지로 이해하게 된다. [기출]

이러한 마케팅 커뮤니케이션 모델의 경우, 효율적인 의사전달의 내용을 나타내고 있다. 메시지를 보내는 발신인은 자신이 보내고자 하는 메시지가 누구에게 전달되는지, 또한 어떤 반응이 나타나기 원하는지를 알아둘 필요가 있다. 그러기 위해서는 수신인이 발신인이 보낸 메시지를 어떠한 형태로 해독하는지를 알고, 기술적으로 메시지를 부호화해야 한다. 그리고 발신인이 원하는 청중들과 효과적으로 만날 수 있는 매체 등을 통해서 메시지를 보내야 한다. 다음으로, 메시지를 받은 수신인의 반응을 알 수 있도록 피드백 채널을 지속시켜야 한다.

(3) 프로모션 프로그램의 수립과정

일반적으로 자사는 여러 가지 어려움을 뚫고, 기업이 의도하는 바를 소비자에게 전달해야 한다. 이렇게 하기 위해서는 다음과 같은 과정에 의해 이루어진다. 촉진목표 설정, 예산의 설정, 표적청중의 결정, 필요반응함수의 결정, 메시지 결정, 전달매체의 선택, 스케줄링, 효과측정이 그러한 과정이다.

① 프로모션 목표 설정

현대의 기업들은 여러 가지 다양한 마케팅 의사소통 채널을 관리하고 있다.

㉠ 기업은 중간상이나 소비자 그리고 여러 유형의 대중들과 커뮤니케이션을 하는데, 중간상들의 경우 자신의 고객들과 일반 대중들에게 의사전달을 하며, 소비자들은 구전효과를 통해서 소비자 상호 간 또는 일반 대중들과 의사소통을 한다.

㉡ 기업, 중간상, 소비자 그리고 일반인들의 집단은 타 집단들에게 기업의 의사전달에 대한 피드백을 제공한다.

㉢ 요즘의 마케팅의 방향이 일방적인 부분에서 쌍방향으로 전환되고 있음을 알고 있다면, 각각의 집단에 대한 의사결정에 관련된 피드백의 중요성은 더욱더 거듭나고 있다고 할 수 있다.

② 프로모션 예산 설정방법

기업의 입장에서 어려운 문제 중의 하나가 촉진에 투입할 예산을 얼마로 책정할 것인가 하는 문제일 것이다. 촉진예산의 산정이 어려운 이유는 촉진활동의 효과가 직접적인 매출액의 증가 또는 이익의 증가로 측정키가 어려운 경우가 많아서 그렇다. 그래서 기업들의 경우 촉진예산을 책정할 때 다음과 같은 4가지 방법을 사용한다.

㉠ 가용예산 활용법 : 기업들이 회사에서 충당 가능한 수준의 촉진비용을 책정하는 것을 말한다. 즉, 회사의 자금 사정상 급박한 다른 상황에 비용을 모두 예산으로 책정한 후에 나머지를 촉진비용으로 정하는 방법을 말한다. 이 방식은 보통 제한된 자금을 소지한 기업에서 촉진을 위해 많은 비용을 투하하지 않으려는 의도로 사용되는 경우가 많다. 그러므로 이 방법은 매출액이 고려되지 않으므로 매출액에 대한 촉진의 효과는 기대할 수 없으며, 일정 산출기준에 의해 촉진예산이 정해지는 것이 아니고, 매년 회사의 자금사정에 따라 달라지는 것이므로 장기간의 마케팅 계획 수립에 있어서는 부적합하다. 기출

㉡ 매출액 비율법 : 현재 또는 예상되는 매출액의 일정비율을 사용하거나 아니면 제품의 판매가격의 일정 비율을 촉진예산으로 산정하는 방법을 말한다. 이 방법은 기업들이 많이 사용하는 방법이다.

> **더 알아두기**
>
> **매출액 비율법이 가지는 이점**
> • 자사가 사용 가능한 금액을 일률적으로 정하는 것이 아닌 매출액에 따라서 변화시킬 수 있다.
> • 촉진비용, 판매가, 제품의 단위당 이익 사이의 관계를 고려한 후, 촉진예산을 산정할 수 있다.
> • 경쟁사들이 매출액에 대한 동일한 비율을 촉진비용으로 사용하므로, 경쟁사들과의 촉진예산 비용관계에 있어 어느 정도 안정성을 유지할 수 있다.

㉢ 경쟁자 기준법 : 자사의 촉진예산을 타사의 촉진예산에 맞추는 방식으로, 산업평균에 근거하여 촉진예산을 책정하는 방식을 말한다. 이 방식은 타사의 상황이 자사가 처한 상황과 다를 시에는 오히려 자사에는 비합리적인 방식이 될 수 있다.

㉣ 목표 및 과업기준법 : 가장 논리적인 촉진예산 방식으로, 자사는 촉진활동을 통하여 자사가 얻고자 하는 것이 무엇인지에 따라 예산을 책정하는 방식을 말한다. 이때 마케팅 관리자는 특정한 목표를 정의하고, 이렇게 정의한 목표를 달성하기 위해 수행해야 할 과업이 무엇인지를 결정하고, 해당 과업을 수행하기 위해 필요한 비용을 산정하여 예산을 책정하는 과정을 거친다.

③ **표적청중의 결정**

의사전달자가 효율적인 커뮤니케이션을 수행하기 위해서는 메시지 수신의 대상이 되는 표적청중을 확실히 하는 데에서 출발한다. 청중이라 함은 현 사용자들이거나 잠재구매자들로서 직접적인 구매 결정을 하거나 또는 결정에 영향을 미치는 사람이며, 각 개인이거나 집단일 수도 있다.

④ **필요반응함수의 결정**

표적청중이 정해지면, 의사전달자는 커뮤니케이션을 통해 표적청중들로부터 어떤 반응을 얻고자 하는 것인지를 정해야 한다. 일반적인 마케팅 커뮤니케이션의 종착역은 자사제품의 구매이다. 하지만 구매라는 것은 소비자들의 구매의사결정과정의 결과로 나타나는 것이 일반적이며, 고관여 구매행동의 경우에는 더욱 그러하다.

⑤ **메시지 결정**

효과적 메시지 개발을 위해 무엇을 말할 것인가(메시지 내용), 내용을 어떻게 논리적으로 전달할 것인가(메시지 구조), 어떤 메시지 형태로 전달할 것인가(메시지 형태)에 대한 문제를 해결해야 한다.

ㄱ 메시지 내용 : 의사전달자는 자신이 원하는 반응을 이끌어낼 수 있는 주제를 찾아야 한다. 이때 사용되는 방법으로 이성적 메시지, 감성적 메시지, 도덕적 메시지 방법 등이 있다.

- 이성적 소구 : 제품의 질, 경제성, 가치, 성능에 대한 내용을 담고 있으며 자신이 많은 관심을 가지고 있는 내용을 전달함으로써, 제품의 구매는 청중에게 얻고자 하는 편익 등을 제공한다는 내용의 메시지를 사용한다.
- 감성적 소구 : 구매를 유도할 수 있는 부정적 또는 긍정적 감정들을 유발하려는 노력을 말한다. 이런 감성적 소구에 쓰이는 방법 중 공포, 죄책감, 부끄러움과 같은 소구는 사람들로 하여금 어떤 행동을 취하지 않으면 부정적 결과가 생길 것이라는 두려움을 유발시킨다.
- 도덕적 소구 : 청중들로 하여금 어떻게 하는 것이 옳은지를 생각하게 해주는 것을 말한다. '불우이웃을 돕자' 등 사회적 이슈가 되는 내용을 다루어 청중들로 하여금 지지를 하도록 만드는 것이다.

ㄴ 메시지 구조 : 의사전달자는 메시지 구조와 관련된 것들을 결정해야만 한다. 첫째, 메시지에 대한 결론을 내릴지 또는 청중들에게 맡겨둘지를 정해야 한다. 둘째, 자사의 제품에 대한 장점만을 말할 것인지, 아니면 장점과 더불어 단점까지도 같이 말할지를 정해야 한다. 셋째, 메시지 제시 순서에 대한 것으로서 강력한 주장의 내용을 광고 초반에 할 것인지 아니면 마지막에 제시할 것인지에 대한 부분도 고려해야 한다.

ㄷ 메시지 형태 : 메시지를 전달할 때, 소비자들에게 주의를 끌 수 있도록 강력한 형태의 광고 내용을 만들 필요가 있다. 즉, 인쇄매체를 통할 경우에 표제, 광고문안, 삽화 또는 색상 등을 결정해야 한다.

⑥ **전달매체의 선택**

촉진을 위해 메시지를 어떤 방식을 통해서 소비자들에게 전달할 것인지를 결정해야 하며, 인적경로와 비인적경로로 나뉜다.

⑦ **스케줄링**

이전의 단계에서 했던 활동들을 언제, 어떻게, 무엇을 통해 누구에 의해 몇 번에 걸쳐 소비자들에게 알릴지를 계획하는 것을 말한다.

⑧ **효과 측정**

촉진메시지를 전달한 이후에 의사전달자는 표적청중에 대한 커뮤니케이션 효과를 측정해야 한다.

제4절　촉진믹스 구성

(1) 광고(Advertising)

광고는 광고주가 비용을 지불하고 사람이 아닌 각종 매체를 통하여 자사의 제품을 널리 알리는 촉진활동이다. 즉, 광고란 특정 광고주가 아이디어, 상품 또는 서비스를 촉진하기 위해서 유료의 형태로 제시하는 비인적인 매체를 통한 촉진방법이다. 마케팅 관리의 입장에서 보면, 광고는 해당 시장에서 경쟁우위를 확보하거나 또는 확보된 경쟁우위를 오랜 기간 동안 유지하기 위한 전략적 도구가 된다고 할 수 있다.

> **더 알아두기**
>
> **광고와 PR의 차이점**
>
> | 광고 | PR |
> | --- | --- |
> | 매체에 대한 비용을 지불한다. | 매체에 대한 비용을 지불하지 않는다. |
> | 상대적으로 신뢰도가 낮다. | 상대적으로 신뢰도가 높다. |
> | 광고 내용, 위치, 일정 등이 통제가 가능하다. | 통제가 불가능하다. |
> | 신문광고, TV와 라디오 광고, 온라인 광고 등이 있다. | 출판물이나 이벤트, 또는 연설 등이 있다. |

(2) 인적판매(Personal Selling) 기출

인적판매는 보통 광고나 판매촉진 등 비인적 촉진방법과는 다르게 **판매원과 예상고객이나 기존고객과의 직접적인 대면관계를 통해 이루어지는 촉진활동**을 말한다. 제품의 특성이나 시장상황, 또는 기업의 능력에 따라 각각의 촉진수단들의 효과는 다르게 나타난다. 대중매체를 이용하는 광고나 판촉촉진 등의 비인적 촉진수단에 대한 소비자의 무관심이나 불신 등이 높아져가고 있는 현실을 고려한다면, 요즘에는 판매원을 통한 인적판매에 의한 촉진전략의 중요성을 다시금 느끼고 있는 것이다. 인적판매는 다시 외부판매·내부판매로 나뉜다. 외부판매는 판매사원이 잠재구매자의 직장 또는 가정을 방문하여 판매활동을 하는 것이고, 내부판매는 도·소매점포에서 판매사원이 잠재구매자에게 판매활동을 하는 것을 말한다.

> **더 알아두기**
>
> **인적판매의 특징**
> - 잠재구매자와의 접촉을 통해서 그들의 잠재된 욕구를 심층적으로 이해하며, 이러한 니즈를 충족시킬 수 있는 상품정보를 제공한다.
> - 인적판매를 담당하는 판매원들은 소비자들에게 회사를 대표하고, 회사 안에서는 고객을 대표하는 중요한 역할을 맡는다.
> - 판매원들은 소비자들과의 빈번한 대면접촉을 통해 친밀감과 동시에 신뢰감을 구축하며, 이를 토대로 지속적인 관계를 형성함으로써 자사가 고객의 생애가치를 극대화하는 데 기여한다.
> - 판매원들의 인건비와 판매조직을 운영하기 위해 소요되는 비용이 마케팅 예산의 많은 부분을 차지하는 회사가 많다. 그래서 이런 비용을 효과적으로 지출하는 것이 매우 중요한 과제이다.

(3) PR(Public Relations) 기출

PR은 사람이 아닌 다른 매체를 통해서 제품이나 기업 자체를 뉴스나 논설의 형식으로 널리 알리는 방식이다. 즉, 소비자들이 속해 있는 지역사회나 단체 등과 호의적인 관계를 형성하기 위해서 벌이는 여러 가지 활동 등을 의미한다. PR의 경우, 활동범위가 매우 넓은 편이다. 자사의 활동을 알리기 위해 각종 간행물의 발간, 교육기관, 정부기관 또는 자선단체에 대해 재정적·기술적·정보적인 지원이나 회사시설 등을 대중에게 공개, 방문객들에 대한 견학 등 고객을 포함한 대중들에게 제공하는 편익과 관심 등이 PR의 범위에 속한다.

① **PR의 목표설정** : PR을 위하여 가장 먼저 해야 하는 것으로, PR의 목표를 설정해야 한다. PR의 목표를 설정하기 위해서는 자사의 PR 담당자가 PR을 통해서 자사가 궁극적으로 얻고자 하는 것이 무엇인지를 자세하게 결정해야 한다.

② **PR의 메시지 전달 및 전달수단 선택** : PR의 목표가 수립되고 난 후에는 해당 제품에 대한 재미있는 스토리를 찾아내야 한다. 즉, 자사의 제품과 관련된 유익한 일화를 제시하거나 자사제품의 사용으로 인한 이점들을 최대한 찾아내어 언론매체에 제공하는 것이다. 하지만 그러한 스토리가 많지 않다면 자사는 해당 뉴스로써 가치가 있는 각종 행사 등을 열거나 또는 후원하는 방식으로 사용할 수 있다. 다시 말해, 어떠한 뉴스거리를 찾아내기 보다는 뉴스거리를 만들어냄으로써 스포츠 행사를 만든다거나 관련된 여러 문화사업(영화, 음악, 문학 등)을 후원하는 등의 활동을 함으로써 자사를 알릴 수 있다. 정리하면, 자사의 이런 행사들은 각 소비계층의 청중을 위한 활동으로, 이에 대한 여러 가지 기삿거리를 제공할 수 있다.

③ **PR 계획에 대한 실행 및 실행결과의 평가**

ㄱ PR 계획은 기술적으로 실행단계로 옮겨져야 한다. 중요한 이야깃거리는 매체에 담기는 쉽지만, 많은 이야깃거리가 중요하지 않으며, 매체에서 이런 이야깃거리들을 다뤄야 하는 필요성조차 느끼지 못한다.

ㄴ PR 담당자는 매체 담당자하고도 친분이 있어야 한다. 그러므로 PR 담당자는 매체 담당자를 만족시킬 고객으로 인지하고, 매체 담당자가 자사의 이야깃거리들을 화제로 삼아 기사 또는 뉴스에 담을 수 있도록 친분을 유지해야 한다.

ㄷ PR의 경우, 이에 대한 효과측정은 어렵다. PR은 타 촉진요소들과 혼용해서 쓰이는 경우가 대부분이고, 결과 또한 간접적으로 드러나기 때문이다.

ㄹ PR의 효과를 간단하게 측정할 수 있는 방법으로는, 언론매체에 자사의 제품이 소비자들에게 노출된 횟수를 측정하는 것이다. 하지만 이 방법도 자사의 입장에서는 그리 만족할만한 결과를 가져오지 못한다. 실질적으로, 많은 소비자가 자사의 메시지를 듣거나 또는 보고 난 후에 어떠한 감정을 형성하는지에 대한 정보를 얻을 수 없기 때문이다.

ㅁ 기업의 입장에서는 자사의 제품이 매체에 노출된 횟수를 측정하기보다는 자사의 제품이나 자사에 대한 소비자들의 인식이나 지식, 또는 태도가 PR 캠페인 결과가 변화되었는지를 측정하는 것이다. 동시에 PR 캠페인을 실시하기 전·후의 매출과 이익의 변화도 유용한 측정치로 사용될 수 있는 것이다.

> **더 알아두기**
>
> **PR 담당자의 역할**
> - 커뮤니케이션 기술자(Communication Technician) : 대부분의 실무자는 종업원에게 보내는 뉴스레터를 작성하거나 보도자료, 특집 기사를 작성하는 일, 미디어를 다루는 일 등 커뮤니케이션 기술자의 역할을 한다. 해당 역할을 함에 있어서 실무자들은 관리자에게 문제의 제기, 해결책을 제시하기보다는 프로그램을 수행하고 커뮤니케이션을 실행할 시에 도움을 준다.
> - 전문 기획자(Expert Prescriber) : 이 역할은 PR의 문제발견과 해결방법 양자에 능통한 전문가로서의 PR 담당자를 말한다. 전문 기획자는 문제를 정의하고 프로그램을 수립하며 그에 따른 수행에 책임을 진다.
> - 커뮤니케이션 촉진자(Communication Facilitator) : 커뮤니케이션 촉진자는 보통 조직과 공중 사이에서 연락자, 해석자, 중개자의 역할을 한다. 이들은 쌍방향 커뮤니케이션을 유지하고 커뮤니케이션 채널을 열어두어 관계 구축에 장애가 될 만한 것들을 제거하는 역할을 한다.
> - 문제 해결 촉진자(Problem Solving Facilitator) : 문제 해결 촉진자로서의 PR 담당자는 여러 관리자를 모아서 문제를 정의·해결하는 역할을 말한다. 그들은 전략적인 기획팀을 구성하여 문제의 정의에서 결과 평가에 이르는 전 과정을 모여서 토론한다. 문제 해결 촉진자는 다른 관리자나 조직이 다른 조직의 문제를 해결하는 데 사용되는 단계적 과정과 동일한 과정에 적용할 수 있도록 돕는다.

(4) 판매촉진(Sales Promotion) 기출

촉진을 사용하는 데 있어 판매촉진이라는 방법을 사용한다. 판매촉진은 자사의 제품이나 서비스의 판매를 촉진하기 위해서 단기적인 동기부여 수단을 사용하는 방법을 총망라한 것으로, 광고가 서비스의 구매이유에 대한 정보를 제공하고, 이에 따른 판매를 촉진시키는 방법을 말한다. 판매촉진 도구는 크게 소비자 촉진·중간상 촉진·판매원 촉진의 3가지로 구분된다. 판매촉진은 시장에서 보다 더 빠르고 강도 높게 소비자들의 반응을 끌어내기 위해 여러 가지 방법을 제시하며, 이렇게 사용되는 전략에 따라 가격할인, 무료샘플, 쿠폰제공, 경품, 리베이트 등의 방식으로 소비자 촉진 구매수당, 제품수당, 무료제품의 제공, 협동광고, 판촉비 제공의 방법을 사용하는 중간상 촉진 판매경쟁, 보너스 등의 방식을 통한 판매원 촉진의 내용으로 구분할 수 있다.

> **더 알아두기**
>
> **판매촉진의 기능**
> - 정보제공 기능 : 판매촉진은 구매자들에게 자사의 제품을 알리고, 해당 제품에 대한 정보를 구매자들에게 제공한다. 이때 자사 제품의 유용성을 알리고 제품에 대한 지식이나 인식개선에 기여한다.
> - 지원보강 기능 : 매체의 광고활동을 보조·지원하며, 광고 프로그램의 부족한 측면을 보완하는 역할을 한다. 이때 여러 가지 판촉수단들을 동원하여 시너지효과를 가져오게 하기도 한다.
> - 저비용 판촉 기능 : 매체를 통한 광고가 어려운 중소기업의 PR 역할을 한다. 판매촉진은 보통 광고 수수료가 필요 없으므로 저비용으로 촉진활동을 할 수 있기 때문에 중소기업의 신제품 소개나 판매에 이용된다.
> - 행동화 기능 : 판매촉진은 갖가지 인센티브(가격할인, 추가 제품의 제공, 프리미엄 등)를 제공하여 소비자들의 구매행동을 유발시키고, 소비자들의 구매자극 및 구매촉발로 자사 제품의 판매량 증대에 앞장서고 있다.

- **단기 소구 기능**: 판매촉진은 단기간에 제품의 소개 및 판매하는 단기판매에 효율적이고, 비교적 제품수명이 짧은 제품의 판매에 효과적이다. 동시에, 다이렉트 마케팅에 의한 직접 확인도 가능하게 해 준다.
- **효과측정 기능**: 판매촉진은 인센티브 물품 등을 통해 판매실적을 측정할 수 있으며, 소비자들의 반응을 확인할 수 있고, 단기간의 판매동향을 측정할 수 있다.

주요 프로모션 수단 및 특징

구분	특징	기능	방법
광고	• 매체를 통한 일방적 커뮤니케이션: 특정 광고주가 비용 부담 • 일반적 대중을 상대로 하여 침투성이 높음 • 높은 비용	• 판매 자극 • 제품에 대한 호기심 유발 • 제품 정보 제공	• TV • 라디오 • 신문 • 잡지 • DM발송 • 브로슈어 • 간판
인적판매	• 일대일 대응으로 소비자에게 질 높은 쌍방향 커뮤니케이션으로 유대관계 형성 • 상대적 높은 비용	• 판매의 체결 • 예상 고객에게 특정한 정보 제공	• 텔레마케팅 • 유인계획
판매촉진	• 단기에 인센티브를 주는 데 초점이 맞춰짐 • 특정 사항에 대한 일방적 커뮤니케이션 • 많은 비용이 들지 않음	광고와 인적판매의 중간적 특징	• 콘테스트 • POP • 샘플링 • 시연 • 유통시스템
퍼블리시티	신문기사나 방송 등을 통해 자연스럽게 광고하는 방법	• 제품의 평가 • 신제품 출시 알림	• 잡지 • 신문 • TV • 라디오
구전효과	쌍방향 커뮤니케이션	상호 간 원조	–

제5절 판매촉진

판매촉진은 프로모션 중 광고, PR, 인적판매를 제외한 모든 마케팅 활동을 의미하며, 가격을 깎아 준다거나 선물을 제공하는 등 별도의 부차적인 이익을 제공함으로써 소비자들의 행동을 유도하는 것이라 할 수 있다.

(1) 소비자 대상 판매촉진 기출

소비자 판매촉진을 위한 수단으로는 할인쿠폰, 리베이트, 보너스 팩, 보상판매, 할인행사, 샘플링 및 무료 사용권, 사은품, 경품, 게임, 콘테스트 등이 있다.

① **견본품(샘플)** : 신제품의 경우, 구매자들이 시험 삼아 사용할 수 있을 만큼의 양으로 포장하여 무료로 제공하는 것을 말하며 화장품 및 샴푸 등이 이에 속한다. 샘플은 잠재고객들로 하여금 제품의 시용을 통해서 반복사용을 유도함으로써 판매가 일어나도록 하는 방법이다.

② **프리미엄(사은품 제공)** : 자사의 제품이나 서비스를 구매하는 고객에 한해 다른 상품을 무료로 제공하거나 저렴한 가격에 구입할 수 있는 기회를 제공하는 것을 말한다. 사은품은 구매 즉시 제공되거나 리베이트와 같이 구매증거를 제시할 경우에 제공된다. 만약, 우편으로 사은품을 배포하는 경우에 고객 데이터베이스를 구축할 수 있으며, 사은품 제공이 브랜드 이미지의 향상과 더불어 브랜드 자산을 강화시킬 수 있다.

③ **콘테스트 & 추첨** : 콘테스트는 제품을 구매하지 않더라도 참여할 수 있는 방법이다. 이는 지식 및 기술 등을 질문하여 문제를 맞힌 사람 또는 심사를 통과한 사람에게 상을 주는 방식으로 소비자들의 관여도를 높이는 데 효과적으로 사용되는 방법이다. 추첨은 제공될 상금 또는 상품 등이 순전히 운에 의해 결정되는 방식이다.

④ **리베이트 & 리펀드** : 리베이트는 소비자가 해당 제품을 구매했다는 증거를 제조업자에게 보내면 구매가격의 일부분을 소비자에게 돌려주는 것을 말한다. 리펀드는 소비자가 구매하는 시점에서 즉시 현금으로 되돌려주는 것을 말한다.

⑤ **보너스 팩** : 같은 제품 또는 관련 제품 몇 가지를 하나의 세트로 묶어, 저렴한 가격에 판매하는 것을 말한다. 라면 5개들이 한 묶음을 4개 값에 판매하는 경우가 이에 해당한다. 대량 또는 조기구매를 유도함으로써 타사의 침투를 견제할 수 있다는 장점이 있지만, 보너스 팩으로 판매하는 경우 점포의 진열면적을 많이 차지하므로 유통관계자들의 협조가 없으면 활용하기 어렵다는 점이 있다.

⑥ **쿠폰** : 제품 구매 시에 소비자에게 일정 금액을 할인해 주는 증서를 의미한다. 이는 신제품의 시용 및 반복구매를 촉진시키고, 타사 고객들을 자사 고객으로 유인하는 데 효과적이다. 여러 배포경로를 가지므로 목적에 맞도록 표적시장만을 선별하여 배포가 가능하다.

⑦ **할인판매** : 일정기간 동안 제품의 가격을 일정비율로 할인판매하는 것을 말한다. 백화점 또는 패스트푸드점의 세일 등이 이에 속한다.

더 알아두기

할인판매의 장·단점 기출

장점	단점
• 매출액이 증가한다. • 시기를 놓친 제품을 처분함으로써 재고유지비용을 절감할 수 있다. • 가격차별효과로 인해 자사의 이익이 증가한다. 할인기간을 기다리지 못하고 제값을 모두 치른 고객과 할인하였을 경우 구매한 고객 사이에서 가격차별이 발생한다.	• 할인판매가 동종업체 전반에 걸쳐 동시에 실시되기 때문에 타사의 고객 흡수효과를 기대하기 어렵다. • 시간이 흐를수록 소비자들이 할인기간을 예측하여 가격차별화 효과가 떨어진다.

(2) 중간상 대상 판매촉진

중간상인 도·소매상을 위한 촉진활동은 소비자 촉진활동보다 많은 비용이 요구된다.

① **중간상 공제** : 유통업자가 자사의 제품을 취급해 주거나 또는 대량구매, 광고 및 구매시점에서 진열을 해주는 대가로 유통업자가 구매한 대금의 일부를 할인해주는 것을 말한다.

> **더 알아두기**
>
> **중간상 공제의 종류와 특징** 기출
>
> | 종류 | 내용 |
> |------|------|
> | 입점 공제 | 소매업자가 신제품을 취급해주는 대가로 일정금액을 할인해 주는 방법을 말한다. |
> | 구매 공제 | 도·소매업자가 일정기간 동안에 구매하는 제품에 대해 기업이 구매가격의 일정비율을 할인해 주거나 할인된 금액만큼의 제품을 무료로 제공하는 방법을 말한다. |
> | 광고 공제 | 소매업자가 자신의 광고물에 기업의 제품을 중점적으로 다뤄주는 대가로 제품구매 가격의 일정비율을 할인해 주는 방법을 말한다. 이러한 광고를 협동광고라고 한다. |
> | 진열 공제 | 소매업자가 점포 내에서 기업 제품을 좋은 위치에 진열해 주는 대가로 제품구매 가격의 일정비율을 할인해 주는 방법을 말한다. |

② **판매원 훈련 및 판매 보조자료 제공** : 소비자가 구매결정을 할 때, 판매원들의 보조를 필요로 하는 제품의 경우 소매점의 판매원들로 하여금 자사제품을 추천하도록 정보를 제공하거나 교육을 실시하고, 판매보조자료를 제공하는 것을 말한다.

③ **인센티브와 콘테스트** : 일정기간 동안 특정 제품의 판매량에 비례하여 보상하는 것을 인센티브라고 하며, 이는 판매원들의 동기를 강화시킬 수 있다. 한편, 중간상 판매촉진으로서의 콘테스트는 일정기간 동안 일정 수준 이상의 판매실적을 올린 유통업자의 판매원들에게 보상하는 것을 말한다.

> **더 알아두기**
>
> **판매촉진 프로그램을 개발할 시에 고려해야 할 사항** 기출
> - 판매촉진을 위한 인센티브의 수준을 결정해야 한다.
> - 판매촉진 대상의 범위를 결정해야 한다.
> - 판매촉진 수단의 구체적인 활용방법을 결정해야 한다.
> - 판매촉진의 기간을 결정해야 한다.

제6절 PR

소비자들이 속해 있는 지역사회나 단체 등과 호의적인 관계를 형성하기 위해서 벌이는 여러 가지 활동 등을 의미한다. PR은 매체를 이용하는 비용을 지급하지 않고 광고보다 신뢰할 수 있는 수단을 주로 사용하므로 소비자들의 신뢰가 높다는 장점이 있다. PR은 광고의 효과와 비슷한 효과를 가지고 있지만, 광고와 달리 신문이나 방송의 내용을 통제할 수 없다는 단점이 있으며 비용이 저렴하다는 장점이 있다. PR은 홍보보다 넓은 개념이다.

> **더 알아두기**
>
> **기업의 대표적인 PR 수단**
>
> | 수단 | 내용 |
> | --- | --- |
> | 출판물 | 사보, 소책자, 연례 보고서, 신문이나 잡지 기고문 |
> | 뉴스 | 회사 자체, 회사의 임직원 또는 제품 등에 대한 뉴스거리를 발굴하여 언론매체에 등재 |
> | 이벤트 | 기자회견, 세미나, 전시회, 기념식, 행사 스폰서십 |
> | 연설 | 최고경영자 또는 임원들이 각종 행사에 참석하여 연설 |
> | 사회 봉사활동 | 지역사회나 각종 공익 단체에 기부금을 내거나 임직원들이 직접 사회봉사활동에 참여 |
> | 기업 아이덴티티 | 고객 및 일반 대중들에게 통일된 시각적 이미지를 주기 위해 로고, 명함, 문구, 제복, 건물 등을 디자인하는 것 |

제7절 인적판매

인적판매라는 것이 중요한지 아닌지의 여부는 부분적으로 제품에 의해 좌우되기도 한다. 즉, 신제품, 기술적으로 복잡한 제품, 고가격의 제품 등의 촉진을 위해서는 인적판매가 필요한 것이다. 이때 판매원은 제품정보를 소비자에게 대면하여 제공함으로써 구매할 때 또는 사용 중에 발생할 수 있는 위험 등을 줄이는 역할을 하게 된다. 예를 들어, 보험상품의 경우 내용도 많고 복잡하며, 관련 약관이 많으므로 인적판매가 요구되는 제품이다. 또 한 가지 소비자의 욕구수준에 의해서도 그 중요성이 부각된다. 제품 간의 차별성이 크고 제공되는 제품에 대한 충분한 지식이 소비자들에게 알려지지 않는다면, 이때도 인적판매가 주요한 촉진수단이 될 수 있다는 것이다. 판매원은 자사와 고객들 간의 지속적인 관계를 이어주는 창구역할을 한다고 할 수 있다. 소비자들의 눈에는 판매원이 회사 자체로 보이게 되는 것이다. 그렇기 때문에 기업의 입장에서는 이런 창구를 잘 활용해야 할 것이다.

더 알아두기

인적판매의 장 · 단점

장점	단점
• 타 촉진수단에 비해서 개인적이며, 또한 직접적인 접촉을 통해서 많은 양의 정보제공이 가능하다. • 소비자들의 니즈와 구매시점에서 반응이나 판매상황에 따라 상이한 제안을 할 수 있다. • 판매낭비의 최소화 및 실제 판매를 발생시킨다.	• 높은 비용을 발생시킨다. • 능력 있는 판매원의 확보가 쉽지 않다. • 소비자들이 판매원에 대해 좋지 않은 이미지를 가지고 있다.

(1) 인적판매의 역할

판매원의 직무는 기업 또는 상황에 따라서 달라지기도 하지만, 일반적으로 다음과 같은 기본 과업을 수행한다.

① **주문처리** : 주문을 접수 또는 처리하는 활동을 말한다. 소비자들의 욕구를 찾아내어 알려주고 주문을 처리하게 된다.

② **창조적 판매** : 설득형의 촉진활동으로, 제품의 효익이 쉽게 드러나지 않거나 여러 가지 대안을 비교한 후에 구매결정을 하는 제품에 많이 사용된다.

③ **지원판매** : 판매대리인이 소비자에게 기술적 또는 운영관리에 대한 조언 등을 해주는 경우를 말한다.

더 알아두기

판매원의 역할

기본역할	활동
주문수주자 (= 주문처리)	제품을 구입하기로 결정한 소비자에게 판매를 완료하는 역할을 말한다. 점포를 방문한 소비자의 상품선택을 도와주고, 계산 및 포장 등의 서비스를 제공하는 판매원이나 다른 판매원 또는 광고 등의 촉진수단을 이용하여, 확보된 소비자를 기간을 설정하여 주기적으로 방문하고, 주문을 받아오는 판매원을 포함한다.
주문창출자 (= 창조적 판매)	잠재소비자를 물색하고, 그들에게 제품정보를 제공한 다음 구매할 수 있도록 설득하여 일을 성사시키는 역할이다. 제품이나 소비자, 판매기법에 대한 전문적인 지식이나 높은 수준의 커뮤니케이션 및 사교능력, 적극적이고 끈기 있는 성격이 필요하다.
판매지원자 (= 지원판매)	소비자나 경로구성원들과 좋은 관계를 지속시키며, 자사제품의 수요를 조장하기 위해서 전도사와 같은 역할을 수행하는 사람을 말한다. 소비자나 중간상들과 정기적으로 만나 경영자문 및 판매원 훈련 등의 서비스를 제공함으로써 유대를 강화하는 데 있다.

(2) 인적판매의 과정

판매원이 제품 및 서비스를 판매하는 데 따라야 하는 단계로서 판매성과의 가능성을 높이기 위한 기본
원리라 할 수 있다. 판매과정은 크게 준비, 설득, 고객관리 단계로 구성된다.

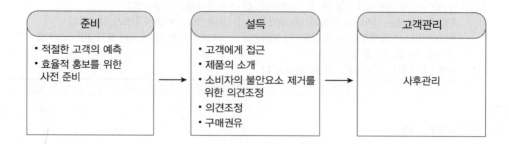

① **고객예측** : 마케팅정보시스템 안에서의 각종 데이터와 판매한 기록들, 또는 전화번호부 등을 이용해
서 아직 자사의 제품을 구매하지 않은 잠재고객들을 탐색하는 과정이다.

② **사전준비** : 아직 자사의 제품을 구매하지 않은 잠재고객에게 효율적으로 자사의 제품을 알려주는 데
필요한 여러 데이터를 추가적으로 수집하고 가공・정리하는 과정이다.

③ **접근** : 기업이 자사의 제품을 잠재고객에게 알려 주기 위해 고객과 직접 만나는 과정이다.

④ **제품소개** : 기업이 자사의 제품과 서비스의 특징과 장점을 살려, 제품에 따른 각종 정보를 고객에게
전달하는 과정이다.

⑤ **의견조정** : 자사가 제품소개 및 구매설득 과정에서 나타날 수 있는 여러 좋지 않은 영향요인들을 없
애기 위해 객관적 내용을 제시하고, 고객들의 불안요소를 해결해 나가는 과정이다.

⑥ **구매권유** : 자사의 제품에 대한 잠재고객의 구매의도를 알아보는 과정이다.

⑦ **사후관리** : 판매원이 자사의 제품을 판매한 후에 이에 따르는 제품배달 및 설치 등이 제대로 이루어
졌는지 인지하고 있어야 하며, 제품에 대한 사전교육을 하는 과정이라 할 수 있다.

(3) 인적판매의 관리

판매관리는 자사 매출의 극대화를 이루기 위해 판매원들로 구성된 판매조직을 효과적으로 관리・통제
해 나가는 것이다. 동시에, 타 마케팅 믹스의 요소들과도 상호의존적이므로, 서로간의 시너지 효과가
최고로 발휘될 수 있도록 해야 한다. 판매관리과정은 판매목표의 설정, 판매예산의 수립, 구체적인 실
천계획의 수립, 판매원에 대한 평가의 단계로 구성된다.

① **판매목표의 설정** : 기업 마케팅 부서의 판매목표가 기업 전체의 목표에 부합하고 합리적으로 설정되
도록 잠재적인 매출규모를 인식하고, 이에 대해 예상가능매출액을 판단하여 종합적인 판매예산을
수립하는 단계이다. 또한, 특정 기간 동안에 예상되는 제품과 제품라인의 판매량 및 판매액을 추정
해야 한다. 그 이유는 판매활동의 계획과 수행의 기본방향을 제시하기 때문이다.

② **판매예산의 수립** : 기업에서는 예상판매액이 정해지면, 이를 이루기 위해 투하되어야 할 판매예산을
결정하는 단계로 진입한다. 이때 판매예산은 예상판매액, 다른 마케팅 기능에 할당되어야 하는 비용
등을 고려하여 수립된다. 첫째, 판매원들에 대한 보상이다. 판매원들은 각자의 성과에 따라 급료,
수수료, 보너스 형태의 보상이 지급되는데, 이는 판매예산 가운데 가장 큰 비중을 차지한다. 둘째,

판매원들이 각자의 성과를 달성하기 위해 먼 지역으로도 이동하므로, 이동 및 숙식에 필요한 비용이 소요된다. 셋째, 소비자들의 유지와 접대에 필요한 부분이다. 이 비용은 판매원들이 각자의 활동을 하는 데 있어 동기부여를 제공해 줌으로써 판매조직의 활력을 넣어주는 역할을 한다. 넷째, 판매보조 비용으로써 판매원은 소비자의 제품구매를 유도하기 위해 자사제품의 차별적 특성 등을 입증할 수 있는 안내서 등을 만드는 데 필요하다.

③ **목표달성을 위한 계획의 수립** : 판매목표와 예산이 수립되면 다음 단계인 목표를 달성하기 위한 계획의 수립으로 넘어간다. 여기에는 판매조직의 구축 및 판매원 선발, 판매원 훈련, 판매원 보상 등이 있다.

㉠ 판매조직의 구축 : 판매조직의 구축에는 지역별 조직, 제품별 조직, 고객별 조직, 혼합조직 등의 4가지 조직이 구축된다.

- 지역별 조직 : 자사의 각 판매원에게 판매할 지역을 나누어주고, 각 판매원이 자신의 정해진 구역 안에서 자사의 모든 제품을 판매하도록 하는 방식을 말한다.
- 제품별 조직 : 자사가 판매하는 제품이 최신기술로 이루어진 제품처럼 복잡하거나, 여러 종류의 제품을 팔기에 판매원 한 사람이 제품들을 모두 취급할 수 없거나, 연관성이 없는 제품들을 판매해야 하는 경우, 그리고 제품들을 각각 다른 유통경로를 통해 판매하는 경우 등에는 제품별로 판매원들을 조직하기도 한다.
- 고객별 조직 : 자사의 판매원들을 고객집단별로 분류하여 조직하는 것을 말하는데, 이때 고객집단들은 구매량, 유통경로 등에 기인하여 분류한다.
- 혼합조직 : 지역별·제품별·고객별 조직들의 단점을 보완하고 장점을 살리기 위한 조직이다. 이는 판매원들이 지역, 제품유형을 함께 고려해서 조직될 수 있다. 하지만 조직의 구조가 복잡해지고, 관리에 많은 비용이 들어가며 업무의 중복성으로 인해 판매원들 간의 갈등과 중복비용의 지출 등의 문제가 발생할 가능성이 높다.

㉡ 판매원 선발 : 기업의 입장에서 능력 있는 판매원의 선발은 자사의 성과에 큰 영향을 미치게 마련이다. 기업의 입장에서는 판매원의 선발인원에 대한 문제와 어떤 자질을 갖춘 판매원들을 선발할 것인가 하는 문제로 나뉜다. 일반적으로 판매원은 자사의 가장 큰 자산이면서 비용요소인데, 이것은 판매원의 수 증가에 따라 매출증대와 동시에 비용이 발생하기 때문이다. 그러므로 기업에서는 일정한 기준에 의거하여 판매원의 수를 결정하는 일이 너무도 중요하다.

㉢ 판매원 훈련 : 기업에서는 자체 설정된 판매량을 달성하기 위해서 채용된 판매원들에 대한 적절한 훈련이 이루어져야 한다. 다시 말해, 자사의 판매원들에 대한 적절한 교육 및 훈련이 되기 위해서는 무엇보다도 교육의 목표가 분명히 정해져야 하며, 그에 걸맞은 프로그램의 개발과 관리, 실시된 교육에 대한 평가 등이 뒤따라야 한다.

더 알아두기

인적자원에 대한 교육훈련

구분	사내교육훈련(OJT)	사외교육훈련(OFF JT)
개념	실제 업무를 수행하면서 교육을 받기 때문에 현 업무방법을 숙지하기 위한 목적으로 활용한다.	참가자들이 일정한 장소에 모여 강사에게 강의를 듣는 방식을 의미한다.
장점	• 배우면서 체득하므로 현실적이다. • 담당자와 훈련생 간의 우호적 관계가 성립된다.	• 체계적인 교육훈련 프로그램이 존재한다. • 훈련효과를 보다 체계적으로 평가할 수 있다.
단점	• 체계적인 교육훈련 프로그램의 부재가 발생한다. • 훈련효과를 체계적으로 평가하기가 곤란하다.	담당자와 훈련생 간의 우호적인 관계 성립이 어렵다.

ⓔ 판매원 보상 : 실질적으로, 소비자들에게 제품을 판매한다는 것은 너무나 힘든 일이다. 그렇기 때문에 회사는 판매원들로 하여금 좋은 성과를 얻기 위해서 그만한 보상을 해주어서 동기부여를 일으켜야 한다. 보상의 형태는 기본적으로는 금전적인 보상이지만, 판매원은 금전적 보상 외에도 진급, 업무수행에 있어서의 재량권, 상사로부터의 칭찬 등의 요소도 필요하다. 현재 각 기업에서 일반적으로 활용하는 금전적 보상 방법에는 고정봉급제·성과급제·혼합형 등 크게 3가지가 있다.

더 알아두기

판매원 보상에 대한 보상방법 및 장·단점

구분	정의	장점	단점
고정봉급제	정기적으로 고정액을 봉급으로 지급하는 방법을 말한다.	판매원이 심리적으로 안정감을 가짐과 동시에 행정적으로도 관리가 쉬우며, 비용도 적게 든다.	판매원들에게 적극적으로 판매하게 하는 동기부여가 되지 못한다.
성과급제	판매원의 보수가 전적으로 해당 판매원의 성과에 따라 결정되는 방법을 말한다.	판매원들을 열성적으로 업무를 하게 만들며, 자사의 제품 및 고객에 따라 판매원이 받는 커미션을 다르게 책정함으로써, 경영자는 특정 제품 및 고객에게 판매원들의 노력을 집중시키는 효과를 가져온다.	판매원들이 소비자들에게 제품을 강요하거나 가격을 할인해 줄 소지가 있으며, 판매원들의 경제적 불안감을 야기시킨다.
혼합형	• 위의 2가지 방법의 좋은 점을 살리고, 단점을 피하기 위해 대부분의 기업은 혼합형을 사용하고 있다. • 보수의 일부는 고정적 봉급으로 나오며, 그 나머지는 커미션으로 지급하는 방식을 말한다.		

④ **판매원에 대한 평가** : 기업에서는 반드시 여러 판매원의 활동치를 평가하여야 한다. 일반적인 기준으로는, 판매원 개개인이 올린 실적이 기업의 목표에 비해 어느 정도인지를 파악하는 것이다. 이를 정확히 평가하기 위해서는 신뢰성이 있는 자료의 확보가 중요한데, 보통 보고서가 많이 활용된다. 보고서의 내용은 활동계획 부문과 활동보고 부문 2가지가 있다. 우선, 활동계획 부문은 말 그대로 계획을 짜는 부분이라 거의 형식적이라 할 수 있다. 이에 반해, 활동보고 부문은 주로 방문보고서의 형태로 이루어진다. 이때 방문보고서와 비용보고서는 같이 제출되는 양상을 보인다. 또 다른 공식적인 보고 자료로는 신규고객, 기존고객 중에서의 이탈고객, 경쟁사의 움직임, 판매원 개개인이 맡은 내용에 대해서도 보고서에 포함시킴으로써, 판매원을 평가하는 자료로 쓰인다. 즉, 경영자는 각각의 상황에 맞게 적절하다고 판단되는 기준을 제시함으로써, 이러한 기준들을 판매원들에게 전달하여야 한다. 그럼으로써 각 판매원은 자신의 성과에 대해 인정하고, 노력할 것이기 때문이다.

더 알아두기

PPL(Product Placement) `기출`
특정의 제품을 방송 매체 등에 의도적으로 자연스럽게 끼워 광고 효과를 노리는 전략을 말한다.

○✕로 점검하자 | 제9장

※ 다음 지문의 내용이 맞으면 ○, 틀리면 ✕를 체크하시오. [1~6]

01 광고활동은 특정한 광고주가 기업의 제품 및 서비스 등을 대가를 지불하게 되면서 비인적 매체를 통해 제시하고 촉진하는 것을 말한다. (   )

02 홍보활동이란 좋은 기업이미지를 만들고, 비호감적인 소문 및 사건 등을 처리 및 제거함으로써 우호적인 관계를 조성하는 것이다. (   )

03 푸시 전략은 광고와 홍보를 주로 사용하며, 또한 소비자들의 브랜드 애호도가 높고, 점포에 오기 전에 미리 브랜드 선택에 대해서 관여도가 높은 상품에 적합한 전략이다. (   )

04 풀 전략은 제조업자가 소비자를 향해 제품을 밀어낸다는 의미로 제조업자는 도매상에게, 도매상은 소매상에게, 소매상은 소비자에게 제품을 판매하게 만드는 전략이다. (   )

05 광고는 매체에 대한 비용을 지불하지 않는다. (   )

06 PR은 상대적으로 신뢰도가 높다. (   )

정답과 해설   01 ○   02 ○   03 ✕   04 ✕   05 ✕   06 ○

03 푸시 전략은 중간상들로 하여금 자사의 상품을 취급하도록 하고, 소비자들에게 적극 권유하도록 하는 데에 있다. 푸시 전략은 소비자들의 브랜드 애호도가 낮고, 브랜드 선택이 점포 안에서 이루어지며, 동시에 충동구매가 잦은 제품의 경우에 적합한 전략이다.

04 제조업자 쪽으로 당긴다는 의미로 소비자를 상대로 적극적인 프로모션 활동을 하여 소비자들이 스스로 제품을 찾게 만들고 중간상들은 소비자가 원하기 때문에 제품을 취급할 수밖에 없게 만드는 전략이다.

05 광고는 매체에 대한 비용을 지불한다.

01 다음 중 촉진믹스 계획 시 고려해야 할 요인에 속하지 <u>않는</u> 것은?

① 제품의 특성

② 시장의 특성

③ 전체 마케팅 믹스에 있어서 촉진활동의 역할

④ 기업의 이익을 최대한으로 만들어주는 활동

02 다음 중 판매촉진에 대한 설명으로 옳지 <u>않은</u> 것은?

① 판매촉진은 효과의 측정이 쉽다.

② 판매촉진은 경쟁회사가 모방하기에는 상당한 어려움이 따른다.

③ 판매촉진은 효과가 금방 나타난다.

④ 판매촉진은 시행이 쉽다.

03 일반적으로 매체에 대한 비용이 들지 않고, 신뢰도가 높으나 통제할 수 없는 프로모션 수단은?

① 광고

② PR

③ 인적판매

④ 판매촉진

---

01 기업의 촉진믹스 계획 시 고려해야 할 요인

• 전체 마케팅 믹스에 있어서 촉진활동의 역할

• 제품의 특성

• 시장의 특성

02 판매촉진은 효과가 바로 나타나므로 효과 측정이 광고에 비해 쉬우며, 시간과 비용이 적게 들어 시행하기가 쉽다. 하지만 경쟁회사가 즉시 모방할 수 있다는 문제점이 있다.

03 PR은 매체비용이 들지 않는 비인적 매체인데, 기업이 정보를 제공하는 것이 아니므로, 소비자들에 대한 신뢰도가 높은 편이다. 하지만 내용을 통제할 수 없다는 문제가 있다.

정답 (01 ④   02 ②   03 ②)

04 프로모션은 시행이 쉽고 빠른 효과가 있어 단기적인 판매성과를 올리기 위해 판매촉진을 선호하는 경향이 생겨나고 있다.

04 다음 중 프로모션이 점차적으로 많이 사용되는 원인으로 보기 어려운 것은?

① 기업 제품의 질이 동질화되고, 제품에 대한 차별화가 어려워짐에 따라 가격경쟁이 심화되고 있다.

② 프로모션이 장기적 판매증가에 영향을 미치기 때문이라 할 수 있다.

③ 광고의 내용을 잘 기억하지는 못하지만, 실제 구매상황에 있어 이미지가 떠올라 효과적이기 때문이다.

④ 기업 제품에 대한 광고의 경합이 소비자의 시선을 끌기 어려워지고 있기 때문이다.

05 광고 목표에 있어서 매출액이 증가하지 않았다고 하더라도 인지도의 향상, 소비자의 자사 제품에 대한 호의적 태도변화, 구매의사 증가가 있으면 광고의 목표가 된다고 할 수 있다.

05 통상적으로 최근 들어 광고의 목표로 가장 중요하게 생각하는 것은?

① 인지도를 상승시키는 것

② 동종업계에서의 경쟁우위 확보

③ 매출액을 증대시키는 것

④ 시장성장률의 증대

06 잡지는 광고 수명이 길고, 표적화가 가능하며 많은 양의 정보 전달이 가능하지만, 독자층이 제한적이고, 긴급을 요하는 광고는 할 수 없다는 문제가 있다.

06 매체수단 중에서 일반적으로 광고의 수명이 길면서 표적이 가능하지만, 긴급한 광고에는 부적절한 매체는?

① 라디오

② 잡지

③ TV

④ 신문

정답 (04 ② 05 ① 06 ②)

07 다음 중 인적판매의 내용으로 옳지 <u>않은</u> 것은?

① 인적판매는 가장 설득력이 높은 촉진 수단이다.

② 인적판매는 기술적으로 복잡한 제품에는 반드시 필요한 수단이다.

③ 인적판매는 1:1의 직접대면을 통한 촉진노력의 표적화가 가능한 수단이다.

④ 인적판매는 1인당 접촉비용이 저렴하다.

07 인적판매는 1인당 접촉비용이 비싸다.

08 다음 중 PR에 대한 설명으로 옳지 <u>않은</u> 것은?

① 무료광고의 성격을 가짐으로써 비용이 들지 않고도 수요를 자극할 수 있는 수단이다.

② 광고와 달리 메시지에 소비자들이 더 많은 주의를 기울이게 된다.

③ 내용의 반복이 무제한적이어서 상표의 장기적 촉진이 가능하다.

④ 내용에 대해 소비자들의 신뢰도가 높다.

08 PR은 내용의 반복이 제한적이어서 상표의 장기적 촉진이 거의 불가능하다.

09 다음 중 판매촉진의 기능에 속하지 <u>않는</u> 것은?

① 매출 극대화 기능

② 저비용 판촉기능

③ 행동화 기능

④ 효과측정 기능

09 판매촉진의 기능에는 ②·③·④ 이외에, 정보제공 기능·지원보강 기능·단기 소구 기능 등이 있다.

정답 (07 ④   08 ③   09 ①)

10 가장 설득력이 높은 촉진수단은 인적판매이다.

10 다음 중 광고에 대한 설명으로 틀린 것은?

① 1인당 노출비용이 비교적 저렴한 편이다.

② 광고노출시간이 상당히 짧다.

③ 동시에 많은 소비자에게 도달된다.

④ 가장 설득력이 높은 촉진수단이다.

11 보내는 내용에 대해 소비자들의 신뢰도가 높은 수단은 PR이다.

11 다음 중 광고에 대한 설명으로 틀린 것은?

① 소비자들의 기억에서 쉽게 빨리 잊힌다.

② 한번에 수많은 소비자에게로 도달되는 장점이 있다.

③ 보내는 내용에 대해 소비자들의 신뢰도가 높은 수단이다.

④ 노출범위가 많아지게 되면 마케팅 비판의 주요 표적이 될 수 있다.

12 푸시 전략은 인적판매 또는 가격할인이나 수량할인과 같은 중간상을 대상으로 한 판매촉진 전략을 주로 사용하여 실행하고 있다.

12 기업의 프로모션 전략에 따라 사용하는 믹스는 달라지게 마련이다. 그렇다면 푸시 전략의 경우 주로 사용하는 믹스에 해당하는 것으로 맞게 짝지어진 것은?

① PR 및 제조업자 대상 판매촉진

② 소비자 대상 판매촉진 및 PR

③ 인적판매 및 광고

④ 인적판매 및 가격할인이나 수량할인 등의 중간상 대상 판매촉진

정답 (10 ④ 11 ③ 12 ④)

13 다음 중 PR 담당자의 역할을 설명한 것으로 옳지 <u>않은</u> 것은?

① 문제 해결 촉진자(Problem Solving Facilitator)는 여러 관리자를 모아서 문제를 정의하는 역할만을 수행한다.

② 커뮤니케이션 기술자(Communication Technician)는 해당 역할을 수행함에 있어서 기술 실무자들은 관리자에게 문제의 제기, 해결책을 제시하기보다는 프로그램을 수행하고 커뮤니케이션을 실행할 시에 도움을 주는 역할을 한다.

③ 전문 기획자(Expert Prescriber)는 PR의 문제발견 및 그에 따른 해결방법 양자에 능통한 전문가로서의 PR 담당자를 의미한다. 이러한 전문 기획자는 문제의 정의 및 프로그램을 수립하며 그에 따른 수행에 책임을 지는 역할을 수행한다.

④ 커뮤니케이션 촉진자(Communication Facilitator)는 쌍방향 커뮤니케이션을 유지하고 커뮤니케이션 채널을 열어두어 관계 구축에 장애가 될 만한 것들을 제거하는 역할을 수행한다.

13 문제 해결 촉진자(Problem Solving Facilitator)는 문제를 정의할 뿐만 아니라 해결하는 역할까지도 수행한다.

14 다음 중 프로모션 예산 설정의 방법에 속하지 <u>않는</u> 것은?

① 가용예산 활용법
② 목표 및 과업기준법
③ 메시지 결정
④ 매출액 비율법

14 프로모션 예산 설정방법에는 ①·②·④ 외에도 경쟁자 기준법이 있다.

정답 13 ① 14 ③

15 견본품(샘플)은 잠재고객들로 하여금 제품의 사용을 통해 반복사용을 유도함으로써 판매가 일어나도록 하는 방법을 말한다.

15 다음 내용은 무엇에 관한 설명인가?

> 주로 신제품의 경우, 구매자들이 시험 삼아 사용할 수 있을 만큼의 양으로 포장하여 무료로 제공하는 것을 말한다.

① 리베이트
② 프리미엄
③ 견본품
④ 보너스 팩

16 리베이트는 소비자가 해당 제품을 구매했다는 증거 등을 제조업자에게 보내면 구매가격의 일부분을 소비자에게 돌려주는 것을 뜻하며, 리펀드는 소비자가 구매하는 시점에서 즉시 현금으로 되돌려주는 것을 말한다.

16 다음 내용의 괄호 안에 들어갈 단어가 순서대로 짝지어진 것은?

> (   )는 소비자가 해당 제품을 구매했다는 증거를 제조업자에게 보내면 구매가격의 일부분을 소비자에게 돌려주는 것을 말한다. (   )은/는 소비자가 구매하는 시점에서 즉시 현금으로 되돌려주는 것을 말한다.

① 리펀드, 리베이트
② 리베이트, 리펀드
③ 리베이트, 할인판매
④ 리펀드, 프리미엄

17 할인판매는 매출액이 증가한다.

17 다음 중 할인판매에 대한 설명으로 **틀린** 것은?

① 매출액이 감소한다.
② 시기를 놓친 제품을 처분함으로써 그에 따른 재고유지비용을 절감할 수 있는 효과가 발생한다.
③ 가격차별효과로 인해 자사의 이익이 증가한다.
④ 동종업체 전반에 걸쳐 동시에 실시되기 때문에 경쟁사의 고객 흡수효과를 기대하기는 어렵다.

정답 15 ③ 16 ② 17 ①

18 다음 내용은 중간상 공제에 대한 설명이다. 이에 해당하는 것은?

> 소매업자가 신제품을 취급해주는 대가로 일정금액을 할인해 주는 방법을 말한다.

① 광고 공제 ② 진열 공제
③ 입점 공제 ④ 구매 공제

19 다음 중 OJT에 대한 설명으로 틀린 것은?

① 다른 말로 사내교육훈련이라 한다.
② 실제로 업무를 수행하면서 교육을 받기 때문에 현 업무방법을 숙지하기 위한 목적으로 활용하는 교육방법이다.
③ 실제 업무를 배우면서 체득하므로 상당히 현실적이다.
④ 체계적인 교육훈련 프로그램이 존재한다.

20 다음 중 OFF JT에 대한 설명으로 틀린 것은?

① 훈련효과를 보다 체계적으로 평가할 수 있다.
② 담당자와 훈련생 간의 우호적 관계가 성립된다.
③ 다른 말로 사외교육훈련이라 한다.
④ 참가자들이 일정한 장소에 모여 강사에게 강의를 듣는 방식을 의미한다.

18 입점 공제는 소매업자가 자신의 제품을 취급해 주는 대가로 일정금액을 할인해 주는 방법을 말한다.

19 체계적인 교육훈련 프로그램이 존재하는 것은 OFF JT이다.

20 담당자와 훈련생 간의 우호적 관계가 성립되는 것은 OJT 방식이다.

정답 18 ③ 19 ④ 20 ②

Self Check로 다지기 | 제9장

➡ **촉진믹스(Promotion Mix)** : 특정한 기간 동안 자사가 기울이는 여러 가지 촉진적 노력들의 결합체

➡ **통합적 마케팅 커뮤니케이션** : 별개로 취급해 오던 여러 커뮤니케이션의 믹스 요소들, 즉 인적판매·PR·광고·판매촉진 등을 하나의 통합적인 관점에서 이를 잘 배합해서 일관성 있게 메시지를 전달하여, 특정 커뮤니케이션 수용자들의 행동에 영향을 주는 목적으로 실행되는 것

➡ **통합적 마케팅 커뮤니케이션이 갖추어야 하는 3C's** : 명확성, 일관성, 이해가능성

➡ **푸시 전략(Push Strategy)** : 제조업자는 도매상에게, 도매상은 소매상에게, 소매상은 소비자에게 제품을 판매하게 만드는 전략

➡ **풀 전략(Pull Strategy)** : 소비자를 상대로 적극적인 프로모션 활동을 하여 소비자들이 스스로 제품을 찾게 만들고 중간상들은 소비자가 원하기 때문에 제품을 취급할 수밖에 없게 만드는 전략

➡ **소비자 대상 판매촉진** : 견본품(샘플), 프리미엄(사은품 제공), 콘테스트&추첨, 리베이트&리펀드, 보너스 팩, 쿠폰, 할인판매

➡ **중간상 대상 판매촉진** : 중간상 공제, 판매원 훈련 및 판매 보조자료 제공, 인센티브와 콘테스트

➡ **인적자원 교육훈련**

구분	사내교육훈련(OJT)	사외교육훈련(OFF JT)
개념	실제 업무를 수행하면서 교육을 받기 때문에 현 업무방법을 숙지하기 위한 목적으로 활용한다.	참가자들이 일정한 장소에 모여 강사에게 강의를 듣는 방식을 의미한다.
장점	• 배우면서 체득하므로 현실적이다. • 담당자와 훈련생 간의 우호적 관계가 성립된다.	• 체계적인 교육훈련 프로그램이 존재한다. • 훈련효과를 보다 체계적으로 평가할 수 있다.
단점	• 체계적인 교육훈련 프로그램의 부재가 발생한다. • 훈련효과를 체계적으로 평가하기가 곤란하다.	담당자와 훈련생 간의 우호적인 관계 성립이 어렵다.

제 **10** 장

촉진관리(2)

비관론자는 어떤 기회가 찾아와도 어려움만을 보고,
낙관론자는 어떤 난관이 찾아와도 기회를 바라본다.

– 윈스턴 처칠 –

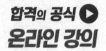

제10장 | 촉진관리(2)

제1절 광고의 전략적 역할

광고는 인간의 소비생활을 풍부하게 그리고 윤택하게 함과 동시에 소비수준을 향상시키는 계기가 된다. 하지만 인간의 가치관 또는 윤리관을 해칠 수도 있고, 소비생활을 그르치거나 불건전하게 만들 수도 있다. 이렇듯 광고의 효과에 대해서 각각 타당한 이유와 근거를 갖고 있는 것이라고 이해하고 있지만, 실질적으로 우리는 광고 없이 경영활동을 영위하거나 소비생활을 꾸려나갈 수는 없는 것이다.

(1) 광고의 개념

광고는 기업이나 개인, 단체가 상품·서비스·이념·신조·정책 등을 알려 소기의 목적을 거두기 위해 투자하는 정보활동으로서 글과 그림, 음성 등 각종 시청각 매체가 동원된다. 광고의 정의는 다양하나, 미국 마케팅 협회가 1963년에 '광고란 누구인지를 확인할 수 있는 광고주가 하는 일체의 유료형태에 의한 아이디어, 상품 또는 서비스의 비대개인적(非對個人的, Nonpersonal) 정보제공 또는 판촉활동이다.'라고 정의한 바 있다.

(2) 광고의 역할

① **마케팅 역할** : 광고는 마케팅 목표를 달성하기 위한 하나의 수단으로 기능을 한다. 광고의 마케팅 기능은 광고가 제품 또는 서비스를 식별할 수 있도록 하고 타사의 제품이나 서비스와의 차별화를 가져오게 하며, 제품 또는 서비스의 특징에 대한 정보제공 및 소비자들로 하여금 신제품의 사용을 유발하거나 재사용을 권유하게 하는 것을 말한다.

② **커뮤니케이션 역할** : 광고는 수용자, 즉 소비자들이 저렴하게 다양한 정보를 얻을 수 있도록 내용을 전달하는 것이다.

③ **경제적 역할** : 광고는 경제적 측면에서 보면, 생산과 소비를 연결시키는 기능을 한다. 광고는 각 제품의 판매를 돕는 역할을 하지만, 사회 전체의 입장에서 보았을 때 상품화된 자본 일반의 실현을 보장하는 경제적 가치로서의 기능을 수행한다.

④ **사회적 역할** : 사회적 기능은 언론기관의 중요한 유지수단으로 자금원의 역할을 수행함과 동시에 공익에 기여하는 바도 크다.

⑤ **문화적 역할** : 사회에서 어떤 이념이든지 그것이 해당 사회를 지배하는 이념으로 자리 잡고 있다면, 광고 또한 그 이념을 광고 메시지로 사용함으로써 옹호하고 그에 관련된 각종 가치관 또는 제도 등에 활력을 불어넣어 주게 된다.

⑥ **교육적 역할** : 광고는 많은 소비자에게 제품에 대한 각종 정보를 제공하고, 좀 더 나은 방향으로 나아갈 수 있도록 하는 지침서의 역할을 한다.

제2절 | 광고목표와 광고예산

예전에는 광고의 목표를 매출액으로 보았다. 하지만 매출액은 제품, 가격, 유통 등 다른 변수의 영향이 크므로 광고 활동의 결과만이라고 보기 어렵고, 광고활동의 효과는 시작한 후 상당한 시간이 경과해야 나타나기 때문에 특정 광고활동이 일정 시점의 매출에 영향을 미치는 것을 측정한다는 것은 너무나 어렵다. 그렇기 때문에 점차 매출액을 목표로 사용하지 않게 되는 경향을 띠게 되었다.

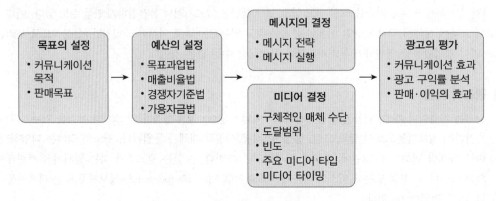

〈주요광고의 의사결정 모형〉

(1) 목표설정

일반적으로 광고프로그램을 만들기 위해 마케팅 관리자가 해야 할 일 중에서 가장 먼저 수행해야 할 부분은 광고목표의 설정이다. 광고의 목표는 마케팅 믹스와 제품 포지셔닝, 표적시장 등과 관련한 의사결정(Decision Making)을 기반으로 설정해야 한다. 광고는 특정 기간 동안 목표로 삼은 표적청중들에게 메시지를 전달하는 것을 목적으로 하기 때문에 결국 광고 목표는 기업이 추진하는 촉진목표가 제품 또는 이에 따르는 각종 정보를 알리기 위한 것인지, 아니면 단지 소비자들을 설득하기 위함인지, 자사의 상표를 기억하게 하기 위한 수단인지에 따라 구분될 수 있다. 정보전달이 목적인 광고는 새로운 제품을 시장에 도입할 때 많이 사용하는 방법이며, 설득이 목적인 광고는 경쟁이 격화될수록 그 중요성이 더해진다. 그러므로 기업의 목표는 선택적 수요를 구축하는 데 그 목적을 둔다. 다시 말해, 설득적 광고는 어떤 특정상표와 직·간접적으로 비교하는 형태의 비교광고 형식을 띠기도 한다.

(2) 예산설정 기출

광고의 목표가 설정되고 나면, 기업은 제품의 광고예산에 대한 의사결정을 해야 한다. 이때, 광고역할은 제품에 대한 전반적인 수요를 일으키는 데 있으므로 기업은 판매목표를 달성하는 데 필요한 만큼의 비용을 지출하는 것에 의미를 두게 된다. 기업이 광고예산을 결정하는 데에 고려해야 할 요소들은 다음과 같다.

① **제품수명주기상의 단계** : 기업에서 신제품을 도입할 때에는 소비자들의 제품에 대한 인지도를 높이면서, 그에 따른 구매자극을 위해 비교적 많은 광고예산이 투입된다. 만약 제품 수명주기상의 성숙

기에 해당하는 제품의 경우, 매출액에 비해 상대적으로 낮은 비율의 광고예산만으로도 많은 효과가 있다.

② **경쟁** : 과열경쟁 상태의 시장에 기업의 제품이 있을 경우, 그렇지 않은 경우의 제품보다 비교적 많은 광고예산이 필요하다.

③ **시장점유율** : 높은 시장점유율을 확보하고 있는 상표는 낮은 시장점유율을 유지하는 상표에 비해 높은 광고예산이 필요하다. 즉, 시장점유율을 높이려고 하거나 또는 타사의 점유율을 빼내기 위해서는 단순하게 현 점유율을 유지하는 것보다도 많은 예산이 필요하게 된다.

④ **광고빈도** : 기업이 상표에 대한 메시지를 소비자들에게 알리는 데에 있어 한두 번이 아닌 광고의 잦은 반복이 필요할 때에는 훨씬 많은 광고예산이 투입된다.

⑤ **제품의 차별성** : 일반적으로 소비자들의 입장에서 상표 간 제품차이가 크게 느껴지지 않는 제품은 소비자들이 타사와 차별적으로 자사의 제품을 인지할 수 있도록 광고예산을 많이 투입해야 한다.

제3절 광고 콘셉트의 개발

광고주, 다시 말해 기업의 입장에서는 소비자들에게 자사가 전달하고자 하는 광고 내용의 핵심, 즉 광고메시지 또는 이미지 등을 의미하는데, 여기서 말하는 광고메시지란 자사가 소비자에게 광고 커뮤니케이션을 통해서 이를 제시하는 일종의 약속으로, 소비자가 해당 제품을 구입·사용하게 됨으로써 얻는 효익을 말한다.

(1) 광고 콘셉트

광고 콘셉트는 기업의 광고가 목표로 삼은 타깃 소비자층에게 전달하고자 하는 내용으로, 이는 타깃 소비자들의 특징 등을 파악하고 경쟁사들에 대한 심층적인 분석을 통해 경쟁적 차별점을 알아내기 위한 과정, 다시 말해 자사 광고의 방향을 설정하는 과정이면서 광고의 핵심 주제로서 제품을 판매할 수 있는 아이디어를 표현한 것이라 할 수 있다. 그러므로 광고의 전략적인 과제와 목표가 설정되면 이를 달성하기 위한 광고 아이디어의 개발이 시작된다. 광고 아이디어의 개발은 광고 콘셉트의 선정에서 시작되는데, 이는 결국에 광고에서 무엇을 말할 것인가를 정하는 일이다. 광고 콘셉트는 **기업의 광고에서 말하고자 하는 것을 하나의 단어 및 어구로 표현**한 것이다. 그러므로 자사 제품의 특성 중에서 가장 중요한 한 가지의 표현이 가능해야 하고, 단순명료하면서도 소비자가 이해하기 쉬워야 한다.

> **더 알아두기**
>
> **광고 콘셉트가 갖추어야 하는 필수 요소**
> - 한 가지 콘셉트를 말하라 : 많은 광고에 노출되어 있는 소비자들은 광고혼잡상황을 겪게 될 수 있는데, 결국에 소비자들의 기억 속에서 지워질 수 있다.
> - 쉽고 간단하게 말하라 : 광고 콘셉트는 단순하면서도 명료하며 이해하기가 쉬워야 한다. 그러므로 광고는 시·공간이 제한되어 있는 상황에서도 기업이 전달하고자 하는 메시지의 핵심을 소비자들의 마음속에 심어주어야 한다.

(2) 크리에이티브 콘셉트

기업 광고의 아이디어 및 제품 콘셉트를 목표로 삼은 소비자층의 눈에 띄게 하고 이해하기 쉽게 만드는 것을 말한다. 광고 콘셉트가 생산자의 입장에서 소비자들에게 의미를 전달하는 것이라면, 크리에이티브 콘셉트는 소비자층의 입장에서 바라보는 제품의 내용을 의미한다. 또한, 광고 콘셉트가 '무엇을 말할까'의 내용이라면, 크리에이티브 콘셉트는 '어떻게 말할까'에 해당하는 내용이다. 정리하면, 크리에이티브 콘셉트는 제품에 대한 정보(What To Say)를 어떻게 알리는가(How To Say) 하는 방법에 관한 것을 다루는 것이다.

더 알아두기

일반적으로 많이 구사되고 있는 광고 크리에이티브 전략의 종류 `기출`

- **일반적 편익(Generic) 소구 전략** : 특별한 제품의 우수한 특성을 강조하지 않고, 자사 제품의 일반적인 특징이나 편익을 전달하고, 새로운 범주(Category)의 신제품을 소개하는 런칭 광고 등에 적합한 방법이다.
  예 '숙취해소에 컨디션', '스마일 어게인-젤포스'
- **선제 공격적(Pre-emptive) 전략** : 자사 제품이나 서비스의 배타적 우수성을 포괄적으로 주장하고, 자사의 기술적 경쟁우위가 있으며 경쟁사가 쉽게 모방할 수 없을 때 적합한 방법이다.
  예 '반도체 잘 만드는 회사가 PC도 잘 만듭니다(삼성)', '발효 과학 딤채'
- **제품의 특장점(USP) 소구 전략** : 중요한 제품의 단 하나의 특장점을 집중적으로 소구하는 것으로, 제품수명주기상의 도입기나 성장기에 일반적으로 많이 사용되고 있으며, 자사 제품의 특장점이 소비자에게 중요한 의미를 가질 때는 효과적이지만, 기술의 모방이 쉽게 나타나고, 제품의 Parity가 커지는 현시장상황에서는 한계를 가진다.
  예 '삶아 빤 듯 깨끗~ 테크'
- **포지셔닝(Positioning) 전략** : 소비자의 마음에서 경쟁사에 비해 유리한 인식의 고지를 점령하기 위한 전략이며, 제품수명주기상의 성숙기에 들어가서 제품의 차이가 경미해져도 한번 확립된 소비자의 인식은 변하지 않는다. 그러므로 제품차별화가 어려울 때 브랜드의 이미지를 차별화시킴으로써 목표로하는 소비자층에게 지각된 품질(Perceived Quality)감을 높이는 전략을 말한다.
  예 '슈퍼용 화장품', '식물나라', '대한민국 1% 렉스턴'
- **브랜드 친숙화(Brand Familiarity) 전략** : 제품의 특징보다는 브랜드를 소비자에게 친숙하게 각인시키거나 상기시키는 전략으로, 제품에 대한 기능적 차이가 없고 소비자의 관여도가 낮아서 아무 생각 없이 제품을 구입하는 상황에서는 친숙성이 가장 중요하다. 이때 광고의 반복도 중요하지만, 무엇보다 브랜드를 기억시키기 위해서는 브랜드의 의미를 소비자가 정교화할 수 있도록 배려하는 것이 필요하다.
  예 '2% 부족할 때', '새우깡'
- **정서(Affective) 소구 전략** : 자사 제품의 특징이나 기능을 말하지 않고 특정 브랜드와 '희망', '사랑', '정', '자유' 등과 같은 호의적인 정서들을 연결시켜 브랜드를 회상하고 이와 연결된 정서를 연상시키는 전략이다.
  예 '초코파이-정', '경동 보일러-효', '고향의 맛-다시다'
- **사용자 이미지(User Image) 전략** : 제품을 사용하는 사람의 이미지를 긍정적으로 구축하는 전략으로, 목표 타깃의 현실적인 자기상(Actual Self)을 묘사하는 것이 아닌 이상적인 자기상(Ideal Self)을 제시하는 방법이다.
  예 'LG 2030 레이디 카드', '테이스터스 초이스 커피(이영애)'

- **공명(Resonance) 전략 :** 강하게 제품을 팔고자 하는 관점에서 벗어나 애매모호함이나 유머, 기타의 방법을 통해 소비자의 정서를 자극하거나 일시적으로 관여 수준을 증가시키는 전략으로, 직접적인 설득이라기보다 간접적이면서도 장기적인 관점에서 소비자들을 서서히 메시지에 젖어들게 만드는 전략이다.
  예 '여자라서 행복해요-디오스'
- **사용 상황(Use Occasion) 제시 전략 :** 자사의 제품을 사용하는 사회적 상황을 직접적으로 보여주면서 사회적인 인정 및 공감 등을 획득하는 과정을 보여주는 전략이다.
  예 '나를 빛나게 해주는 SKY'

제4절 메시지의 결정

소비자들은 매체를 통해 많은 광고를 접하고 있다. 하지만 많은 광고를 소비자들이 모두 관심을 가지고 자세히 보는 것은 아니며, 보았거나 들었던 광고의 내용을 오랫동안 기억하는 것도 아니다. 그러므로 기업의 입장에서는 여러 광고 속에서 자사의 광고를 소비자들이 차별적으로 인식할 수 있도록 해야 한다.

(1) 인지, 친근감을 높인다.

소비자들이 많이 대하는 메시지는 어떠한 내용에 상관없이 친근감을 주며, 이것은 기업의 제품에 대해서 좋은 태도와 이미지를 형성하도록 하는 경향이 있다.

(2) 브랜드 속성 및 편익을 통한 태도 변화

광고에서는 기업이 제품이 가진 속성 또는 편익 등을 강조함으로써 소비자들의 태도 변화를 유도한다.

(3) 브랜드 인격의 창조

인간은 자신만의 성격이 있듯이 브랜드 또한 지속적인 광고로 성격을 형성하게끔 할 수 있다. 광고에서 브랜드를 인간에게 중요한 삶의 가치와 연결시켜 꾸준히 보여줌으로써 브랜드 인격을 창출하게끔 하고 있다.

(4) 감정을 자극한다.

광고에서도 따뜻하거나, 무섭거나, 아니면 유머의 감정을 자극하여 제품에 대한 태도에 영향을 미친다. 따뜻한 감정은 인간의 관계에 기인한다고 볼 수 있다. 예를 들어 '또 하나의 가족'이라는 감성을 자극하는 한 마디 역시, 행복한 생활의 매개체가 되는 제품, 정이 느껴지는 기업으로서 삼성전자가 소비자의 공감을 이끌어내는 사례가 있다. 공포도 감정의 한 형태인데, 공포는 어떠한 제품을 사용하지 않았을 때의 결과를 보여줌으로써 연출되는 경우가 많이 있다. 즉, 광고에서 권장하는 내용을 소비자가 따르지 않았을 때 겪을 수 있는 부정적인 결과에 대한 두려움이나 공포를 이용하는 광고이다. 예를 들어, 음주

운전이나 안전벨트 착용, 또는 금연운동 등의 공익광고가 있다. 또한, 유머러스한 광고도 많이 나타나고 있는 추세이다. 하지만 유머러스한 광고는 해당 광고가 재미있었다는 것을 기억하면서도 정작 광고의 내용은 기억하지 못하는 경우가 많다는 문제점을 가지고 있다.

(5) 사회적 기준 창조

일반적으로 개인의 열망이나 행위 및 평가의 기준을 제공해 주는 실제, 가상의 개인 또는 그룹을 준거집단이라고 한다. 광고에서 준거집단이 제품을 사용하거나 선호한다는 것을 보여줌으로써 소비자들에게 많은 영향을 미칠 수 있다.

제5절 　 매체의 결정

매체는 신문이나 잡지 등의 인쇄매체, TV, 라디오 등의 전파매체와 옥외광고, 차량 등으로 구분됨과 동시에 점차 인터넷을 이용한 광고가 널리 사용되고 있기도 하다. 매체의 선택은 제품의 특징, 전달하고자 하는 메시지의 내용, 표적 청중의 매체 관습 등을 면밀히 분석한 후 예산의 범위 내에서 결정한다.

> **더 알아두기**
>
> **광고 매체의 유형별 분류**
>
> | 직접판매매체(Direct Mail) | 엽서, 서신, 카탈로그 등 |
> | --- | --- |
> | 멀티미디어 | PC, CD-ROM 등 |
> | 인쇄매체 | 신문, 잡지, 전단 등 |
> | 뉴미디어 | Interactive TV, 케이블, 인터넷, 위성 등 |
> | 전파매체 | TV, 라디오 등 |

(1) 매체계획 시 사용되는 기본 개념 [기출]

① **도달률(Reach)** : 기업의 광고나 마케팅 활동에 고객이 얼마나 노출되었는가를 측정하는 것이다. 예를 들어, TV에서 유명 연예인이 휴대전화를 들고 춤을 추는 신제품 광고에 소비자들이 처음 노출되었다고 했을 때, 이는 1회 노출 횟수를 의미한다. 이 광고를 모두 다 합쳐서 10명 중 8명이 봤다고 하면, 이 중에는 2번 본 사람, 또는 3번 이상을 본 사람들도 있을 것이다. 하지만 여기서 중요한 것은 광고가 소비자들에게 도달되었다는 데 의미를 두어야 한다. 결국 10명이라는 사람 중 8명이 광고에 노출되었으니 도달률은 80%가 되는 것이다.

② **CPM** : 청중 1,000명에게 광고를 도달시키는 데 드는 비용을 말한다.

③ **총 도달률(Gross Rating Point ; GRP)** : 일정 기간 동안 광고메시지가 수용자에게 도달된 총합으로써(총 도달률 = 빈도 × 도달률) 계산된다.

④ **접촉 빈도(Frequency)** : 이용자 한 사람이 동일한 광고에 노출되는 평균 횟수(빈도)를 의미한다. 즉, 접촉 빈도(Frequency)는 일정 기간 동안 한 사람에게 몇 번이나 접촉되는가를 나타낸다. 예를 들어, 500,000명 중 300,000명에게는 1번씩 접촉되고 100,000명에는 두 번씩, 나머지 100,000명에게는 세 번씩 접촉되었다면 접촉빈도는 $(300,000 \times 1) + (100,000 \times 2) + (100,000 \times 3)$를 500,000으로 나눈 것이 된다. 이때, 접촉빈도는 1.6이 됨을 알 수 있다.

> **더 알아두기**
>
> **매체기획 담당자가 매체선택 시 고려해야 할 사항**
> - 표적으로 삼은 소비자들의 매체 관습을 파악하고 있어야 한다.
> - 자사 제품의 특성을 고려하여 매체를 선택해야 한다.
> - 메시지의 형태에 따라 서로 다른 매체가 효율적일 수 있다는 것을 알고 있어야 한다.
> - 비용적인 부분도 중요하게 고려해야 한다.

(2) 매체타입 결정

광고주가 광고를 어느 곳에 하느냐를 결정하는 것을 말한다. 일반적으로 매체타입 결정은 여러 요인과 광고심층조사에서 조사된 광고 목표소비자의 매체접촉도, 즉 매체 선호도가 가장 중요한 요소로 작용된다.

① **미디어 믹스** : 여러 매체의 효율적인 조합으로 소비자에게 광고 메시지를 전달시키기 위해 여러 매체의 특성을 고려하여 그중에서 가장 효율성이 좋은 매체를 조합시키는 방식이다.

② **매체 비히클 및 유닛** : 미디어 믹스가 끝나게 되면, 세부적인 매체 비히클을 확정하는 단계로 진입한다. 매체 비히클은 미디어 믹스에서 확정된 매체의 예산범위 안에서 목표소비자의 선호 매체를 선택하여 실시한다. 보통, 매체는 TV, 신문, 잡지, 인터넷 등 매체 클래스를 말한다. 여기에서 비히클이란, 매체 클래스 내의 캐리어(Carrier)를 의미한다. 예를 들어, TV와 라디오 매체의 비히클은 여러 종류의 프로그램이고, 신문 매체의 비히클은 일간신문, 주간신문, 월간신문과 같은 신문의 종류를 말한다. 비히클 유닛이란, 선택한 프로그램에 몇 초 동안 광고를 내보낼 것인가를 결정하는 것이다.

> **더 알아두기**
>
> **매체 비히클(Vehicle)과 유닛(Unit)의 예**
>
> | 구분 | TV | 라디오 | 인터넷 웹 광고 | 신문 | 잡지 | 옥외광고 |
> |---|---|---|---|---|---|---|
> | 비히클 (Vehicle) | 각종 프로그램 (뉴스, 드라마) | 각종 프로그램 (교통·날씨 정보) | 배너, 라인, 롤링, 메일 광고 | 각종 신문류 (조선, 중앙, 동아, 한겨레 등) | 각종 잡지류 (에스콰이어, 맥심 등) | 포스터, 빌보드 등 |
> | 유닛(Unit) | 15초, 3분, 1시간 | 15초, 3분, 1시간 | 바(Bar), 사각 형태 | 정치, 스포츠면 4단 | 4×6절, 좌수광고 | 200, 100, 75 |

(3) 매체 스케줄링 기출

매체가 결정되면 일정 기간 동안 광고를 어떻게 배분하여 시행할 것인가를 결정해야 한다. 즉, 광고 노출횟수가 결정되고 난 후에, 광고 기간 동안 소비자에게 전달하는 매체의 스케줄을 수립하게 된다. 매체 스케줄링은 소비자의 라이프스타일과 속성, 월별 판매현황 등을 분석하여 수립해야 하며, 경쟁사의 매체 노출 패턴을 조사하여 이를 계획적으로 활용하여야 한다. 결국, 매체 스케줄링이란 적절하게 광고예산을 분배하는 것으로 집중형, 지속형, 파동형의 형태로 구분할 수 있다.

① 집중형 스케줄링 : 광고를 하는 시기와 하지 않는 시기가 구별이 되는 방법을 말한다. 광고를 하는 시기에는 많은 양의 광고를 함으로써, 소비자에게 강한 인식을 심어주고 광고를 하지 않는 시기에도 이월효과를 목표로 한다. 이 방법은 광고예산이 적을 때에 사용하며 제품특성상 매출이 특정시기에 집중되는 에어컨과 같은 계절제품의 광고에 주로 사용한다. 하지만 타사 제품이 자사 제품의 공백시기에 광고를 하면 대응할 수 없고, 자사의 공백 기간이 길어지면 소비자들이 이를 망각할 수 있다는 단점을 가지고 있다.

② 지속형 스케줄링 : 1년 내내 꾸준하게 광고를 하는 방법으로 경쟁사에 대한 대응이 쉽다. 이 방법은 광고의 예산이 많을 때 사용하지만, 광고예산이 일 년 동안 꾸준히 소비되어야 하기 때문에 광고의 힘을 강하게 발휘할 시기가 없고 매출 변화에 민감하게 대응하기 힘든 단점이 있다.

③ 파동형 스케줄링 : 파동형 스케줄링은 집중형과 지속형 스케줄링을 조합한 형태로 소비자들의 기억을 최대로 하면서 비용상 효율성을 높일 수 있고, 소비자 구매주기에 맞춰 광고를 진행함에 따라 소비자들의 구매행동에 효과적으로 영향을 미칠 수 있다. 또한, 경쟁사가 연속적인 지출형태를 하고 있는 경우에 경쟁사에 비해 광고노출을 증가시킬 수 있는 장점을 가지고 있다. 하지만 경쟁사의 광고 스케줄링에 따라 큰 영향을 받을 수 있고, 매체 선정 및 광고시간의 선정에 어려움이 따르게 된다.

체크 포인트

매체 수단별 장·단점

구분	장점	단점
신문	• 지역신문이 다수 존재한다. • 급한 광고에 적합하다. • 광고제작비가 낮다. • 길고 복잡한 메시지 전달이 가능하다. • 신뢰성이 높다.	• 수명이 짧다. • 자세히 읽히지 않는다. • 인쇄화질이 낮다. • 다른 광고의 간섭이 높다. • 시간효과에 한정된다.
TV	• 동영상과 음향 등의 활용으로 다양한 연출이 가능하다. • 많은 수의 청중들에게 효과적인 비용으로 도달이 가능하다. • 주목률이 높다. • 간단한 메시지 전달에 적합하다.	• 청중을 선별하기가 어렵다. • 내용이 빨리 지나간다. • 높은 비용이 소요된다. • 다른 광고의 간섭이 높다. • 긴 메시지에는 부적합하다.
라디오	• 도달범위가 넓다. • 청중 선별이 가능하다. • 광고제작비가 낮다.	• 청각효과에 한정된다. • 긴 메시지에 부적합하다. • TV보다 주의집중이 낮다. • 내용이 빨리 지나간다.

잡지	• 청중 선별이 가능하다. • 높은 신뢰성과 권위가 확보된다. • 고화질 인쇄가 가능하다. • 길고 복잡한 메시지 전달이 가능하다. • 수명이 길다. • 반복광고가 가능하다.	• 폭넓은 청중에게 도달하기가 어렵다. • 급한 광고에는 부적합하다. • 다른 광고의 간섭이 높다. • 시각효과에 한정된다.
옥외	• 다른 광고의 간섭이 적다. • 수명이 길다(반복노출). • 비용이 비교적 낮다. • 가시성이 높다.	• 주목률이 낮다. • 도시미관 및 환경측면의 비판·규제가 있다. • 청중 선별이 어렵다. • 긴 메시지에는 부적합하다. • 시각효과에 한정된다.
우편	• 청중 선별이 가능하다. • 다른 광고의 간섭이 적다. • 개별화가 가능하다. • 길고 복잡한 메시지 전달이 가능하다. • 상품 샘플 우송이 가능하다.	• 폭넓은 청중에게 도달하기는 어렵다. • 많은 비용이 소요된다. • 읽히지 않고, 버려지는 경우가 많다. • 시각효과에 한정된다.
인터넷	• 쌍방향 커뮤니케이션으로 청중 관여도가 높다. • 길고 복잡한 메시지 전달이 가능하다. • 비용이 비교적 낮다. • 동영상과 음향활용이 가능하다.	폭넓은 청중에게 도달하기는 어렵다.

(4) 인터넷 광고

인터넷 광고는 협의의 개념으로 보면, 각종 검색엔진을 비롯한 특정 사이트로부터, 자사의 사이트로 링크시킬 수 있도록 하고, 그 대가를 지불하는 것을 의미한다. 광의의 개념으로 보면, 인터넷상에서의 모든 커뮤니케이션 메시지를 포함한다고 할 수 있다.

① 인터넷 광고의 개념

인터넷을 통하여 소비자와의 관계를 형성함으로써, 소비자 자신이 제품 및 서비스를 구매하도록 유도하는 전략이다. 세계적으로 인터넷 사용인구가 폭발적으로 증가함에 따라 TV 또는 신문과 같은 전통적 미디어와 겨룰 수 있을 정도의 미디어로 성장했으며, 여러 기법을 활용해 전통적 마케팅 방법보다 저렴하면서도 효과적인 마케팅 활동을 펼칠 수가 있다.

② 인터넷 광고 유형

㉠ 스폰서십 광고 : 특정 회사의 로고나 기업로고 또는 브랜드의 광고를 웹사이트 콘텐츠 내용상에 삽입하여 콘텐츠의 일부인 것처럼 보이게 하며 광고를 하는 형태를 말한다. 다시 말해, 이는 상업적 광고라는 느낌을 줄이면서 광고를 할 수 있는 형태로 웹사이트의 특정 콘텐츠 또는 이벤트의 후원자가 되는 형태를 의미한다.

㉡ 배너광고 : 웹사이트들에서 쓰이는 그래픽 이미지로 상품을 홍보하는 데 이용되는 것을 말한다. 즉, 인터넷 화면의 한 구석에 띠 모양의 광고를 생각하면 쉽다. 도입 초반에는 직사각형의 모양의 도메인과 사업 내용을 알리는 단순한 형태였지만, 최근에는 동영상을 넣는 등 홈페이지를 열면 화면에 고정적으로 배치되는 형태 등으로 다양화되고 있다.

ⓒ 이메일 광고 : 매일 사용하는 이메일을 통해 제품에 대한 정보나 사이트를 홍보하는 인터넷 광고를 말한다. 최근에는 인터넷 사용자들의 거부반응으로 스팸메일로 분류되어 발송금지가 되기도 하지만, 회원 DB를 활용하여 구매가능고객이나 관심고객을 잘 선별하여 구성한다면 아주 저렴한 비용으로 최대의 광고 효과를 볼 수 있는 방법이기도 하다.

ⓔ 삽입형 광고 : 인터넷 페이지를 넘기는 중간마다 나타나는 광고로서, 무조건적으로 노출될 수밖에 없기 때문에 효과는 클지 모르나, 강제성으로 인해 인터넷을 사용하는 사람들에게 반감을 불러일으킬 수 있다.

③ **인터넷 광고의 장점** `기출`

㉠ 시·공간의 한계 극복 : 인터넷 광고는 타 광고 매체수단과 달리 시·공간의 한계를 극복할 수 있다. TV, 라디오, 신문과 같은 광고매체의 경우 일정지역의 거주자, 일정시간에만 광고 전달이 가능하지만, 인터넷 광고의 경우 24시간 시간에 제약을 받지 않고 있으며, 거대한 네트워크를 통하여 전 세계적으로 광고를 하고 있는 사이트를 방문하는 모든 사용자에게 노출이 가능하다는 장점이 있다.

㉡ 잠재고객의 세분화 가능 : 인터넷 기업에서 자신들이 운영하는 사이트에 발생하는 자료를 종합하여 관리하는 데이터웨어하우스(Data Warehouse)가 구축되어 있을 경우, 고객 데이터를 이용하여 사이트를 방문한 회원들에 대한 성향 분석, 즉 고객의 세분화가 가능하므로 효과적인 프로모션을 수행할 수 있다. 예를 들어, 고급 화장품에 대한 구매를 유발시키는 것이 전략방향일 경우 그에 해당하는 그룹을 추출해서 해당 고객에게 집중적인 홍보를 진행할 수 있기 때문이다. 정확한 대상에게 시기적절한 제품에 대한 정보를 제공함으로써 구매를 촉진시키는 데 효과적이다.

㉢ 고객과의 일대일 상호작용이 가능 : 인터넷의 경우 기존 매체수단인 TV, 잡지, 신문 등 불특정 다수 소비자에게 하는 대중매체 광고와 달리 개인별 광고가 가능하다는 점이다. 웹에는 방문자들의 정보를 알아내는 기술이 많이 발달되어 있으므로, 개인별 마케팅을 수행할 수 있다. 즉, 데이터베이스를 이용한 고객의 요구사항 파악으로 이에 상응하는 피드백을 적시에 제공할 수 있다.

㉣ 멀티미디어 활용 가능 : 인터넷은 다른 매체수단에 비해서 텍스트는 물론 오디오, 그래픽, 동영상 등의 멀티미디어적인 요소의 통합 활용이 가능하다. 오디오나 비디오를 만들고 수신하고 보기 위한 기술과 도구들이 점점 발전해서 쉬워지고 편리해지고 있기 때문이다.

㉤ 광고 효과의 즉시 모니터링이 가능 : 인터넷 광고에서 배너광고를 진행했을 경우 클릭 수, 방문자 수, 체류 시간 등과 같은 인터넷 광고 효과 측정 도구로 적시에 모니터링이 가능하다. 이러한 광고 효과 도구를 이용한 분석에 기초하여 광고효과 및 고객반응에 따른 광고의 신속한 갱신·수정이 가능하다.

④ **인터넷 광고의 단점**

㉠ 통일된 표준이 없음 : 광고 효과 측정에 대한 많은 이론이 있지만, 현실적으로 정확한 측정이 쉽지 않아서 가격에 대한 기준 책정을 광고 대행사의 제안과 그것에 대한 최선의 판단에 맡길 수밖에 없다.

ⓒ 광고 효과 측정에 대한 객관적인 수단의 부재 : 인터넷은 노출빈도, 클릭 수 등의 기준을 사용하여 광고효과를 측정하고 있다. 하지만 웹 사이트의 주제와 성격이 다양하여 광고를 올리기 위한 적절한 사이트의 선정 및 사이트 간의 비교가 쉽지 않다.

ⓒ 적은 사용자 계층 : 최근에 인터넷 사용인구가 많아졌지만, 대형 포털사이트들 일부를 제외하고는 방송이나 신문들에 비해 사이트당 방문자 수가 적은 편이다. 전문 포털사이트가 아닌 경우에는 광고 효과에 대하여 확신하기는 어렵다. 동시에 대형 포털사이트의 광고비는 저렴하지 않은 편이다.

ⓒ 정보관리에 대한 높은 부하 : 인터넷에서 직접 광고를 운영하여 DB를 활용하게 되면, 설계 방식에 따라 생성되는 데이터의 분량이 증가하게 된다. 이런 데이터 중에서도 유용한 정보도 있고, 가치가 없는 정보도 있고, 추가적인 조작을 가해야 유용해지는 정보도 있다. 정보 가공 및 활용에 욕심을 부리게 되면, 여기에 따르는 관리 부하가 심해지게 된다. 또한, 이를 위한 하드웨어의 양도 많아지게 된다. 당연히 예산도 많이 소요된다.

⑤ 인터넷 광고의 효과

ⓐ 히트 : 타 컴퓨터가 해당사이트에 접근하는 횟수로 해당 사이트의 메인 파일과 관련된 모든 그래픽 및 아이콘에 접근한 것을 모두 계산하기 때문에 실제 방문한 사람의 수를 나타내는 것을 의미하지는 않는다.

ⓑ 임프레션 : 배너광고에 노출된 횟수를 말한다.

ⓒ 클릭 횟수 : 실제로 특정 웹사이트의 배너광고를 클릭한 총 횟수를 말한다.

ⓓ 클릭률 : 배너광고가 포함된 페이지를 본 사용자 중에서 실제 클릭한 사용자의 비율을 말한다.

ⓔ 클릭스루 : 배너광고가 포함된 페이지를 본 사용자 중에서 클릭하여 광고주의 웹사이트로 옮겨간 사용자의 수를 말한다.

ⓕ 듀레이션 타임 : 사용자가 특정 웹사이트에 머문 시간을 의미한다.

더 알아두기

대중 마케팅, 다이렉트 마케팅, 인터넷 마케팅의 비교

구분	대중 마케팅	다이렉트 마케팅	인터넷 마케팅
마케팅 채널	TV, 라디오, 신문	메일	인터넷
마케팅 주체	광고 대행사	광고대행사 및 담당회사	회사와 고객
마케팅 효율성 측정	측정이 어렵다	매우 낮다	높다
마케팅 정보수집	매우 어렵다	어렵다	쉽다
제품가격 예측성	높다	높다	낮다
기술 활용도	거의 없다	데이터베이스, 통계분석	홈페이지, 이메일, 각종 멀티미디어툴, 무선 인터넷 등

제6절 광고 효과 측정 기출

흔히 기업에서는 광고를 하는 것을 제품에 대한 인지도 제고 및 이에 대한 소비자들의 태도변화, 매출 증대의 목적으로 활용된다. 그래서 기업이 생각했던 대로 광고 효과가 나타나는지를 측정하는 것은 광고캠페인의 관리차원에서도 중요한 일이다. 그러므로 기업의 광고 프로그램은 판매효과와 커뮤니케이션 효과를 반복적으로 측정을 해야 한다.

(1) 커뮤니케이션 효과 측정 기출

보통 카피 테스팅이라 하며, 기업의 광고가 소비자들에게 얼마만큼 의사전달을 정확히 하고 있는지를 측정하는 것을 말한다. 카피 테스팅은 기업의 광고 메시지가 최종 구매자인 소비자들에게 전달되기 전, 후에 이루어질 수 있고, 광고의 사전, 사후조사를 위해 여러 가지 방법들이 활용되고 있다. 보통 광고사전조사에서 쓰이는 방법은 3가지로 압축된다.

① 광고사전조사의 방법

- ㉠ 직접평가 : 소비자 패널들을 모아놓고, 자사의 광고시안들을 보여준 다음, 각 시안에 대해서 소비자 패널들에게 직접 평가하게끔 하는 것을 말한다. 즉, 이런 직접평가를 통해서 자사의 광고가 실질적으로 소비자의 주의를 끌 수 있는지, 또는 광고가 어떤 영향을 미치는지의 정보를 알 수 있다.
- ㉡ 포트폴리오 테스트(Portfolio Test) : 소비자들이 몇 개의 광고들로 이루어진 광고 포트폴리오를 그들이 원하는 시간만큼 듣거나 또는 보게 한 후에 해당 광고에 대해서 기억나는 것들을 보조 또는 비보조적인 방법으로 응답하게 하는 것을 말하며, 그렇게 나온 결과를 토대로 회상의 정도가 광고의 주의를 끄는 정도, 메시지 이해용이성 및 기억용이성 등을 나타낸다.
- ㉢ 실험실 테스트(Laboratory Test) : 혈압, 동공의 확대 정도, 심장박동 수 등과 같은 신체적인 반응을 측정하는 도구를 활용하는 방법인데, 사람들이 해당 광고를 보고 난 후, 위 내용의 변화를 측정해서 광고 효과를 측정하게 된다. 이때 주의할 점은 이러한 방식들은 광고의 주의를 끌 수 있는 능력은 측정이 가능하지만, 광고가 소비자들의 태도나 믿음, 구매의사 등에 얼마나 영향을 끼칠 수 있는지에 대해서는 측정하기가 어렵다.

② 광고사후조사의 방법 기출

- ㉠ 회상 테스트(Recall Test) : 기업의 광고에 노출된 소비자들에게 자사의 광고를 보게 한 후에 광고주 및 광고된 제품에 대해서 기억해 낼 수 있는 모든 내용을 다 말하는 방법이다. 이때, 산출된 회상점수는 소비자가 광고에 대해 주의를 기울이는 정도 및 기억에 남아 있도록 하는 능력치를 의미한다. 정리하면, 회상은 매체에 접촉한 소비자들로 하여금 그 매체에서 본 광고를 기억하게 하여 측정하는 것이다. 주로 주관식의 개념이다.
- ㉡ 재인 테스트(Recognition Test) : 기업의 광고가 실린 TV 프로그램, 신문, 잡지 등을 보여주고 난 후에, 이전에 보았던 내용이 어떤 것들인지를 물어보는 형식을 취하고 있다. 재인 테스트 결과 측정된 점수는 다른 세분시장들에서 광고 효과의 비교와 타사와 자사 광고 효과의 비교에 효과적으로 사용될 수 있다. 즉, 재인은 광고를 보여주고 이를 본 사실이 있는지를 물어본 결과를 측정하는 것으로, 객관식의 개념이다.

(2) 판매효과 측정

기업의 광고효과 측정에서 직접적 판매효과의 측정은 광고 커뮤니케이션 효과보다는 쉽지가 않다. 그 이유는 판매는 광고 말고도 전반적 경제상황이나 제품의 가격 및 디자인의 변화 등과 같이 여러 가지 변수에 대해서 영향을 받기 때문이다. 광고 판매효과를 측정할 수 있는 방법으로 자사의 과거 광고비 지출 및 매출의 관계를 통계적인 모형을 통해서 알아낼 수 있는 방법과 광고실험을 활용하는 방법으로 지역별 광고예산을 서로 다르게 책정하여 광고 집행 후에, 지역별 매출변화를 측정하는 것이 있다.

※ 다음 지문의 내용이 맞으면 ○, 틀리면 ✕를 체크하시오. [1~8]

01 광고 콘셉트는 기업의 광고에서 말하고자 하는 것을 하나의 단어 및 어구로 표현한 것이라 할 수 있다. (   )

02 도달률이란 청중 1,000명에게 광고를 도달시키는 데 드는 비용을 말한다. (   )

03 총 도달률이란 이용자 한 사람이 동일한 광고에 노출되는 평균 횟수를 말한다. (   )

04 비이클이란 매체 클래스 내의 각 캐리어를 의미한다. (   )

05 집중형 스케줄링은 광고의 예산이 많을 때 사용한다. (   )

06 지속형 스케줄링은 1년 내내 꾸준하게 광고를 하는 방법을 말한다. (   )

07 라디오는 도달 범위가 넓고 긴 메시지에 적합한 매체이다. (   )

08 옥외 광고는 비용이 비교적 낮으며, 도시 미관 및 환경측면의 비판·규제가 있다. (   )

정답과 해설   01 ○   02 ✕   03 ✕   04 ○   05 ✕   06 ○   07 ✕   08 ○

01 광고 콘셉트는 자사 제품의 특성들 중에서 가장 중요한 한 가지에 대한 표현이 가능해야 하고, 단순명료하면서도 소비자가 이해하기가 쉬워야 한다.
02 기업의 광고나 마케팅 활동에 고객이 얼마나 노출되었는지 측정하는 것을 말한다.
03 일정 기간 동안 광고메시지가 수용자에게 도달될 총합을 말한다.
05 집중형 스케줄링은 광고예산이 적을 때에 사용하며 제품의 특성상 매출이 특정시기에 집중되는 계절제품의 광고 등에 주로 사용한다.
06 지속형 스케줄링은 경쟁사에 대한 대응이 쉽고, 광고의 예산이 많을 때 사용한다.
07 라디오는 도달 범위가 넓고 긴 메시지에는 부적합한 매체이다.

01 '또 하나의 가족'이라는 삼성전자의 행복한 생활의 매개체가 되는 제품, 즉 정이 느껴지는 기업으로서 소비자의 공감을 이끌어 내는 메시지는 다음의 어느 것과 연관성이 있는가?

① 감정을 자극한다.
② 인지, 친근감을 높인다.
③ 브랜드 속성 및 편익을 통한 태도 변화
④ 브랜드 인격의 창조

01 자극에 의해 형성된 생각은 소비자들로 하여금 제품에 대해서 좋은 또는 나쁜 태도를 형성하게 하는 계기가 되는데, 이는 제품에 대한 좋은 태도가 많은 경우 반드시 그런 것은 아니지만, 대체로 구매동향으로 이어지는 경향이 있다.

02 매체타입 결정이란 무엇을 뜻하는가?

① 기업의 광고나 마케팅 활동에 고객이 얼마나 노출되었는가를 측정하는 것이다.
② 매체가 결정되면 일정 기간 동안 어떻게 광고를 배분하여 시행할 것인가를 결정하는 것을 말한다.
③ 광고주가 하고자 하는 광고를 어느 곳에 하느냐를 결정하는 것을 말한다.
④ 광고를 하는 시기와 하지 않는 시기가 구별이 되는 방법을 말한다.

02 일반적으로 매체타입 결정은 여러 요인과 광고 심층조사에서 조사된 광고 목표소비자의 매체접촉도, 즉 매체 선호도가 가장 중요한 요소로 작용한다.

03 매체 스케줄링에 해당하지 않는 것은?

① 매체수단 스케줄링
② 집중형 스케줄링
③ 파동형 스케줄링
④ 지속형 스케줄링

03 매체 스케줄링에는 집중형 스케줄링·파동형 스케줄링·지속형 스케줄링 등이 있다.

정답 01 ① 02 ③ 03 ①

04 삽입형 광고는 무조건 노출될 수밖에 없기 때문에 효과는 크지만, 강제성으로 인해 인터넷을 사용하는 사람들에게 반감을 불러일으킬 수 있다.

04 다음 중 인터넷 광고유형에 대한 설명으로 옳지 <u>않은</u> 것은 무엇인가?

① 스폰서십 광고는 특정 회사의 로고나 기업로고 또는 브랜드의 광고를 웹사이트 콘텐츠 내용상에 삽입하여 콘텐츠의 일부인 것처럼 보이게 하며 광고하는 것이다.

② 배너광고는 웹사이트에서 쓰이는 그래픽 이미지로 상품을 홍보하는 데 이용되는 것을 말한다.

③ 이메일 광고는 매일 사용하는 이메일을 통해 제품에 대한 정보나 사이트를 홍보하는 인터넷 광고를 의미한다.

④ 삽입형 광고는 인터넷 페이지를 넘기는 중간마다 나타나는 광고로서 자율성으로 인해 인터넷을 사용하는 사람들에게 반감을 불러일으키지 않는다.

05 고객과의 일대일 상호작용이 가능한 것은 인터넷 광고의 장점에 속한다.

05 다음 중 인터넷 광고의 단점이 <u>아닌</u> 것은?

① 인터넷 광고는 통일된 표준이 없다.

② 인터넷 광고는 적은 사용자 계층으로 이루어져 있다.

③ 인터넷 광고는 고객과의 일대일 상호작용이 가능하다.

④ 인터넷 광고는 정보관리에 따른 데이터의 증가문제가 있다.

06 인터넷은 사이트의 주제와 성격이 다양하여 광고를 올리기 위한 적절한 사이트의 선정 및 사이트 간의 비교가 쉽지 않다는 문제점이 있다.

06 다음 중 인터넷 광고의 장점이 <u>아닌</u> 것은?

① 인터넷은 광고 효과 측정에 관한 어려움이 따른다.

② 인터넷은 시·공간의 한계를 극복한다.

③ 인터넷은 고객과의 일대일 상호작용이 가능하다.

④ 인터넷은 잠재고객에 대한 세분화가 가능하다.

정답 04 ④ 05 ③ 06 ①

07 히트(Hit)에 대한 설명으로 옳은 것은?

① 실제 방문한 사람의 수를 나타내는 것이다.

② 배너광고에 노출된 횟수를 말한다.

③ 실제 특정 웹사이트의 배너광고를 클릭한 총 횟수를 의미한다.

④ 다른 컴퓨터가 해당사이트에 접근하는 횟수로 해당 사이트의 메인 파일과 관련된 모든 그래픽 및 아이콘에 접근한 것을 모두 계산한다.

08 다음 중 다이렉트 마케팅에 대한 설명으로 옳지 <u>않은</u> 것은?

① 마케팅 채널은 메일이다.

② 마케팅 효율성 측정 면에서 매우 높게 나타난다.

③ 마케팅 정보수집은 어렵다.

④ 마케팅 주체는 광고대행사 및 담당회사이다.

09 다음 중 인터넷 마케팅에 대한 설명으로 옳지 <u>않은</u> 것은?

① 마케팅 정보수집이 상당히 어렵다.

② 마케팅 주체는 회사와 고객이다.

③ 마케팅 효율성 측정 면에서 높게 나타난다.

④ 기술 활용도에 있어서는 홈페이지, 이메일, 각종 멀티미디어 툴, 무선 인터넷 등이 있다.

07 히트는 사이트의 메인 파일과 관련된 모든 그래픽 및 아이콘에 접근한 것을 모두 계산하므로, 실제 방문한 사람의 수를 나타내는 것은 아니다.

08 다이렉트 마케팅은 마케팅 효율성의 측정 면에서 매우 낮게 나타난다.

09 인터넷 마케팅의 마케팅 정보수집은 쉽다.

정답 (07 ④ 08 ② 09 ①)

10 대중 마케팅의 마케팅 정보수집은 매우 어렵다.

10 다음 중 대중 마케팅에 대한 설명으로 옳지 <u>않은</u> 것은?

① 마케팅 채널은 TV, 라디오, 신문 등이다.

② 마케팅 주체는 광고 대행사이다.

③ 마케팅 정보수집이 매우 쉽다.

④ 제품가격 예측성은 높은 편이다.

11 집중형 스케줄링은 자사의 공백 기간이 길어질수록 소비자들이 이를 망각할 수 있다는 단점을 가지고 있다.

11 다음 중 집중형 스케줄링에 대한 설명으로 옳지 <u>않은</u> 것은?

① 광고예산이 적을 때에 사용한다.

② 자사의 공백 기간이 길어질수록, 소비자들이 이를 더 기억할 수 있다는 특징을 가진다.

③ 광고를 하는 시기와 하지 않는 시기가 구별이 되는 스케줄링을 말한다.

④ 타사 제품이 자사 제품의 공백시기에 광고를 하면 대응할 수 없다는 단점이 있다.

12 지속형 스케줄링은 광고의 예산이 많을 때 사용하는 방법이다.

12 다음 중 지속형 스케줄링에 대한 설명으로 <u>틀린</u> 것은?

① 경쟁사에 대한 대응이 쉬운 편이다.

② 1년 내내 꾸준하게 광고를 하는 것을 의미한다.

③ 매출 변화에 민감하게 대응하기 힘든 단점이 있다.

④ 광고의 예산이 적을 때 사용하는 방법이다.

정답 (10 ③ 11 ② 12 ④)

13 다음 중 파동형 스케줄링에 대한 설명으로 **틀린** 것은?

① 경쟁사의 광고 스케줄링에 큰 영향을 받지 않는다.

② 집중형과 지속형 스케줄링을 조합한 형태를 말한다.

③ 소비자들의 기억을 최대로 하면서 비용상의 효율성을 높일 수 있다.

④ 소비자들의 구매행동에 효과적으로 영향을 미칠 수 있다.

14 임프레션에 대한 설명으로 옳은 것은?

① 배너광고에 노출된 횟수를 의미한다.

② 타 컴퓨터가 해당사이트에 접근하는 횟수로 해당 사이트의 메인 파일과 관련된 모든 그래픽 및 아이콘에 접근한 것을 모두 계산하는 것을 말한다.

③ 실제 방문한 사람의 수를 나타내는 것은 아니다.

④ 실제로 특정 웹사이트의 배너광고를 클릭한 총 횟수를 의미한다.

15 클릭 횟수에 대한 설명으로 옳은 것은?

① 실제로 특정 웹사이트의 배너광고를 클릭한 총 횟수를 의미한다.

② 배너광고에 노출된 횟수를 말한다.

③ 타 컴퓨터가 해당사이트에 접근하는 횟수로 해당 사이트의 메인 파일과 관련된 모든 그래픽 및 아이콘에 접근한 것을 모두 계산한 것을 말한다.

④ 실제 방문한 사람의 수를 나타내는 것을 말한다.

---

13 파동형 스케줄링은 경쟁사의 광고 스케줄링에 따라 큰 영향을 받을 수 있다.

14 임프레션은 배너광고에 노출된 횟수를 말한다.

15 클릭 횟수는 실제로 특정 웹사이트의 배너광고를 클릭한 총 횟수를 말한다.

정답 | 13 ① 14 ① 15 ①

16 기업의 광고예산 결정 시에 고려해야
   할 요소
   • 제품수명주기상의 단계
   • 경쟁
   • 시장점유율
   • 광고 빈도
   • 제품의 차별성

16 다음 중 기업의 광고예산 결정에서 고려해야 할 요소가 <u>아닌</u> 것은?

① 경쟁
② 광고 빈도
③ 시장점유율
④ 광고 콘셉트

17 광고사전조사의 방법
   • 직접평가
   • 포트폴리오 테스트
   • 실험실 테스트

17 다음 내용은 광고사전조사의 방법 중에서 무엇에 대한 설명인가?

> 소비자 패널들을 모아놓고, 자사의 광고시안들을 보여준 다음, 각 시안에 대해서 소비자 패널들에게 직접 평가하게끔 하는 것을 말한다.

① 포트폴리오 테스트(Portfolio Test)
② 실험실 테스트(Laboratory Test)
③ 회상 테스트(Recall Test)
④ 직접평가

18 재인 테스트(Recognition Test)는 광
   고사후조사 방법에 속한다.

18 다음 중 성격이 <u>다른</u> 하나는 무엇인가?

① 재인 테스트
② 실험실 테스트
③ 포트폴리오 테스트
④ 직접평가

정답 16 ④ 17 ④ 18 ①

Self Check로 다지기 | 제10장

➡ **광고의 역할** : 마케팅 역할, 커뮤니케이션 역할, 경제적 역할, 사회적 역할, 문화적 역할, 교육적 역할

➡ **도달률(Reach)** : 기업의 광고나 마케팅 활동에 고객이 얼마나 노출되었는가를 측정

➡ **CPM** : 청중 1,000명에게 광고를 도달시키는 데 드는 비용

➡ **접촉 빈도(Frequency)** : 이용자 한 사람이 동일한 광고에 노출되는 평균 횟수(빈도)

➡ **매체수단별 장·단점**

구분	장점	단점
신문	• 지역신문이 다수 존재한다. • 길고 복잡한 메시지 전달이 가능하다. • 신뢰성이 높다.	• 수명이 짧다. • 자세히 읽히지 않는다. • 인쇄화질이 낮다. • 다른 광고의 간섭이 높다. • 시간효과에 한정된다.
TV	• 동영상과 음향 등의 활용으로 다양한 연출이 가능하다. • 많은 수의 청중들에게 비용 효과적으로 도달이 가능하다. • 주목률이 높다.	• 청중을 선별하기가 어렵다. • 내용이 빨리 지나간다. • 높은 비용이 소요된다. • 다른 광고의 간섭이 높다. • 긴 메시지에는 부적합하다.
라디오	• 도달범위가 넓다. • 광고제작비가 낮다.	• 청각효과에 한정된다. • 긴 메시지에 부적합하다.
잡지	• 청중 선별이 가능하다. • 높은 신뢰성과 권위가 확보된다. • 고화질 인쇄가 가능하다.	• 급한 광고에는 부적합하다. • 다른 광고의 간섭이 높다. • 시각효과에 한정된다.
옥외	• 다른 광고의 간섭이 적다. • 수명이 길다(반복노출). • 비용이 비교적 낮다.	• 주목률이 낮다. • 청중 선별이 어렵다. • 시각효과에 한정된다.
우편	• 청중 선별이 가능하다. • 다른 광고의 간섭이 적다. • 개별화가 가능하다. • 길고 복잡한 메시지 전달이 가능하다. • 상품 샘플 우송이 가능하다.	• 폭 넓은 청중에게 도달하기는 어렵다. • 많은 비용이 소요된다. • 읽히지 않고, 버려지는 경우가 많다. • 시각효과에 한정된다.
인터넷	• 쌍방향 커뮤니케이션으로 청중 관여도가 높다. • 동영상과 음향활용이 가능하다.	폭 넓은 청중에게 도달하기는 어렵다.

SD에듀와 함께, 합격을 향해 떠나는 여행

제 11 장

유통관리

당신이 저지를 수 있는 가장 큰 실수는 실수를 할까 두려워하는 것이다.

－앨버트 하버드－

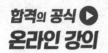

제 11 장 | 유통관리

유통(Distribution)은 상품·화폐·유가증권 등이 경제 주체 사이에서 사회적으로 이전하는 상태를 말한다. 즉, 제품과 그에 따르는 서비스는 중간에 여러 사람을 거쳐 소비자에게로 전달되는 과정을 유통이라 한다.

제1절 유통경로의 개념과 의의

(1) 유통경로 기출

기업이 소비자에게 전달하는 제품과 서비스는 다양한 경로를 거쳐 목표로 한 최종 소비자에게 보내거나 소비하게 되는데, 이러한 경로를 유통경로라 한다. 다시 말해, 어떤 제품을 최종 소비자가 쉽게 구입할 수 있도록 해주는 과정으로 마케팅 믹스 4P's 중 하나이다.

> **더 알아두기**
>
> **유통경로**
> 기업의 제품이나 서비스를 최종 소비자에게 전달하는 과정이다.
>
> **유통경로가 창출하는 효용성**
> - 시간 효용 : 소비자가 원하는 시간에 제품이나 서비스를 제공함으로써 발생되는 효용이다.
> - 장소 효용 : 소비자가 원하는 장소에서 제품이나 서비스를 제공함으로써 발생되는 효용이다.
> - 소유 효용 : 유통경로를 통하여 최종소비자가 제품이나 서비스를 소비할 수 있도록 함으로써 발생되는 효용이다.
> - 형태 효용 : 대량으로 생산되는 상품의 수량을 요구되는 적절한 수량으로 분배함으로써 창출되는 효용이다.

(2) 중간상의 필요성

중간상은 제품에 대해 생산에서 최종소비자에 이르기까지 개입하여 중개적 역할을 하는 유통 경로상의 조직집합을 말한다. 마케팅 중간상의 유형은 매우 많으며, 어떤 중간상은 기능이나 사업의 성격에 따라서 상당히 전문화되어 있기도 하다. 그러면 '중간상들이 필요하게 된 이유는 무엇일까?'라는 부분을 생각할 수 있는데, 대표적인 이유는 다음과 같은 불일치의 문제 때문에 이들의 필요성이 있는 것이다.

① **시간의 불일치** : 생산시점과 소비시점의 불일치를 의미한다.

> **예**
> 우리나라의 쌀은 보통 가을에 생산되지만, 소비는 1년 내내 지속적으로 발생한다.

② **장소의 불일치** : 생산지와 소비지의 불일치를 의미한다.

> **예**
> 쌀의 경우, 생산은 주로 농촌에서 이루어지며 소비는 전국에서 발생한다.

③ **구색의 불일치** : 공급자는 쌀을 대량생산하는 반면에, 각 소비자는 10kg, 30kg 등 소량으로 구매한다.

> **체크 포인트**
>
> **중간상의 역할**
> • 시간의 불일치, 장소의 불일치, **구색의 불일치**를 해결해 준다.
> • 생산자의 재고 부담을 줄여주게 되고, 또한 **위험을 분산시키는 역할**을 한다.
> • 영세한 공급업자에게 자금을 제공하기도 하고, 소비자에게 외상이나 할부를 제공함으로써 금융기능을 담당하는 역할을 수행한다.

> **더 알아두기**
>
> **총 거래 수 최소의 원칙**
>
>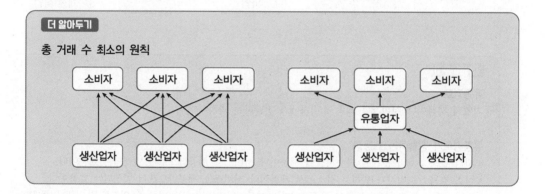

(3) 중간상의 유형

대부분의 산업에서 주요 중간상은 자신들이 수행하는 마케팅 기능에 따라 10가지 정도로 분류된다. 제조기업들은 자사의 제품이나 서비스의 유통기능을 원활하게 수행하도록 하기 위해 어떤 중간상들을 이용할 것인지와 상관없이 유통경로상의 어떤 기관에서든지 마케팅 기능을 반드시 수행해야 한다.

중간상 (Middleman)	생산자와 최종소비자 또는 산업체 구매자 간의 연결역할을 수행하는 독립적인 중간상을 말한다.
상인중간상 (Merchant Middleman)	제조업자로부터 제품을 구매하여 다시 소비자에게 판매하는 중간상으로서 이들은 제품에 대한 소유권을 가진다.
대리상 (Agent)	구매 및 판매활동의 거래상담기능을 수행하는 중간상으로서 제품에 대한 소유권을 가지지 않는다.
도매상 (Wholesaler)	대량의 제품을 소매상이나 산업체 사용자 또는 기관 구매자들을 대상으로 재매를 전문적으로 수행하는 중간상으로서 제품에 대한 소유권을 가진다.
소매상 (Retailer)	최종소비자를 대상으로 판매활동을 하는 중간상을 말한다.
거간 (Broker)	구매자 또는 판매자의 중개역할을 수행하는 중간상으로서 소유권을 가지지 않는다.
판매대리점 (Sales Agent)	독립적인 중간상으로서, 제품이나 서비스의 판매활동 기능만 수행하며, 제품에 대한 소유권을 가지지 않는다.
유통업자 (Distributor)	도매중간상으로서 제조기업이 강력한 촉진지원을 해주는 선택적 또는 전속적인 유통업자를 말한다.
중매상 (Jobber)	제조기업으로부터 제품을 구매하여 도매상 또는 소매상을 대상으로 판매활동을 수행하는 중간상을 말한다.
유통조성 대리상 (Facilitating Agent)	구매나 판매활동 또는 소유권 이전 등의 기능보다는 유통활동을 간접적으로 지원해주는 보조기관이다.

더 알아두기

유통경로의 기능

소비자들에게 유통 서비스를 제공하기 위해 경로구성원들이 수행하는 마케팅 활동으로 경로구성원 중 도매상 또는 소매상을 제거할 수는 있어도 유통기능 그 자체를 제거할 수는 없다. 경로구성원들이 수행하는 유통기능은 서로 작용하는 방향에 따라 크게 3가지로 나뉜다. 물적 소유(보관·수송), 소유권, 촉진과 같은 기능 등을 제조업자로부터 최종소비자의 방향으로 흘러가며(전방흐름), 이에 대해 주문과 대금결제는 최종소비자로부터 소매상, 도매상 마지막으로 제조업자의 방향(후방흐름)으로 흘러간다. 또한 거래협상(상담), 금융, 위험부담과 같은 기능들은 서로 양방향 흐름으로 흘러간다.

정리하면, 전방흐름(제조업자 → 최종소비자 방향)은 물적 소유(제품의 이동)·소유권(제품이 이동할 때 그에 따른 소유권까지 함께 이동한다)·촉진 등이 흘러간다. 후방흐름(최종 소비자 → 제조업자 방향)은 주문 및 그에 따른 결제가 흘러간다. 양방흐름(제조업자 ↔ 최종 소비자)은 협상(최종 소비자와 소매상, 소매상과 도매상, 도매상과 제조업자가 서로 간의 상담 및 협상)과 금융(주체별 상호간의 금전적인 도움) 및 위험부담(재고부담 및 반품) 등이 흘러간다.

제2절   유통경로의 유형

유통경로의 형태는 보통 생산자가 생산하는 제품의 특성에 따라 '소비재 유통경로'와 '산업재 유통경로'로 나눈다.

(1) 직접 마케팅

제품 및 서비스를 소비자에게 직접 판매하는 방식의 마케팅 방법을 말한다. 이는 보통, 중개상 도움 및 개인 또는 대리판매 없이 우편에 의한 주문으로 판매를 촉진한다. 예를 들어, 카탈로그를 이용한 판매, 광고엽서, 전화를 이용하는 판매 지원 활동이나 인터넷 서점 등의 인터넷 쇼핑몰 등이 주로 활용하고 있다.

(2) 간접 마케팅

생산자에서 최종 소비자에 이르기까지 그 사이에 존재하는 중간상의 수에 따라 나뉜 경로로 분류된다.

① 소비재 유통경로

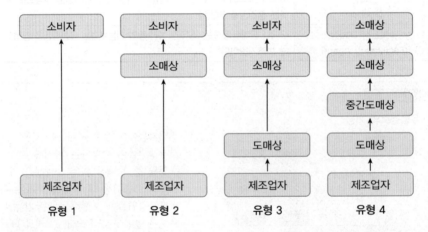

㉠ 경로유형 1은 생산자가 소비자에게 직접 제품을 판매하는 방법으로서, 직접 마케팅경로(Direct Channel)라고 한다. 이 같은 경로유형은 한국 야쿠르트나 정수기 제조업체 또는 가정용 학습교재를 판매하는 회사 등으로 보통 가정판매를 통해 제품을 판매하는 형식을 취한다. 또한, 통신판매 회사들은 우편주문 및 전화주문 등을 통해서 소비자에게 직접 판매를 취하고 있다.

㉡ 경로유형 2는 생산자와 소비자 사이에 소매상이 존재하는 형태로 백화점이나 할인점 등의 대형 소매업체가 제품 생산자로부터 구매한 제품을 소비자들에게 판매하는 방식을 말한다.

㉢ 경로유형 3은 생산자와 소비자 사이에 도·소매상이 존재하는 형태로 **가장 전형적인 경로유형**이다. 이 같은 경로유형은 식품이나 약품 등의 소비품 분야에서 중소규모의 생산자에 의해 자주 활용되고 있다.

㉣ 경로유형 4는 생산자와 소비자 사이에 3단계의 중간상이 존재하는 형태, 즉 생산자와 소비자 사이에 여러 유형의 도매상이 존재하는 형태로서 생산자가 영세하거나 지리적으로 흩어져 있는 경우에 많이 사용되는 방식이다(곡물, 야채, 과일 등).

② 산업재 유통경로

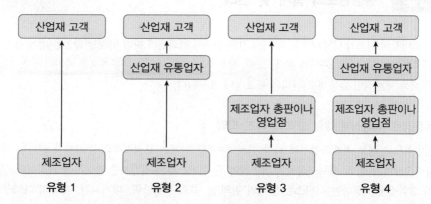

소비재와 비교해서, 조직 구매자들에게 주로 판매하는 산업재는 많은 경우에는 직접 유통 경로를 통해서 유통된다. 다시 말해, 산업재는 자사의 영업사원 또는 직접 마케팅 방식을 활용하여 기업 고객에게 직접 판매하는 방식을 취한다.

더 알아두기

산업재 유통경로의 특성 기출
- 경로의 선택이 제한적임
- 산업재의 경우 최종 소비재 생산을 위한 중간재가 다수이기 때문에 재고관리나 재고의 통제가 중시됨
- 유통경로가 비교적 단순한 구조이므로 생산자와 소비자 사이의 직거래가 많이 일어남
- 중간상인들은 기술적으로 탁월하며 생산자들과 유대관계를 가짐

산업재 마케팅 믹스와 소비재 마케팅 믹스 비교

구분	산업재 마케팅 믹스	소비재 마케팅 믹스
상품	가변적이며 품질과 기술의 중요성이 큼	표준화
가격	경쟁 입찰 및 협상	표준정찰제
촉진	인적판매가 큰 비중을 차지	광고가 큰 비중을 차지
유통	짧고 직접적인 유통	다수의 중개상인을 경유

제3절 | 유통경로의 설계 및 관리

기업은 소비자의 니즈가 다양해지고 각 기업 간의 경쟁이 극화됨에 따라 마케팅 활동을 쉽게 하기 위한 유통경로를 구축하려고 노력을 기울이게 된다. 또한, 생산자의 경우 새로운 유통경로를 마련하거나, 기존 경로를 변화시켜 더욱 체계적인 유통경로 관리의 필요성이 요구된다.

(1) 유통경로 서비스에 대한 고객의 니즈 파악

일반적으로 경로 설계과정에서 가장 먼저 해야 할 단계는 표적시장의 소비자가 원하는 서비스와 이를 충족시키기 위한 각 경로구성원이 제공해야 할 서비스가 무엇인지를 파악하는 과정이다. 경로구성원들이 고객에게 제공하는 서비스는 입지의 편의성, 최소 구매단위, 대기시간, 제품의 다양성 등 4가지로 나뉜다.

① **입지의 편의성** : 도·소매업체가 시장 내에 분산되어 있는 정도를 의미한다. 즉, 입지가 편리할수록 소비자의 제품탐색 거리 및 비용이 줄어들게 되므로 고객만족이 증가한다고 할 수 있다.

② **최소 구매단위** : 소비자가 구매하고자 하는 제일 작은 제품의 단위로서, 소비자들이 소량의 제품을 구매하고자 하면, 생산자와 소비자 사이의 많은 중간상이 개입하며, 이들은 소비자가 원하는 수준의 구매단위로 제품을 분류하는 기능을 수행해야 한다.

③ **대기시간** : 소비자가 주문한 제품을 인도받을 때까지의 기간을 말한다. 즉, 대기시간이 길어질수록 소비자의 불편, 불만 등은 증가하게 될 것이다. 만약, 소비자가 제품인도 시기까지의 시간을 중요시 한다면 제품의 인도가 용이한 위치에 점포가 입지해야 하므로, 기업으로서는 많은 중간상을 배치해야 할 것이다.

④ **제품의 다양성** : 기업은 소비자가 높은 서비스를 요구하는 것에 대해 제품구색을 할 수 있는 유통경로를 확보해야 한다. 이렇게 되면 일괄구매가 가능하게 되므로, 소비자의 정보탐색 노력 및 비용절감의 효과를 가져오며, 이는 고객만족으로 이어지는 결과를 얻을 수 있다.

(2) 유통경로의 목표설정

두 번째 단계는 유통경로의 목표를 설정하는 일이다. 이것은 기업이 목표로 하는 소비자층이 원하는 서비스 수준을 고려해야 할 뿐만 아니라 기업의 크기·재무상태 등에 따른 기업의 성격이나 제품의 성격에 영향을 받을 수 있으므로 고려되어야 한다. 그 이유는 유통경로 설계에 있어 많은 인원이 참가하게 되고, 그에 따른 막대한 투자비가 요구되므로, 다시 변경하려면 많은 노력이 필요하기 때문이다.

(3) 경로 커버리지 [기출]

경로 커버리지는 유통집중도라고 하며, 어느 특정지역에서 자사 제품을 취급하는 점포의 수를 의미한다. 여기에는 크게 3가지 전략으로 구분된다.

① **집약적(집중적) 유통** : 소비자는 제품구매를 위해 많은 노력을 기울이지 않기 때문에 가능한 한 많은 소매상이 자사의 제품을 취급하도록 함으로써, 포괄되는 시장의 범위를 확대시키려는 전략이다. 집약적 유통에는 편의품이 있다.

㉠ 장점 : 충동구매의 증가 및 소비자에 대한 인지도의 확대, 편의성의 증가 등이 있다.

㉡ 단점 : 낮은 순이익, 소량주문, 재고 및 주문관리 등의 어려움, 중간상 통제에 대한 어려움 등이 있다.

② **전속적 유통** : 판매지역별로 하나 또는 극소수의 중간상들에게 자사제품의 유통에 대한 독점권을 부여하는 방식의 전략을 말한다. 이 방법의 경우, 소비자가 자신이 제품구매를 위해 적극적으로 정보탐색을 하고, 그러한 제품을 취급하는 점포까지 가서 기꺼이 쇼핑하는 노력도 감수하는 특성을 지닌 **전문품**에 적절한 전략이다.

㉠ 장점 : 중간상들에게 독점판매권과 함께 높은 이익을 제공함으로써, 그들의 적극적인 판매노력을 기대할 수 있고, 중간상의 판매가격 및 신용정책 등에 대한 강한 통제를 할 수 있다. 동시에, 자사의 제품 이미지에 적합한 중간상들을 선택함으로써 브랜드 이미지 강화를 꾀할 수 있다.

㉡ 단점 : 제한된 유통으로 인해 판매기회가 상실될 수 있다.

③ **선택적 유통**

㉠ 집약적 유통과 전속적 유통의 중간 형태에 해당하는 전략이다. 즉, 판매지역별로 자사의 제품 취급을 원하는 중간상 중에서 일정 자격을 갖춘 하나 이상의 중간상들에게 판매를 허가하는 전략이다. 이 전략은 소비자가 구매 전 상표 대안들을 비교·평가하는 특성을 지닌 **선매품**에 적절한 전략이다.

㉡ 특징 : 판매력이 있는 중간상들만 유통경로에 포함시키므로 만족스러운 매출과 이익을 기대할 수 있으며, 생산자는 선택된 중간상들과의 친밀한 거래관계의 구축을 통해 적극적인 판매노력을 기대할 수 있다.

(4) 경로의 길이 결정

① **시장요인** : 기업이 표적으로 삼은 표적 시장의 규모가 클수록, 지리적으로 시장이 집중될수록 마케팅 경로의 길이는 짧아진다.

② **제품요인** : 기업 제품의 특성이 경로의 길이에 영향을 미친다.

③ **기업요인** : 유통과정에 관한 통제 욕구, 생산자의 마케팅 수행능력, 재무적 능력 등에 따라 경로의 길이가 달라지기도 한다.

④ **경로구성원 요인** : 중간상들의 특성에 따라 경로의 길이가 달라지기도 한다.

〈유통경로 길이의 결정요인〉

영향 요인	짧은 경로	긴 경로
수요	• 구매단위가 큼 • 구매빈도가 높고 비규칙적임	• 구매단위가 작음 • 구매빈도가 낮고 규칙적임
공급	• 생산자 수가 적음 • 진입이 제한적임 • 지역적 집중생산	• 생산자 수가 많음 • 진입이 자유로움 • 지역적 분산생산
제품	• 비표준화된 중량품 • 부패성 상품 • 기술적으로 복잡한 제품 • 전문품	• 표준화된 경량품 • 비부패성 상품 • 기술적으로 단순한 제품 • 편의품
유통비용 구조	장기적으로 불안정적임	장기적으로 안정적임

(5) 유통경로 관리

유통경로의 갈등은 각 유통경로 간의 이해와 목적의 차이로 인해 생겨난다. 생산자 입장에서 유통경로가 정해지면 생산자와 유통업자는 서로 긴밀한 협조체제를 유지해야 하지만, 경쟁이 심화됨에 따라 상호 간의 이해 차이에 의해 갈등이 빚어지게 된다. 예를 들어, 유통업체는 저렴한 가격에 제품을 공급받기를 원하지만, 생산자의 입장에서는 적정한 가격수준을 유지해야 하며, 유통망 확보를 위해 어느 정도 수준까지 유통업체를 늘리고 싶어 한다. 다시 말해, 유통경로는 각자 다른 목표를 가진 경로구성원들로 이루어져 있고, 이들은 각자의 이익을 위해 노력하며, 직접 거래하는 구성원과의 관계에만 관심을 두게 된다.

> **더 알아두기**
>
> **경로갈등의 유형**
>
> | 수평적 갈등 | 수직적 갈등 |
> |---|---|
> | 유통경로상의 동일 레벨에 있는 구성원들 사이에 발생하는 갈등
예 A 대리점이 B 대리점 영역을 침범하여 생기는 갈등 | 유통경로상의 다른 레벨에 있는 구성원들 사이에 발생하는 갈등
예 의류브랜드 메이커가 할인점 상품을 공급하면서 대리점이 반발하는 갈등 |
>
> • 수평적 갈등 : 소매상 또는 도매상끼리 유통경로상의 동일단계에서 발생하는 갈등을 의미한다. 예를 들어, 같은 제품을 취급하고 서로 간의 영역 침범 등이 있다.
> • 수직적 갈등 : 생산자와 중간상 또는 본부 및 가맹점 사이의 갈등과 같이 서로 다른 단계의 경로 사이에서 발생하는 것을 말하며 계약의 위반, 의사소통의 부족 등이 있다.
> • 복수경로 갈등 : 대리점 또는 할인점 간의 갈등과 같이 서로 다른 유통기관에 속해 있는 주체들 사이에서 발생하는 갈등을 말한다.

(6) 수직적 유통경로 시스템(VMS ; Vertical Marketing System)

수직적 유통경로 시스템은 경로 기구의 수직통합을 어떤 주체가 어떠한 방식으로 하는지에 따라 기업형 통합, 관리형 통합, 계약형 통합의 3가지로 나뉜다.

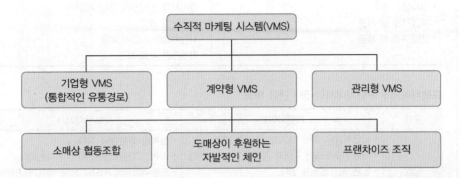

① **기업형 마케팅 시스템** : 기업이 생산 및 유통을 모두 소유함으로써 결합되는 형태를 의미한다.
  ㉠ 전방통합 : 제조업자가 주도권을 가지고 도매상 또는 소매상의 활동을 조정·통제하는 것을 말한다.
  ㉡ 후방통합 : 소매상이나 도매상이 제조업자의 활동을 직접 통제하기 위해 계열화한 것을 말한다.
② **관리형 마케팅 시스템** : 규모나 힘에 있어 우월한 위치에 있는 기업의 조정을 위해 생산 및 유통이 통합되는 형태를 의미한다. 다시 말해, 소유권·계약관계에 의해서가 아니라 어느 한쪽의 규모와 힘에 의해 생산과 유통이 조정되는 것이 특징이다.
③ **계약형 마케팅 시스템** : 계약통합은 수직통합의 가장 일반적인 형태로서, 생산이나 유통활동에 있어 상이한 수준에 있는 독립기관들이 상호 경제적인 이익을 취득하기 위해서 계약을 체결하고, 그러한 계약에 따라 수직적 통합을 하는 형태를 말한다. 모회사나 본부가 가맹점에게 특정 지역에서 일정기간 영업을 할 수 있는 권리나 특권을 부여하고, 그 대가로 로열티를 받는 프랜차이즈 시스템이 대표적이다.

체크 포인트

프랜차이즈 시스템 `중요` `기출`
• 프랜차이즈 회사(Franchisor)가 프랜차이즈를 사는 사람(Franchisee)에게 프랜차이즈 회사의 이름, 상호, 영업방법 등을 제공하여 제품과 서비스를 시장에 파는 시스템을 말하며, 이때 프랜차이즈를 사는 사람이 프랜차이즈 회사로부터 받게 되는 권리와 면허자격을 프랜차이즈라 한다.
• 프랜차이저의 경영지도와 지원으로 양자 간의 계속적인 관계가 유지된다.
• 프랜차이저는 본사, 본부, 가맹점주 등으로 불리고, 프랜차이지는 지점 또는 가맹점이라고 불린다.
• 프랜차이저는 계약의 주체로서, 프랜차이지를 모집하여 사업을 수행하는 역할을 하고, 프랜차이지를 선정하여 특정 지역마다 사업의 동반자 또는 대리인으로 영업할 권한을 허용한다.

프랜차이즈 시스템 운영

개점 단계의 서비스	개점 이후의 서비스
• 시장조사 • 입지장소 선택 • 재정지원 및 자문 • 운영 지침서 제공	• 현장관리지도 • 관리자와 종업원에 대한 재교육 • 전국단위 광고 • 시장자료와 지침서 제공 • 회계관련 자료 보관

프랜차이저와 프랜차이지의 장·단점 비교

구분	프랜차이저	프랜차이지
장점	• 사업확장을 위한 자본조달이 용이하다. • 대량구매에 의한 규모의 경제달성이 가능하다. • 높은 광고효과가 있다. • 사업제품 개발에 전념할 수 있다.	• 실패의 위험성이 적다. • 소액의 자본으로도 시작이 가능하다. • 프랜차이저의 지도로 쉽게 적응이 가능하다. • 처음부터 소비자에 대한 신뢰도를 구축할 수 있다.
단점	• 비용 및 노력의 소모가 있다. • 프랜차이지의 수가 증가할 시에 통제의 어려움이 있다. • 프랜차이저의 우월한 지위의식 때문에 시스템 활력의 저하를 초래할 수 있다.	• 쌍방 간의 계약이 불이행될 시에 갈등의 조정이 어렵다. • 프랜차이지 스스로의 문제해결 및 경영개선의 노력을 등한시 할 수 있다. • 운영에 있어 보편적이므로, 각 점포의 실정에 맞지 않을 수 있다. • 하나의 프랜차이지의 실패는 타 지점과 전체 시스템에 영향을 미칠 수 있다.

(7) 수평적 마케팅 시스템(HMS ; Horizontal Marketing System)

수평적 마케팅 시스템은 동일한 경로에 있는 둘 이상의 기업이 새로운 마케팅 기회를 활용하기 위해 협력하는 것을 의미한다. 다시 말해, 두 개 이상의 조직의 마케팅 잠재력을 개선하기 위해 자원이나 프로그램을 결합하는 것이다. 또한, 수평적 통합은 각 기업이 힘을 모아 서로의 이익을 증가시킬 수 있기 때문에 공동마케팅이라고도 한다.

더 알아두기

유통경로 구성원들에게 미치는 파워(Power) 기출
• 보상적 파워 : 어느 한 경로구성원이 타 경로구성원에게 갖가지 심리적 또는 물질적인 도움을 줄 수 있을 때 형성되는 영향력을 의미
• 합법적 파워 : 경로구성원인 A가 B에게 영향력을 행사할 권리를 지니고 있고, B가 이를 받아들일 의무가 있다고 믿기 때문에 발생하게 되는 영향력을 의미
• 전문적 파워 : 많은 전문인인 지식 및 기술을 지니고 있을 때 상대방보다 더욱 파워를 지니게 되는 것을 의미
• 준거적 파워 : 경로구성원인 B가 A와 일체감을 가지기를 원하기 때문에 A가 B에 대해 지니는 영향력을 의미

제4절 | 마케팅 로지스틱스

(1) 물적 유통의 개념

일반적으로 유통경로에서 제품이나 그에 따르는 서비스 등은 특정한 장소와 시기에 적절한 품질로 중간상 및 소비자에 전달되어야 한다. 물류는 제품이나 서비스를 생산자에서부터 최종소비자에 이르는 과정의 관리를 말한다. 원자재나 재공품 또는 완제품 등이 발생지에서 소비지까지 효율적으로 흐를 수 있도록 이를 계획, 실시, 통제하는 과정으로 정의되는 물적 유통은 시장 로지스틱스(Market Logistics)라고도 불리는데, 이는 물적 유통이 판매를 위해 생산지에서 소비지까지의 제품의 이동관리를 뜻한다면 시장 로지스틱스는 조달, 생산, 판매활동 등에 수반되는 물적 흐름을 통합적으로 관리하는 보다 더 큰 개념으로 사용된다. 다시 말해, 물적 유통은 조달, 생산, 판매활동 등에 수반되는 각종 물적 흐름을 효과적으로 관리하는 과정이라 할 수 있다.

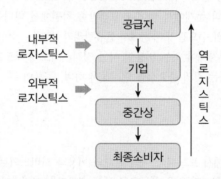

> **더 알아두기**
>
> **마케팅 로지스틱스** [기출]
> • 기업의 적절한 이윤을 보장하면서 고객의 욕구를 충족시키기 위해, 원산지에서 소비지점까지 제품 및 서비스, 관련 정보의 물적 흐름을 계획하고, 집행·통제하는 것을 말한다.
> • 기업은 소비자에게 더 나은 서비스와 저렴한 가격의 제공이 가능하다.
> • 소비자와 기업 모두에게 커다란 비용절감의 효과를 가져다준다.
> • 제품의 다양화가 진전됨에 따라 더 발전된 로지스틱스 관리의 필요성이 대두되고 있다.
> • 주요기능 : 재고관리, 수송, 창고관리, 로지스틱스 정보관리

(2) 물적 유통의 중요성

기업 조직에서 차지하는 물류비용은 비중이 상당히 크다. 이러한 비용증가와 더불어 비즈니스에 걸쳐서 물류관리의 역할은 더욱 증대되고 있는 현실이다.

① 물류관리는 회사의 유통경로 활동 및 마케팅 등 단순한 물류에 국한된 문제만이 아닌 회사 전체의 맥락과 함께 고려해야 한다. 즉, 기업은 물류에 대한 단독적인 투자뿐만 아니라 기업의 유통 목표, 마케팅 목표, 기업의 목표와도 일관성을 유지했을 때 비로소 물류관리의 효과가 극대화되어 기업이 이루고자 하는 목표를 효율적으로 이룰 수 있게 되는 것이다.

② 물류는 전략적인 도구로서의 역할을 하는 경우가 늘어나고 있는 추세이다. 이는 단순하게 수송 및 보관의 문제가 아닌 실질적인 경쟁우위를 이루기 위한 차별적 마케팅을 물류관리를 통해 실시할 수 있기 때문이다.

③ 기술의 발전과 물류관리는 깊숙히 연관되어 있기 때문에 현대에 들어와서 정보처리 전산화 및 자동화된 물류설비의 발전 등은 각 기업의 물류활동을 더 원활히 수행하게 하는 기반이 된다.

④ 물류관리는 비용절감의 문제에서 벗어나 고객만족 차원에서 더더욱 중요시되고 있다. 다시 말해, 마케팅이나 유통경로의 수요관리 차원에서 물류관리가 가지는 의미는 중요하다는 것이다. 그러므로 기존처럼 단순하게 투자해야 하는 비용이 아닌 적시·적소에 빠르고 안전한 물류를 통해 소비자의 다양한 니즈에 부합하는 것의 중요성을 인지해야 하며, 물류의 목표도 마찬가지로 소비자 만족차원으로 전환해야 한다.

(3) 물류관리의 이해

물류관리를 어떠한 기준에서 보느냐에 따라 물류의 비용과 서비스의 수준 등을 결정할 수가 있다. 즉, 물류를 원활하게 하기 위한 제반비용과 물류를 통해 제공되는 서비스가 하나의 물류시스템 하에서 결정됨을 인지하고 있어야 한다. 더불어 고객에 대한 서비스 수준의 결정과 총체적 물류비를 극소화하는 데 물류관리의 목적이 있는 것이다. 이를 위해서는 몇 가지 기준에서 고려해야 한다.

① 총 비용의 관점으로 물류를 관리한다. 이는 비용을 파악할 시에 눈에 보이는 가시적인 비용과 드러나지 않은 비용 모두 동시에 고려해야 한다. 물류와 관련된 모든 기업활동은 서로 상호작용을 하므로 물류의 개별비용만을 감소시키는 것보다도 전체적인 비용을 감소시키는 쪽으로 물류관리가 이루어져야 한다는 것이다.

② 비용이 상쇄되는 것을 이해해야 한다. 이는 기업에서 마케팅이나 물류목표를 고려해서 전반적인 물류 시스템에서 보다 더 효율적인 방향으로 물류를 관리할 수 있는 방법을 찾아야 한다. 예를 들어, 겨울이 지나고 겨울품목에 대한 재고를 줄이는 것은 당연히 재고비용을 떨어뜨릴 수 있지만, 만약 이상기후 현상으로 인해 한파가 찾아올 때 겨울품목에 대한 수요는 다시금 급변하게 되어 생산비용이 증가하게 된다.

③ 부분 최적화를 제거해야 한다. 이는 물류에서 특정 부분을 최적화시킨 결과가 다른 부분에서의 결과에 손해를 끼칠 수가 있다. 즉, 한 부분의 성과가 다른 부분의 성과에 영향을 미쳐서 전반적인 시스템의 성과에 영향을 미친다는 것이다. 결국, 물류 시스템을 전사적으로 조직화하고 협조가 이루어지면 부분 최적화의 문제는 해결될 수 있는 것이다.

> **더 알아두기**
>
> **기업 조직이 당면 가능한 부분 최적화 문제**
> - 재고수준의 감소는 적시 주문에 대한 조직적인 대응능력의 저하를 가져올 수 있다.
> - 재고수준의 하락으로 인한 보관비용의 감소는 소비자에 대한 서비스 수준을 저하시킬 수 있다.
> - 고객에 대한 고서비스 수준을 지향할 때는 그에 따른 운반비, 재고비용의 증가라는 결과를 가져온다.
> - 빠른 배송을 통한 고객 서비스 수준의 향상은 수송비용의 증가라는 결과를 가져온다.
> - 낮은 수송비용을 지향할 때는 고객에 대한 서비스 수준이 떨어질 수 있다.

④ 총체적 시스템의 관점에서 물류를 보아야 한다. 이는 물류 시스템의 각 요소가 서로 유기적으로 움직일 수 있도록 설계해야 하고 원활한 운영을 위한 계획과 관리가 이루어져야 하며, 이를 기반으로 고객서비스 차원에서 총체적인 물류비용을 극소화할 수 있어야 함을 의미한다.

(4) 물류 서비스 수준의 결정 [기출]

기업 조직의 소비자에 대한 물류 서비스는 거래를 통해 이루어지는데, 이는 고객서비스와 관련하여 예비적 거래, 실제 거래, 사후적 거래의 3가지로 나뉜다.

① **예비적 거래** : 물류하고는 직접적인 관련은 없으나, 소비자들에게 높은 수준의 서비스를 제공한다는 측면에서 그 의미가 있는 것으로 거래정책 및 소비자관리에 대한 문서, 조직구조 및 시스템의 유연성, 여러 기술적 서비스를 포함하고 있다.

② **실제 거래** : 예비적 거래와 사후적 거래의 중간에 위치하는 거래로서, 제품의 배달처럼 직접적으로 관련 있는 행위를 말한다. 제품에 대한 반송품 처리, 재고수준, 서비스 제공시기, 주문기간, 시스템의 정확성, 주문의 편리성 및 제품 대체성 등을 포함하고 있으며, 실제 거래에서 나오는 서비스 수준은 거래에 직접적인 영향을 미친다.

③ **사후적 거래** : 이미 판매된 제품에 대한 사후의 지원행위와 관련이 있다. 이에는 제품의 결함 또는 불량품에 대한 회수 및 결함의 제거활동, 고객들의 자사 제품에 대한 불만사항 등의 접수·조정 등을 포함하고 있으며, 그 이후에 발생 가능한 소비자들의 재구매 행위에 영향을 끼칠 수 있다.

(5) 주문의 처리 [기출]

기업은 빠르고 효율적으로 주문 처리를 함으로써 자사의 이익과 더불어 소비자들의 만족수준도 올라간다. 소비자 또는 종업원 등이 만든 주문서가 창고로 가게 되고, 소비자의 신용상태의 파악과 더불어 여러 가지 서류작성의 과정이 이루어지면, 창고에서는 주문확인에 대한 과정을 거친 후에 주문된 제품이 소비자에게 배달됨으로써 일련의 주문처리 과정은 끝나게 된다. 하지만 물류차원에서 간과할 수 없는 것이 있는데, 소비자 수요의 정확한 예측이 힘들거나 임의적이기 때문에 유통재고를 관리하는 것이다. 이런 방식에 있어서 재주문 시점 재고모델이라는 전통적 접근법은 재고의 유출로 인해 발생할 수 있는 매출의 손실을 최소화하는 것을 목적으로 한다. 이러한 목적을 이루기 위해서 다음의 3가지 재고수준의 개념이 있다.

① **주문차원의 재고수준** : 제품에 대한 재주문 후에 창고에 적정 재고를 보충하기 전까지 기대수요를 만족시킬 수 있는 재고의 수준을 의미한다. 이것은 주문의 양·경제적 주문량(EOQ ; Economic Order Quantity)의 산출 등을 통해 결정이 된다. 주문 차원의 재고수준의 결정이라 하는 것은 재주문이 필요할 때 주문수준 및 주문량을 어느 수준까지 정할 것인가의 문제들을 해결하는 것이다.

> **더 알아두기**
>
> **경제적 주문량(EOQ ; Economic Order Quantity)**
> 가장 최소의 비용으로 최적의 재고량을 주문하는 것을 말한다.
>
> $$EOQ = \sqrt{\frac{2C_0 D}{C_h}}$$
>
> - C_h : 연간 단위재고비용
> - C_0 : 주문당 소요비용
> - D : 연간 수요량
> - Q : 1회 주문량

② **리드타임 차원의 재고수준** : 예상되는 재공급에 대한 리드타임 사이에 예상되는 수요에 대처하기 위해서 필요한 재고의 수준을 말한다.

③ **안전 차원의 재고수준** : 소비자의 수요와 재주문 사이클 동안에 재공급 리드타임에 있어 예상하지 못했던 수요의 변동에 대처하기 위해 보관하고 있는 재고의 수준을 말한다.

> **더 알아두기**
>
> **일반적으로 활용되고 있는 창고의 종류**
>
> | 창고의 종류 | 특징 |
> | --- | --- |
> | 특화제품 창고 | 농산물의 저장에 널리 사용되고 있는 창고를 말한다. |
> | 야적 창고 | 소유자의 토지에 제품을 보관하는 것을 뜻하며, 이용하는 목적은 재고에 있어 재정신용을 얻는 것으로서, 재정신용은 이렇게 야적 창고에 보관되고 있는 제품의 재고가치의 일정비율에 의해서 결정되는 것을 말한다. |
> | 냉동·냉방 창고 | 계란이나 과일, 냉동식품, 의약품 및 화학제품 등 온도에 의해서 제품변질의 우려가 있는 제품보관 등에 이용되는 창고를 말한다. |
> | 일반 제품 창고 | 완제품이거나 특수처리 및 설비를 필요로 할 때까지 제품을 보관하는 데 이용되는 창고를 말한다. |
> | 보세 창고 | 관세를 지불하기 위해서 제품을 보관하는 창고를 말한다. |

수송에 관련된 의사결정

철도	가장 많이 이용되는 수단으로 대량의 장거리 이동 시에 가장 효과적인 운송수단이다.
트럭	신속하고 다양한 서비스의 제공과 함께 저렴한 비용을 장점으로 하고 있으며, 이는 전체 화물수송에서 차지하는 비율이 지속적으로 상승하고 있는 수단이다. 트럭은 제품 공급에 있어서의 루트와 배송시간 등의 계획에 있어서 상당히 융통성이 있고, D To D의 서비스가 가능하며 소비재 또는 고가의 제품 단거리 배송 시에 이용되는 수단이다.
해상운송	대용량, 저가치, 비부패 제품의 수송에 유리한 장점을 지니며, 장거리 수송에 있어서도 저렴한 가격으로 이용이 가능하나, 기후의 영향을 상당히 받고 속도가 느리다는 문제가 있다.
항공수송	신속한 배송이 가능하지만, 제품단위당 운송비용은 상당히 높다. 부패성 제품 또는 고가의 저중량 제품수송에 이용된다.
파이프라인	원유나 가스, 화학물질 등을 생산지에서 소비지까지 장거리 운송하는 데 적합한 수단이다. 동일제품 운송에 있어 해상운송 다음으로 저렴한 수단이며, 대부분의 파이프라인은 생산자가 소유한다.

제5절 　도매상

도매상은 제품을 재판매하거나 산업용 또는 업무용으로 구입하려는 재판매업자(Reseller)나 기관구매자(Institutional Buyer)에게 제품이나 서비스를 제공하는 상인 또는 유통기구를 의미한다.

(1) 상인 도매상

상인 도매상은 제품의 소유권 취득을 전제로 해서, 제조업자로부터 제품을 구입하여 소매상에게 다시 판매하는 것을 말한다.

① **완전서비스 도매상** : 도매의 기능을 모두 제공할 수 있는 전형적인 도매상을 말하며, 자체적인 상표를 활용하거나 재포장·마킹 같은 서비스를 추가적으로 사용하기도 한다.

ⓐ 일반제품 도매상 : 소매에서 취급하는 거의 모든 제품라인을 다양하게 취급하는 도매상을 의미하며, 일반적인 잡화에 해당하는 전기제품, 전자제품 및 농기계, 가구제품, 주방용품 등의 다양한 품목들을 거래한다.

ⓑ 한정제품 도매상 : 서로 연관성이 있는 제품을 판매하는 것을 말하며, 철물이나 가구처럼 연관이 있는 제품을 취급한다.

ⓒ 전문제품 도매상 : 전문제품만을 취급하는 도매상을 말한다. 일반적으로 한두 가지의 품목 라인만을 취급하기 때문에, 해당 제품라인에서는 대부분의 상표의 제품을 갖추는 구색의 깊이에 철저한 경향을 보인다. 즉, 폭이 좁고 깊은 구색에서 전문적인 시장정보 및 수준 높은 고객서비스가 가능하다.

② **한정서비스 도매상(Limited Service Wholesalers)** : 고객에게 소수의 한정된 서비스만을 제공하는 형태의 도매상을 의미한다. 다시 말해, 완전서비스 도매상은 유통경로에서 수행되는 대부분의 도매상 기능을 수행하고 있지만, 한정서비스 도매상은 이들 기능 중 일부만을 수행한다.

ㄱ) 현금무배달 도매상 : 현금으로만 거래하고, 수송서비스를 제공하지 않으므로 구매자가 직접 운송하는 것을 원칙으로 한다. 또한, 소매상에게 신용을 제공하지 않으므로, 거래하는 소매상이 많지 않은 대신에 재무적인 위험의 우려는 없다.

ㄴ) 직송 도매상 : 제품에 대한 소유권을 갖고, 제조업자로부터 제품을 취득하여 소매상에 바로 직송하는 도매상으로, 이들이 주로 취급하는 품목으로는 석탄, 목재, 곡물, 중장비 등이 있다. 직송 도매상은 제품을 창고에 보관하지 않으므로, 일반관리비·인건비를 줄일 수 있고, 보관이 힘들거나 고가의 제품인 경우에 물리적인 소유를 함으로써 야기될 수 있는 위험을 부담하지 않는다.

ㄷ) 트럭 도매상 : 트럭에 제품을 싣고 전국을 돌며 이동판매를 하는 현금판매원칙의 도매상이다. 또한, 과일이나 야채 등 부패성이 있는 제품 및 식료품을 공급하는데, 주로 정해진 루트를 따라서 정해진 소매상을 찾아 이동하는 형태이다.

ㄹ) 진열상 도매상 : 주로 소매상이 취급하는 식료와 잡화류 등을 취급하는 도매상으로, 도매상을 대신해서 재고수준에 대한 조언·저장방법에 대한 아이디어 제공·선반진열업무 등을 수행한다. 또한, 도매상이 진열한 제품이더라도 판매가 된 제품에 대해서만 가격을 지불하고 팔리지 않은 제품은 반품도 가능하므로, 소매상이 제품진부화로 인해 부담해야 하는 위험도 줄여준다.

ㅁ) 우편주문 도매상 : 우편을 통해 카탈로그와 제품주문서 등을 발송해 주문을 접수하여 제품을 배달하는 도매상이다. 이들은 유행하는 제품 또는 부패성이 있는 제품은 피하고 주로 가구, 의류, 액세서리, 보석, 기호 및 건강식품, 기계류 등을 취급한다.

ㅂ) 프랜차이즈 도매상 : 소매상에게 브랜드와 독특한 점포 디자인을 사용할 수 있는 일종의 권리를 제공하면서, 가맹계약을 체결하는 도매상이다.

③ **대리 중간상** : 마케팅 기관 중에서 제품의 소유권을 최종고객이나 산업사용자와 같은 고객에게 이전시키기 위한 활동을 적극적으로 수행하는 독립기관들이며, 이들은 제품의 법적 소유권을 갖지 않는다. 즉, 제품의 소유권을 갖지 않고, 제조업자와 소비자 간의 거래를 용이하게 하는 도매상을 말한다.

ㄱ) 중개상 : 시황이 밝아 시장정보기능에 특화한 기능중간상으로, 매매 당사업자의 중간에 개재하여 거래를 연결하고 그에 따른 구전을 양측으로부터 받는 소개상인을 말한다.

ㄴ) 대리점 : 타인의 위탁을 받아 매매를 하는 도매상의 일종이며, 대리점은 위탁자의 명의로 매매거래를 하는 특징을 가진다.

- 제조업자 대리인 : 제조업자와 계약한 대리인, 즉 의류나 가구 또는 전자제품 등을 제조하는 제조업 중에서 판매원을 고용할 수 없는 소규모 제조업자 또는 자사의 판매원이 접근하기 어려운 판매지역으로 진출하려는 대규모 제조업자와 대리인 계약을 체결한 자를 말한다.
- 판매 대리인 : 제조업자의 물건 판매에 대한 권한을 계약에 의하여 부여받은 자를 말한다. 판매 대리인은 제조업자가 판매의 능력을 갖추지 못하였을 경우 실질적인 판매 기능도 수행한다. 따라서 가격이나 품목 및 판매 조건에 대해 상당한 영향력을 행사한다. 주로 석탄이나 산업용 장비·화학제품·금속제품의 거래에서 흔히 나타난다.

- 구매 대리인 : 구매자를 대신하여 제품을 구매하는 자로 구매에이전트라고도 한다. 일반적으로 구매자와 장기간 관계를 유지하는 자로 제품을 구입·인수·검사하여 창고에 보관하며, 구매자에게 제품을 선적해 보내는 역할을 수행한다. 보통 의류산업 제품의 거래에 많이 활용되고 있다.
- 위탁상 : 제조업자나 소매상으로부터 위탁을 받아 자신의 이름으로 이들 위탁자를 위해 상품의 매매를 하고 일정한 수수료를 받는 상인을 말한다.

(2) 도매상의 마케팅 전략

① **제품구색과 서비스 결정전략** : 도매상은 소매상의 주문에 대비하여 항시 상품구색과 서비스 수준을 결정해야 한다.

② **가격결정전략** : 제조업체와 달리 도매상은 원가산정방식에서 소요비용과 일정 마진율을 가산하여 가격을 결정한다.

③ **판촉결정전략** : 도매상의 판촉전략은 최종 소비자들을 대상으로 하지 않기 때문에 제조업체나 소매상의 촉진활동에 비해 상대적으로 비중이 낮다. 따라서 주로 인적판촉수단이나 소매상판촉에 주력하게 된다.

④ **입지 상권결정전략** : 도매상의 판촉전략은 최종 소비자들을 대상으로 하지 않기 때문에 상대적으로 점포입지가 중요하지 않다. 따라서 임대료가 저렴한 교외지역이나 도시 변두리 지역에 입지를 선정하는 경우가 많다.

더 알아두기

제조업자를 위해 도매상이 수행하는 기능
- **시장확대 기능** : 소비자가 생산자의 제품을 필요로 할 때, 쉽게 구매할 수 있도록 생산자는 합리적인 비용으로 필요한 시장 커버리지를 유지하는 데 있어 도매상에게 의존한다. 동시에 도매상을 활용하여 많은 수의 소매상 고객들을 접촉한다면 제조업자는 상당한 비용절감의 효과를 얻을 수 있다.
- **재고유지 기능** : 도매상들은 생산자의 재무분담 및 많은 재고보유에 따른 생산자의 위험을 감소시켜준다.
- **주문처리 기능** : 생산자의 제품을 구비하고 있는 도매상들은 소비자의 소량주문에 대해 효율적으로 대처할 수 있다.
- **시장정보 기능** : 도매상은 생산자에 비해 소비자들의 제품이나 서비스에 요구에 대해서 파악하기가 쉽다.
- **서비스 대행 기능** : 생산자의 입장에서는 도매상이 소매상에게 각종 서비스 제공을 대행 또는 보조하도록 하는 것이 생산성을 향상시키는 방법이 된다.

소매상을 위해 도매상이 수행하는 기능 기출
- **구색갖춤 기능** : 도매상은 생산자로부터 제품을 받아 다양한 제품구색을 갖춤으로써, 소매상의 주문업무를 단순화시킨다.
- **소단위판매 기능** : 도매상은 생산자로부터 대량주문을 통해 제품을 소량으로 나누어서 소매상들의 소량주문에 응할 수 있으므로 생산자와 소매상 양자의 니즈를 충족시킬 수 있다.

- **신용 및 금융기능** : 외상판매를 함으로써 소매상이 구매대금을 지불하기 전에 제품을 구매할 수 있는 기회를 제공한다.
- **소매상 서비스 기능** : 소매상은 제품 생산자로부터 배달, 수리 등의 다양한 서비스를 요구하는데, 도매상은 이 같은 서비스를 제공함으로써 소매상들의 노력 및 비용을 절감시켜 준다.
- **기술지원 기능** : 도매상은 숙련된 판매원을 통해 소매상에게 기술적·사업적 지원을 제공한다.

제6절 소매상

소매상은 개인용으로 사용하려는 최종 소비자에게 직접 제품과 서비스를 제공하여 소매활동을 하는 유통기관을 말한다.

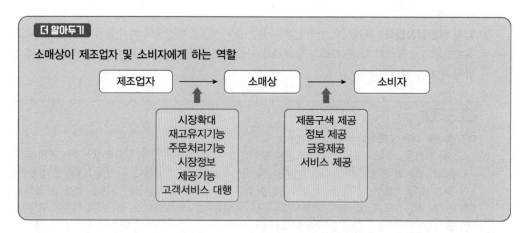

더 알아두기

소매상이 제조업자 및 소비자에게 하는 역할

제조업자 → 소매상 → 소비자

시장확대
재고유지기능
주문처리기능
시장정보
제공기능
고객서비스 대행

제품구색 제공
정보 제공
금융제공
서비스 제공

(1) 점포 소매상

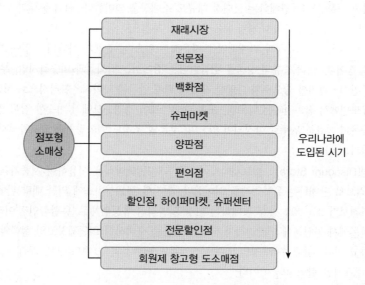

① **전문점(Specialty Store)** : 취급제품의 범위가 한정되고, 전문화되어 있다. 전문점은 취급상품에 관한 전문적 지식과 전문적 기술을 갖춘 경영자나 종업원에 의해 가공수리도 하며, 품종의 선택, 고객의 기호, 유행의 변천 등 예민한 시대감각으로 독특한 서비스를 제공함으로써 합리적 경영을 실현하고 있다.

② **편의점(Convenience Store)** : 보통 접근이 용이한 지역에 위치하여 24시간 연중무휴 영업을 하며, 재고회전이 빠른 한정된 제품계열(식료품 및 편의품)을 취급한다. 또한 편의점은 가격에 있어 생필품을 취급하는 타 소매업체보다 다소 높은 가격을 유지하고 있지만, 이는 위치적 효용과 24시간 구매가 가능하다는 시간상의 편리성이 이를 상쇄하는 역할을 하고 있다. 보통 매장면적이 60㎡ 이상 230㎡ 이하의 소매점이다.

③ **슈퍼마켓(Supermarket)** : 주로 식료품, 일용품 등을 취급하며, 염가판매, 셀프서비스를 특징으로 하는 소매 업태를 말한다. 다시 말해, 슈퍼마켓은 식료품을 중심으로 일용잡화류를 판매하는 **셀프서비스** 방식의 대규모 소매점이다. 슈퍼마켓은 미국의 경우 1930년대 이후 크게 발달하였다. 당시 킹 컬렌은 셀프서비스·현금·무배달제의 식품점을 대규모로 운영하여 대성공을 거두었는데, 이 상점은 당시 일반상점의 매장면적이 250㎡인 데 비해 무려 2,000㎡나 되었다. 1930년대 슈퍼마켓이 크게 성공을 거둔 이유로는 다음과 같다.

㉠ 불황에 따른 소비자들의 가격 의식적 행동
㉡ 대중의 자동차 소유에 의한 구매거리의 단축화와 주별 구매, 인근 점포 이용 등의 필요성 감소
㉢ 냉동기술의 발달에 따른 식품보존성의 향상
㉣ 포장기술의 발달에 따른 브랜드화와 사전판매(Pre-selling)의 가능
㉤ 상품부문의 통합에 의한 일괄구매(One-Stop Shopping)의 가능
㉥ 셀프서비스와 체크아웃 방식에 의한 인건비의 절약, 캐시 앤드 캐리(Cash and Carry) 방식에 의한 외상매출의 경비 및 운송비의 절약으로 인한 염가판매의 실현 등이 있다.

④ **백화점(Department Store)** : 하나의 건물 안에 의식주에 관련된 여러 가지 상품을 부문별로 나누어 진열하고 이를 조직·판매하는 근대적 대규모 소매상을 의미한다. 여러 종류의 상품, 부문별 조직에 의한 합리적 경영, 집중적 대경영 등을 백화점의 특징으로 들 수 있다. 또한, 각 부문에 상품관리자를 두고 어느 정도의 자주성과 판매책임을 지우고는 있으나, 전체가 하나의 기업에 소속되어 경영되는 것이 특징이다. 여러 종류의 상품을 취급한다는 점에서는 잡화점과 비슷하지만, 부문별 조직에 의한 매입·판매·관리를 함으로써 다양한 제품의 판매 업무를 과학적·합리적으로 처리할 수 있는 점과 경영규모면에서 잡화점과는 다르다. 또한 슈퍼마켓이 경영규모에서 비슷한 점이 있지만 슈퍼마켓의 취급품목이 식료품 위주로 한정되어 있으며, 부문별 조직도 백화점처럼 고도화되지 않았다는 점에서 백화점과는 다르다.

⑤ **할인점(Discount Store)** : 셀프서비스에 의한 대량판매방식을 이용하여 시중가격보다 20~30% 낮은 가격으로 판매하는 유통업체를 의미한다. 철저한 셀프서비스에 의한 대량 판매방식을 활용하여 시중가격보다 20~30% 싸게 판매하는 가장 일반적인 유통업체로 '종합할인점'이라고도 한다. 이는 농수산물에서 공산품에 이르기까지 다양한 상품을 구비하여 회원제창고업 형태와 함께 유통업체를 주도하고 있다. 신세계백화점의 'E마트', 그랜드 백화점의 '그랜드마트', 롯데 백화점의 '롯데마트' 등이 대표적인 할인점의 예이다.

⑥ **양판점(GMS ; General Merchandising Store)** : 어느 정도 깊이의 구색을 갖춘 다양한 제품계열을 취급하는 점포를 말한다. 제품 구성면에서는 백화점과 슈퍼마켓의 중간이면서, 가격 면에서는 백화점과 할인점의 중간 정도의 위치에 있다. 제품구색 면에서도 양판점은 식료품에서 더 나아가 중저가의 생활 소모품을 취급하는 구성을 가진다. 가격 면에 있어서도 체인화를 통해 대량구매의 장점을 활용하여 저렴한 가격으로 제품을 구입한다. 고객 측면에서 양판점은 중산층에 초점을 맞추며, 입지에 있어서도 부도심에 입지한다. 또한, 교통난을 해소하기 위해 주차장을 확보하는 것이 일반적이며, 비용절감을 위해 PB 제품을 개발하는 데 주력하고, 제품에 대한 위험은 자체적으로 부담하는 형식을 지닌다.

⑦ **회원제 도매클럽(MWC ; Membership Wholesale Club)** 기출

  ㉠ 메이커로부터의 현금 일괄 구매에 따른 저비용 제품을 구비해서, 회원제로 운영되는 창고형 도매상을 의미한다.

  ㉡ 회원제 도매클럽의 특징

   • 일정한 회비를 정기적으로 내는 회원들에게만 물건을 구매할 수 있는 자격을 제공한다. 이렇듯, 회원제로 운영되는 이유는 안정적인 매출 확보를 위해서이다.

   • 법인회원과 개인으로 구분된다.

   • 거대한 창고형의 점포에서 30~50% 할인된 가격으로 정상적인 상품을 판매한다.

   • 실내 장식이 거의 없는 거대한 창고 형태로 점포를 운용함으로써 할인점보다 더 싼 가격으로 제품을 판매하고 구매 빈도·보존성 그리고 소모 빈도가 높은 품목을 다량으로 구입하여 총 이익률을 높인다.

   • 상자 및 묶음 단위로 판매한다.

⑧ **하이퍼마켓(Hypermarket)** 기출 : 식품·비식품을 풍부하게 취급하며, 대규모의 주차장을 보유한 매장면적 $2,500m^2$ 이상의 소매점포를 의미한다. 주요 고객층은 자가 승용차를 소유하고 있는 중간 소득층과 소득수준이 낮은 가격 반응형 구매자이며, 생활리듬과 새로운 쇼핑분위기를 원하는 다수

의 질적인 구매자도 포함된다. 입지에서는 지대가 높은 도심이나 주거지역은 피하고 지대가 낮은 지역인 대도시 근교에 독자적으로 입지를 선택하는 것이 일반적이다. 하이퍼마켓의 제품구색은 슈퍼마켓에서 판매하는 식품과 생활필수품 등으로 나누어져 있는데, 식품과 비식품의 구성비는 대략 6:4 정도이다.

⑨ **상설할인매장(Factory Outlet)** : 제조업자가 소유 또는 운영하는 염가매장으로 제조업자의 잉여제품이나 단절제품, 기획재고제품을 주로 취급하는 형태를 취한다. 이들은 보통 소매가격보다 30~50% 정도 저렴한 가격으로 판매한다.

⑩ **카탈로그 쇼룸(Catalog Showroom)** : 마진이 높고 제품회전율이 빠른 유명상표들을 할인된 가격으로 판매하며, 이를 취급하는 제품의 구색이 비교적 다양하다. 이들이 주로 취급하는 제품은 보석, 전기공구, 가방, 스포츠 용품 등이 있다.

⑪ **전문 할인점(Special Discount Store)** : 한 가지 또는 한정된 제품을 깊게 취급하며, 할인점보다 저렴하게 판매하는 소매업태이다. 특히, 깊이 있는 제품구색과 우수한 고객서비스, 고가격의 점포 특성을 가지는 전문점과 일정 정도의 깊이를 가진 여러 제품군을 취급하는 할인점 및 양판점과 차별화되는 점포형태이다.

(2) 무점포 소매상

무점포 소매상은 점포 비용이 절감되며, 입지조건에 관계없이 목표고객에게 접근이 가능하고, 고객의 잠재수요를 자극할 수 있다는 점에서 각광받고 있다. 무점포 소매상은 '점포 내 거래가 아니고 우편, 전화, 또는 상호적인 판매방법'이다. Kotler와 Armstrong(1994)에 의하면 무점포 판매는 크게 다이렉트 마케팅(Direct Marketing)과 방문판매(Direct Selling) 그리고 자동판매기(Automatic Vending Machine)로 분류되며, 이 중 가장 대표적인 무점포 판매방식인 다이렉트 마케팅(Direct Marketing)은 사용되는 커뮤니케이션 수단에 따라 통신우편판매(Direct Mail), 텔레마케팅(Telemarketing), TV마케팅(Television Marketing), 인터넷마케팅(Internet Marketing) 등으로 분류할 수 있다. 무점포 소매상은 최근에 각광받는 소매업체로서 교통난, 맞벌이 등으로 쇼핑시간의 여유가 없는 소비자에게 시간을 절약해주는 시간 효용을 제공해 준다. 또한, 무점포 소매점의 성장요인은 소비자 행동 측면에서는 편리한 쇼핑의 희구, 레저와 유행의 중시, 쇼핑시간 단축의 희망, 구매 결정에 대한 자신감 증가, 교육수준의 향상, 구매 방식의 변화수용 등이 있고, 마케팅 측면에서는 제품의 다양화, 상품의 증가 및 포장의 개선, 경쟁의 격화, 마케팅 조직과 마케팅 정보의 변화 등이 있다. 기업의 경영적 측면에서는 혁신적인 경영자의 등장과 기업 성장의 추구, 사회·문화적 측면은 인간의 자연환경과 생태계의 보존을 위한 환경오염 방지에 대한 관심도의 증가, 기술적 측면에서는 교통·통신의 발달이 가장 두드러진 요인이라고 말할 수 있다. 컴퓨터 기술의 혁신은 표적 마케팅(Target Marketing)을 위한 데이터베이스(Data Base)의 전산 처리를 가능하게 하였다.

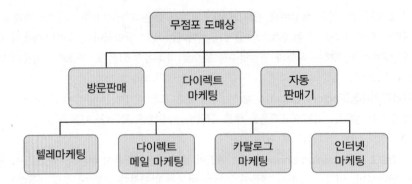

① **통신우편판매(Direct Mail)** : 공급자가 광고매체를 통해서 판매하고자 하는 제품이나 서비스에 대한 광고를 하고 고객으로부터 각종 통신수단을 통해 주문을 받은 제품을 직접 또는 우편으로 배달하는 판매방식을 의미한다. 이 방식은 19세기 후반 미국에서 최초로 등장했으며, 국내에서는 1976년 신세계 백화점이 카드고객을 대상으로 주문엽서에 의한 통신 판매한 것이 최초이다.

② **텔레마케팅(Telemarketing)**

ㄱ 전화 등의 매체수단을 사용하여 소비자마다 구매이력 데이터베이스에 근거하여 세심한 세일즈를 행하는 과학적인 마케팅 기법을 의미한다. 다시 말해, 전문지식을 갖춘 상담요원이 컴퓨터를 결합한 정보통신기술을 활용해 고객에게 필요한 정보를 제공하고 신제품 소개, 고객의 고충사항 처리, 시장조사 등 다양한 기능을 수행하는 기법을 말한다. 미국은 1970년대부터 텔레마케팅이 보급되기 시작되었고 1980년 후반부터 성장을 보이고 있으며, 우리나라의 경우 미국계 시티은행이 1986년 국내 최초로 이 기법을 도입해서 은행, 보험, 호텔, 백화점 등 서비스업 분야에서부터 전자, 통신, 제약 등으로까지 급속히 확대되고 있다.

ㄴ 텔레마케팅의 특징
  • 텔레마케팅은 시·공간 거리의 장벽을 해소해 준다.
  • 고객지향적인 서비스가 가능하다.
  • 즉시적인 쌍방향 커뮤니케이션 마케팅이다.
  • 타 매체와의 연동성을 활용하며 더 효과적이다.
  • 즉각적인 고객의 반응을 알 수 있으며, 고객의 불평·불만 등을 처리할 수 있다.

③ **텔레비전 마케팅(Television Marketing)** : 텔레비전 광고를 이용해 소비자들의 제품구매를 유도하는 방식으로, 직접반응광고를 활용한 주문방식과 홈쇼핑 채널을 활용한 주문방식으로 나뉜다. 직접반응광고를 통한 주문방식은 30초 내지 1분 사이의 짧은 시간을 통해 간단하게 제품소개 및 주문전화번호가 나오며, 이를 본 소비자가 무료전화를 이용해 제품을 주문하는 방식을 말한다. 홈쇼핑 채널을 활용한 주문방식은 케이블 TV를 통해 제품소개 및 특징들을 설명해서 소비자로 하여금 제품을 주문하는 방식을 말하며, 소비자가 상품을 구매하지 않더라도 유익한 상품정보 획득이 가능하며 저렴하다.

④ **온라인 마케팅** : 무점포 분야의 새로운 부분으로 떠오르고 있다. 세계 어디든지 시간과 공간을 초월하여 마음에 드는 제품을 주문요령에 맞추어 주문하고, 신용카드를 이용하여 대금결제를 하면 구매절차가 끝나는 방식이다.

⑤ **방문판매** : 판매자가 구매자를 직접 방문해서 행하는 판매방식, 즉 영업사원을 이용한 이방식은 가장 오래된 역사를 지니는 무점포 소매업이다. 근래에 와서는 소득증대에 따른 구매력의 향상으로 방문판매가 손님과 직접 대면하는 판매법으로서 주목을 받게 되었으며, 화장품·약품·서적·자동차·보험·증권 등의 상품이 방문판매의 품목에 포함된다. 우리나라에서는 흔히 외판이라고도 하는 이 판매법의 장점은 손님이 원하는 상품을 실제로 보여주고 자세히 설명함으로써, 손님을 이해시켜 판매하는 방법이다.

⑥ **자동판매기(Automatic Vending Machine)** : 동전이나 카드를 이용한 무인 판매기를 말한다. 자동판매기가 급속한 증가 추세를 보인 것은 노동집약적 산업구조에서 기술집약적 산업사회로의 전환에 따른 대량생산·대량소비·소비패턴 변화 등의 마케팅 환경 변화에 따라 새로운 유통구조의 출현이 필요했기 때문이다. 그래서 슈퍼마켓·쇼핑센터 등의 새로운 유통구조의 출현 외에도 인건비의 상승, 장소의 제한 및 구입의 편리성 등에 따라 무인 자동판매기의 등장이 필연적이었다. 넓은 의미에서 동전·지폐·카드 등에 의해 제품·용역 등을 판매하는 기계를 의미하며, 좁은 의미로는 물품을 자동적으로 판매하는 기계를 말한다. 보급에 따른 주된 특징은 인력부족 보완, 소비환경 및 소비양식의 변화, 24시간 무인판매 시스템에 의한 생력화(省力化), 현금판매에 의한 자금회전, 소자본에 의한 운영, 좁은 면적 이용, 인건비 상승에 대한 해결책 등이 있다. 종류는 음료 자동판매기·식품 자동판매기·담배 자동판매기·티켓 자동판매기 등 외에, 자동서비스기와 일상용품 자동판매기 등이 있다. 설치장소로는 용도에 따라 공공시설(학교, 관공서, 각종 병원, 운동장, 공원 등), 터미널(기차역, 고속버스, 전철역, 공항 등), 회사(사무실, 공장, 기숙사, 휴게실 등), 오락장(유원지, 극장, 유흥업소 등), 숙박업소(호텔, 여관 등의 객실, 로비 등) 등에 설치되어 무인매점으로서 큰 역할을 하고 있다. 선진 각국에서는 자동판매기가 유통 혁신의 기구로써 운영되고 있으나, 한국에 처음 도입된 것은 1970년대 후반이다. 초기에는 보급 초기의 특성인 수익도구로서 기능이 중시되었으나, 1980년대 이후 차차 서비스 도구로서의 역할이 증대하여, 이용 제품업체의 판촉 장비로서, 또 고객의 편리성 제공 등을 위해 공공장소에 설치되고 있는 실정이다.

체크 포인트

신 유통업체별 개념 및 특징 [기출]

구분	개념 및 특징	예
할인점 (Discount Store)	• 일용잡화, 가정용품처럼 실용적이며, 대중적인 제품을 취급한다. • 임대료가 저렴한 곳에 위치하면서, 셀프서비스 등의 Low Cost 경영으로 저가격 대량 판매한다.	그랜드마트, 롯데마트, E마트
하이퍼 마켓 (Hyper Market)	• 유럽에서 발달한 대형슈퍼마켓과 할인점으로 절충한 업태이다. • 식품, 비식품을 취급하며 MWC하고 동일한 창고형태로 운영하면서 비회원의 출입도 허용하는 형태이다. • 넓은 주차장 및 도시근교에 입지한다. • 저마진, 저가격에 판매한다.	까르푸
회원제 창고형 매장(Membership- Wholesale Club, MWC)	• 회원제 : 정기적이면서, 안정적인 고객을 확보한다. • 기존의 할인점보다 식품의 비중이 높다. • 제품구색은 한정되어 있다. • 대량으로 매입하고, 대량으로 판매한다.	프라이스 클럽, 킴스클럽

대중 양판점 (GMS)	• 제품의 구성이 백화점과 슈퍼마켓의 중간형태이고, 가격은 백화점과 할인점의 중간 정도의 형태를 띤다. • 중저가의 실용적인 생활용품과 식품으로 구성되어 있다. • 중산층에 초점을 둔다. • PB 제품에 주력한다.	시어즈, 다이에, 이토요카도
전문 양판점 (카테고리 킬러)	• 완구점이나 자동차 용품 등 한 가지 제품군만을 깊게 취급한다. • 할인점보다 훨씬 낮은 가격으로 판매한다. • 체인화 및 저마진, 비용절감	토이저러스, 서킷시티
슈퍼센터	• 하이퍼 마켓과 유사한 형태이다. • 식품, 비식품을 취급한다. • 슈퍼마켓, 할인점, 멤버십 홀세일 클럽의 장점을 결합시킨 할인 전문점이다.	주스코
편의점(CVS)	• 24시간 영업과 가맹점 제도 형태이다. • 편의품, 식료품 등을 취급하며, 인구밀집지역에 위치한다. • 슈퍼마켓보다 고가에 판매한다.	GS 25, 훼미리 마트
홈센터	• 주택의 건축 및 개·보수에 필요한 철물, 인테리어 등을 취급한다. • 창고형 형태이다.	홈데코
아웃렛	• 도심외곽지역에 여러 점포가 모여 쇼핑센터를 형성한다. • 백화점과 제조업체 재고품 등을 저가로 판매한다.	시어즈 아웃렛
무점포 판매	• 통신판매 : 통신수단, 우편에 의한 판매방식을 취한다. • 홈쇼핑 : 케이블 TV, 통신 등에 의한 주문판매 방식이다. • 자동판매기 : 셀프 서비스 • 방문판매 : 소비자를 방문하여 제품의 설명 및 판매를 한다.	–

더 알아두기

ABC 재고관리

기업이 관리하고자 하는 상품의 수가 많아, 모든 품목을 동일하게 관리하기가 어려울 때 사용하는 방법으로서, 보통 어떠한 기준에 의해 품목을 그룹화하고 그러한 그룹에 대해 집중관리를 하는 방식을 말한다. 또한, 기업의 재고관리 및 자재관리뿐만 아니라 원가관리나 품질관리에도 응용되고 있다. 재고자산을 각각의 특성에 따라서 3개 그룹으로 나누어 각기 다른 재고관리 방법을 적용하고 있다.

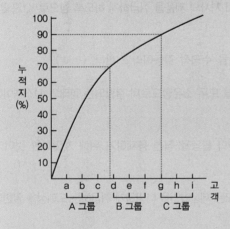

그룹	품목구성 비율	금액구성 비율
A	5~10%	70~80%
B	10~20%	15~20%
C	70~80%	5~10%

A 그룹 = 소수 고액품목으로 이루어진 제품집단
B 그룹 = 그 중간적 성격을 갖는 제품집단
C 그룹 = 다수 저액품목으로 이루어진 제품집단

Two-Bin 기법

두 개의 상자에 부품을 보관하여 필요시 하나의 상자에서 계속 부품을 꺼내어 사용하다가 처음 상자가 바닥날 때까지 사용하고 나면, 발주를 시켜 바닥난 상자를 채우는 방식을 말한다. 통상적으로 조달기간 동안에는 나머지 상자에 남겨 있는 부품으로 충당한다. 또한, 발주점법의 변형인 Two-Bin 시스템은 주로 저가품에 적용하는데, ABC의 C 그룹에 적용되며, 재고수준을 계속 조사할 필요가 없다는 특징이 있다.

○✕로 점검하자 | 제11장

※ 다음 지문의 내용이 맞으면 ○, 틀리면 ✕를 체크하시오. [1~7]

01 집약적 유통에는 주로 선매품 등이 속한다. (　　)

02 전속적 유통은 가능한 한 많은 소매상들로 해서 자사의 제품을 취급하게 하도록 함으로써, 포괄되는 시장의 범위를 확대시키려는 전략이다. (　　)

03 유통경로상의 동일단계에서 일으켜지는 갈등을 수평적 갈등이라고 한다. (　　)

04 기업형 마케팅 시스템은 기업이 생산 및 유통을 모두 소유함으로써 결합되는 형태의 시스템이다.
(　　)

05 전방통합이란 소매상이나 도매상이 제조업자의 활동을 직접 통제하기 위해 계열화한 것이다.
(　　)

06 일반제품 도매상이란 소매에서 취급하는 거의 모든 제품라인을 다양하게 취급하는 도매상을 말한다.
(　　)

07 직송 도매상이란 제품에 대한 소유권을 갖고, 제조업자로부터 제품을 취득하여 소매상에게 바로 직송하는 도매상이다. (　　)

정답과 해설　01 ✕　02 ✕　03 ○　04 ○　05 ✕　06 ○　07 ○

01　집약적 유통에는 주로 편의품 등이 속한다.
02　전속적 유통은 판매지역별로 하나 또는 극소수의 중간상들에게 자사제품의 유통에 대한 독점권을 부여하는 방식의 전략이다.
05　전방통합이란 제조업자가 주도권을 가지고 도매상 또는 소매상의 활동을 조정, 통제하는 것이다.

01 다음 중 정수기 회사가 주로 사용하는 유통경로는 어디에 속하는가?

① 제조업자 → 도매상 → 소매상 → 소비자
② 제조업자 → 도매상 → 중간도매상 → 소매상 → 소비자
③ 제조업자 → 도매상 → 소비자
④ 제조업자 → 소비자

01 보통 가정판매를 통해 제품을 판매하는 형식, 즉 직접 판매를 취하고 있다.

02 소비재 유통경로상에서 가장 일반적인 경로유형에 속하는 소비재는 어떤 것인가?

① 정수기 제조업체
② 약품 및 식품
③ 곡물
④ 야채

02 가장 일반적인 경로유형은 생산자와 소비자 사이에 도·소매상이 존재하는 형태인데, 여기에는 주로 식품·약품 등이 속한다.

03 '계약의 위반' 등과 같이 서로 다른 단계의 경로 사이에서 발생하는 갈등을 무엇이라고 하는가?

① 수직적 갈등
② 수평적 갈등
③ 기업 간 갈등
④ 기업 내 갈등

03 수직적 갈등은 서로 다른 단계의 경로 사이에서 발생하는 갈등을 말한다.

정답 (01 ④ 02 ② 03 ①)

04 생산자와 소비자 사이에 여러 유형의 도매상이 존재하는 형태로서 생산자가 영세하거나 지리적으로 흩어져 있는 경우에 많이 사용되는 방식이다.

04 다음 중 생산자와 소비자 사이에 도매상 · 중간도매상 · 소매상 등의 3단계 중간상이 존재하는 형태에 속하는 소비재는 무엇인가?

① 요구르트, 정수기
② 소주
③ 운동복
④ 딸기, 배추, 보리

05 완전서비스 도매상에는 일반제품 도매상, 전문제품 도매상, 한정제품 도매상이 속한다.

05 다음 중 완전서비스 도매상에 속하지 <u>않는</u> 것은?

① 일반제품 도매상
② 전문제품 도매상
③ 한정제품 도매상
④ 현금무배달 도매상

06 현금무배달 도매상은 현금거래만 하며 수송서비스를 제공하지 않는 도매상을 말한다.

06 다음 내용이 설명하는 것은 무엇인가?

> 오로지 현금으로만 거래하고, 수송서비스를 제공하지 않으므로 구매자가 직접 운송해가는 것을 원칙으로 하는 도매상이다.

① 직송 도매상
② 트럭 도매상
③ 현금무배달 도매상
④ 우편주문 도매상

정답 04 ④　05 ④　06 ③

07 다음 중 회원제 도매클럽에 대한 설명으로 옳지 <u>않은</u> 것은?

① 회원제 도매클럽은 일정한 회비를 정기적으로 내는 회원들에게만 물건을 구매할 수 있는 자격을 제공한다.

② 회원제 도매클럽은 대표적인 무점포 소매 업태이다.

③ 상자 및 묶음 단위로 판매한다.

④ 거대한 창고형의 점포에서 30~50% 정도의 할인된 가격으로 정상적인 상품을 판매한다.

08 서로 상이한 수준에 있는 독립기관들이 상호 경제적인 이익을 취득하기 위해서 계약을 체결하는 수직통합의 일반적인 형태로, 프랜차이즈 시스템이 대표적인 마케팅 시스템인 이것은 무엇인가?

① 관리형 마케팅 시스템

② 전방통합

③ 기업형 마케팅 시스템

④ 계약형 마케팅 시스템

09 다음 중 무점포 소매상에 속하지 <u>않는</u> 것은?

① 텔레 마케팅

② 다이렉트 메일 마케팅

③ TV 홈쇼핑

④ 백화점

10 생산자와 소비자 사이에 여러 유형의 도매상이 존재하는 형태로서, 곡물·야채·과일 등이 이 경로유형에 속한다.

10 일반적으로 곡물·야채·과일 등은 어느 유통경로의 유형에 속하는가?

① 제조업자 → 도매상 → 중간 도매상 → 소매상 → 소비자
② 제조업자 → 소비자
③ 제조업자 → 소매상 → 소비자
④ 제조업자 → 도매상 → 소매상 → 소비자

11 한정서비스 도매상에는 현금무배달 도매상, 직송 도매상, 트럭 도매상, 진열상 도매상, 우편주문 도매상, 프랜차이즈 도매상 등이 속한다.

11 다음 중 한정서비스 도매상에 속하지 <u>않는</u> 것은?

① 현금무배달 도매상
② 진열상 도매상
③ 한정제품 도매상
④ 프랜차이즈 도매상

12 구색의 불일치란 제조업자는 소수의 제품라인만을 대량생산하고, 소비자는 소수의 다양한 제품을 구매하려는 것이다.

12 생산자는 하나의 제품을 특화하여 하나의 종류만 생산하려 하고, 소비자는 여러 종류의 제품을 원한다. 이러한 불일치를 무엇이라고 하는가?

① 시간의 불일치
② 장소의 불일치
③ 구색의 불일치
④ 시장실패

정답 (10 ① 11 ③ 12 ③)

13 주로 편의품에 많이 사용되는 유통경로 전략은?

① 집약적 유통
② 전속적 유통
③ 선택적 유통
④ 통합적 유통

13 집약적 유통은 포괄되는 시장의 범위를 확대시키려는 전략으로서, 소비자는 제품구매를 위해 많은 노력을 기울이지 않기 때문에 주로 편의품이 속한다.

14 주로 전문품에 많이 사용되는 유통경로 전략은?

① 통합적 유통
② 전속적 유통
③ 선택적 유통
④ 집약적 유통

14 전속적 유통은 소비자 자신이 제품구매를 위해 적극적으로 정보탐색을 하고, 그러한 제품을 취급하는 점포까지 방문해서 쇼핑하는 노력도 기꺼이 감수하는 특성을 보인다.

15 주로 선매품에 많이 사용되는 유통경로 전략은?

① 전속적 유통
② 집약적 유통
③ 통합적 유통
④ 선택적 유통

15 선택적 유통은 소비자가 구매 전 상표 대안들을 비교·평가하는 특성을 지닌다.

정답 13 ① 14 ② 15 ④

16 경로구조의 길이 결정의 요소로는 시장요인, 제품요인, 기업요인, 경로구성원 요인 등이 있다.

16 다음 중 경로구조의 길이 결정의 요소가 <u>아닌</u> 것은 무엇인가?

① 시장요인
② 제품요인
③ 소비자요인
④ 기업요인

17 진열상 도매상은 도매상이 진열한 제품이더라도 판매가 된 제품에 대해서만 가격을 지불하고 팔리지 않은 제품은 반품도 가능하게 해줌으로써, 소매상이 부담해야 하는 위험도 줄여주는 역할도 한다.

17 다음 내용이 설명하는 도매상의 유형은 무엇인가?

> 주로 소매상이 취급하는 식료·잡화류 등을 취급하는 도매상으로서 재고수준에 대한 조언·저장 방법에 대한 아이디어 제공·선반진열 업무 등을 도매상을 대신해서 수행한다.

① 우편주문 도매상
② 프랜차이즈 도매상
③ 진열상 도매상
④ 현금무배달 도매상

18 편의품을 주로 취급하는 유통경로의 형태는 집약적 유통으로, 이들은 가능한 한 많은 소매상으로 하여금 자사의 제품을 취급하게 하도록 함으로써, 포괄되는 시장의 범위를 확대시키려는 전략을 말한다.

18 편의품을 제조하는 기업이 주로 사용하는 유통정책에 해당하는 것은?

① 소수의 특정 점포에만 판매하게 한다.
② 최대한으로 많은 점포가 판매하게 한다.
③ 일정 기준을 넘는 점포를 선발하여 판매하게 한다.
④ 판매원을 통해 소비자에게 직접 판매하게 한다.

정답 16 ③ 17 ③ 18 ②

19 다음 중 프랜차이즈에 대한 내용으로 옳지 <u>않은</u> 것은?

① 프랜차이저는 본사, 본부, 가맹점주 등으로 불리고, 프랜차이지는 지점 또는 가맹점이라고 불리고 있다.

② 프랜차이지는 실패의 위험성이 적다.

③ 프랜차이저의 입장에서는 프랜차이지의 수가 증가할 때, 통제의 어려움이 따른다.

④ 하나의 프랜차이지의 실패는 타 지점과 전체 시스템에 영향을 미치지 않는다.

20 다음 내용이 설명하는 것은 무엇인가?

> 해당 제품라인에서는 대부분의 상표의 제품을 갖추는 구색의 깊이에 철저한 경향을 보이는 중간상이다.

① 일반제품 도매상

② 전문제품 도매상

③ 한정제품 도매상

④ 직송 도매상

21 ABC 재고방식에서 A 그룹의 품목비율과 금액비율로 맞는 것은?

① (70%, 15%)

② (50%, 15%)

③ (75%, 75%)

④ (15%, 75%)

22 하이퍼마켓은 유럽에서 발달한 대형 슈퍼마켓과 할인점으로 절충한 업태이며, 보통 넓은 주차장 및 도시근교에 입지하는 특징을 가진다.

22 유럽에서 대형화된 슈퍼마켓에 할인점을 접목시켜 식료품과 비식료품을 저렴하게 판매하는 소매 업태는 무엇인가?

① 대중 양판점
② 아웃렛
③ 하이퍼마켓
④ 파워센터

23 시장 로지스틱스(물적 유통)는 조달, 생산, 판매 활동 등에 수반되는 물적 흐름을 통합적으로 관리하는 개념이다.

23 다음 내용이 설명하는 것으로 옳은 것은?

> 제품이나 서비스를 생산자에서부터 최종소비자에게 이르기까지의 과정을 관리하는 것을 말한다. 원자재나 재공품 또는 완제품 등이 발생지에서 소비지까지 효율적으로 흐를 수 있도록 이를 계획·실시·통제하는 과정으로 정의된다.

① 집약적 유통
② 물적 유통(Market Logistics)
③ 선택적 유통
④ 유통 경로

24 마케팅 로지스틱스의 주요 기능
• 재고관리
• 수송
• 창고관리
• 로지스틱스 정보관리

24 다음 중 마케팅 로지스틱스의 주요 기능에 해당하지 <u>않는</u> 것은?

① 창고관리
② 수송
③ 재고관리
④ 인적자원

정답 22 ③ 23 ② 24 ④

25 다음 설명은 물류 서비스 수준의 결정 중에서 무엇에 해당하는 내용인가?

> 제품에 대한 반송품 처리, 재고수준, 서비스 제공시기, 주문기간, 시스템의 정확성, 주문의 편리성 및 제품 대체성 등을 포함하고 있다.

① 실제 거래
② 예비적 거래
③ 사후적 거래
④ 전자 상거래

26 다음의 자료를 활용할 때 경제적 주문량(EOQ)은 얼마인가?

> • 연간 단위재고유지비용: 3만 원
> • 주문 당 소요비용: 50만 원
> • 연간 수요량: 30,000개

① 100
② 1,000
③ 10
④ 10,000

27 다음 내용이 설명하는 것으로 옳은 것은?

> 원유나 가스, 화학물질 등을 생산지에서 소비지까지 장거리 운송하는 데 적합한 운송수단이다.

① 철도
② 파이프라인
③ 항공수송
④ 트럭

정답 (25 ① 26 ② 27 ②)

Self Check로 다지기 | 제11장

⊞ 중간상의 필요성 : 시간의 불일치, 장소의 불일치, 구색의 불일치

⊞ 경로 커버리지
- 집약적 유통 : 가능한 한 많은 소매상들로 해서 자사의 제품을 취급하게 하도록 함으로써, 포괄되는 시장의 범위를 확대시키려는 전략으로, 주로 편의품이 속한다.
- 전속적 유통 : 각 판매지역별로 하나 또는 극소수의 중간상들에게 자사제품의 유통에 대한 독점권을 부여하는 방식의 전략으로, 주로 전문품이 속한다.
- 선택적 유통 : 판매지역별로 자사의 제품을 취급하기를 원하는 중간상들 중에서 일정 자격을 갖춘 하나 이상 또는 소수의 중간상들에게 판매를 허가하는 전략으로, 주로 선매품이 속한다.

⊞ 프랜차이즈 시스템 : 프랜차이즈 회사가 프랜차이즈를 사는 사람에게 프랜차이즈 회사의 이름, 상호, 영업방법 등을 제공하여 제품과 서비스를 시장에 파는 시스템

⊞ 마케팅 로지스틱스의 주요 기능 : 재고관리, 수송, 창고관리, 로지스틱스 정보관리

⊞ 경제적 주문량 : 최소의 비용으로 최적의 재고량을 주문하는 것

⊞ 점포 소매상
- 전문점 : 품종의 선택, 고객의 기호, 유행의 변천 등 예민한 시대감각으로 독특한 서비스를 제공
- 편의점 : 보통 접근이 용이한 지역에 위치하여 24시간 연중무휴 영업을 하는 업태
- 슈퍼마켓 : 식료품, 일용품 등을 취급하며, 염가판매, 셀프서비스를 특징으로 하는 업태
- 백화점 : 하나의 건물 안에 의식주에 관련된 여러 가지 상품을 부문별로 진열하고 이를 조직·판매하는 근대적 대규모 소매상
- 할인점 : 셀프서비스에 의한 대량판매방식을 이용
- 양판점 : 어느 정도 깊이의 구색을 갖춘 다양한 제품계열을 취급하는 점포
- 회원제 도매클럽 : 메이커로부터의 현금 일괄 구매에 따른 저비용 제품을 구비해서, 회원제로 운영되는 창고형 도매상
- 하이퍼마켓 : 식품, 비식품을 풍부하게 취급하며, 대규모의 주차장을 보유

최종모의고사

나는 내가 더 노력할수록 운이 더 좋아진다는 걸 발견했다.

- 토마스 제퍼슨 -

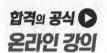
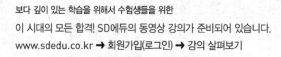

제한시간 : 50분 | 시작 ___시 ___분 – 종료 ___시 ___분

⊒ 정답 및 해설 319p

01 다음 내용이 설명하는 것과 가장 가까운 것은?

> 마케팅 개념의 변천 과정 중 기업이 소비자로 하여금 경쟁회사 제품보다는 자사제품을 그리고 더 많은 양을 구매하도록 설득하여야 하며, 이를 위하여 이용가능한 모든 효과적인 판매 활동과 촉진도구를 활용하여야 한다고 보는 개념이다.

① 소비자들의 욕구를 소비자들 스스로가 기꺼이 지불할 수 있는 가격에 충족시킬 수 있다.

② 이 경우 기업에서는 소비자들의 욕구보다는 판매방식이나 판매자 시장에 관심을 가지게 된다.

③ 기업의 입장에서는 대량생산과 유통을 통해 낮은 제품원가를 실현하는 것이 목적이 될 수 있다.

④ 이 경우 기업에서는 소비자들의 욕구를 파악하고 이에 부합되는 제품을 생산하여 고객욕구를 충족시킬 수 있을 것이다.

02 기업 간 경쟁이 치열해짐에 따라 한 기업의 자원뿐만 아니라 여러 기업의 마케팅 자원을 공동으로 활용함으로써 상호 이익을 극대화하고 위험을 회피할 수 있는 효율적인 방안을 모색하는 마케팅을 일컫는 말은?

① Green Marketing
② Relationship Marketing
③ SNS Marketing
④ Symbiotic Marketing

03 다음 중 마케팅 개념의 변천과정을 바르게 나열한 것은?

① 생산개념 → 제품개념 → 판매개념 → 마케팅 개념 → 사회적 마케팅 개념

② 생산개념 → 판매개념 → 제품개념 → 마케팅 개념 → 사회적 마케팅 개념

③ 생산개념 → 제품개념 → 마케팅 개념 → 판매개념 → 사회적 마케팅 개념

④ 생산개념 → 판매개념 → 마케팅 개념 → 제품개념 → 사회적 마케팅 개념

04 다음 중 SWOT 분석에서 활용되는 분석요인
으로 옳지 <u>않은</u> 것은?

① Strength
② Weakness
③ Operation
④ Threat

05 다음 그림을 보고 유추한 내용으로 옳지 <u>않은</u>
것은?

① 별(Star) 사업부 제품들은 제품수명 주기
상에서 성장기에 속한다.
② GE And Mckinsey 매트릭스의 단점을 보
완하기 위해 나온 것이 BCG 매트릭스이다.
③ 캐시카우(Cash Cow) 사업부는 4가지 사
업영역 중에서 가장 많은 잉여현금을 보
유하는 사업부이다.
④ 개(Dog) 사업부의 영역에 속한 사업들을
지속적으로 유지할 것인가 아니면 축소
내지 철수할 것인지를 결정해야 하는 시
점이 된다.

06 휴리스틱 기법에 대한 설명으로 옳은 것은?

① 가장 중요시하는 평가기준에서 최고로 평
가되는 상표를 선택하는 방식이다.
② 중요하게 생각하는 특정 속성의, 최소 수
용기준을 설정하고 난 뒤에 그 속성에서
수용 기준을 만족시키지 못하는 상표를
제거해 나가는 방식이다.
③ 각 상표에 있어 어떤 속성의 약점을 다른
속성의 강점에 의해 보완하여 전반적인
평가를 내리는 방식이다.
④ 여러 요인을 체계적으로 고려하지 않고
소비자의 경험 또는 직관 등에 의해 문제
해결과정을 단순화시키는 규칙을 만들어
평가하는 기법이다.

07 유리는 고향친구에서 온 메일을 확인하려고
컴퓨터에 로그인하여 오랜만에 이메일을 확
인하려고 하였다. 그런데 본인은 전혀 관심
이 없는 광고성 이메일이 메일함에 가득 차
있어서 제목도 보지 않고 곧바로 삭제하였
다. 이때 유리가 취한 행동과 가장 관련이 깊
은 것은?

① 선택적 노출
② 선택적 보유
③ 선택적 왜곡
④ 우연적 노출

08 다음 중 라이프스타일 세분화 변수에 속하지
<u>않는</u> 것은?

① Activity
② Interest
③ Opportunity
④ Opinion

09 다음 중 마케팅 조사문제의 성격에 따른 분류에 해당하지 <u>않는</u> 것은?

① 탐색조사

② 인과조사

③ 기술조사

④ 사례조사

10 다음 중 성격이 <u>다른</u> 하나는?

① 판단 표본추출법

② 군집 표본추출법

③ 단순무작위 표본추출법

④ 층화 표본추출법

11 다음 사례와 연관이 깊은 표본추출방법은?

> 서울특별시를 몇 개의 구역으로 분할한 후, 각 구역별로 일정 수의 표본을 추출

① 군집 표본추출법

② 판단 표본추출법

③ 체계적 표본추출법

④ 층화 표본추출법

12 다음 내용은 시장세분화의 요건 중 무엇과 연관이 있는가?

> 각 세분시장 내에는 특정 마케팅 프로그램을 지속적으로 실행할 가치가 있을 만큼의 가능한 한 동질적인 수요자들이 존재해야 한다.

① 실행가능성　　② 유지가능성

③ 측정가능성　　④ 접근가능성

13 다음 내용의 괄호 안에 들어갈 말이 순서대로 바르게 나열된 것은?

> 특정한 마케팅 믹스에 대한 반응이나 세분화 근거에 있어서 같은 세분시장의 구성원은 (　　)을 보여야 하고, 다른 세분시장의 구성원과는 (　　)을 보여야 한다.

① 동질성, 동질성

② 이질성, 동질성

③ 동질성, 이질성

④ 이질성, 이질성

14 다음 사례와 가장 관련이 깊은 것은?

> 하우젠 세탁기의 "삶지 않아도 하우젠 드럼세탁기"라는 문구로 해당 제품이 은나노 기술을 활용해서 이제 더 이상은 빨래를 삶지 않아도 살균이 된다는 제품의 속성을 강조

① 제품속성에 의한 포지셔닝의 사례

② 경쟁제품에 의한 포지셔닝의 사례

③ 사용상황에 의한 포지셔닝의 사례

④ 이미지 포지셔닝의 사례

15 다음 중 제품의 개념을 3가지 차원으로 구분한 학자는?

① 테일러

② 메이요

③ 코틀러

④ 토플러

16 다음 중 포장의 목적으로 보기 어려운 것은?

① 제품의 경제성
② 제품의 영구성
③ 제품의 편리성
④ 제품의 보호성

17 다음은 신제품 개발과정을 나타낸 것이다. 괄호 안에 들어갈 말로 적합한 것은?

> 아이디어 창출 → 아이디어 선별 → 제품개념개발 및 테스트 → 마케팅전략 개발단계 → 사업성 분석 → ( ) → 시험마케팅 → 상업화

① 아이디어 확정
② 매체선택
③ 인력선발
④ 제품개발

18 다음 중 신제품의 확산률을 빨라지게 하는 요소와 거리가 먼 것은?

① 복잡성
② 전달 용이성
③ 양립 가능성
④ 상대적 우위성

19 다음 중 침투가격전략에 대한 설명으로 옳지 않은 것은?

① 시장 진입 초기에는 비슷한 제품보다 상대적으로 가격을 저렴하게 정한 후에 실질적인 시장점유율을 확보하고 나서부터는 서서히 가격을 올리는 전략의 형태를 취한다.
② 가격에 별로 민감하게 반응하지 않는 고소득층을 목표고객으로 정했을 때 가장 효과적이라 할 수 있다.
③ 이익수준이 낮기 때문에 타사의 진입을 어렵게 만드는 요소로 작용한다.
④ 대량생산 또는 마케팅에 따르는 제반비용 등을 감소시키는 데 있어 효과적이다.

20 구매량과는 상관없이 기본가격과 단위가격이 적용되는 가격 시스템을 무엇이라고 하는가?

① 묶음가격
② 현금할인
③ 이중요율
④ 보상판매

21 다음 중 성격이 다른 하나는?

① 구역가격
② 명성가격
③ 관습가격
④ 단수가격

22 제품이 제조회사에서 도매와 소매를 거쳐 소비자에 도달되는 과정에서 제품의 흐름상 위쪽에서 아래쪽으로 작용을 가하는 전략을 무엇이라고 하는가?

① 침투가격 전략
② 풀 전략
③ 초기고가격 전략
④ 푸시 전략

23 다음 중 인적판매에 대한 내용으로 옳지 <u>않은</u> 것은?

① 타 촉진수단에 비해서 개인적이다.
② 능력 있는 판매원의 확보가 쉽지 않다.
③ 낮은 비용을 발생시킨다.
④ 직접적인 접촉을 통해서 많은 양의 정보 제공이 가능하다.

24 TV 매체수단에 대한 설명으로 옳지 <u>않은</u> 것은?

① 주목률이 낮다.
② 높은 비용이 소요된다.
③ 청중을 선별하기가 어렵다.
④ 간단한 메시지 전달에 적합하다.

25 다음 중 프랜차이저에 대한 내용으로 옳지 <u>않은</u> 것은?

① 사업확장을 위한 자본조달이 용이하다.
② 사업제품개발에 전념할 수 있다.
③ 비용 및 노력의 소모가 거의 없다.
④ 프랜차이지의 수가 증가할 시에 통제의 어려움이 있다.

26 다음 중 성격이 <u>다른</u> 하나는?

① 일반제품 도매상
② 현금무배달 도매상
③ 전문제품 도매상
④ 한정제품 도매상

27 마케팅 믹스 4P에 대한 설명으로 옳지 <u>않은</u> 것은?

① 4P란 제품(Product), 가격(Price), 고객(People), 장소(Place)의 머리글자를 말한다.
② 가격에는 수요, 가격민감도, 지급방법, 수수료 등이 포함된다.
③ 4P에서 4C로의 전환이 이루어지고 있다.
④ 제품은 고객의 니즈를 만족시키는 재화, 서비스, 아이디어를 말한다.

28 시장세분화의 기준 변수 중 인구통계학적 기준이 <u>아닌</u> 것은?

① 성별
② 직업
③ 가족규모
④ 개성

29 다음 설명과 관련이 있는 시장세분화의 전제 요건은?

> 마케팅관리자는 각 세분시장에서 고객들에게 매력 있고, 이들의 욕구에 충분히 부응할 수 있는 효율적인 마케팅 프로그램을 계획하고 실행할 수 있는지 검토해야 한다.

① 측정가능성
② 접근가능성
③ 유지가능성
④ 실행가능성

30 다음 중 구매의사결정과정 단계 순서로 알맞은 것은?

① 문제에 대한 인식 → 정보의 탐색 → 대안의 평가 → 제품구매 → 구매 후 행동
② 문제에 대한 인식 → 대안의 평가 → 정보의 탐색 → 제품구매 → 구매 후 행동
③ 문제에 대한 인식 → 정보의 탐색 → 제품구매 → 구매 후 행동 → 대안의 평가
④ 문제에 대한 인식 → 제품구매 → 구매 후 행동 → 정보의 탐색 → 대안의 평가

31 다음 내용에 해당하는 서비스의 특징은 무엇인가?

> • 서비스를 제공하며, 제공받는 사람에 따라서 서비스의 질이 달라진다.
> • 서비스는 비표준적이기 때문에 고객 서비스의 표준화가 어려워질 수 있다.

① 소멸성
② 무형성
③ 이질성
④ 비분리성

32 다음 중 브랜드 인지도를 증가시키는 방법으로 옳지 <u>않은</u> 것은?

① 시각적 정보를 함께 제공한다.
② 단순해야 한다.
③ 반복되지 않아야 한다.
④ 브랜드명과 제품정보를 소리의 형태로 제공한다.

33 다음 내용이 설명하는 제품은 무엇인가?

> 구매 빈도가 높은 저가격의 제품이며, 습관적으로 구매하는 경향이 있는 제품

① 편의품
② 전문품
③ 선매품
④ 부품

34 제품수명주기 중 도입기에 해당하는 마케팅 전략으로 옳은 것은?

① 집약적 유통전략을 사용한다.
② 선택적 수요보다 기본적 수요를 자극한다.
③ 시장을 확장하고 제품 수정을 한다.
④ 제품의 새로운 용도를 찾아 이를 시장화한다.

35 가격차별화의 선결 조건으로 옳지 <u>않은</u> 것은?

① 소비자가 차별된 제품가격에 대해 혼란을 느껴서는 안 된다.
② 서로 다른 세분 고객들이 다른 가격에 대해 반응하는 결과가 같아야 한다.
③ 시행할 가격차별화 정책 등이 법적으로 하자가 없어야 한다.
④ 재정거래 문제가 없어야 한다.

36 다음 중 커뮤니케이션 전략의 종류가 <u>다른</u> 하나는?

① 충동구매가 잦은 제품의 경우에 적합한 전략이다.
② 브랜드 선택이 점포 안에서 이루어지는 경우에 적합한 전략이다.
③ 소비자들의 브랜드 애호도가 높은 상품에 적합한 전략이다.
④ 제조업자가 소비자를 향해 제품을 밀어낸 다는 의미의 전략이다.

37 광고와 PR에 대한 설명으로 옳지 <u>않은</u> 것은?

① PR이 광고에 비해 상대적으로 신뢰도가 낮다.
② 광고의 경우 매체에 대한 비용을 지불한다.
③ PR의 경우 효과 측정이 매우 어렵다.
④ 광고의 경우 내용, 위치, 일정 등이 통제가 가능하다.

38 다음과 같은 특징을 갖는 광고 매체는 무엇인가?

> • 고화질 인쇄가 가능하다.
> • 반복광고가 가능하다.
> • 시각효과에 한정된다.

① 신문
② TV
③ 잡지
④ 인터넷

39 다음 중 가장 전형적인 소비재 유통경로는 무엇인가?

① 제조업자 → 소비자
② 제조업자 → 소매상 → 소비자
③ 제조업자 → 도매상 → 소매상 → 소비자
④ 제조업자 → 도매상 → 중간도매상 → 소매상 → 소비자

40 다음과 같은 특징을 갖는 점포 소매상은 무엇인가?

> 하나의 건물 안에 의식주에 관련된 여러 가지 상품을 부문별로 나누어 진열하고 이를 조직·판매하는 근대적 대규모 소매상이다. 여러 종류의 상품, 부문별 조직에 의한 합리적 경영, 집중적 대경영 등과 같은 특징을 가진다.

① 슈퍼마켓
② 백화점
③ 잡화점
④ 편의점

제한시간: 50분 | 시작 ___시 ___분 - 종료 ___시 ___분

▣ 정답 및 해설 323p

01 마케팅에 대한 설명으로 옳지 <u>않은</u> 것은?

① 개인이나 조직체의 목표를 만족시키는 교환을 성립하게 하는 일련의 인간 활동이다.

② 단순한 판매나 영업의 범위를 벗어나 고객을 위한 인간활동이다.

③ 유형의 상품뿐만 아니라 무형의 서비스까지도 마케팅의 대상에 포함하고 있다.

④ 단순히 영리를 목적으로 하는 기업에만 한정되는 개념이다.

02 다음 중 CRM Marketing과 MASS Marketing에 대한 차이를 분석한 내용으로 바르지 <u>않은</u> 것은?

① 판매기반의 관점에서 보면 CRM Marketing은 고객과의 거래에 기반하고 있지만, MASS Marketing의 경우에는 고객가치를 높이는 것에 그 기반을 두고 있다.

② 관계측면에서 보면 CRM Marketing은 고객과의 지속적인 관계를 유지하는 것에 목표를 두는 반면에, MASS Marketing은 신규고객개발을 더 중요시하는 경향이 강하다.

③ CRM Marketing에서의 관점은 개별고객과의 관계를 중요시하는 반면에, MASS Marketing은 전체고객에 대한 마케팅의 관점을 중요시하는 흐름을 가진다.

④ CRM Marketing은 고객점유율을 성과지표로 삼는 반면에, MASS Marketing은 시장점유율을 성과지표로 보고 있다.

03 다음 중 기업의 이윤, 고객만족, 사회적 이해가 균형을 이룰 수 있는 마케팅을 무엇이라고 하는가?

① 관계 마케팅

② 사회적 마케팅

③ 텔레 마케팅

④ 공생 마케팅

04 다음 중 나머지 셋과 그 의미가 <u>다른</u> 하나는?

① 주주

② 경쟁사

③ 고객

④ 인구통계적 환경요소

05 다음 중 사명이 가지는 기능적 효과로 옳지 <u>않은</u> 것은?

① 조직의 정체성을 제공해주는 역할을 한다.
② 기업사명은 정확한 가치를 제공해야만 한다.
③ 조직의 전략평가 기준을 제공해주는 역할을 한다.
④ 조직목표의 일관성을 평가하는 기준을 제공한다.

06 전통적 소비자 구매행동 모델(AIDMA)로 옳지 <u>않은</u> 것은?

① Attention
② Interest
③ Design
④ Memory

07 다음 중 구매의사결정단계로 옳은 것은?

① 문제인식 → 정보탐색 → 대안평가 → 구매 → 구매 후 행동
② 문제인식 → 대안평가 → 정보탐색 → 구매 → 구매 후 행동
③ 문제인식 → 정보탐색 → 구매 전 행동 → 대안평가 → 구매
④ 문제인식 → 대안평가 → 구매 → 정보탐색 → 구매 후 행동

08 다음 내용은 Patrick Robinson의 산업재 구매 상황 중 어디에 해당하는 내용인가?

> 구매자는 '승인된 리스트'에 있는 공급 기업 중에서 특정 기업을 선택하여 구매를 한다.

① 구매 거래 취소
② 신규 구매
③ 수정 재구매
④ 완전 재구매

09 다음 중 탐색조사에 활용되는 조사기법으로 옳지 <u>않은</u> 것은?

① 문헌조사
② 횡단조사
③ 전문가 의견조사
④ 사례조사

10 현재 상태를 있는 그대로 정확하게 묘사하는 데 중점을 두는 조사방법을 무엇이라고 하는가?

① 인과조사
② 탐색조사
③ 기술조사
④ 사례조사

11 다음 중 관찰법에 대한 설명으로 옳지 <u>않은</u> 것은?

① 조사자에서 나타나는 오류를 제거할 수 없다.
② 설문지법에 비해 비용이 많이 든다.
③ 태도, 동기 등과 같은 심리적 현상은 관찰할 수 없다.
④ 통상적으로 객관성과 정확성이 높다.

12 다음 시장세분화의 기준변수 중 나머지 셋과 의미가 <u>다른</u> 하나는?

① 성별
② 가족 수
③ 소득
④ 지역

14 다음 표에서 괄호 안에 들어갈 말로 적합한 것은?

구분	편의품	선매품	전문품
구매 전 계획정도	거의 없다	있다	상당히 있다
가격	저가	중·고가	고가
브랜드 충성도	거의 없다	있다	특정상표 선호
고객쇼핑 노력	최소한 이다	보통이다	최대한 이다
제품 회전율	빠르다	느리다	( )

① 상당히 빠르다
② 빠르다
③ 보통이다
④ 느리다

15 다음 중 서비스의 특징으로 옳지 <u>않은</u> 것은?

① 유형성   ② 소멸성
③ 비분리성   ④ 이질성

13 다음 내용 중 옳지 <u>않은</u> 것은?

① 콜라시장을 하나의 시장으로 간주하고 똑같은 맛의 콜라를 똑같은 디자인의 병에 담아 전 세계 어디에서나 공급하는 방식은 무차별적 마케팅 전략의 한 예라 할 수 있다.
② 집중적 마케팅 전략은 자원이 풍부한 대기업에서 활용하는 방식이다.
③ 차별적 마케팅 전략은 하나의 시장을 서로 상이한 욕구에 부응할 수 있는 시장으로 구분해서 그에 맞는 마케팅믹스를 개발하여 적용함으로써 기업의 마케팅 목표를 달성하는 것이다.
④ 집중적 마케팅 전략은 어느 하나의 시장만을 집중적으로 공략하는 형태의 전략이다.

16 다음 중 성격이 <u>다른</u> 하나는?

① 전문품   ② 선매품
③ 가공재   ④ 편의품

17 다음 중 제품수명주기의 단계로 옳은 것은?

① 도입기 → 성숙기 → 쇠퇴기 → 성장기
② 도입기 → 성장기 → 쇠퇴기 → 성숙기
③ 도입기 → 성숙기 → 성장기 → 쇠퇴기
④ 도입기 → 성장기 → 성숙기 → 쇠퇴기

18 다음 중 도입기에 대한 설명으로 옳지 <u>않은</u> 것은?

① 도입기는 소비자들이 제품에 대한 인지도나 수용도가 낮고, 판매성장률 또한 매우 낮은 편이라 할 수 있다.

② 시장 진입 초기이므로, 과다한 유통·촉진비용이 투입되지 않는다.

③ 시장 진입 초기이므로, 경쟁자가 없거나 혹은 소수에 불과하다.

④ 제품수정이 이루어지지 않은 주로 기본형의 제품이 생산되는 형태를 지닌다.

19 다음 중 성장기에 대한 설명으로 옳지 <u>않은</u> 것은?

① 시장에서는 독점의 형태를 유지하므로, 유사품 및 대체품을 생산하는 경쟁자가 늘어나지 않는다.

② 제품이 시장에 수용되어 정착되는 단계이다.

③ 도입기를 잘 이겨내어 성장기에 들어서면 제품의 판매량은 빠르게 증가한다.

④ 가격의 경우에는 기존 수준을 유지하거나 또는 수요가 급격히 증가함에 따라 약간 떨어지기도 한다.

20 다음 중 기업의 이익을 결정하는 변수로 옳은 것은?

① 프로모션

② 장소

③ 가격

④ 제품

21 다음 중 초기고가격 전략에 대한 설명으로 옳지 <u>않은</u> 것은?

① 다른 말로 스키밍 전략이라고도 한다.

② 시장 진입 초기에 비슷한 제품에 비해 상대적으로 가격을 높게 정한 후에 점차적으로 하락시키는 전략을 활용한다.

③ 자사가 신제품으로 타사에 비해 높은 우위를 가질 때 효과적으로 적용시킬 수 있는 전략이다.

④ 저소득층을 목표고객으로 정했을 때 효과적이다.

22 광고와 홍보를 주로 사용하며, 또한 소비자들의 브랜드 애호도가 높고, 점포에 오기 전에 미리 브랜드 선택에 대해서 관여도가 높은 상품에 적합한 전략을 무엇이라고 하는가?

① 풀 전략

② 푸시 전략

③ 초기고가격 전략

④ 침투가격 전략

23 통합적 마케팅 커뮤니케이션(IMC)이 갖추어야 할 3C's로 적절하지 <u>않은</u> 것은?

① 이해가능성

② 일관성

③ 단순성

④ 명확성

24 다음 중 판매촉진 기능으로 보기 어려운 것은?

① 고비용 판촉기능
② 정보제공 기능
③ 행동화 기능
④ 단기 소구 기능

25 프랜차이즈 시스템에 대한 설명으로 옳지 않은 것은?

① 프랜차이저는 본사, 본부, 가맹점주 등으로 불리고, 프랜차이지는 지점 또는 가맹점이라고 한다.
② 프랜차이저는 계약의 주체로서, 프랜차이지를 모집하여 사업을 수행하는 역할을 한다.
③ 프랜차이저의 경영지도와 지원으로 양자 간의 계속적인 관계가 유지된다.
④ 프랜차이지는 프랜차이저를 선정하여 특정 지역마다 사업의 동반자 또는 대리인으로 영업할 권한을 허용한다.

26 철저한 셀프서비스에 의한 대량판매방식을 활용하여 시중가격보다 20~30% 싸게 판매하는 가장 일반적인 유통업체를 무엇이라고 하는가?

① 양판점
② 할인점
③ 편의점
④ 하이퍼마켓

27 다음과 같은 특징을 갖는 마케팅의 종류는 무엇인가?

> 마케팅에 이야기를 포함하여 소비자들이 단순하게 상품을 구입하는 것으로 끝나는 것이 아니라 구입한 상품에 의미가 담겨진 이야기를 즐길 수 있도록 하는 감성지향적인 마케팅 기법이다.

① 노이즈 마케팅
② 블로그 마케팅
③ 바이럴 마케팅
④ 스토리텔링 마케팅

28 자사가 약점을 극복함으로써 시장의 기회를 활용하는 전략은 무엇인가?

① SO 전략
② ST 전략
③ WO 전략
④ WT 전략

29 BCG 매트릭스에 대한 설명으로 옳지 않은 것은?

① 셀의 개수는 4개이다.
② 시장매력도는 시장의 성장률로 측정한다.
③ 시장점유율만이 시장에서의 경쟁우위를 확보하는 데 유일무이한 방법이라는 인식을 남긴다.
④ 사상적 토대는 경쟁우위론이다.

30 소비자 정보처리과정에 대한 설명으로 옳지 않은 것은?

① 소비자가 자신이 받아들인 자극 중에서 극히 일부에만 주의를 기울이는 현상을 선택적 주의라고 한다.
② 소비자가 필요하고 관심이 있는 정보에만 자신을 노출시키는 것을 우연적 노출이라고 한다.
③ 소비자가 정보처리과정 중에 자연스럽게 유발되는 느낌은 정서적 반응이다.
④ 정보처리는 주로 단기기억에서 이루어지며, 처리 결과는 장기기억에 저장된다.

31 다음과 같은 특징을 갖는 소비자 조사기법은 무엇인가?

> 소비자의 생활상 및 제품 사용 패턴, 응답자의 이동 경로에 따른 행동 특성을 파악하기 위해 소비자의 일상생활을 동영상으로 촬영하여 관찰하는 방식이다.

① Shadow Tracking
② Peer Shadowing
③ Town Watching
④ Video Ethnography

32 특정 문제가 잘 알려져 있지 않은 경우에 적합한 조사방법으로, 사례조사·문헌조사·전문가 의견조사 등이 대표적인 것은?

① 인과조사
② 기술조사
③ 탐색조사
④ 횡단조사

33 자료수집 방법 중 면접법의 장점에 해당하지 않는 것은?

① 질문지법보다 더 공정한 표본을 얻을 수 있다.
② 응답에 대한 표준화가 쉽다.
③ 환경을 통제·표준화할 수 있다.
④ 개별적 상황에 따라 높은 신축성과 적응성을 갖는다.

34 설문지를 개발할 때 주의할 점으로 옳지 않은 것은?

① 각 설문항목이 조사목적에 적합한지를 확인해야 한다.
② 설문항목은 어려운 질문에서 쉬운 질문으로 옮겨가야 한다.
③ 하나의 항목에 2가지 질문은 금지해야 한다.
④ 부정적·선동적인 질문은 금지해야 한다.

35 다음 중 표본추출방법의 종류가 다른 하나는?

① 단순무작위 표본추출법
② 편의 표본추출법
③ 군집 표본추출법
④ 층화 표본추출법

36 AIO 분석에 대한 설명으로 옳은 것은?

① 시장을 소비자 라이프스타일에 따라 세분화하는 것이다.
② 세분화의 경계가 뚜렷하여 측정이 쉽다.
③ Activity, Interest, Opportunity의 머리글자를 딴 것이다.
④ 시장에 대한 풍부한 정보를 얻기 어렵다.

37 다음과 같은 특성을 갖는 제품은 무엇인가?

> 일반적으로 소비자에게 알려져 있지 않거나 또는 알려져 있더라도 소비자의 입장에서 구매의사가 낮은 제품을 말한다.

① 소모품
② 선매품
③ 전문품
④ 비탐색품

38 어떤 브랜드에 대해 지속적인 선호와 만족, 반복적인 사용을 말하는 용어는 무엇인가?

① 브랜드 자산
② 브랜드 연상
③ 브랜드 충성도
④ 브랜드 인지도

39 다음 신제품 개발 전략 중 특성이 <u>다른</u> 하나는 무엇인가?

① 연구개발 전략
② 대응 전략
③ 창업가적 전략
④ 마케팅 전략

40 최종소비자를 대상으로 판매활동을 하는 중간상을 무엇이라고 하는가?

① 소매상
② 도매상
③ 대리상
④ 거간

01	02	03	04	05	06	07	08	09	10	11	12	13	14	15
②	④	①	③	②	④	①	③	④	①	④	②	③	①	③
16	17	18	19	20	21	22	23	24	25	26	27	28	29	30
②	④	①	②	③	①	④	③	①	③	②	①	④	④	①
31	32	33	34	35	36	37	38	39	40					
③	③	①	②	②	③	①	③	③	②					

01 정답 ②

지문의 내용은 마케팅 개념의 변천 과정 중 판매 개념에 속하는 내용으로서, 기업이 자사제품의 판매를 위한 강력한 판매조직의 형성이 필요하다는 것을 뒷받침하는 내용이다. 그러므로 고압적인 판매방식으로 인해 소비자들의 니즈보다는 제품의 판매방식이나 판매자 시장에 관심을 갖게 되는 것이다.

02 정답 ④

공생마케팅(Symbiotic Marketing)은 동일한 유통경로 수준에 있는 기업들이 자본, 생산, 마케팅기능 등을 결합하여 각 기업의 경쟁우위를 공유하려는 마케팅이다.

03 정답 ①

마케팅 개념의 변천과정
생산개념 → 제품개념 → 판매개념 → 마케팅 개념 → 사회적 마케팅 개념

04 정답 ③

SWOT 분석에서 활용되는 분석요인으로는 Strength(강점), Weakness(약점), Opportunity(기회), Threat(위협) 등이 있다.

05 정답 ②

제시된 그림은 BCG 매트릭스로서, 이는 두 개의 축인 구성요인이 지나치게 단순하여 포괄적이고 정확한 사업부 평가가 불가능하다는 단점이 있는데, 이러한 단점을 보완해주는 방법이 GE And Mckinsey 매트릭스이다.

06 정답 ④

①은 사전편집식, ②는 순차적 제거식, ③은 보완적 방식에 대한 내용이다.

07 정답 ①

선택적 노출은 소비자가 필요하고 관심이 있는 정보에만 자신을 노출시키는 것을 말한다.

08 정답 ③

라이프스타일 세분화 변수
• Activity : 활동
• Interest : 흥미
• Opinion : 의견

09 정답 ④

마케팅 조사문제는 조사의 성격에 따라 탐색적 조사(Exploratory Research), 기술적 조사(Descriptive Research), 인과적 조사(Casual Research)로 나누어진다.

10 정답 ①

①은 비확률 표본추출방법에 속하며, ② · ③ · ④는 확률 표본추출방법에 속하는 내용이다.

11 정답 ④

층화 표본추출법은 모집단을 먼저 서로 겹치지 않도록 여러 개의 층으로 분할한 후, 각 층별로 단순임의 추출법을 적용시켜 표본을 추출하는 방법이다.

12 정답 ②

유지가능성은 목표로 하는 세분시장이 충분한 규모이거나 또는 그만한 이익을 낼 수 있는 정도의 크기가 되어야 한다는 것을 말한다.

13 정답 ③

특정한 마케팅 믹스에 대한 반응 및 세분화 근거에 있어 같은 세분시장의 구성원은 동질성을 보여야 하고, 다른 세분시장의 구성원과는 이질성을 보여야 한다.

14 정답 ①

제품속성에 의한 포지셔닝은 자사제품의 속성이 경쟁제품에 비해 차별적 속성을 지니고 있어서 그에 대한 혜택을 제공한다는 것을 소비자에게 인식시키는 전략이다.

15 정답 ③

제품의 개념을 3가지 차원(핵심제품, 유형제품, 확장제품)으로 구분한 학자는 필립 코틀러 교수이다.

16 정답 ②

포장의 목적
• 제품의 보호성
• 제품의 경제성
• 제품의 편리성
• 제품의 촉진성
• 제품의 환경보호성

17 정답 ④

신제품 개발과정
아이디어 창출 → 아이디어 선별 → 제품개념개발 및 테스트 → 마케팅전략 개발단계 → 사업성 분석 → 제품개발 → 시험마케팅 → 상업화

18 정답 ①

신제품의 확산률을 빨라지게 하는 요소
• 상대적 우위성
• 양립 가능성
• 전달 용이성
• 단순성

19 정답 ②

침투가격전략은 가격에 상당히 민감하게 반응하는 중 · 저소득층을 목표고객으로 정했을 때 효과적이다.

20 정답 ③

이중요율은 제품의 가격체계를 기본가격과 사용가격으로 구분하여 2부제로 부과하는 가격정책을 말한다.

21 정답 ①

①은 지리적 가격조정의 가격전략방법에 속하며, ②·③·④는 심리적 가격결정방법에 속하는 내용이다.

22 정답 ④

푸시 전략은 제조회사가 도매상을 상대로 해서 재정의 원조, 제품의 설명, 판매의 방법 지도, 판매 의욕을 환기시키고, 뒤이어 도매상은 소매상을 상대로 작용을 가하고, 소매상은 소비자를 상대로 해당 제품 및 브랜드의 우수성을 납득시켜 구매로 이끄는 과정의 전략이다.

23 정답 ③

인적판매는 높은 비용을 발생시킨다.

24 정답 ①

TV 매체는 시청각이 가능하므로 주목률이 높다.

25 정답 ③

프랜차이저는 비용 및 노력이 소모된다.

26 정답 ②

①·③·④는 완전서비스 도매상에 속하고, ②는 한정서비스 도매상에 속한다.

27 정답 ①

4P란 제품(Product), 가격(Price), 촉진(Promotion), 장소(Place)의 머리글자를 말한다.

28 정답 ④

인구통계학적 변수에는 연령, 성별, 가족형태, 소득, 직업, 교육수준, 가족규모, 종교 등이 있다.

29 정답 ④

시장세분화의 요건 중 실행가능성은 각 세분시장에서 고객들에게 매력 있고, 이들의 욕구에 충분히 부응할 수 있는 효율적인 마케팅 프로그램을 계획하고 실행할 수 있는 정도를 의미한다. 아무리 매력적인 세분시장이 존재하더라도 이들 시장에 적합한 마케팅 프로그램을 개발할 기업의 능력이 결여된 경우에는 실행가능성이 사라지게 된다.

30 정답 ①

소비자가 구매를 결정하게 되는 과정은 소비자의 니즈, 즉 필요성 인식 단계, 정보 수집 단계, 대안 평가 단계, 구매행동 단계, 구매 후 행동 단계로 나눌 수 있다.

31 정답 ③

서비스는 일반적으로 무형성·소멸성·비분리성·이질성으로 나뉜다. 이질성은 서비스의 생산 및 인도 과정에서의 가변성 요소로 인해 서비스의 내용과 질이 달라질 수 있다는 것을 말한다.

32 정답 ③

반복광고는 제품에 대한 메시지를 소비자들의 기억 속에 오랫동안 유지시킬 수 있는 효과적인 방법 중에 하나이다. 하지만 반복광고의 빈도가 너무 잦으면 소비자들은 광고 내용에 익숙해져 더 이상 제품 광고에 주의를 기울이지 않을 뿐만 아니라, 싫증을 내게 된다.

33 정답 ①

보통 제품은 구매자의 성격에 따라 소비재와 산업재로 나뉜다. 소비재는 개인이 최종적으로 사용하거나 소비하는 것을 목적으로 하는 제품을 말하며, 이 중에서도 구매 빈도가 높은 저가의 제품으로 습관적으로 구매하는 경향이 있는 제품은 편의품이다. 편의품에는 치약, 비누, 세제, 껌, 신문 등이 있다.

34 정답 ②

도입기에서는 제품에 대한 소비자들의 인지도와 사용을 높이기 위한 광고와 판촉이 주가 된다. 동시에 선택적인 수요보다는 기본적인 수요를 자극하는 것이 필요하다.

35 정답 ②

기업에서는 가격차별화 전략을 실시함으로써 이익을 증대시킬 수가 있지만, 이를 실시하기 위해서는 현실적 제약조건을 반드시 고려해야 한다. 서로 다른 세분고객들이 다른 고객에 대해 반응하는 결과가 달라야 한다.

36 정답 ③

③은 풀 전략에 해당한다. 풀 전략은 제조업자 쪽으로 당긴다는 의미로 소비자를 상대로 적극적인 프로모션 활동을 하여 소비자들이 스스로 제품을 찾게 만들고 중간상들은 소비자가 원하기 때문에 제품을 취급할 수밖에 없게 만드는 전략을 말한다.
①·②·④는 푸시 전략에 해당한다.

37 정답 ①

PR은 광고에 비해 상대적으로 신뢰도가 높은 편이다.

38 정답 ③

• 잡지의 장점 : 청중 선별이 가능함, 높은 신뢰성과 권위의 확보, 고화질 인쇄 가능, 길고 복잡한 메시지 전달 가능, 긴 수명, 반복광고 가능
• 잡지의 단점 : 급한 광고에 부적합, 시각 효과에 한정, 다른 광고의 간섭이 높음

39 정답 ③

생산자와 소비자 사이에 도·소매상이 존재하는 형태가 가장 전형적인 소비재 유통경로이다. 이 같은 경로 유형은 식품이나 약품 등의 소비품 분야에서 중소규모의 생산자에 의해 자주 활용되고 있다.

40 정답 ②

백화점은 하나의 건물 안에 의식주에 관련된 여러 가지 상품을 부문별로 나누어 진열하고 이를 조직·판매하는 근대적 대규모 소매상을 의미한다. 각 부문에 상품 관리자를 두고 어느 정도의 자주성과 판매책임을 지우고는 있으나, 전체가 하나의 기업에 소속되어 경영되는 것이 특징이다.

01	02	03	04	05	06	07	08	09	10	11	12	13	14	15
④	①	②	④	②	③	①	④	②	③	①	④	②	④	①
16	17	18	19	20	21	22	23	24	25	26	27	28	29	30
③	④	②	①	③	④	①	③	①	④	②	④	③	④	②
31	32	33	34	35	36	37	38	39	40					
①	③	②	②	②	①	④	③	②	①					

01 정답 ④

마케팅은 단순하게 영리를 목적으로 하는 기업 뿐만 아니라 비영리조직까지 적용되고 있는 개념이다.

02 정답 ①

CRM 마케팅은 고객가치를 높이는 것을 기반으로 하는 반면에, MASS 마케팅은 고객과의 거래를 기반으로 한다.

03 정답 ②

사회적 마케팅은 마케팅 활동에 있어서 개인의 필요 및 욕구를 만족시키되 더 나아가 사회적인 환경과 더불어 복지를 해치지 않는 범위 내에서 행해져야 한다는 것을 말한다.

04 정답 ④

①·②·③은 미시적 환경에 해당하는 요인이고, ④는 거시적 환경에 속하는 요인이다.

05 정답 ②

②는 바람직한 기업사명의 특징에 속하는 내용이다.

06 정답 ③

전통적 소비자 구매행동 모델(AIDMA)
• Attention
• Interest
• Desire
• Memory
• Action

07 정답 ①

구매의사결정단계
문제인식 → 정보탐색 → 대안평가 → 구매 → 구매 후 행동

08 정답 ④

완전 재구매는 조직의 구매부서가 사무실 비품 등을 일상적으로 재주문하는 구매상황에서 나타나는 것이다.

09 정답 ②

탐색조사에 활용되는 방법으로는 사례조사·문헌조사·전문가 의견조사 등이 있다.

10 정답 ③

기술조사는 소비자가 생각하고, 느끼고, 행동하는 것을 기술하는 조사로 확실한 목적과 조사하려는 가설을 염두에 두고 시행하는 엄격한 조사방식이다.

11 정답 ①

관찰법은 조사자에서 발생하는 오류를 제거할 수 있다.

12 정답 ④

①·②·③은 인구통계적 세분화 변수이고, ④는 지리적 세분화 변수에 속하는 요소이다.

13 정답 ②

집중적 마케팅 전략은 특정 세분시장만을 목표시장으로 삼아 집중 공략하는 전략이므로 자원이 한정된 중소기업 등에서 활용하는 방식이다.

14 정답 ④

편의품, 선매품, 전문품 중 전문품의 제품회전율이 가장 느리다.

15 정답 ①

서비스의 특징
- 무형성
- 소멸성
- 비분리성
- 이질성

16 정답 ③

①·②·④는 소비재에 속하는 제품이고, ③은 산업재에 속하는 제품이다.

17 정답 ④

제품수명주기의 단계
도입기 → 성장기 → 성숙기 → 쇠퇴기

18 정답 ②

도입기는 소비자들에게 자사의 제품을 알려야 하는 단계이면서 시장 진입 초기이므로, 과다한 유통·촉진비용이 투입된다.

19 정답 ①

성장기에서는 이윤도 증가하지만 그만큼 유사품, 대체품을 생산하는 경쟁자도 늘어나게 된다.

20 정답 ③

가격은 고객의 니즈에 부합하는 재화나 서비스를 제공함으로써 이익을 얻을 수 있기 때문에 다른 마케팅믹스 요소 중에서 자사의 이익을 결정하는 유일한 변수이다.

21 정답 ④

초기고가격 전략은 고소득층을 목표고객으로 정했을 때 효과적이다.

22 정답 ①

풀 전략은 제조업자 쪽으로 당긴다는 의미로 소비자를 상대로 적극적인 프로모션 활동을 하여 소비자들이 스스로 제품을 찾게 만들고 중간상들은 소비자가 원하기 때문에 제품을 취급할 수밖에 없게 만드는 전략이다.

23 정답 ③

통합적 마케팅 커뮤니케이션(IMC)이 갖추어야 할 3C's

• 명확성
• 일관성
• 이해가능성

24 정답 ①

판매촉진 기능

• 정보제공 기능
• 지원보강 기능
• 저비용 판촉기능
• 행동화 기능
• 단기 소구 기능
• 효과측정 기능

25 정답 ④

프랜차이저는 프랜차이지를 선정하여 특정 지역마다 사업의 동반자 또는 대리인으로 영업할 권한을 허용한다.

26 정답 ②

할인점은 셀프서비스에 의한 대량판매방식을 이용하여 시중가격보다 20~30% 낮은 가격으로 판매하는 유통업체를 의미한다.

27 정답 ④

스토리텔링 마케팅은 해당 상품에 대해서 그와 관련한 인물 또는 배경 등 소비자들의 흥미를 불러일으킬 수 있는 주제 및 소재 등을 활용한 이야기 내용을 컨텐츠화해서 소통하며, 이를 통해서 달성하고자 하는 커뮤니케이션 목표를 이루어 나가는 방식이다.

28 정답 ③

WO 전략은 약점-기회 전략으로 약점의 극복을 통해 기회를 활용하는 전략이다. 약점을 극복하기 위해서 자사의 역량을 강화시키거나 짧은 시간에 어려울 것으로 예상된다면 타사와의 전략적인 제휴를 통해 선도기업의 장점을 이용하는 것이 좋을 것이다.

29 정답 ④

BCG 매트릭스의 사상적 토대는 경험곡선이론이다. 경쟁우위론은 GE 매트릭스의 사상적 토대이다.

30 정답 ②

② 선택적 노출에 대한 설명이다. 우연적 노출은 소비자가 의도하지 않은 상태에서 정보에 노출되는 것을 의미한다.

31 정답 ①

Shadow Tracking은 주로 상품기획 단계에서 많이 활용되며, 새로운 제품 및 서비스의 기회를 파악하기 위해서나 실제 사용자의 니즈를 깊이 있게 파악하고자 할 때 사용한다.

32 정답 ③

탐색조사는 기업의 마케팅 문제와 현 상황을 보다 잘 이해하기 위해서, 조사목적을 명확히 정의하기 위해서, 필요한 정보를 분명히 파악하기 위해서 시행하는 예비조사이다.

33 정답 ②

면접법은 응답에 대한 표준화가 어렵다. 응답자에 따라 서로 다른 질문을 해야 하고 개인적인 질문을 해야 하는 경우가 많은데, 이는 응답자의 응답을 표준화해서 비교할 때 어려움이 따를 수도 있다.

34 정답 ②

설문에 사용하는 용어는 보편적이면서도 직접적이고 편견이 없어야 한다. 동시에 설문항목은 논리적으로 배치되어야 하며, 쉬운 질문에서 어려운 질문으로 옮겨가야 한다.

35 정답 ②

①·③·④는 확률 표본추출방법에 해당하며 ②는 비확률 표본추출방법에 해당한다. 편의 표본 추출법은 비확률 표본추출방법 중에서 가장 흔하게 쓰이는 방법으로, 조사자가 편리할 때 편리한 장소에서 임의로 표본을 추출하는 방법을 말한다.

36 정답 ①

AIO 분석은 나이나 성별, 소득, 직업 등 동일한 인구통계적 집단 내 속한 사람들도 서로 상이한 정신심리적 특성을 가지고 있을 수 있다는 정신심리적 특성을 기초로 시장을 나누는 것을 말한다. 라이프스타일은 흔히 활동(Activity), 관심(Interest), 의견(Opinion)을 기준으로 분류되는데, 그 머리글자를 따서 AIO분석이라고 한다. 이는 시장에 대해 풍부한 정보를 주는 반면, 세분화의 경계가 모호하여 측정이 어렵다는 단점이 있다.

37 정답 ④

비탐색품이란 소비자가 애써 찾아다니며 구매하지 않는 제품이며, 훗날에는 필요가 있겠지만 지금 당장은 구매할 필요가 없다고 생각하는 제품이다.

38 정답 ③

브랜드 충성도란 어떤 브랜드에 대해 지속적인 선호와 만족, 반복적인 사용을 말한다.

39 정답 ②

①·③·④는 선제 전략에 해당한다. 선제 전략은 경쟁사가 대항하기 힘든 제품을 개발하여 경쟁사보다 훨씬 빨리 시장에 도입해서 소비자들에 대한 지지를 확실하게 획득하려는 것을 말한다. ②는 반응 전략에 해당하며, 소비자들의 요구에 대해 의도적으로 반응하는 전략을 말한다.

40 정답 ①

② 대량의 제품을 소매상이나 산업체 사용자 또는 기관 구매자들을 대상으로 재판매를 전문적으로 수행하는 중간상
③ 구매 및 판매활동의 거래상담기능을 수행하는 중간상
④ 구매자 또는 판매자의 중개역할을 수행하는 중간상

빨리 보는 간단한 키워드

시/험/전/에/ 보/는/ 핵/심/요/약/ 키/워/드/

무언가를 시작하는 방법은 말하는 것을 멈추고 행동을 하는 것이다.

— 월트 디즈니 —

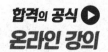
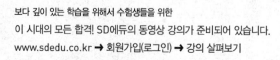

제1장 | 마케팅 개념

제1절 마케팅의 정의

1 마케팅이란?

(1) 제품·서비스·아이디어를 창출하고, 이들의 가격을 결정하며, 이들에 관한 정보를 제공하고, 이들을 배포하여 개인 및 조직의 목표를 만족시키는 교환을 성립케 하는 일련의 인간 활동

(2) 가치를 창출하고 고객과 커뮤니케이션하며, 조직과 조직의 관련자들에게 혜택을 주고 고객과의 관계를 관리하기 위한 조직의 기능 및 일련의 과정

2 마케팅의 특징

(1) 개인 및 조직체의 목표를 만족시키는 교환을 성립

(2) 영리·비영리 기관 모두 마케팅 활동을 함

(3) 유형의 제품, 무형서비스, 아이디어 등 모두가 마케팅의 대상이 됨

제2절 시장과 고객욕구의 이해

1 마케팅의 핵심개념

(1) **소비자의 필요와 욕구(Needs&Wants)** : 필요는 인간이 기본적인 만족의 결핍을 느끼는 대상이며 욕구는 필요를 채워줄 구체적인 대상과 관련된 개념

> **체크 포인트**
>
> **매슬로우의 욕구 5단계설**
> - 생존과 관련된 하위단계에서 상위로 갈수록 사회화·고도화
> - 하위단계의 욕구를 만족해야 상위욕구를 만족하려는 동기가 발생
> - 순서 : 생리적 욕구 → 안전의 욕구 → 애정 및 소속의 욕구 → 자기 존중의 욕구 → 자아실현의 욕구

(2) **제품과 서비스(Product&Service)** : 소비자의 욕구를 충족하는 시장 제공물

(3) **소비자의 만족과 가치(Satisfaction&Value)** : 소비자는 제품을 선택할 때 그 제품의 가치와 자신이 지불하는 가격을 고려하여 만족하는 수준의 제품을 선택

(4) **교환(Exchange)** : 기업의 가치 있는 제품이나 서비스에 대해 소비자가 대가를 지불하고 획득

(5) **시장(Market)** : 교환이 이루어지는 실체적 장소 혹은 제품이나 서비스의 실제·잠재적 구매자들의 집합

제3절 마케팅 관리철학

1 마케팅 개념의 변천과정

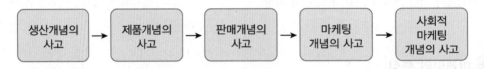

(1) **생산개념** : 소비자는 저가격 상품을 선호한다는 전제하에 대량생산과 유통을 통한 원가절감이 목표인 개념

(2) **제품개념** : 소비자는 가장 우수한 품질이나 효용을 제공하는 제품을 선호한다는 개념

(3) **판매개념** : 기업이 소비자로 하여금 보다 많은 상품의 구매를 유도하기 위해 이용가능한 모든 효과적인 판매활동과 촉진도구를 활용해야 한다고 보는 개념

(4) **마케팅 개념** : 고객중심적인 마케팅 관리이념으로, 고객욕구를 파악하고 이에 부합되는 제품을 생산하여 고객욕구를 충족해야 한다고 보는 개념

(5) **사회지향적 마케팅개념** : 고객만족, 기업의 이익과 더불어 사회 전체의 복지를 요구하는 개념

제4절 고객관계구축

1 CRM(Customer Relationship Management, 고객관계관리)

(1) 정의

① 고객충성도를 극대화하기 위해 개별고객의 구체적 정보와 접촉점을 관리하는 과정

② 높은 고객가치와 고객만족을 제공함으로써 고객과의 상호작용을 개선하고 관계를 구축·유지하는 전반적인 과정

(2) 목적 : 신규고객 유치 및 고객관계를 유지함으로써 지속적인 고객의 수익성을 극대화하는 것

(3) 과정 : 신규고객 유치 단계 → 고객관계 유지 단계 → 평생고객화 단계

(4) 구성요소 : 비즈니스 전략수립, 정보수집 및 분석, 시스템 기능의 활용, 기술 인프라 스트럭처의 지원, 비즈니스 프로세스

(5) CRM 마케팅과 MASS 마케팅 비교

구분 기준	CRM 마케팅	MASS 마케팅
관점	개별고객과의 관계를 중요시함	전체고객에 대한 마케팅의 관점을 중요시함
성과지표	고객점유율을 지향	시장점유율을 지향
판매기반	고객가치를 높이는 것을 기반으로 함	고객과의 거래를 기반으로 함
관계측면	고객과의 지속적인 관계를 유지하는 것에 목표를 둠	신규고객개발을 더 중요시함

제5절 마케팅 기능과 마케팅 관리

1 마케팅 기능

(1) 교환기능 : 기업의 재화 및 서비스의 교환을 통해 소유권의 이전을 가져오는 마케팅 기능

① **구매** : 소비자가 재화와 서비스 구입을 위해 상품을 선택하고 대금을 지불하는 과정

② **판매** : 판매자가 잠재고객이 제품 및 서비스를 구매하도록 유도하고 설득하는 과정

(2) 물적 유통기능 : 제품을 생산지에서 소비지까지 운송하고 보관하는 기능

① **운송(수송)** : 생산과 소비 사이에 존재하는 공간적(장소적) 격리를 극복하게 하는 제품의 물리적 이전

② **보관** : 제품이 생산자에서 최종소비자에게 이전되는 중 발생하는 공급과 수요 간의 시간적 불균형을 해소하기 위해 안전하게 관리

(3) 조성기능

① **표준화** : 수요와 공급의 품질적 차이를 조절하기 위해 상품의 규격과 형식을 책정

② **시장금융 기능** : 상품 구입에 필요한 자금을 조달

③ **정보제공** : 시장과 고객에 대한 정보를 수집 및 분류하고 분석하여 해석

④ **위험부담** : 대처 가능한 위험을 부담하여 재화 및 서비스의 금전적 가치 손실을 감소하고 분산

2 마케팅 요소 4P

(1) **제품(Product)** : 고객의 필요와 욕구를 만족시키는 재화 및 서비스 혹은 아이디어

(2) **가격(Price)** : 제품을 얻기 위해 지불하는 것

(3) **프로모션(Promotion)** : 기업과 소비자 간의 커뮤니케이션 수단

(4) **유통(Place)** : 소비자가 제품을 구매하는 장소

3 최근 4P's → 4C's로 전환

(1) Product → Consumer : 구체적으로 소비자가 원하는 것을 의미

(2) Price → Cost : 구매에 들어가는 노력, 시간, 심리적 부담 등의 비용을 의미(기업의 입장에서는 가격이지만, 소비자의 입장에서는 비용으로 인식)

(3) Promotion → Communication : 판매자와 구매자 간의 상호전달을 의미

(4) Place → Convenience : 구매의 편의성을 의미

4 마케팅 관리

마케팅 환경 속에서 마케팅 요소를 적절히 조합·혼합하여 고객을 만족시키는 과정

제6절 마케팅의 새로운 트렌드

(1) 관계 마케팅

기업과 소비자 간의 교환을 관계라는 개념으로 파악하여 데이터베이스(DB ; Data Base)화시킨 소비자들의 정보를 토대로 고객과 장기적인 관계를 맺고 관리하는 마케팅 전략

(2) 공생 마케팅

기업끼리 마케팅 자원을 공동으로 이용하여 상호 이익을 극대화하고 위험을 회피하는 방향으로 나아가는 마케팅 전략

(3) 인터넷 마케팅

인터넷을 이용한 사이버 공간상에서 일어나는 모든 마케팅 활동으로, 쌍방향 커뮤니케이션을 가능케 함으로써 고객이 마케팅 활동에 깊이 참여할 수 있는 마케팅 전략

(4) 사회적 마케팅

사회적 환경과 복지를 해치지 않는 범위에서 기업의 이윤·사회적 이해·고객만족이 균형을 이루는 마케팅 전략

제2장 　마케팅 전략

제1절 전략적 마케팅 계획

1 전략적 마케팅 계획이란?

(1) 정의 : 목표고객을 선정하고 각각의 목표고객별로 마케팅 환경을 고려해서 적절한 시기에 마케팅 자원을 장기적이고 광범위하게 분배하는 일련의 계획과정

(2) 목적 : 기업의 성장을 통해 매출성장과 높은 수익창출

(3) 효과 : 변화하는 마케팅 환경에 맞춰 기업의 목표와 자원(자금, 인적·물적 자원 등)을 마케팅 기회에 적용함으로써 기업을 지속적으로 성장시키고 경쟁우위 확보

2 전략적 마케팅 계획 수립과정

전략적 마케팅 계획 수립과정은 '기업사명의 정의 → 기업목표의 결정 → 사업단위별 경쟁전략의 결정 → 사업
(제품) 포트폴리오의 결정'이며 앞의 세 단계는 기업 수준에서, 마지막 단계는 사업부·제품·시장 수준에서
진행됨

(1) 기업사명의 정의 : 조직구성원들의 생각·행동지침이 될 수 있고 기업이 달성하고자 하는 것을 구체화

(2) 기업목표의 결정 : 기업의 사명을 특정 기간 동안 달성할 수 있는 일련의 목표로 전환

(3) 사업단위별 경쟁전략의 결정 : 전략적 마케팅 계획의 수립을 용이하게 하기 위해 관련된 사업이나 제
품을 묶어 별개의 사업단위로 분류

(4) 사업(제품) 포트폴리오의 결정 : 기업의 여건분석을 통하여 자원의 적절한 배분 결정

3 SWOT 분석

(1) 정의 : 기업이 내부환경 및 외부환경 등을 분석하여 자사의 강점과 약점, 기회와 위협요인을 규정하고,
이를 기반으로 마케팅 전략을 수립하는 데 사용되는 기법

(2) 목적 : 기업의 성장기회와 미래의 위협요소 파악

(3) 구성
① **강점(Strength)** : 기업 내부의 강점(충분한 자본력, 기술적 우위, 유능한 인적 자원 등)
② **약점(Weakness)** : 기업 내부의 약점(생산력의 부족이나 미약한 브랜드 인지도 등)
③ **기회(Opportunity)** : 기업의 사회·경제적 기회(외부로부터 발생하는 기회 등)
④ **위협(Threat)** : 외부적인 위협(사회·경제적)

제2절 기업수준의 전략계획 수립

1 사명이란?

(1) 타사와 자사를 차별화시키고 활동영역을 규정함으로써, 기업의 근본적인 존재 의미와 목적을 나타내는 것

(2) 전략적 의사결정의 출발과 전략 수립·실행의 기본적인 지침

(3) 기업 의사 결정, 기업 구성원 행동의 방향이 되고 동시에 평가의 기준

(4) 기업의 자원 활용과 더불어 자원의 배분에 대한 기준

2 기업목표

(1) 정의 : 기업의 사명을 실현하기 위해 구체적인 목표로 전환한 것

(2) 기준
  ① **순서의 확립** : 추상적인 것에서 구체적인 것으로 중요성에 따라 순차적으로 설정
  ② **계량화** : 기업의 목표는 가능한 측정할 수 있도록 설정
  ③ **실현 가능화** : 기업의 목표는 주어진 시장기회의 포착과 자사의 장점 또는 약점 등을 기반으로 객관적 분석을 통해 설정
  ④ **일관성의 유지** : 기업의 목표는 상이하지 않고 일관되도록 함

3 기업수준의 전략

(1) 정의

기업이 처해진 환경의 제약 하에서 목표달성을 위해 조직이 사용하는 주요 수단으로써 환경과 자원을 동원하는 상호작용 유형

(2) 구분
  ① **전사적 전략(기업수준 전략)** : 사업의 영역을 선택하고, 이를 기반으로 사업을 어떻게 효과적으로 관리할 것인가의 문제를 다룸
  ② **사업부 전략(사업수준 전략)** : 특정 사업 영역 내에서 타사에 비해 어떻게 경쟁우위를 확보하고, 이를 효과적으로 유지해 나가는지를 다룸
  ③ **기능 전략(기능수준 전략)** : 기업의 생산, 마케팅, 재무, 인사 등 경영의 주된 기능 내에서 주어진 자원을 어떻게 효과적으로 이용할 것인가를 다룸

제3절 마케팅 계획 수립

1 전략사업 단위(SBU ; Strategic Business Unit)

기업이 제품 개발, 시장 개척, 다각화 등의 장기 경영 전략을 펼치기 위하여 전략 경영 계획을 세울 때 특별히 설정하는 관리 단위

2 사업 포트폴리오 분석

(1) 정의 : 기업 내 주요 사업부문(전략사업 단위, SBU)의 현재 위치를 분석하고 그 매력도를 평가하는 것

(2) 목적 : 사업 포트폴리오 계획을 위해서는 SBU별 경영성과가 제대로 평가되어야 하며, 이를 기반으로 자사의 자원이 SBU별로 어떤 방식으로 할당되어야 할 것인지 결정하고, 분석 결과를 바탕으로 어떤 부분을 확대 · 축소할 것인가를 평가하여 경영에 적용

3 BCG(Boston Consulting Group) 매트릭스

(1) BCG 매트릭스는 세로축을 시장성장률로, 가로축을 상대적 시장점유율로 두어 2×2 매트릭스를 형성

(2) 매트릭스 특징

	고		
	별(Star) • 시장성장률과 상대적 시장점유율 모두 높음 • 제품수명주기상 성장기에 속함 • 성장을 위해 자금투하 필요 • 전략 : 투자/구축		**물음표(Question Mark)** • 시장성장률은 높으나 상대적 시장점유율 낮음 • 기업의 결정에 따라 별(Star)이나 개(Dog) 사업으로 이동 • 시장 점유율을 높이기 위해 많은 자금투하가 필요 • 제품수명주기상 도입기에 속함 • 전략 : 투자/수확/철수
시장 성장률	**캐시카우(Cash Cow)** • 시장성장률은 낮지만 높은 상대적 시장점유율 유지 • 가장 많은 현금을 창출 • 제품수명주기상 성숙기에 속함 • 전략 : 유지/수확		**개(Dog)** • 시장성장률도 낮고 시장점유율도 낮음 • 더 이상 성장이 어렵고 현금흐름이 좋지 못함 • 제품수명주기상 쇠퇴기에 속함 • 전략 : 철수
저	고	상대적 시장점유율	저

(3) 전략

① **투자(확대) 전략** : 별과 약한 물음표에서 사용되는 전략으로, 시장점유율을 높이기 위해 현금자산을 투자하는 전략

② **유지 전략** : 강한 캐시카우에 해당하는 전략으로, 시장점유율을 현재 수준에서 유지하려는 전략

③ **수확 전략** : 약한 캐시카우, 약한 물음표에 해당하는 전략으로, 장기적인 효과와 상관없이 단기적 현금흐름을 증가시키기 위한 전략

④ **철수 전략** : 개와 약한 물음표에 해당하는 전략으로, 다른 사업에 투자하기 위해 특정 사업을 처분하는 전략

4 GE 매트릭스(GE and Mckinsey 매트릭스)

(1) BCG 매트릭스의 한계를 보완하여 산업성장률, 시장점유율 이외에도 각 차원의 평가에서 환경, 전략변수들을 반영

(2) 구성요소

① **산업 매력도** : 시장크기, 시장성장률, 시장 수익성, 가격 추세, 경쟁 강도 · 라이벌 관계, 산업 전반의 수익 리스크, 진입장벽, 제품과 서비스를 차별화할 수 있는 기회, 세분화, 유통 구조, 기술 개발 등

> **체크 포인트**
>
> **Michael Porter의 산업 매력도에 영향을 미치는 5가지 요소**
> - 신규진입자의 위협
> - 구매자의 교섭력
> - 공급자의 교섭력
> - 대체품의 위협
> - 기존 경쟁자의 경쟁강도

② **사업 강점** : 자산과 역량의 강점, 상대적인 브랜드의 강도(마케팅), 시장점유율, 시장점유율 성장, 고객 충성도, 상대적인 비용 포지션(경쟁자와 비교한 비용 구조), 상대적인 이익률, 유통 강점 및 생산 능력, 기술적 또는 다른 혁신 기록, 품질, 경영상 강점 등

(3) 매트릭스 특징

〈GE 매트릭스〉

산업 매력도	높음	• 최대한 성장을 위한 투자 • 유지 · 방어	성장을 위해 선택적인 부문에 집중적 투자	• 수익 창출을 위해 선택적인 투자 • 성장가망이 없으면 철수
	중간	성장을 위해 유망시장에 집중 투자	현재 사업을 보호	• 불필요한 투자의 제한 • 수확이나 퇴출 모색
	낮음	• 현재 시장의 단기 수익 위주 관리 • 현재 위치 사수	수확을 위해 수익성 좋은 부문에서 위치 보존	시장에서 퇴출하거나 추가 투자를 재고함
		높음	중간	낮음
			사업의 강점	

5 GE 매트릭스와 BCG 매트릭스의 차이점

기법\속성	셀의 개수	수익성	시장매력도	사업 강점의 정의	사상적 토대
BCG Matrix	4개	현금 흐름	시장의 성장	시장점유율	경험곡선이론
GE Matrix	9개	ROI	시장 잠재력, 사회·기술적 요인 등	사업 규모 및 위치, 경쟁우위 등	경쟁우위론

6 앤소프 매트릭스

(1) 시장과 제품을 기존·신규로 구분하고 파악하여 어떤 전략을 채택해야 하는지를 행렬로 정리한 것

(2) 전략

① **시장침투 전략**(Market Penetration) : 저렴한 가격과 집중적인 광고로 기존 시장에서 기존 제품을 활용해 매출액 향상시키는 전략
② **시장개발 전략**(Market Seeking) : 유통채널 확보로 기존 제품으로 새로운 시장에 진출하는 전략
③ **제품개발 전략**(Product Development) : 매출액 하락 회복을 위해 기존 시장에서 현재 소비자들에게 새로운 제품을 공급하는 전략
④ **다각화 전략**(Diversification) : 신시장에 신제품을 공급하는 전략

제품\시장	기존 시장	새로운 시장
기존 제품	시장침투 전략	시장개발 전략
새로운 제품	제품개발 전략	다각화 전략

제4절 마케팅 전략과 마케팅 믹스

1 마케팅 전략

구체적으로 어떤 고객을 대상으로(시장세분화와 타깃팅) 어떻게 차별화된 제품과 서비스를 제공할 것인가(차별화와 포지셔닝)를 결정하는 것

2 STP 전략

(1) **시장세분화**(Segmentation) : 동질적 니즈를 가진 소비자들끼리 묶어 몇 개의 세분화된 시장으로 나누는 것

(2) **타깃팅(Targeting)** : 몇 개의 세분시장 중 기업과의 적합도가 가장 높은 세분시장을 선택하는 과정

(3) **포지셔닝(Positioning)** : 선택한 세분시장에서 고객들의 마음속에 자사의 브랜드를 자리 잡게끔 하는 활동

3 마케팅 믹스

(1) 고객의 니즈를 만족시키는 제품과 서비스 및 아이디어를 창출하고 이에 대해 가격을 결정하며, 구매자와 판매자 간의 커뮤니케이션의 수단을 설정하고 소비자가 구매할 경로를 결정하는 것

(2) **요소**
① **제품(Product)** : 고객의 니즈를 만족시키는 재화, 서비스 및 아이디어
② **가격(Price)** : 제품을 얻기 위해 소비자가 지불하는 것
③ **프로모션(Promotion)** : 구매자와 판매자 간의 커뮤니케이션 수단
④ **유통(Place)** : 소비자가 실질적으로 제품을 구매하는 장소

(3) 최근 4P에서 4C(Consumer, Cost, Communication, Convenience)로 전환

제5절 마케팅 관리

1 마케팅 관리란?

마케팅 활동을 관리하는 것으로서, 표적시장의 욕구 및 필요의 충족을 통하여 기업의 목적을 달성시키기 위해 시장 관련 현상을 분석하고 이를 기초로 마케팅 분석, 계획수립, 실행, 통제하는 활동

(1) **마케팅 분석** : 시장의 전반적 상황 분석, 자사와 각 사업단위의 상품의 성과 분석, 경쟁자, 공급자, 거시환경 등을 분석

(2) **마케팅 계획수립** : 기업의 전반적 전략목표와 전략계획의 실현을 돕기 위한 마케팅 전략을 개발

(3) **마케팅 실행** : 마케팅 계획을 마케팅 행동으로 실행하는 것

(4) **마케팅 통제** : 마케팅 계획의 실행결과를 평가하고 비교하여 마케팅 목표를 효율적으로 달성할 수 있도록 정보를 제공

2 마케팅 활동에 영향을 미치는 요소

(1) **마케팅 환경** : 기업의 마케팅 활동에 영향을 미치는 모든 환경요인으로 기회적 요소가 되기도 하고 위협적 요소가 되기도 함

(2) **마케팅 환경요인**

구분	미시적 환경요인	거시적 환경요인
설명	직접적이고도 관련성이 높은 마케팅 환경요인	간접적이고 단기적으로는 잘 변하지 않는 환경요인
요인	• 고객 시장 • 소비자 • 언론기관 • 금융기관 • 경쟁 업체 • 중개업자 • 공급자 • 대중	• 인구통계적 환경요소 • 기술적 환경요소 • 사회 · 문화적 환경요소 • 경쟁자 환경요소

제6절 마케팅 투자효과 측정

마케팅 투자수익률(ROI ; Return On Investment)이란 마케팅 투자에 의해 나타나는 순수익을 투자 비용으로 나눈 것으로, 마케팅이 수익을 창출하는 방식을 정량화하여 정당화함

제3장　소비자와 산업재 구매자 행동

제1절 소비자 행동모델

1 소비자 행동모델

(1) **정의** : 소비자 행동에 관계되는 변수들을 확인하고 그들 사이의 관계를 본질적으로 서술하여 행동이 형성되고 영향을 받는 양상을 묘사하기 위한 것

(2) **역할**
　① 소비자 행동에 대해서 통합적인 관점을 제공
　② 마케팅 의사결정에 필요한 조사 분야를 확인시켜 주며 변수 간 관계의 계량화
　③ 조사발견점을 평가하고 그것을 의미하는 방법으로 해석

④ 마케팅 전략을 개발하고 소비자 행동을 예측하기 위한 근거를 제공

⑤ 소비자 행동에 관한 이론구성과 학습을 지원

2 전통적 소비자 구매행동모델(AIDMA)

(1) Attention : 매체에 삽입된 광고를 접하는 수용자가 주의를 집중하는 단계

(2) Interest : 수용자가 광고에 흥미를 느끼는 단계

(3) Desire : 수용자가 광고 메시지를 통해 제품의 소비나 사용에 욕구를 느끼는 단계

(4) Memory : 광고 메시지나 브랜드 이름 등을 기억·회상하는 단계

(5) Action : 제품의 구매나 매장의 방문 등 광고 메시지에 영향을 받은 행동을 하는 단계

제2절 구매자 의사결정과정

1 구매의사 결정 과정 단계

문제(욕구) 인식 → 정보탐색 → 대안평가 → 구매결정 → 구매 후 행동

(1) 문제(욕구) 인식 : 바람직한 상태와 실제로는 그렇지 못한 상태와의 차이에서 소비자는 욕구를 느끼게 되고 이 차이를 줄이는 것이 마케팅 활동임

(2) 정보탐색 : 소비자가 문제(욕구)를 인식하면 이를 해결하기 위해 대안(정보)을 탐색

① **내부탐색** : 자신의 기억 또는 내면에 저장되어 있는 관련된 정보에서 의사결정에 도움이 되는 것을 끄집어내는 과정

㉠ 상기상표 : 내적 탐색을 하면서 기존에 알고 있던 상표들 중 떠오르는 상표군

㉡ 최초 상기상표 : 내적 탐색을 통해 가장 먼저 생각나는 상표

② **외부탐색** : 자신의 기억 외의 원천으로부터 정보를 탐색하는 활동

㉠ 고려상표군 : 기존에 알지 못했던 상표들 중에서 외적 탐색을 통해서 발견된 상표군에 상기상표군을 더한 것으로, 대안평가를 하기 위해 최종적으로 고려되는 상표군

㉡ 선택집합 : 고려상품군 중 최종적으로 고려되는 상품

(3) 대안의 평가

① **보완적 방법** : 한 속성에 대한 나쁜 평가가 다른 속성에 대한 좋은 평가에 의해 상쇄되면서 종합적으로 평가

② **비보완적 방법** : 어떤 중요한 속성에 대한 평가로 나쁜 브랜드는 탈락시키고, 가장 좋은 브랜드를 선택

③ **휴리스틱 방법** : 여러 요인을 체계적으로 고려하지 않고 경험, 직관에 의해 문제해결과정을 단순화시키는 규칙을 만들어 평가

(4) 구매결정 : 구매의사를 결정해 구매행동으로 옮기는 단계

① 대안의 평가에서 결정한 상표가 반드시 구매되는 것은 아님

② 사회적 영향 및 상황의 영향을 많이 받음

(5) 구매 후 행동 : 소비자가 제품의 성능과 구매 전 제품에 대해 기대했던 내용을 비교·평가하여 현 제품의 성능이 기대치보다 높으면 만족하고, 제품의 성능이 기대치에 미치지 못하면 불만족함

① **만족** : 재구매 및 추천

② **불만족** : 불평행동

ㄱ 사적행동 : 재구매하지 않거나 나쁜 구전 전파

ㄴ 공적행동 : 기업에 불평하거나 공적기관에 고발 또는 법원에 고소

③ **인지 부조화**

ㄱ 제품의 성능이 소비자의 기대치보다 높으면 만족(기대 ≤ 성과 ⇒ 만족)

ㄴ 제품의 성능이 소비자의 기대치에 미치지 못하면 불만족(기대 > 성과 ⇒ 불만족)

④ **구매 후 부조화** : 소비자가 제품구매 후 자신의 구매가 과연 잘한 것인가 아닌가 하는 불안감 내지 의구심으로, 기업은 소비자에게 제품에 대한 긍정적 정보를 제공하여 소비자의 부조화를 감소시켜야 함

2 구매의사결정 행동유형

(1) 관여도 : 제품의 구매가 소비자인 자신과 관련이 있는 정도 또는 중요한 정도

① **고관여 구매행동** : 제품에 대한 관심이 많을수록, 구매 중요도가 클수록, 가격이 비싸고 구매 영향이 클 때 소비자 행동

ㄱ 복잡한 구매행동 : 구매 시에 관여도가 높고 브랜드 간의 차이가 뚜렷할 때 소비자는 학습과정을 통해 신념과 태도를 형성하여 신중한 구매선택을 함

ㄴ 부조화 감소 구매행동 : 소비자는 구매 후 구매에 대한 확신을 갖기 위해 구매한 제품의 긍정적 정보, 구매하지 않은 제품의 부정적 정보를 수집하여 부조화를 감소하려고 노력함

② **저관여 구매행동** : 제품에 대한 관심이 없고, 구매 중요도가 낮고, 가격이 저렴하고, 상표 사이의 차이가 없으며 구매 영향이 적을 때 소비자 행동

     ⊙ 습관적 구매행동 : 제품에 대하여 구매자가 비교적 낮은 관여도(주로 편의품 등)를 보이며 제품
       의 상표 간 차이가 별로 나지 않는 경우 발생함

     ⓛ 다양성 추구 구매행동 : 구매하는 제품에 비교적 저관여 상태이며, 제품의 상표 간 차이가 뚜렷
       한 경우 소비자들이 다양성을 추구함

③ **브랜드 차이와 관여도**

구분	저관여	고관여
브랜드 간의 차이가 크게 나타날 때	다양성을 추구한다.	복잡한 의사결정을 한다.
브랜드 간의 차이가 작게 나타날 때	관성적인 구매를 한다.	부조화는 감소된다.

제3절 소비자 정보처리과정

1 소비자 정보처리과정이란?

소비자가 정보에 노출되어 주의를 기울이고 내용을 이해하고 긍정적 또는 부정적 태도가 형성되는 일련의 과정

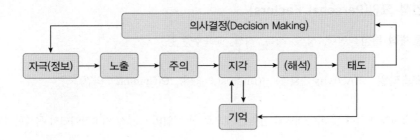

(1) 노출 : 소비자가 자극에 물리적으로 접근하여 5개 감각기관 중 하나 혹은 그 이상이 활성화될 준비상태

  ① **우연적 노출** : 자신도 모르게 광고에 노출되는 것
  ② **의도적 노출** : 의사결정을 위하여 의도적으로 정보를 찾는 경우
  ③ **선택적 노출** : 소비자가 필요하고 관심이 있는 정보에만 자신을 노출시키는 것

(2) 주의 : 소비자가 제품 자체에 고관여인 상태에서는 제품에 대해 상당한 주의를 가지나, 단지 광고에 흥
미를 보이는 경우엔 거의 제품특성보다는 광고의 배경이나 연출 등에 주의를 기울임

(3) 지각 : 소비자의 감각기관에 들어온 정보를 조직화해서 해당 정보의 의미를 해석

  ① **선택적 주의** : 자극 중에서 극히 일부에만 주의를 기울이는 현상
  ② **선택적 왜곡** : 일단 주의를 기울여 받아들인 정보를 자신이 알고 있던 선입관에 맞추어 해석하는 경향
  ③ **선택적 보유** : 자신의 행동이나 태도를 뒷받침해주는 정보만 기억하는 경향

(4) **반응** : 정보처리를 하는 과정에서 자연스럽게 여러 가지 생각이 떠오르게 되거나 여러 가지 느낌을 가
지게 되는 현상

① **인지적 반응** : 소비자가 정보처리과정 중 자연스럽게 떠올린 생각

② **정서적 반응** : 소비자가 정보처리과정 중 자연스럽게 유발되는 느낌

(5) **태도** : 어떠한 대상에 대하여 일관성 있게 호의적 또는 비호의적으로 반응하는 선호경향

(6) **기억** : 들어온 정보의 처리와 저장이 이루어지는 가설적 장소

① **감각기억** : 감각기관에 받아들여진 정보는 짧은 시간 동안 저장됨

② **단기기억** : 감각기억에서 유입된 정보와 장기기억에서 인출한 정보를 처리하여 장기기억으로 전달

③ **장기기억** : 처리된 정보가 저장되는 장소로, 장기기억에 저장된 정보는 단기기억에 의해 인출되어
지각과 반응에 영향을 미치고, 더 나아가 의사결정에 영향

제4절 소비자 구매의사결정에 영향을 미치는 요인들

1 개인적 요인(Personal Factors)

(1) **인구통계적 특성** : 연령, 성별, 소득, 직업, 교육수준 등

(2) **라이프스타일** : A(Activity : 활동), I(Interest : 흥미), O(Opinion : 의견)

(3) **개성** : 소비자의 성격 및 자아개념과 관련된 것으로 한 개인의 비교적 지속적이면서 독특한 심리적 특성

2 심리적 요인(Psychological Factors)

(1) **동기** : 충족되지 않은 충분한 수준의 욕구

(2) **지각** : 소비자 자신이 처한 상황에 대한 지각

(3) **학습** : 어떤 사람의 경험으로부터 신념·행동의 변화가 일어나는 것

① **일반화** : 유사한 자극에 대해서 동일하게 반응하는 것

② **차별화** : 여러 회사의 제품 간 차이를 인식하고, 그에 따라 다르게 행동하는 것

(4) **신념과 태도**

① **신념** : 소비자가 가지는 어떤 대상에 대한 설명적인 생각으로 제품이나 서비스에 대한 이미지 형성

② **태도** : 소비자 개인의 어떤 대상에 대한 비교적 지속적이면서도 일관성 있는 평가, 감정, 경향으로
제품이나 서비스에 대해 좋고 싫음을 형성

3 **사회적 요인(Social Factors)**

(1) 사회계층 : 소비자들의 직업이나 교통수준, 소득수준 등에 의해 주로 결정

(2) 준거집단 : 소비자가 따르기도 하고, 자신의 행동기준으로 삼는 집단

    ① **1차 집단** : 가족, 친구, 동료, 이웃 등 지속적으로 상호작용함으로써 상당한 응집력이 있는 집단
    ② **2차 집단** : 종교단체, 협회, 모임 등 덜 지속적인 상호작용을 하는 집단
    ③ **희구집단(열망집단)** : 현재 소속되어 있지 않지만 소속되기를 원하고 갈망하는 집단
    ④ **회피집단** : 가치관이나 행동이 달라서 소속되고 싶지도 않고 영향 받고 싶지도 않은 집단

(3) 가족 : 구성원들의 구매행동에 많은 영향을 미치는 요인

4 **문화적 요인(Cultural Factors)**

(1) 문화 : 사람들의 욕구와 행동 등을 유발시키는 요인으로 인간의 지식·신념·행위의 총체

(2) 하위문화 : 종교나 인종같이 문화보다 더 작은 요인

(3) 사회계층 : 동일한 사회계층에 속한 구성원들은 서로 유사한 가치를 지니며, 비슷한 행동양식을 보임

제5절 산업재 시장

(1) 정의 : 다른 소비자들에게 판매, 임대, 공급할 제품이나 서비스를 생산하는 과정에 사용될 재화 및 서비스를 확보하려는 영리기업, 기관, 정부기관 등의 조직으로 구성된 시장

(2) 특성 : 소비재 시장보다 적은 수의 그러나 더 큰 규모의 구매자와 거래됨. 산업재 수요는 파생된 수요로서 소비자의 수요에서 비롯됨

제6절 산업재 구매자 행동

1 **Patrick Robinson의 산업재 구매 상황 3가지 유형**

(1) 완전 재구매(Straight Rebuy) : 구매자가 조정 없이 일상적으로 제품을 재주문하는 상황

(2) **수정 재구매(Modified Rebuy)** : 구매제품의 명세나 가격, 배달조건, 기타 조건들을 변경하는 구매 상황

(3) **신규 구매(New Task)** : 처음으로 제품이나 서비스를 구매하는 상황

2 산업재 구매의사결정 과정의 참여자

발인자, 사용자, 영향력 행사자, 결정자, 승인자, 구매자, 문지기

3 산업재 구매의사결정에 영향을 미치는 요인

(1) **환경적 요인** : 경제적 발전, 공급 조건, 기술 변화, 정치적 규제상의 발전 등

(2) **조직적 요인** : 목적, 정책, 절차, 조직구조, 시스템 등

(3) **개인적 요인** : 권위, 지위, 감정이입, 설득 등

(4) **대인적 요인** : 연령, 소득, 교육, 직위, 개성 등

4 산업재 구매의사결정 과정(The Business Buying Process)

> 문제인식 → 전반적 니즈기술과 제품명세서 작성 → 공급기업 탐색 → 제안서 요청 → 공급기업 선택 →
> 주문명세서 작성 → 성과평가 → 사업적 관계(위험과 기회주의)

제4장　마케팅 정보의 관리

제1절 시장정보와 고객통찰력

1 고객통찰력

수치화된 여러 데이터를 보면서 그 안에서 반복되는 고객의 패턴을 읽어내는 것

2 고객통찰력 확보를 위한 소비자 조사기법

(1) 소비자의 행동을 관찰하는 기법

① **대규모 설문조사** : 구조화된 설문지를 기반으로 이해하기 쉽고 통계적 검증이 가능하여 조사결과의 일반화 및 객관화가 가능한 방법

② **FGI(Focus Group Interview)** : 정성조사의 한 방법으로 2시간에 6~8명에게 10~30가지 문항을 질문하는 방법

③ **관찰법** : 사람의 행동이나 사건 중에서 조사 목적에 필요한 것을 관찰·기록하여 분석하는 방법

④ **Shadow Tracking** : 소비자의 생활상 및 제품 사용 패턴, 응답자의 이동 경로에 따른 행동 특성을 파악하기 위해 소비자의 일상생활을 동영상으로 촬영하여 관찰하는 방법

⑤ **Peer Shadowing** : 본인, 친구, 가족 등 지인들이 선정된 소비자의 행동을 관찰·기록하는 방법

⑥ **Town Watching** : 소비자 집단의 라이프스타일이나 트렌드를 파악하기 위해 그들을 만날 수 있는 장소에서 관찰과 인터뷰를 진행하는 방법

⑦ **Video Ethnography** : 특정 제품이나 환경에 대한 소비자의 사용행태를 한 지점에 카메라를 고정·기록·관찰하는 방법

⑧ **Home Visiting** : 조사 대상 가구를 직접 방문하여 집안 환경을 관찰하고 가족구성원과의 인터뷰를 통해 가정 내 라이프스타일 및 제품 사용행태를 파악하는 방법

⑨ **POP(Point Of Purchase)** : 매장 관찰이나 판매원 인터뷰를 통해 매장환경을 분석하고 고객의 구매행태를 관찰함으로써 문제점을 찾는 방법

⑩ **온라인 일기** : 개인의 중요한 생활 이야기를 개인적 관점에서 기록하는 방법

제2절 마케팅 정보의 개발

1 마케팅 정보에 영향을 미치는 요소

정확성, 증거성, 적합성, 적시성, 형태성

2 마케팅정보시스템(MIS ; marketing information system)

(1) 정의 : 정보를 수집, 처리, 가공, 저장, 공급함으로써 마케팅 의사결정자가 마케팅 활동에 대해 의사결정하고 실행 및 통제하는 활동을 지원하는 구성요소들의 집합

(2) 필요성

① 마케팅 수단의 효율성에 관한 정보의 필요성 증대

② 고객접촉의 기회가 감소하면서 고객에 대한 정보수집 필요성 증대

③ 한정된 자원의 효율적 이용

④ 시장변화에 대한 신속한 대응

⑤ 소비자 욕구의 다양화

(3) 마케팅정보시스템의 하위시스템

① **내부정보시스템(Internal Information System)** : 내부에서 만들어지는 정보를 관리하는 시스템

② **마케팅인텔리젼스시스템(Marketing Intelligence System)** : 기업 주변의 마케팅 환경에서 발생되는 정보를 수집하기 위한 시스템

③ **고객정보시스템(Customer Information System)** : 고객의 인구통계적 특성, 라이프스타일, 구매행동 등의 자료를 축적한 데이터베이스

④ **마케팅 조사시스템(Marketing Research System)** : 마케터의 의사결정에 직접적으로 관련된 1차 자료를 수집하기 위한 시스템

⑤ **마케팅 의사결정지원시스템(Marketing Decision Support System)** : 얻어진 자료를 마케팅 의사결정에 쉽게 사용할 수 있도록 만들어주는 시스템

3 마케팅정보시스템과 마케팅 조사의 비교

구분	마케팅정보시스템	마케팅 조사
정보	외부 및 내부자료 취급	외부정보 취급에 치중
목적	문제해결/문제예방	문제해결
운영시기	지속적	단편적/단속적
방향	미래지향적	과거의 정보에 취중
하위시스템	마케팅 조사 이외에도 다른 하위시스템 포함	마케팅정보시스템에 정보를 제공하는 하나의 자료원

제3절 마케팅 조사

1 마케팅 조사

(1) 정의 : 마케팅 의사결정을 하기 위해 필요한 각종 정보를 제공하기 위해 자료를 수집·분석하는 과정

(2) 역할 : 서로 관련이 있는 사실들을 찾아내고 분석하여 가능한 조치를 제시함으로써 마케팅 의사결정을 도움

2 마케팅 조사 과정

문제 정의 → 조사설계 → 자료수집방법 결정 → 표본설계 → 자료수집 및 분석 → 결과해석 및 보고서 작성

3 조사설계

구분	탐색조사	기술조사	인과조사
목적	문제를 찾아내고 정의하는 것	소비자가 느끼고 행동하는 것을 묘사	인과관계를 밝히는 것
자료수집 방법	사례조사, 문헌조사, 전문가 의견조사, FGI(표적집단면접법)	설문조사법	실험법
특징		• 종단조사 : 일정 기간에 걸쳐 반복적으로 시행 • 횡단조사 : 어느 한 시점에 조사를 시행	인과관계 추론의 조건 : 시간적 선행성, 공동 변화, 허위 관계 배제

4 자료수집 방법의 결정

(1) 1차 자료와 2차 자료

구분	1차 자료	2차 자료
개념	조사자가 현재 수행 중인 조사목적을 달성하기 위하여 직접 수집한 자료	현재의 조사목적에 도움을 줄 수 있는 기존의 모든 자료
장점	• 조사목적에 적합한 정확도, 신뢰도, 타당성 평가가 가능 • 수집된 자료를 의사결정에 필요한 시기에 적절히 이용 가능	• 일반적으로 자료 취득이 쉬움 • 시간, 비용, 인력이 저렴함
단점	2차 자료에 비해 자료수집에 있어 시간, 비용, 인력이 많이 듦	자료수집목적이 조사목적과 불일치(자료의 낮은 신뢰도)
유형	리포트, 전화 서베이, 대인면접법, 우편이용법 등	논문, 정부간행물, 각종 통계자료 등

(2) 관찰법 : 조사자가 소비자의 행동이나 기타 조사 대상을 직접 혹은 기계를 이용하여 관찰함으로써 자료를 수집하는 방법

① 사람들이 제공할 수 없거나 제공하기를 꺼리는 정보를 얻는 데 적합한 방식

② 조사자의 협조나 응답 능력이 전혀 문제되지 않음

③ 느낌, 태도, 동기는 관찰하기 어렵고 소비자의 장기적인 행동도 관찰하기 어려움

④ 설문지에 비해 비싼 비용

⑤ 피관찰자가 관찰되고 있다는 것을 눈치 채지 못하도록 하는 것이 중요

(3) 면접법 : 연구자와 응답자 간 언어적인 상호작용을 통해 필요한 자료를 수집하는 방법

① 다양한 질문을 사용할 수 있고 정확한 응답을 얻을 수 있음

② 질문지법보다 더 공정한 표본을 얻을 수 있음

③ 시간, 비용, 노력이 많이 소요됨

④ 응답자에 따라서는 면접자에게 자신의 상황을 드러내는 것이 어려움

⑤ 대인면접법, 우편질문법, 전화면접법 등이 있음

체크 포인트

대인면접법 · 우편질문법 · 전화면접법의 장점과 단점

구분	대인면접법	우편질문법	전화면접법
장점	• 가장 융통성 있는 자료수집 방법 • 응답자의 확인이 가능 • 응답률이 높음 • 표본분포의 통제가 가능	• 표본분포가 폭넓고, 대표성을 지닐 수 있음 • 면접의 오류발생이 없음 • 현장조사자가 필요 없음 • 조사비용이 저렴함 • 특정 이슈에 대한 솔직한 응답이 가능 • 응답자가 충분한 시간적 여유를 가지고 답변할 수 있음 • 편견적 오류가 감소함. 여기에는 면접자가 없으므로 면접자의 개인적 특성 및 면접들 사이의 차이에서 나올 수 있는 오류가 나타나지 않게 됨	• 표본분포가 폭넓고 다양함 • 한 시점에 나타나는 일에 대해 정도가 높은 정보취득이 가능 • 컴퓨터를 이용한 자동화 조사가 가능 • 면접이 어려운 사람에게 적용 가능
단점	• 익명성의 부재가 발생됨. 응답 내용에 따라 응답자는 정보제공을 하더라도 익명으로 할 때가 있기 때문임 • 조사비용이 많이 소요됨 • 면접자의 감독과 통제가 어려움. 응답자가 만나기를 꺼리거나 비협조적인 경우 면접자가 응답을 조작할 우려가 있음	• 애매모호한 무응답으로 인해 오류가 발생함 • 질문에 대한 통제가 불가능 • 무응답된 질문에 대한 처리가 어려움 • 포괄적인 조사와 같은 특정 질문은 할 수 없음 • 주제에 관심이 있는 사람들만이 응답할 우려가 많음 • 모집단의 특정 지역은 접근이 불가능(문맹자 등) • 회수율이 낮음	• 질문의 길이와 내용에 있어 제한적임 • 보조도구를 사용하기 어려움 • 조사 도중에 전화를 끊어 조사가 중단될 수 있음 • 특정 주제에 대해 응답의 회피가 나타날 수 있음

---

(4) 델파이 기법 : 각 분야의 전문가가 가지고 있는 지식을 종합해서 미래를 예측하는 방법

(5) 설문조사법

① 조사자가 주어진 문제에 대해서 작성한 일련의 질문사항에 대하여 피험자가 대답을 기술하도록 하는 조사방법

② 종업원이나 공급자 또는 소비자의 태도나 의견을 알고 싶을 때 사용하는 방법

③ 설문조사에서 각 질문 문항은 실제로 응답자에게 질문할 말을 그대로 기술하고 질문할 순서대로 배열

④ **설문지 개발 시 주의할 점**
   - ㉠ 적절한 설문항목의 결정
   - ㉡ 조사목적에 적합한 설문형식을 결정
   - ㉢ 적절한 설문 용어와 순서의 결정
   - ㉣ 응답자에게 지나칠 정도의 자세한 질문은 금지
   - ㉤ 부정적·선동적인 질문은 금지
   - ㉥ 하나의 항목에 2가지 질문은 금지
   - ㉦ 대답하기 힘든 질문이나 응답이 곤란한 질문은 금지

⑤ **설문조사과정**

> 필요한 정보의 결정 → 자료수집방법의 결정 → 개별항목의 내용결정 → 질문형태의 결정 → 개별 문항의 완성 → 질문의 수와 순서결정 → 설문지의 외형결정 → 설문지의 사전조사 → 설문지 완성

⑥ **개방형 질문과 폐쇄형 질문**
   - ㉠ 개방형 질문 : 응답자로 하여금 응답자 스스로의 말로 대답하도록 하는 형식
   - ㉡ 폐쇄형 질문 : 가능한 예를 제시하고, 응답자가 제시된 예 중에서 선택하도록 하는 방식

(6) 의미차별화 척도와 리커트 척도

① **의미차별화 척도** : 서로 대칭이 되는 형용사를 놓고 사이에 5~7개의 의미 공간을 설정하고 응답자의 평가를 측정

② **리커트 척도** : 주어진 문장에 대하여 동의 혹은 동의하지 않는 정도를 표시

5 표본설계 : 조사대상을 어떻게 결정하는 것인가를 결정하는 과정

(1) 모집단 : 표본조사에 대한 통계적 추정에 의해 자료를 얻으려는 집단

(2) 표본 : 조사하고자 하는 대상을 말하고 이러한 모집단에서 추출된 일부분

(3) 전수조사 : 통계조사 시 모집단 전부를 조사하는 방법

(4) 표본조사 : 집단의 일부를 조사함으로써 집단 전체의 특성을 추정하는 방법

6 표본추출단계

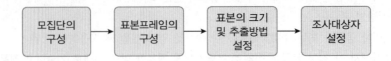

(1) **모집단** : 통계적인 관찰의 대상이 되는 집단 전체

(2) **표본프레임** : 표본이 실제 추출되는 연구대상 모집단의 목록

(3) **표본크기 설정** : 예산 설정, 오차범위 축소, 정확도 향상을 위한 적절한 표본크기 설정

(4) **표본추출방법의 결정** : 확률 표본추출방법과 비확률 표본추출방법 중 선택

(5) **조사대상자의 선정** : 실질적인 조사대상자를 선정

7 표본추출방법

구분	확률적 표본추출방법	비확률 표본추출방법
정의	연구대상이 표본으로 추출될 확률이 알려져 있을 때	연구대상이 표본으로 추출될 확률이 알려져 있지 않을 때
표본추출	무작위적 표본추출	인위적 표본추출
모집단에 대한 정보	모집단에 대한 정보 필요	모집단에 대한 정보 불필요
일반화	일반화 가능	일반화 불가능
표본오차	추정 가능	추정 불가능
비용과 시간	많이 듦	적게 듦
종류	단순무작위 표본추출법, 층화 표본추출법, 군집 표본추출법, 체계적 표본추출법	편의 표본추출법, 판단 표본추출법, 할당 표본추출법

제4절 마케팅 정보의 분석과 사용

1 보고서 작성 시 주의사항

(1) 정확하고 간단하게 작성

(2) 객관적인 내용 작성

(3) 의사결정자의 니즈에 맞게 정보를 수집·가공

(4) 조사과정에서 발생할 수 있는 오류 등에 대한 관리 필요

제5장　시장세분화, 표적시장 선택 및 포지셔닝

제1절 시장세분화

1 시장세분화

(1) **정의** : 공통적인 니즈(기호와 특성)를 가진 소비자들끼리 묶어 몇 개의 세분화된 시장으로 나누는 것

(2) **효과**
　　① 경쟁우위의 확보
　　② 마케팅 기회의 발견
　　③ 차별화를 통한 경쟁 완화

2 시장세분화의 조건

(1) **측정가능성** : 각 세분시장의 규모나 구매력 등을 측정할 수 있는 정도

(2) **유지가능성** : 충분한 규모이거나 이익을 낼 수 있을 정도의 크기 필요

(3) **접근가능성** : 세분시장에 효과적으로 접근하여 제품이나 서비스를 제공할 수 있는 적절한 수단 필요

(4) **실행가능성** : 욕구에 충분히 부응할 수 있는 효율적인 마케팅 프로그램을 계획하고 실행할 수 있는 정도

(5) **내부적 동질성과 외부적 이질성** : 같은 세분시장에서는 동질성, 다른 세분시장과는 이질성 필요

3 시장세분화의 기준변수

(1) **인구통계적 변수**
　　① **나이** : 나이에 따라 제품으로부터 추구하고자 하는 편익이 달라짐
　　② **성별** : 성별에 따른 세분화의 의미는 점차적으로 약화되는 추세

③ **소득** : 가격의 차이가 크고, 동시에 상징성이 강한 제품의 경우 소득이 효과적인 기준이 될 수 있음. 또한, 소득은 사회적 지위와 병행해서 고려해야 함

④ **직업, 가족 수 등**

(2) 지리적 변수

지역, 인구밀도, 도시의 크기, 기후 등 소비자들의 욕구가 지역에 따라 또는 처해진 지리적 여건에 따라 차이가 없다면 의미가 없음

(3) 심리분석적 변수

① **사회계층** : 통상적으로 현실성이 높은 제품에서 특히 그 영향이 큼

② **생활양식(Life Style)** : 개인의 욕구, 동기, 태도, 생각 등을 총망라한 결합체

　㉠ AIO분석 : 활동(Activity)과 관심(Interest), 의견(Opinion)을 기준으로 분류하여, 소비자가 어떻게 시간을 보내고, 어떤 일을 중시하며, 어떤 견해를 갖고 있는가를 척도로 나타내어 수치화

(4) 인지 및 행동적 세분화

제품이나 서비스의 편익, 사용량, 사용경험, 상표충성도 등에 대한 소비자의 태도나 반응에 따라 시장을 구분하는 것

제2절 표적시장의 선정

1 표적시장의 선정

구분	비차별적 마케팅 전략	차별적 마케팅 전략	집중적 마케팅 전략
전략	세분시장의 차이를 무시하고 단일 마케팅 프로그램으로 전체 시장을 공략	각각의 세분시장마다 차별적 마케팅 프로그램을 적용	단일 제품으로 단일의 세분시장을 공략하는 전략
장점	마케팅 비용을 최소화	• 전체의 판매량 증가 • 소비자의 만족 증가	전문화의 명성을 얻을 수 있고 생산·판매 및 촉진활동을 전문화하여 비용절감
단점	경쟁사가 쉽게 틈새시장을 찾아 시장에 진입 가능	높은 비용	대상으로 하는 세분시장의 규모가 축소되거나 경쟁자가 해당 시장에 뛰어들 경우 위험이 큼
특징	세분화가 덜 진행된 도입기에 사용	자원이 풍부한 대기업이 사용	자원이 한정된 중소기업이 사용

2 표적시장 선정 시 고려요소

(1) 기업의 자원 : 기업의 자원이 제한된 경우에는 집중적 마케팅 전략이 적합

(2) 제품의 동질성 : 동질적 제품은 비차별적 마케팅 전략, 이질적 제품은 차별적 마케팅 전략이 적합

(3) 제품의 수명주기 : 도입기에는 비차별적 마케팅 전략, 성숙기에는 차별적 마케팅 전략이 적합

(4) 시장의 동질성 : 시장의 동질성이 높을수록 비차별적 마케팅 전략이 적합

(5) 경쟁사 : 경쟁사의 수가 많을수록 비차별적 마케팅 전략이 적합

(6) 경쟁사의 마케팅 전략 : 경쟁사가 비차별적 전략을 추구하면 차별적 마케팅 전략이나 집중적 마케팅 전략이 적합

(7) 소비자의 민감도 : 민감도가 높은 제품은 차별적 마케팅 전략, 민감도가 낮은 제품은 비차별적 마케팅 전략이 적합

제3절 차별화와 포지셔닝

1 차별화 전략

(1) 제품차별화 : 수요자의 선호에 의존해 제품에 내포되어 있는 특성들을 차별화하는 것

(2) 가격차별화 : 기업의 동일한 제품에 대하여 시간적·지리적으로 서로 다른 시장에서 각각 다른 가격을 매기는 것

2 포지셔닝

자사 제품의 큰 경쟁우위를 찾아내어 이를 선정된 목표시장의 소비자들의 마음속에 자사의 상품을 자리 잡게 하는 것

3 포지셔닝의 종류

(1) 속성에 의한 포지셔닝 : 자사제품의 속성이 경쟁제품에 비해 차별적 속성을 지니고 있어서 그에 대한 혜택을 제공한다는 것을 소비자에게 인식시키는 전략

(2) 이미지에 의한 포지셔닝 : 제품이 지니고 있는 추상적인 편익을 소구하는 전략. 예를 들어, 맥심커피는 정서적이면서 사색적인 고급이미지를 연출

(3) 사용상황에 의한 포지셔닝 : 자사 제품의 적절한 사용상황을 설정함으로써 타사 제품과 사용상황에 따라 차별적으로 다르다는 것을 소비자에게 인식시키는 전략

(4) 제품사용자에 의한 포지셔닝 : 제품이 특정 사용자 계층에 적합하다고 소비자에게 강조하여 포지셔닝 하는 전략

(5) 경쟁제품에 의한 포지셔닝 : 소비자가 인식하고 있는 기존의 경쟁제품과 비교함으로써 자사제품의 편익을 강조하는 전략

4 재포지셔닝(Repositioning)

소비자의 욕구 및 경쟁환경의 변화에 따라 기존제품이 가지고 있던 포지션을 분석하여 새롭게 조정하는 활동

5 포지셔닝 맵

(1) 정의 : 소비자의 마음속에 자리 잡고 있는 자사의 제품과 경쟁 제품들의 위치를 2차원 또는 3차원의 도면으로 작성해 놓은 도표로 지각도(Perceptual Map)라고도 함

(2) 포지셔닝 맵의 작성절차 : 차원의 수를 결정 → 차원의 이름을 결정 → 경쟁사 제품 및 자사 제품의 위치 확인 → 이상적인 포지션의 결정

제6장　제품관리

제1절 제품의 개념과 분류

1 제품

(1) 정의 : 일반적으로 소비자들의 기본적인 욕구와 욕망을 충족시켜 주기 위해 시장에 출시되어 사람의 주의, 획득, 사용이나 소비의 대상이 되는 것

(2) 제품차원의 구성

① **핵심제품** : 소비자가 상품을 소비함으로써 얻을 수 있는 핵심적인 효용(예 에어컨의 시원함, 음료의 갈증해소)

② **유형제품** : 구체적으로 드러난 물리적인 속성(예 제품사양 및 디자인, 포장, 품질수준)

③ **확장제품** : 제품에 부가되어 제품의 가치를 발휘하게 하는 부가적 요소(예 배송, 설치, 신용/보증, AS 등)

2 제품의 분류

(1) 소비재

① **정의** : 개인이 최종적으로 사용하거나 소비하는 것을 목적으로 구매하는 제품

② **구분**

구분	편의품	선매품	전문품
소비자 구매행동	최소한의 노력으로, 습관적으로 구매하는 제품	경쟁제품을 비교한 후에 구매하는 제품	잘 알고 있으며 구매를 위해 특별한 노력을 하는 제품
구매 전 계획정도	거의 없다	있다	상당히 있다
가격	저가	중·고가	고가
브랜드 충성도	거의 없다	있다	특정상표 선호
고객쇼핑 노력	최소한이다	보통이다	최대한이다
제품회전율	빠르다	느리다	느리다
관여도	낮다	보통이다	높다

(2) 산업재

① **정의** : 구매자가 개인이 아니라 기업 등의 조직으로 최종 소비가 목적이 아니라 다른 제품을 만들기 위하여 또는 제3자에게 판매할 목적으로 구매하는 제품

② **구분**

　㉠ 원자재의 구분

　　• 원자재 : 제품의 제작에 필요한 모든 자연생산물

- 가공재 : 원료를 가공 처리하여 제조된 제품
- 부품 : 그 자체로는 사용가치가 없는 최종 제품의 부분

  ⓒ 자본재의 구분
    - 설비 : 건물이나 공장의 부분으로 부착되어 있는 고정자산적 제품
    - 소모품 : 제품의 완성에는 필요하지만, 최종 제품의 일부가 되지 않는 제품

제2절 서비스 제품의 의미와 특성

1 서비스

(1) **정의** : 고객의 욕구를 충족하기 위해 제공되는 것으로 소유되거나 저장, 수송될 수 없는 무형적 활동

(2) **특성**

① **무형성** : 형태가 없고 추상적이기 때문에 품질을 평가하기 어려움

② **비분리성** : 서비스 제공자에 의해 제공되는 동시에 고객에 의해 소비됨

③ **소멸성** : 보관, 저장, 재판매, 반품이 불가능함

④ **이질성** : 시간, 장소, 서비스 제공자에 따라 질이 달라지기 쉬움

제3절 제품계열관리

1 제품믹스의 개념

(1) **제품믹스(Product Mix)** : 일반적으로 기업이 다수의 소비자에게 제공하는 모든 형태의 제품계열과 제품품목

(2) **제품계열(Product Line)** : 제품믹스 중에서 특성이나 용도가 비슷한 제품들로 이루어진 집단

① **제품믹스의 폭(Width)** : 기업이 가지고 있는 제품계열의 수

② **제품믹스의 길이(Length)** : 제품믹스 내의 모든 제품품목의 수

③ **제품믹스의 깊이(Depth)** : 각 제품계열 안에 있는 제품품목의 수

2 제품믹스관리 전략

(1) **하향확대 전략** : 시장 초기에는 고급품을 출시하던 회사가 현재의 품목보다 낮은 가격과 품질의 품목을 추가하는 전략

(2) 상향확대 전략 : 시장 초기에는 밑 부분에 위치한 기업이 현재의 품목보다 더 높은 고품질·고가격의
품목을 추가하는 전략

(3) 쌍방확대 전략 : 현 제품계열에서 이를 저가품목과 고가품목의 시장으로 양분해 나가는 전략

제4절 상표의 의의 및 전략

1 상표

(1) 정의

① **상표** : 사업자가 자기가 취급하는 상품을 타사의 상품과 식별(이름, 표시, 도형 등을 총칭)하기 위하
여 상품에 사용하는 표지
② **상표명** : 상표에 나타내는 구체적인 이름
③ **상표마크** : 상표에 드러난 심벌모형

(2) 장점

① **소비자 입장**
㉠ 공급업자가 생산하는 제품의 질을 보증
㉡ 상품구매의 효율성을 높임
㉢ 제품의 질 신뢰
② **회사 입장**
㉠ 판매업자로 인해 주문 처리와 문제점 추적
㉡ 타사가 모방할 수 없도록 자사만의 제품특성을 법적으로 보호
㉢ 고객에 대한 기업의 이미지가 상승
㉣ 고객의 자사제품에 대한 신뢰도를 구축
㉤ 구매가능성이 높은 고객층을 확보

(3) 상표 이미지를 강화하는 요소

① 기능적으로 우수한 제품품질에 대한 구체적인 강조
② 상표에 대한 일관된 광고와 마케팅 커뮤니케이션
③ 상표가 지니는 개성

2 상표별 분류

(1) 무상표 상품(GB ; Generic Brand) : 포장의 겉에 특정한 브랜드의 명칭은 없이 자체의 이름만을 강조하는 형태

(2) 제조업자 상표(NB ; National Brand) : 제조업자가 소유하고 관리하는 상표

(3) 중간상 상표(PB ; Private Brand) : 유통업체(중간상)가 소유하고 관리하는 상표

(4) 공동 상표(기업상표) : 하나의 기업이 생산해내는 모든 제품계열의 동일한 상표

(5) 개별 상표 : 모든 제품계열에 상이하게 붙이는 개별적인 상표

(6) 상표수식어 : 구형 모델과 구분하기 위해 붙이는 숫자나 수식어

3 상표전략

(1) 복수상표 전략 : 동일한 제품범주 내에서 둘 또는 그 이상의 상표를 개발하는 전략

(2) 상표확장 전략 : 성공을 거든 기존의 상표를 신제품이나 개선된 제품에 장착하는 전략

(3) 공동상표 전략 : 생산·판매되는 모든 제품에 하나의 상표를 붙이는 전략

4 포장

(1) 정의 : 물품을 수송·보관함에 있어서 이에 대한 가치나 상태 등을 보호하기 위해 적절한 재료나 용기 등에 탑재하는 것

(2) 목적 : 제품의 보호성, 제품의 경제성, 제품의 편리성, 제품의 촉진성, 제품의 환경보호성

5 라벨

(1) 정의 : 상품에 대한 상품명 및 여러 가지 사항을 표시한 종이

(2) 기능 : 제품이나 상표 등을 확인, 제품에 대한 정보 제공, 그래픽 디자인을 통한 제품에 대한 선호도 상승

제5절 브랜드 자산의 의의 및 관리

1 브랜드

(1) 정의 : 브랜드의 존재 유무에 대해 소비자들이 인지하는 제품 가치의 차이가 발생하는 것

(2) 기능

① 제품의 질 보증
② 높은 진입장벽 구축
③ 높은 가격을 책정
④ 강력한 브랜드를 이용해 신제품을 용이하게 출시

2 브랜드 자산

(1) 정의 : 어떤 제품이나 서비스가 브랜드를 가짐으로써 발생된 추가적 가치로 인한 바람직한 마케팅 효과

(2) 관련용어

① **브랜드 연상** : 브랜드에 대해 떠오르는 것과 연계되는 모든 것
② **브랜드 충성도** : 어떤 브랜드에 대해 지속적인 선호와 만족, 반복적인 사용
③ **브랜드 인지도** : 잠재구매자가 어떤 제품군에 속한 특정 브랜드를 재인식 또는 상기할 수 있는 능력
④ **브랜드 이미지** : 브랜드와 관련된 여러 연상들이 결합되어 형성된 브랜드에 대한 전체적인 인상

3 브랜드 인지도

(1) 구분

① **브랜드 재인(Brand Recognition)** : 단서로써 브랜드가 제시되었을 경우 사전에 노출되었던 브랜드 경험을 통해서 특정 브랜드를 떠올릴 수 있는 능력(보조 인지)
② **브랜드 회상(Brand Recall)** : 제품 카테고리 내에서 특정 브랜드를 떠올릴 수 있는 능력(비보조 인지)
③ **최초 상기 브랜드** : 브랜드 회상으로 상기된 브랜드들 중에서 소비자의 마음속에 가장 먼저 떠오르는 브랜드

(2) 브랜드 인지도를 증가시키는 방법

① 반복광고
② 시각적 정보 제공
③ 소리의 형태로 브랜드명과 제품정보 제공
④ 브랜드에 대한 기억을 쉽게 떠올릴 수 있는 암시 또는 단서 제공

4 브랜드 연상의 유형

브랜드 연상	제품속성과 관련된 연상	제품범주, 제품속성, 품질/가격
	제품속성과 관련 없는 연상	브랜드 퍼스낼리티, 사용자, 제품용도, 원산지
	기업특성과 관련된 연상	기업문화, 경영이념 등

5 바람직한 브랜드 이미지 관리

(1) 고객에게 호의적인 이미지

(2) 소비자의 기억 속에 연속적으로 떠오를 수 있도록 강력한 브랜드 연상

(3) 타 브랜드와 차별화되는 독특한 브랜드 연상

제7장 신제품 개발과 제품수명주기 전략

제1절 신제품 개발 전략

(1) 신제품 개발 전략 유형

① 반응 전략
㉠ 경쟁사들이 새로운 제품을 도입할 때까지 기다렸다가 시장에서 성공했을 경우에 모방하는 전략
㉡ 유형 : 방어적 전략, 모방 전략, 보다 나은 두 번째 전략, 대응 전략

② 선제 전략
㉠ 경쟁사보다 훨씬 빨리 시장에 도입해서 소비자들에 대한 지지를 확실하게 획득하는 전략
㉡ 유형 : 연구개발(R&D) 전략, 마케팅 전략, 창업가적 전략, 매수, 제휴

(2) 신제품의 유형

① **혁신제품** : 소비자와 기업에게 모두 새로운 신제품
② **모방제품** : 소비자에게는 이미 알려진 제품이지만 기업에서는 처음 생산하는 제품
③ **확장제품** : 제품수정, 제품추가, 제품 재포지셔닝을 통하여 제품을 확장한 제품

(3) 앤소프의 제품·시장 매트릭스

① **의의** : 기업의 특성에 맞는 전략을 선택하기 위해 기존 시장과 신시장의 요소를 조합한 모델

② **전략**

　⑤ 시장침투 전략 : 기존 제품을 가지고 기존 시장에서의 시장점유율을 증대

　⑥ 시장개발 전략 : 현 제품을 필요로 하는 새로운 고객을 개척

　⑥ 제품개발 전략 : 기존 제품을 대체하기 위해 신제품 개발

　⑧ 다각화 전략 : 신제품 개발과 새로운 시장을 개척

제2절 신제품 개발 과정

순서	과정	설명
1	아이디어 창출	기업내부, 고객, 경쟁자, 유통업자, 공급업자 등으로부터 소비자들의 욕구를 충족시킬 제품 아이디어 창출
2	아이디어 선별(평가)	실현 가능한 아이디어를 선택, 불필요한 아이디어를 제거
3	제품개념 개발 및 테스트	• 제품개념 개발 : 제품의 아이디어를 고객이 사용하는 의미 있는 단어로 구체화 • 제품개념 테스트 : 실제적인 소비자조사를 통해서 제품개념의 적합성 여부를 확인
4	마케팅 전략 개발	신제품을 시장에 출시하기 위한 초기의 마케팅 전략 개발
5	사업성 분석	신제품의 매출이나 비용 또는 이익에 대해 예상되는 측정치를 계산
6	제품 개발	연구개발팀과 제조팀에서 실제의 제품으로 개발
7	시험마케팅	시장 테스트를 통해 소비자 반응확인
8	상업화	최종적으로 전국 시장에 신제품을 도입

제3절 신제품의 개발 관리

1 신제품 성공요소

(1) 소비자의 욕구에 부합하고 실질적인 편익을 제공하는 제품

(2) 기술적 우위성과 혁신이 있는 제품

(3) 시장에서 성장가능성이 있는 제품

(4) 자사의 이전 제품과 호환성이 큰 제품

2 신제품 실패요소

(1) 제품의 차별화된 속성을 구매자에게 제때 주지 못하는 제품

(2) 마케팅 과정에 오류가 있는 제품

(3) 유통경로상의 자원(중간상, 홍보, 프로모션)이 불충분한 제품

(4) 조직 내 부서 간의 불협조

제4절 신제품 수용과 확산

1 신제품 수용과정

(1) **인지** : 제품에 대한 정확한 지식이 부족한 상태로 신제품 정보에 노출

(2) **흥미** : 반복노출로 제품에 흥미를 보이고 정보를 수집

(3) **평가** : 수집된 제품정보를 기반으로 신제품 구매에 대한 판단을 하고 구매여부를 결정

(4) **사용** : 신제품을 실제로 사용함으로써 제품의 가치를 경험

(5) **수용** : 신제품에 대한 긍정적인 평가를 할 경우 수용하고 주기적인 사용을 결정

2 신제품 확산과정

(1) **정의** : 목표시장에서 신제품의 수용이 퍼져나가는 과정

(2) **신제품의 확산율이 빨라지게 되는 요소**
　　① **상대적 우위성** : 기존 제품보다 고객에게 주는 혜택이 우월한 정도
　　② **양립가능성** : 개인의 가치나 경험이 일치하는 정도
　　③ **단순성** : 제품의 이해나 사용상의 용이성
　　④ **전달용이성** : 신제품이 가지는 혁신의 결과를 볼 수 있거나 말로 표현할 수 있는 정도
　　⑤ **사용가능성** : 신제품을 구매하기 전에 미리 사용해 볼 수 있는 정도

3 신제품 수용시점에 따른 소비자 범주

신제품을 수용하는 시기에 따라 소비자를 구분하면 수용하는 시간에 따라 정규분포의 모습을 보임

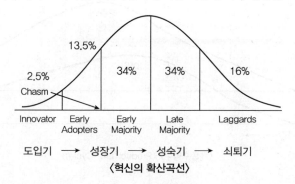

〈혁신의 확산곡선〉

(1) **혁신소비자** : 새로운 경험 및 모험을 추구하고 신제품 수용에 수반되는 위험을 기꺼이 감수

(2) **초기수용자** : 신제품 확산에 중요한 역할을 하는 의견선도자

(3) **조기다수자** : 대부분의 일반 소비자 집단으로서 신중한 실용주의자

(4) **후기다수자** : 신제품 수용에 있어 의심이 많음

(5) **최후수용자** : 변화를 거부하고 전통에 집착

제5절 제품수명주기 전략

1 제품수명주기

(1) **도입기** : 제품이 시장에 처음 출시

(2) **성장기** : 본격적으로 매출이 증가

(3) **성숙기** : 매출액 증가율이 감소하기 시작

(4) **쇠퇴기** : 매출액이 급격히 감소하여 더 이상의 제품으로 기능을 하지 못함

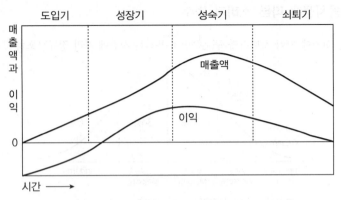

〈제품수명주기(Product Life Cycle)〉

2 제품수명주기 단계별 마케팅 관리

구분	도입기	성장기	성숙기	쇠퇴기
마케팅 목표	인지도 제고 및 판매증가	시장점유율 확대	점유율 유지	수확, 철수하는 시기
제품	기본형태	모방제품 및 개량제품 등장	상표, 모델의 다양화, 제품의 재활성화 시도, 경쟁력 없는 제품은 철수	경쟁력 없는 품목 철수
가격	• 일반적으로 고가격 • 초기침투전략의 경우 저가격	경쟁을 고려하는 가격정책 시행	경쟁을 고려하는 방어적 가격정책	• 일반적으로 저가격 • 충성고객을 대상으로 고가격
경쟁업자	중요하지 않음	소수의 경쟁자가 발생	하찮은 제품에도 경쟁자 발생	거의 없음
전반적 전략	시장확보 : 제품을 사용하도록 초기 수용자를 설득	시장침투 : 자사 제품을 선호하도록 대중시장을 설득	상표위치방어 : 경쟁자의 유입 방지	취약제품 폐기준비 : 가능한 모든 이익을 고려한 철수
이익	높은 생산성과 마케팅 비용으로 인하여 적자	고가격과 수요 증가로 인한 절정수준에 도달	성장률 둔화	마이너스 성장
소매가격	고가격 (제품도입기에 과도한 비용회복이 원인)	고가격 (소비자의 집중적 수요를 이용하기 때문)	경쟁대응가격설정 : 가격 경쟁 회피가 요구됨	재고품 정리를 신속히 할 만큼 충분히 낮게 설정
유통	선택적 유통 : 유통 경로가 서서히 구축되기 때문	집중적 유통구축 : 거래점들이 제품 저장을 원하므로 소규모 도매할인을 도입	집중적 유통구축 : 빈번한 거래는 선반의 공간을 확보	선택적 유통 : 수익이 낮은 경로는 점차적으로 폐쇄
광고전략	초기 수용층 목표	대중시장에서의 상표이점을 인식	유사한 상표 간의 차이점을 강조하여 매체를 이용	재고품 감소를 위한 저가격 강조

	높음 (초기 수용자의 인식과 관심 및 자사 제품 비축을 위한 중간상 설득)	보통 (구전추천을 이용한 매출 증대)	보통 (대부분의 구매자들은 상표 특성을 인지)	제품폐기를 위한 최소의 비용
광고강조				
판매촉진	과다지출 (목표 집단에게 견본품이나 쿠폰 및 기타 유인품 제공)	보통 (상표 선호도 창출을 위한 적절한 전략)	과다지출 (제품전환을 유도하기 위한 판매촉진)	최저수준 (제품이 스스로 쇠퇴하도록 유도)

제8장　가격 결정

제1절 가격의 의미와 역할

1 가격

(1) 정의
소비자가 제품이나 서비스를 소유 또는 사용하는 대가로 지급하는 화폐의 양으로서 금전적 가치

(2) 역할
① 품질에 대한 정보제공의 기능
② 자사의 이익을 결정하는 유일한 변수
③ 경쟁의 도구

(3) 중요성
① 제품의 생산을 위해 투입되는 여러 가지 생산요소들의 결합 형태에 영향을 미침
② 제품의 시장수요 및 경쟁적 지위, 시장점유율 등에 직접적이면서 즉각적인 영향을 미침
③ 가격은 마케팅 믹스의 다른 요소(촉진, 유통, 제품)들로부터 영향을 받는 동시에 영향을 미침
④ 소비자는 가격을 품질의 지표로 이용할 수 있음

제2절 가격 결정 시 고려 요인

1 가격 결정 시 고려요인

내부요인	외부요인
• 마케팅목표 • 마케팅 믹스 전략 • 원가 • 조직	• 시장의 유형 • 가격에 대한 소비자 태도 • 경쟁자 • 기타 환경요인(유통과정, 중간상, 정부의 규제 및 인플레이션 등)

2 수요의 가격탄력성

(1) **정의** : 제품의 가격이 변화함에 따른 수요량의 변화를 나타내는 지표

(2) **특징**

① 가격의 적은 변화에도 수요가 민감한 반응을 보인다면 이는 탄력적이라고 표현하고 수요곡선은 완만한 형태를 보임

② 수요의 가격탄력성이 탄력적인 경우에는 시장침투 가격전략이 효과적

3 가격의 결정

(1) **원가중심 가격결정** : 원가에 적정한 마진을 붙이거나 목표 판매량, 목표 이익을 설정한 후 가격을 결정

① **원가가산식 가격결정** : 총원가에 원하는 목표이익을 가산하는 방법

② **가산이익률식 가격결정** : 총비용에 남기고 싶은 마진율을 적용하는 방법

③ **목표투자이익률식 가격결정** : 기업이 목표로 하는 투자이익률을 달성하는 가격을 설정하는 방법

④ **손익분기점 분석식 가격결정** : 손익분기점에서 손실을 면할 수 있는 가격을 설정하는 방법

(2) **경쟁중심 가격결정** : 경쟁사들의 가격을 참고하여 제품 가격을 결정

(3) **소비자중심 가격결정** : 제품에 대한 소비자들의 지각된 가치를 바탕으로 가격을 결정

(4) **통합적 가격결정** : 원가중심적 가격결정법, 소비자중심적 가격결정법, 경쟁중심적 가격결정법을 모두 통합적으로 고려하여 가격을 결정

제3절 신제품 가격 전략

1 초기 고가격 전략

(1) 시장 진입 초기에는 비슷한 제품에 비해 상대적으로 가격을 높게 정한 후에 점차적으로 하락시키는 전략

(2) 자사가 신제품으로 타사에 비해 높은 우위를 가질 때 효과적으로 적용가능

(3) 고소득층을 목표고객으로 정했을 때 효과적

2 침투가격 전략

(1) 시장 진입 초기에는 비슷한 제품보다 상대적으로 가격을 저렴하게 정한 후에 실질적인 시장점유율을 확보하고 나서부터는 서서히 가격을 올리는 전략

(2) 가격에 상당히 민감하게 반응하는 중·저소득층을 목표고객으로 정했을 때 효과적이며, 이익수준 또한 낮으므로 타사의 진입을 어렵게 만드는 요소로 작용

3 인터넷상의 가격 전략

(1) **온라인 경매** : 다수의 소비자들이 가격을 제시하고 최고가에 가격이 결정되는 방식

(2) **역경매** : 기업 간의 경쟁에 의해 가격이 결정되는 방식

(3) **온라인 공동구매** : 정해진 수의 소비자가 구매를 희망하면 저렴한 가격에 제품 구입이 가능한 방식

제4절 제품믹스 가격 전략

(1) **가격계열화**

하나의 제품에 대한 단일가격의 설정이 아닌 제품의 품질이나 디자인의 차이에 따라 제품의 가격대를 설정하고, 그 가격대 안에서 개별 제품에 대한 구체적인 가격을 책정

(2) **2부제 가격 또는 이중요율**

제품의 가격체계를 기본가격과 사용가격으로 구분하여 2부제로 가격책정

(3) 부산품 전략

가치가 없던 제품을 재가공하여 부가가치로 만들거나 폐기 처리되어야 할 제품의 가격을 책정

(4) 묶음가격

두 가지 또는 그 이상의 제품 및 서비스 등을 결합해서 하나의 특별한 가격으로 책정

① **순수 묶음가격** : 오로지 패키지로만 구매가능
② **혼합 묶음가격** : 개별구매 또는 패키지로 구매가능

제5절 가격조정 전략

1 할인

(1) 정의 : 어떤 일정한 상황 및 조건에 따라 제품의 가격을 낮추는 것

(2) 구분

① **수량할인** : 제품 대량 구매 시 제품의 가격을 낮춤
② **현금할인** : 구매를 현금으로 할 경우에 일정액을 차감
③ **계절할인** : 계절성을 타는 제품 및 서비스의 경우 비수기에 할인혜택 적용
④ **기능할인(거래할인)** : 유통기능을 수행하는 중간상(유통업체)에 대한 보상성 할인 적용

2 공제

(1) 정의 : 가격의 일부를 삭감해 주는 것

(2) 구분

① **보상판매** : 소비자가 제품을 구매하면서 중고품을 가져오는 경우에 구매 제품 판매가의 일부를 공제
② **촉진공제** : 지역광고 및 판촉활동을 대신 해주는 중간상에게 보상차원으로 제품 가격에서 일부를 공제

3 가격차별화

(1) 정의 : 동일한 제품에 대해서 지리적 또는 시간적으로 서로가 각기 다른 가격을 설정하는 것

(2) 구분

① **소비자에 따른 차별화** : 소비자 서비스 가치에 대해 다르게 인식하기 때문에 가격차별화 시행

② **구매시점에 따른 차별화** : 수요에 맞게 공급능력을 조절하기 위해 가격차별화 시행

③ **구매량에 따른 차별화** : 대량구매에 따른 할인을 제공하고 단골고객을 확보하기 위해 가격차별화 시행

(3) 가격차별화의 조건

① 서로 다른 세분고객들이 다른 가격에 대해 반응하는 결과가 달라야 함

② 시행할 가격차별화 정책 등이 법적으로 하자가 없어야 함

③ 재정거래 문제가 없어야 함

④ 소비자가 차별된 제품가격에 대해 혼란을 느껴서는 안 됨

4 동태적 가격관리

현 가격이 현재 및 미래의 판매와 이익에 영향을 준다는 것을 고려해서 가격을 책정하는 것으로 수요에 따라 가격을 변경하여 매출과 이익을 증대

5 심리적 가격결정

(1) 정의 : 가격에 대한 소비자 지각을 반영하여 가격을 책정하는 것

(2) 구분

① **단수가격** : 심리적으로 가격이 저렴하다는 느낌을 주어 판매량을 늘리는 방법

② **관습가격** : 장기간에 걸친 소비자의 수요로 인해 관습적으로 형성되는 가격

③ **명성가격** : 소비자의 명성이나 위신을 나타내는 제품을 고가격으로 책정

④ **준거가격** : 소비자 나름대로의 기준으로 적정하다고 생각하는 가격

6 지리적 가격조정

(1) 정의 : 각 지역별로 운송비 등 비용에 차이가 나게 되는 상황에서 이루어지는 가격조정

(2) 구분

① **균일운송가격** : 지역에 상관없이 모든 고객에게 운임을 포함한 동일한 가격을 부과

② **FOB(Free On Board)가격** : 제품의 생산지에서부터 소비자가 있는 곳까지의 운송비를 소비자가 부담하도록 하는 방법

③ **구역가격** : 하나의 전체 시장을 몇몇의 지대로 구분하고, 각각의 지대에서는 소비자들에게 동일한 수송비를 부과

④ **기점가격** : 특정한 도시나 지역을 하나의 기준점으로 하여 제품이 운송되는 지역과 상관없이 모든 고객에게 동일한 운송비를 부과

⑤ **운송비 흡수가격** : 특정한 지역이나 고객을 대상으로 공급업자가 운송비를 흡수

7 제품믹스에 대한 가격결정

(1) **제품계열에 대한 가격결정** : 제품계열 내 제품수준에 따라 가격결정을 하는 것으로 가격 차이를 품질 차이로 지각해야 함

(2) **사양제품에 대한 가격결정** : 주력제품과 함께 판매되는 사양제품 또는 액세서리에 부과하는 가격 (예 승용차에 부착되는 후방주시 및 GPS 시스템)

(3) **종속제품에 대한 가격결정** : 특정 제품과 반드시 함께 사용되어야 하는 제품에 대해 부과되는 가격임. 기본제품은 저가격으로, 종속제품은 고가격으로 종종 책정하기도 함(예 면도기와 면도날, 정수기와 필터)

(4) **묶음제품에 대한 가격결정** : 기본제품과 선택사양, 서비스 등을 묶어서 하나의 가격을 제시하는 방법
① **순수묶음 가격제** : 묶음 가격으로 통합제품만 구매해야 하는 경우
② **혼합묶음 가격제** : 통합제품과 개별제품 중에서 선택하여 구매할 수 있게 해 주는 경우

제6절 가격 변화의 주도 및 대응

1 가격변화의 결정에서 경쟁 측면 및 소비자 측면의 고려사항

(1) **경쟁 측면에서의 고려사항**
① 제품 가격의 인하 시 불필요하게 가격경쟁이 일어나지 않도록 함
② 제품 가격의 인상 시 경쟁사들이 따라오도록 함
③ 마켓 리더는 경쟁사의 가격 인하에 대해서 신중한 반응을 보이며 대처해야 함

(2) **소비자 측면에서의 고려사항**
① 가격의 인상이 있기 전에 다른 대안들을 찾아봐야 함
② 제품의 출고가격을 인하하는 경우라도 소매가격에 반영되지 않을 수 있음

2 경쟁자의 가격변화에 대한 대응방안

가격인하, 제공물의 가치 제고, 제품의 품질 향상, 저가격대의 투사형 상표 출시 등

제9장 촉진관리(1)

제1절 촉진믹스

1 촉진믹스

기업이 고객들의 수요 욕구를 환기시키기 위해 실행한 여러 가지 촉진적 노력들의 결합

2 촉진믹스 계획 시 고려해야 할 요인

(1) 전체 마케팅 믹스에 있어서 촉진활동의 역할

(2) 제품의 특성

(3) 시장의 특성

3 촉진믹스 전략

(1) 광고활동(Advertising)

　① 특정한 광고주가 기업의 제품 및 서비스 등을 대가를 지불하게 되면서 비인적 매체를 통해 제시·촉진하는 활동

　② 소비자들에 대한 인지도를 구축함에 있어 많은 영향을 미치는 매체로써 호소할 수는 있으나, 실질적으로 소비자들의 구매행동으로까지 연결시키기 쉽지 않음

(2) 인적판매활동(Personal Selling)

　① 한 명 또는 그 이상의 잠재소비자들과 직접 만나면서 커뮤니케이션을 통해 판매를 실현하는 방법

　② 사람에 따라 효과의 차이가 너무나도 크기 때문에 비용대비 효과를 반드시 고려해야만 함

(3) 판매촉진활동(Sales Promotion)

　소비자들에게 기업의 서비스 또는 제품의 판매 및 구매를 촉진시키기 위한 실질적인 수단으로, 소비자들에게 구매하게끔 하는 요소

(4) 홍보활동(Public Relations)

① 좋은 기업이미지를 만들고, 비호감적인 소문 및 사건 등을 처리 및 제거함으로써 우호적인 관계를 조성하는 방법

② 많은 비용을 들이지 않고도 활용할 수 있는 매우 효율적인 수단

제2절 통합적 마케팅 커뮤니케이션

1 통합적 마케팅 커뮤니케이션(IMC ; Integrated Marketing Communication)

(1) **정의** : 마케팅 커뮤니케이션의 커뮤니케이션 효과를 극대화하기 위해 다양한 촉진 수단들을 통합적으로 활용하는 전략

(2) **IMC의 3C's**

① **명확성(Clearness)** : 메시지가 전달되는 모든 커뮤니케이션 요소에서 명확성을 가져야 함

② **일관성(Consistency)** : 메시지가 전달되는 모든 매체에서 일관성을 가져야 함

③ **이해가능성(Comprehensiveness)** : 각 요소에서 전달되는 모든 메시지는 쉽게 이해할 수 있어야 함

2 커뮤니케이션 전략

(1) **커뮤니케이션 믹스** : 광고, 판매촉진, 인적판매, PR이 가지고 있는 장단점을 파악하고 보완하여 효과적인 커뮤니케이션 믹스가 되도록 조합하는 것

(2) **구매 결정 프로세스(소비자의 태도 변화 프로세스)** : 잠재 소비자의 주의를 끌고(Attention), 소비자가 흥미를 갖게 하고(Interest), 소비자의 욕구를 환기시키고(Desire), 소비자에게 동기를 부여하고(Motive), 그리고 소비자가 행동에 나서도록(Action) 메시지를 전달해야 함

(3) **푸시 전략(Push Strategy)과 풀 전략(Pull Strategy)**

구분	푸시 전략(Push Strategy)	풀 전략(Pull Strategy)
설명	도소매상들이 자사의 제품을 소비자에게 적극적으로 판매하도록 유도하는 전략	최종소비자가 자사의 제품을 적극적으로 찾게 하여 중간상들이 자발적으로 자사의 제품을 취급하게 만드는 전략
목적	고객에게 제품을 알림	고객이 제품을 찾도록 장려
촉진방법	인적, 중간상 판매촉진	광고, 소비자 판매촉진
브랜드 충성도	낮은 제품	높은 제품
브랜드 선택	점포 안에서 이루어짐	점포에 오기 전에 브랜드를 선택

3 커뮤니케이션 전략에 영향을 미치는 요인

(1) 제품에 따른 소비자의 구입 스타일 차이

(2) 경쟁사의 커뮤니케이션 전략

(3) 자사의 브랜드 파워, 제품 라인

제3절 커뮤니케이션 과정

1 마케팅 커뮤니케이션 과정

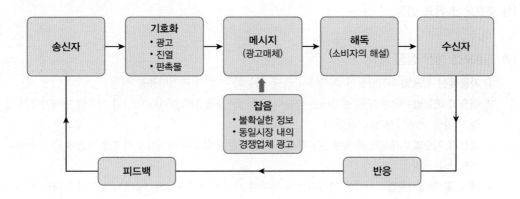

2 마케팅 커뮤니케이션 구성요소

(1) 발신인 : 메시지를 보내는 기업 또는 개인

(2) 부호화 : 전달하고자 하는 것들을 문자나 그림 또는 언어 등으로 상징화하는 과정

(3) 메시지 : 발신인이 전달하고 싶은 내용을 조합한 것

(4) 매체 : TV, 신문, 라디오, 판매원 등 메시지 의사전달경로

(5) 해독 : 발신인이 부호화해서 전달한 내용을 수신인이 해독하는 과정

(6) 수신인 : 메시지를 전달받는 당사자

(7) 반응 : 메시지에 노출이 된 후에 나타나는 수신인의 행동

(8) 피드백 : 수신인의 발신인에 대한 반응

(9) 잡음 : 의사전달과정 시에 뜻하지 않은 현상 또는 왜곡으로 인해 일어나는 각종 장애

3 프로모션 프로그램의 수립과정

> 프로모션 목표 설정 → 프로모션 예산의 설정 → 표적청중의 결정 → 필요반응함수의 결정 → 메시지 결정
> → 전달매체의 선택 → 스케줄링 → 효과측정

(1) 프로모션 목표 설정

(2) 프로모션 예산 설정
① **가용예산 활용법** : 기업들이 회사에서 충당 가능한 수준의 촉진비용을 책정
② **매출액 비율법** : 현재 또는 예상되는 매출액의 일정비율을 사용하거나 아니면 제품의 판매가격의 일정 비율을 촉진예산으로 산정
③ **경쟁자 기준법** : 자사의 촉진예산을 타사의 촉진예산에 맞추는 방식으로써 산업평균에 근거하여 촉진예산을 책정
④ **목표 및 과업기준법** : 자사는 촉진활동을 통하여 자사가 얻고자 하는 것이 무엇인지에 따라 예산을 책정

(3) 표적청중의 결정 : 현 사용자, 잠재구매자, 구매결정자 등 메시지 수신의 대상이 되는 표적청중을 확실히 함

(4) 필요반응함수의 결정 : 표적청중으로부터 얻고자 하는 반응을 결정

(5) 메시지 결정
① **메시지 내용과 사용방법** : 의사전달자는 자신이 원하는 반응을 이끌어낼 수 있는 주제를 찾아야 함. 이때 사용되는 방법으로 이성적 메시지, 감성적 메시지, 도덕적 메시지 방법 등이 있음
② **이성적 소구** : 제품의 질, 경제성, 성능, 가치 등 청중이 필요로 하는 내용 전달
③ **감성적 소구** : 구매를 유도하는 부정적 또는 긍정적 감정들을 유발
④ **도덕적 소구** : 어떻게 하는 것이 옳은지를 생각하게 유도

제4절 촉진믹스 구성

1 광고

(1) 광고주가 아이디어, 상품 또는 서비스를 촉진하기 위해서 유료의 형태로 제시하는 비인적인 매체를 통한 방법

(2) 다수의 대중에게 전달이 가능하고 메시지 통제가 가능

(3) 효과의 측정이 쉽지 않고, 전달할 수 있는 정보의 양이 제한

2 인적판매

(1) 판매원과 예상고객이나 기존고객과의 직접적인 대면관계를 통해 이루어지는 방법

(2) 개별 고객을 상대로 질 높은 정보를 많이 전달

(3) 즉각적인 피드백 가능

(4) 비용이 많이 들고 촉진속도가 느림

3 PR(Public Relations)

(1) 사람이 아닌 다른 매체를 통해서 제품이나 기업 자체를 뉴스나 논설의 형식으로 널리 알리는 방법

(2) 기업의 이미지를 높이고 궁극적으로 구매율을 높임

(3) 매체 비용을 직접 지불하지 않아 신뢰도가 높음

(4) 정보를 통제하기 어려우며 효과가 간접적임

4 판매촉진(Sales Promotion)

(1) 판매촉진은 자사의 제품이나 서비스의 판매를 촉진하기 위해서 단기적인 동기부여 수단을 사용하는 방법을 총망라한 방법

(2) 비용이 적게 들고 즉각적인 효과가 나타나며 측정이 용이하여 시행이 쉬움

(3) 경쟁사가 쉽게 모방할 수 있고 효과가 단기적이며 장기적인 효과에서는 부정적

구분	특징	기능	방법
광고	• 매체를 통한 일방적 커뮤니케이션: 특정 광고주가 비용 부담 • 일반적 대중을 상대로 하여 침투성이 높음 • 높은 비용	• 판매 자극 • 제품에 대한 호기심 유발 • 제품 정보 제공	• TV • 라디오 • 신문 • 잡지 • DM 발송 • 브로슈어 • 간판
인적판매	• 일대일 대응으로 소비자에게 질 높은 쌍방향 커뮤니케이션을 통한 유대관계 형성 • 상대적으로 높은 비용	• 판매의 체결 • 예상 고객에게 특정한 정보 제공	• 텔레마케팅 • 유인계획
판매촉진	• 단기에 인센티브를 주는 데 초점이 맞춰짐 • 특정 사항에 대한 일방적 커뮤니케이션 • 많은 비용이 들지 않음	광고와 인적판매의 중간적 특징	• 콘테스트 • POP • 샘플링 • 시연 • 유통시스템
PR	신문기사나 방송 등을 통해 자연스럽게 광고하는 방법	• 제품의 평가 • 신제품 출시 알림	• 잡지 • 신문 • TV • 라디오
구전효과	쌍방향 커뮤니케이션	상호 간 원조	-

제5절 판매촉진

1 판매촉진

(1) **특징** : 프로모션 중 광고, PR, 인적판매를 제외한 모든 마케팅 활동으로, 가격을 깎아 준다거나 선물을 제공하는 등 별도의 부차적인 이익을 제공함으로써 소비자들의 행동 유도

(2) **판매촉진의 기능** : 정보제공, 지원보강, 저비용 판촉, 행동화, 단기 소구, 효과측정

2 판매촉진의 대상에 따른 분류

(1) 소비자 판촉

① 소비자가 판촉의 대상으로 풀 전략의 도구로 사용되며, 동시에 자사제품 구매자에게 구매량 증대 및 신제품 시험구매를 유도

② 충성도 높은 고객에 대한 보상 및 경쟁사 제품 구매자를 유도

③ **수단**

㉠ 견본품(샘플) : 소비자가 시험 삼아 사용할 수 있을 만큼의 양을 무료로 제공

㉡ 프리미엄(사은품 제공) : 구매자에 한해 다른 상품을 무료 혹은 저렴하게 제공

㉢ 콘테스트&추첨 : 제품을 구매하지 않더라도 참여할 수 있는 방법

㉣ 리베이트&리펀드 : 구매했다는 증거를 제조업자에게 보내면 구매가격의 일부를 돌려주는 것

㉤ 보너스 팩 : 같은 제품 또는 관련 제품 몇 가지를 하나의 세트로 묶어, 저렴한 가격에 판매

㉥ 쿠폰 : 제품 구매 시에 소비자에게 일정 금액을 할인해 주는 증서

㉦ 할인판매 : 일정기간 동안 제품의 가격을 일정비율로 할인판매

(2) 중간상 판촉

① 중간상인이 판촉의 대상으로 프로모션 예산에서 차지하는 비중이 가장 높음. 각종 할인혜택이나 협동광고, 종업원 교육훈련비 등이 중간상 판촉의 수단으로써 활용됨

② 푸시 전략의 도구와 중간상의 구매 증가에 목표

③ **수단** : 중간상 공제, 판매원 훈련 및 판매 보조자료 제공, 인센티브와 콘테스트

제6절 PR

1 PR(Public Relations)

(1) 소비자들이 속해 있는 지역사회나 단체 등과 호의적인 관계를 형성하기 위해서 벌이는 여러 가지 활동으로, 홍보보다 넓은 개념

(2) 고객뿐만 아니라 기업과 직·간접적으로 관계를 맺고 있는 여러 집단과 좋은 관계를 구축하고 유지하며, 기업의 이미지를 높이고 궁극적으로는 구매의 증대를 가져오기 위한 활동

(3) 다른 촉진방법에 비해 간접적인 방법

(4) 기업의 대표적인 PR 수단

수단	내용
출판물	사보, 소책자, 연례 보고서, 신문이나 잡지 기고문
뉴스	회사 자체, 회사의 임직원 또는 제품 등에 대한 뉴스거리를 발굴하여 언론매체에 등재
이벤트	기자회견, 세미나, 전시회, 기념식, 행사 스폰서십
연설	최고경영자 또는 임원들이 각종 행사에 참석하여 연설
사회 봉사활동	지역사회나 각종 공익 단체에 기부금을 내거나 임직원들이 직접 사회봉사활동에 참여
기업 아이덴티티	고객 및 일반 대중들에게 통일된 시각적 이미지를 주기 위해 로고, 명함, 문구, 제복, 건물 등을 디자인하는 것

제7절 인적판매

(1) 신제품, 기술적으로 복잡한 제품, 고가격의 제품 등의 촉진을 위해 인적판매 필요

(2) 인적판매에서 판매원은 소비자에게 대면하여 제품정보를 제공함으로써 구매할 때 또는 사용 중에 발생할 수 있는 위험 등을 줄임

(3) 영업이라고도 함

(4) 판매원은 회사를 대표하는 동시에 고객을 대표하는 역할을 수행

(5) 역할

① **주문처리** : 소비자들의 욕구를 찾아내어 알려주고 주문을 처리
② **창조적 판매** : 제품의 구매를 설득하는 촉진활동
③ **지원판매** : 판매대리인이 소비자에게 기술적 또는 운영관리에 대한 조언

(6) 과정

> 고객예측 → 사전준비 → 접근 → 제품소개 → 의견조정 → 구매권유 → 사후관리

제10장　촉진관리(2)

제1절 광고의 전략적 역할

1 광고의 개념

(1) 기업, 개인, 단체가 시청각 매체를 동원해 소기의 목적을 거두고자 투자하는 정보활동

(2) 1963년 미국 마케팅 협회의 정의 : 광고란 누구인지를 확인할 수 있는 광고주가 하는 일체의 유료 형태에 의한 아이디어, 상품 또는 서비스

2 광고의 역할

(1) **마케팅 역할** : 제품 또는 서비스 식별 가능, 타사와의 차별화, 정보 제공, 신제품 사용 유발 및 재사용 권유

(2) **커뮤니케이션 역할** : 저렴하고 다양한 정보 전달

(3) **경제적 역할** : 생산과 소비 연결, 상품화된 자본 일반 실현 보장

(4) **사회적 역할** : 언론기관의 자금원, 공익 기여

(5) **문화적 역할** : 광고 메시지 내 사회 지배 이념 활용 → 옹호 및지지

(6) **교육적 역할** : 제품 정보 제공, 지침서 역할

제2절 광고목표와 광고예산

1 목표설정

(1) **목표** : 마케팅 믹스, 제품 포지셔닝, 표적시장 등 의사결정 기반 필수

(2) **목표 구분**
　① **정보 전달** : 새로운 제품 도입 시 사용
　② **소비자 설득** : 시장 경쟁에서 효과적 → 특정상표와 직·간접적 비교 형태

2 예산설정

(1) 판매 목표 달성에 필요한 비용 지출 결정

(2) 광고 예산 결정 고려 요소
   ① **제품수명주기상의 단계** : 주기별로 효과적인 광고 예산 규모 상이
   ② **경쟁** : 경쟁 정도와 광고 예산 비례
   ③ **시장점유율** : 시장점유율 제고 및 경쟁 시 높은 수준의 예산 규모 필요
   ④ **광고빈도** : 반복 및 횟수에 따른 예산 규모 차이
   ⑤ **제품의 차별성** : 상표 간 제품차이 강조를 위한 예산 투입 필요

제3절 광고 콘셉트의 개발

1 광고 콘셉트

(1) 기업 광고가 타깃 소비자층에게 전하고자 하는 내용

(2) 타깃 소비자 특징 파악, 경쟁사 심층 분석으로 차별점을 인식하는 과정

(3) 광고 아이디어 개발의 시초

(4) 기업 광고에서 말하고자 하는 것을 한 가지로 단순명료하게 표현

2 크리에이티브 콘셉트

(1) 기업 광고 아이디어 및 제품 콘셉트를 소비자층에 맞춰 명료하게 만드는 것

(2) 소비자층 관점에서 바라보는 제품 내용

(3) 제품에 대한 정보를 알리는 방법

(4) **종류**

개념	설명	예시
일반적 편익 소구 전략	• 일반적 특징, 편익 전달 • 새로운 범주 신제품 소개	• 숙취해소에 컨디션 • 스마일 어게인 – 겔포스

선제 공격적 전략	• 자사 배타적 우수성 포괄적 주장 • 경쟁사 모방 어려움	발효 과학 딤채
제품 특장점 소구 전략	• 중요 제품이 가진 단 하나의 특장점 집중 소구 • 수명주기상 도입기, 성장기 사용 • 기술 모방이 쉬운 상황에서 한계	삶아 빤 듯 깨끗 ~ 테크
포지셔닝 전략	• 경쟁에서 소비자에게 유리한 인식 점유 • 브랜드 이미지 차별화로 품질감 제고	• 슈퍼용 화장품 • 식물나라 • 대한민국 1% 렉스턴
브랜드 친숙화 전략	• 브랜드 각인, 상기 • 소비자 관여도 낮은 제품 • 브랜드 이미지 정교화	• 2% 부족할 때 • 새우깡
정서 소구 전략	특정 브랜드와 호의적 정서 연결	• 초코파이 – 정 • 경동 보일러 – 효
사용자 이미지 전략	• 제품 사용자 이미지 긍정적으로 구축 • 이상적인 자기상 제시	• LG 2030 레이디 카드 • 테이스터스 초이스 커피
공명 전략	• 애매함, 유머, 기타 방법으로 정서 자극, 관여 수준 제고 • 간접적, 장기적 관점	여자라서 행복해요 – 디오스
사용 상황 제시 전략	• 자사 제품 사용 상황을 직접적으로 노출해 사회적 인정, 공감을 얻는 과정 제시	나를 빛나게 해주는 SKY

제4절 메시지의 결정

(1) 인지, 친근감 제고 : 내용 무관하게 친근감 환기, 기업 제품에 좋은 태도와 이미지 형성

(2) 브랜드 속성 및 편익 통한 태도 변화 : 제품 속성 및 편익 강조

(3) 브랜드 인격 창조

    ① 지속적인 광고로 형성

    ② 삶의 가치와 연결

(4) 감정 자극

    ① 제품 태도에 영향(예 '또 하나의 가족' → 소비자 감성 자극)

    ② 제품 미사용 시 부정적 감정 환기

(5) 사회적 기준 창조 : 준거집단의 선호도를 보여 소비자에 대한 영향력 발휘

제5절 매체의 결정

분류	예시
직접판매매체	엽서, 서신, 카탈로그
멀티미디어	PC, CD-ROM
인쇄매체	신문, 잡지, 전단
뉴미디어	Interactive TV, 케이블, 인터넷, 위성
전파매체	TV, 라디오

1 매체계획 시 사용되는 기본 개념

(1) **도달률**: 기업 광고 및 마케팅의 고객 노출 수준

(2) **CPM**: 청중 1,000명에게 광고를 도달시키는 데 필요한 비용

(3) **총 도달률**
　① 일정 기간 동안 수용자에게 광고 메시지가 도달된 총합
　② 빈도 × 도달률 = 총 도달률

(4) **접촉 빈도**: 일정 기간 동안 한 사람에게 접촉되는 횟수

2 매체타입 결정

(1) 광고주의 광고 공간 선택을 의미

(2) **종류**
　① **미디어 믹스**: 여러 매체의 효율적 조합, 최선의 효율성 고려
　② **매체 비히클 및 유닛**
　　㉠ 미디어 믹스로 확정된 매체의 예산범위 내 목표 소비자 선호 매체 선택
　　㉡ 비히클: 매체 클래스 내 캐리어
　　㉢ 비히클 유닛: 선택한 프로그램에서 광고를 내보내는 시간을 결정하는 것

3 매체 스케줄링

(1) 집중형 스케줄링
① 광고 시기와 비광고 시기 구별
② 계절 제품에 주로 사용
③ **한계** : 타사 제품의 공백기 광고 대응 난항, 공백기 장기화 시 소비자 망각

(2) 지속형 스케줄링
① 1년 내내 꾸준한 광고 → 경쟁사 대응 용이
② 광고 예산이 많을 때 최적
③ 광고 영향력 집중 난항, 매출 변화 대응 민감성 난항

(3) 파동형 스케줄링
① 집중형 + 지속형 스케줄링 조합
② **장점**
   ㉠ 소비자 기억 최대, 비용상 효율성 제고
   ㉡ 소비자 구매주기 최적화, 구매 행동에 효과적인 영향력 발휘
③ **단점**
   ㉠ 경쟁사 광고 스케줄링에 큰 영향
   ㉡ 매체 선정 및 광고 시간 선정에 난항

4 인터넷 광고

(1) 인터넷 광고의 개념 : 인터넷으로 소비자와 관계 형성, 제품 및 서비스 구매 유도

(2) 인터넷 광고 유형

스폰서십 광고	• 콘텐츠에 로고 또는 브랜드 광고 삽입 • 상업적 광고 이미지 감소 • 웹사이트 특정 콘텐츠 또는 이벤트의 후원자가 되는 형태
배너 광고	웹사이트 내 그래픽 이미지로 상품 홍보
이메일 광고	• 이메일로 제품 정보 및 사이트 홍보 • 사용자 거부반응 유발 가능성 • DB 활용 시 저렴한 비용으로 최대 광고 효과 도모
삽입형 광고	• 인터넷 페이지 중간 광고 • 무조건적 노출, 효과 증폭 • 강제성 → 인터넷 사용자 반감 유발

(3) 인터넷 광고의 장점과 단점

장점	단점
• 시공간 한계 극복 • 잠재 고객 세분화 • 일대일 상호작용 • 멀티미디어 활동 • 광고 효과 즉시 모니터링	• 통일 표준 부재 • 광고 효과를 측정할 객관적 수단 부재 • 적은 사용자 계층 • 정보 관리에 대한 과부하

(4) 인터넷 광고의 효과

① **히트** : 타 컴퓨터가 사이트에 접근하는 횟수($\neq$ 실제 방문자 수)

② **임프레션** : 배너 광고 노출 횟수

③ **클릭 횟수** : 특정 웹사이트 배너 광고 클릭의 실질적인 총 횟수

④ **클릭률** : 사용자가 배너광고가 포함된 페이지를 본 사용자 중에서 실제 클릭한 사용자의 비율

⑤ **클릭스루** : 사용자가 배너광고가 포함된 페이지를 본 사용자 중에서 클릭하여 광고주의 웹사이트로 옮겨 간 사용자의 수

⑥ **듀레이션 타임** : 사용자가 특정 웹사이트에 머문 시간

제6절 광고 효과 측정

1 커뮤니케이션 효과 측정(카피 테스팅)

(1) 정의 : 소비자에 대한 의사 전달 정확성 측정

(2) 광고사전조사 방법

① **직접평가** : 소비자 패널의 직접 평가, 실질적 주의 및 영향력 측정

② **포트폴리오 테스트** : 원하는 만큼 광고 경험 후 소비자 기억 측정, 광고의 주의 정도와 메시지 이해 용이성 및 기억용이성 측정

③ **실험실 테스트** : 신체적 반응 측정, 관념적 영향력 측정 불가

(3) 광고사후조사 방법

① **회상 테스트** : 소비자의 광고 시청 후 기억 측정, 주관식 개념

② **재인 테스트** : 기업의 다양한 매체 광고 시청 후 내용 경험 여부 측정, 객관식 개념

2 판매효과 측정

(1) 직접적 판매효과 측정 난항 : 전반적 경제상황, 제품 가격, 디자인 변화 등 변수 영향

(2) 자사 과거 광고비 지출 및 매출 관계 통계로 측정 가능

(3) 광고 실험 : 지역별 광고예산에 차이 둔 뒤 매출변화 측정

제11장 유통관리

제1절 유통경로의 개념과 의의

1 유통경로

(1) 기업의 제품 및 서비스를 최종 소비자에게 전달하는 과정

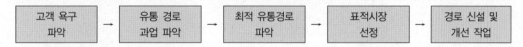

고객 욕구 파악 → 유통 경로 과업 파악 → 최적 유통경로 파악 → 표적시장 선정 → 경로 신설 및 개선 작업

(2) 유통경로가 창출하는 효용성

① **시간 효용** : 소비자가 원하는 시간에 제품이나 서비스를 제공함으로써 발생되는 효용
② **장소 효용** : 소비자가 원하는 장소에서 제품이나 서비스를 제공함으로써 발생되는 효용
③ **소유 효용** : 유통경로를 통하여 최종소비자가 제품이나 서비스를 소비할 수 있도록 함으로써 발생되는 효용
④ **형태 효용** : 대량으로 생산되는 상품의 수량을 요구되는 적절한 수량으로 분배함으로써 창출되는 효용

2 중간의 필요성

(1) 중간상 : 생산부터 최종 소비자 도달까지 중개 역할을 수행하는 유통 경로상의 조직집합

(2) 중간상의 필요성 및 역할

① **시간의 불일치** : 생산 시점과 소비 시점 불일치 해결
② **장소의 불일치** : 생산지와 소비지 불일치 해결

③ **구색의 불일치** : 공급자의 대량생산과 소비자의 소량구매 등 구색 불일치 해결

④ **위험 감소** : 생산자 재고 부담 감소, 위험 분산

⑤ **금융 기능** : 영세 공급업자에 자금 제공, 소비자에 외상 및 할부 제공

3 중간상 유형

중간상	생산자와 최종소비자 간 연결 역할, 독립적
상인중간상	제조업자에게 제품 구매 후 소비자에게 재판매, 제품 소유권 보유
대리상	구매 및 판매활동 거래상담 수행, 제품 소유권 미보유
도매상	대량 제품 재판매 전문적 수행, 제품 소유권 보유
소매상	최종소비자 대상 판매활동 수행
거간	구매자 또는 판매자 중개역할, 소유권 미보유
판매대리점	제품, 서비스 판매활동 기능에 국한, 소유권 미보유
유통업자	도매중간상, 제조기업의 강력 촉진지원을 받는 선택적 또는 전속적 유통업자
중매상	제조기업에서 제품 구매 후 도매상 또는 소매상에게 판매
유통조성 대리상	유통활동을 간접적으로 지원하는 보조 기관

제2절 유통경로의 유형

1 직접 마케팅

(1) 제품 및 서비스를 소비자에게 직접 판매

(2) **예시** : 우편 주문을 통한 판매 촉진, 카탈로그, 광고 엽서, 전화 이용, 인터넷 쇼핑몰

2 간접 마케팅

(1) 최종 소비자 도달까지 존재하는 중간상의 수에 따라 경로로 분류

① 소비재 유통경로

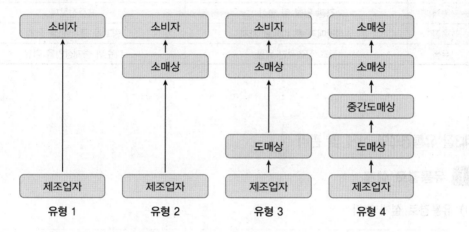

ⓐ 경로유형1: 직접 마케팅경로(예 통신판매, 정수기 업체 등)

ⓑ 경로유형2: 대형 소매업체가 생산자에게 구매한 제품을 소비자에게 판매(예 백화점, 할인점)

ⓒ 경로유형3: 전형적 경로, 소비품 분야 내 중소규모 생산자의 활용(예 식품, 약품)

ⓓ 경로유형4: 영세 생산자나 지리적 분산의 경우 사용(예 곡물, 야채, 과일)

② 산업재 유통경로

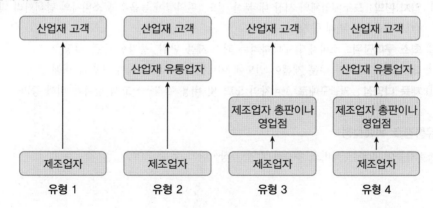

ⓐ 자사 영업 또는 직접 마케팅으로 기업 고객에 직접 판매

ⓑ 산업재 유통경로의 특징

- 경로의 선택이 제한적

- 산업재의 경우 최종 소비재 생산을 위한 중간재가 다수이기 때문에 재고관리나 재고의 통제가 중시

- 유통경로가 비교적 단순한 구조이므로 생산자와 소비자 사이의 직거래가 많이 일어남

- 중간상인들은 기술적으로 탁월하며 생산자들과 유대관계를 가짐

3 산업재 마케팅 믹스와 소비재 마케팅 믹스 비교

구분	산업재 마케팅 믹스	소비재 마케팅 믹스
상품	가변적이며 품질과 기술의 중요성이 큼	표준화
가격	경쟁 입찰 및 협상	표준정찰제
촉진	인적판매가 큰 비중을 차지	광고가 큰 비중을 차지
유통	짧고 직접적인 유통	다수의 중개상인을 경유

제3절 유통경로의 설계 및 관리

1 유통경로 설계

(1) 유통경로 설계 절차

> 유통경로 서비스에 대한 고객의 니즈 파악 → 유통경로의 목표 설정 → 경로 커버리지와 목표의 결정
> → 개별 경로구성원의 결정

(2) 유통경로 서비스에 대한 고객의 니즈 파악

① **입지 편의** : 도소매업체의 시장 내 분산 정도. 편의성이 높을수록 소비자의 탐색거리 및 비용 감소
→ 고객만족과 비례 증가

② **최소 구매단위** : 소비자가 구매하려는 최소 제품 단위. 중간상 수준 결정

③ **대기시간** : 소비자 주문 제품이 인도에 이르는 기간 → 소비자 불만과 비례 증가

④ **제품 다양성** : 일괄구매로 소비자의 노력 및 비용 절감 → 고객 만족과 비례 증가

(3) 유통경로 목표설정

소비자들이 원하는 서비스 수준과 기업의 장·단기 목표 고려

2 경로 커버리지(유통집중도)

특정지역 내 자사 제품 취급 점포의 수

(1) **집약적(집중적) 유통** : 최다 소매상이 자사 제품 취급하게 만듦, 시장 범위 확대

① **장점** : 충동구매 증가 및 소비자에 대한 인지도 확대, 편의 증가

② **단점** : 낮은 순이익, 소량주문, 재고 및 주문관리 난항, 중간상 통제 난항

(2) 전속적 유통 : 판매지역별 단일 또는 극소수 중간상에 유통 독점권 부여, 전문품 적합

  ① **장점** : 중간상 적극성 기대 가능, 판매가 및 신용정책 통제 가능, 브랜드 이미지 강화
  ② **단점** : 제한된 유통으로 판매기회 상실

(3) 선택적 유통 : 집약적 유통 및 전속적 유통 중간 형태

  ① **개념**
    ㉠ 판매지역별 자사 제품 취급 원하는 중간상 중 일정 자격 갖춘 중간상에 판매 허가
    ㉡ 선매품 적합
  ② **특징**
    ㉠ 판매력 있는 중간상만을 포함 → 매출, 이익 만족
    ㉡ 생산자와 중간자 간 친밀도 구축, 적극적 판매노력 기대

3 경로의 길이 결정

(1) 시장요인 : 표적 시장 규모와 지리적 집중도 높을수록 마케팅 경로 단축

(2) 제품요인 : 기업 제품 특성이 경로 길이에 미치는 영향력

(3) 기업요인 : 유통 과정 통제 욕구, 마케팅 수행 능력, 재무 능력에 따른 경로 길이 차이

(4) 경로구성원 요인 : 중간상 특성에 따른 경로 길이 차이

(5) 유통경로의 짧은 경로와 긴 경로

영향 요인	짧은 경로	긴 경로
수요	• 구매단위가 큼 • 구매빈도가 높고 비규칙적	• 구매단위가 작음 • 구매빈도가 낮고 규칙적
공급	• 생산자 수가 적음 • 진입이 제한적 • 지역적 집중생산	• 생산자 수가 많음 • 진입이 자유로움 • 지역적 분산생산
제품	• 비표준화된 중량품 • 부패성 상품 • 기술적으로 복잡한 제품 • 전문품	• 표준화된 경량품 • 비부패성 상품 • 기술적으로 단순한 제품 • 편의품
유통비용 구조	장기적으로 불안정적	장기적으로 안정적

4 유통경로 관리

(1) 유통경로 갈등

① **원인**: 경쟁 심화 시 각 유통경로 간 이해 및 목적의 차이

② **결과**: 이익 극대화를 위해 직접 거래 구성원에만 관심 국한

5 수직적 마케팅 시스템(Vertical Marketing System)

경로 기구 수직통합의 주체와 방식에 따라 다음과 같이 분류된다.

(1) 기업형 마케팅 시스템: 기업이 생산 및 유통 모두 소유

① **전방통합**: 주도권 제조업자에 소재, 도매상 또는 소매상 활동 조정 및 통제

② **후방통합**: 소매상 또는 도매상이 제조업자 활동 직접 통제 위해 계열화

(2) 관리형 마케팅 시스템: 규모와 힘에 의해 생산 및 유통 조정

(3) 계약형 마케팅 시스템: 일반적 형태, 상이한 수준의 독립기관이 상호 이익을 위해 계약 체결 후 수직적 통합(예 프랜차이즈)

6 수평적 마케팅 시스템

(1) 동일한 경로의 둘 이상 기업이 마케팅 잠재력 개선을 위해 자원 또는 프로그램 결합

(2) 협력으로 상호 이익 증가 → '공동마케팅'

제4절 마케팅 로지스틱스

1 물적 유통의 개념

(1) 물류: 제품이나 서비스가 생산자에서부터 최종소비자에 이르는 과정의 관리

(2) 물적 유통(시장 로지스틱스)

① 원자재·재공품·완제품이 발생지에서 소비지까지 효율적으로 도달하도록 계획·실시·통제하는 과정

② 조달, 판매, 판매활동에 수반되는 각종 물적 흐름을 효과적으로 관리

(3) 마케팅 로지스틱스

① 기업의 적절한 이윤을 보장하면서 고객의 욕구를 충족시키기 위해 원산지에서 소비지점까지 제품 및 서비스, 관련 정보의 물적 흐름을 계획하고, 집행·통제하는 것

② 기업은 소비자에게 더 나은 서비스와 저렴한 가격 제공이 가능

③ 소비자와 기업에게 동시에 큰 비용절감의 효과를 줌

④ 제품의 다양화가 진전됨에 따라 더 발전된 로지스틱스 관리의 필요성이 대두

⑤ **주요기능** : 재고관리, 수송, 창고관리, 로지스틱스 정보관리

2 물적 유통의 중요성

(1) 일관성 필요 : 회사 전체의 맥락 수반, 일관성 유지 시 물류관리 효과 극대화, 기업 목표 효율적 달성

(2) 전략적 도구 : 실질적 경쟁우위 위한 차별적 마케팅 가능성

(3) 기술 발전 : 정보처리 전산화 및 자동화로 물류활동 발전

(4) 고객만족 차원 : 소비자의 다양한 니즈 중시

3 물류관리의 이해

고객 서비스 수준과 총체적 물류비 극소화에 목적 존재

(1) 총 비용의 관점 : 상호작용에 따른 가시적·비가시적 비용 모두 고려, 전체비용 감소 중시

(2) 비용 상쇄 : 기업 마케팅 및 물류 목표 고려, 효율성 제고

(3) 부분 최적화 제거 : 일부 성과의 타 영역 성과 영향 제거, 전사적 조직화 및 협조 필요

(4) 총체적 시스템 관점 : 물류의 유기성 중시, 이를 통한 총체적 물류비 극소화

4 물류 서비스 수준의 결정

(1) 예비적 거래 : 물류와 간접적 관련, 높은 수준의 서비스, 거래정책 및 소비자관리 문서, 조직구조 및 시스템 유연성, 기술적 서비스 포함

(2) **실제 거래** : 중간 위치, 직접적 관련, 제품 반송 처리, 재고 수준, 서비스 제공 시기, 주문 기간, 정확성, 주문 편리성 및 제품 대체성 포함

(3) **사후적 거래** : 제품 결함 또는 불량품 회수 및 결함 제거, 고객 불만 접수 및 조정, 소비자들의 재구매에 영향력 발휘

5 주문의 처리

(1) **주문차원의 재고수준** : 재주문 필요 시 주문수준 및 주문량 결정 문제 해결

(2) **리드타임 차원의 재고수준** : 예상 재공급 리드타임 사이 예상 수요 대처

(3) **안전 차원의 재고수준** : 수요와 재주문 사이클 동안 예상치 못한 수요 변동에 대처

제5절 도매상

1 도매상

제품 재판매 혹은 산업용/업무용 구입 목적의 재판매업자, 기관 구매자에게 제품 및 서비스를 제공하는 상인 또는 유통기구

2 상인도매상 구분

구분	완전서비스 도매상	한정서비스 도매상	대리중간상
설명	도매 기능 전 제공	완전서비스 도매상의 일부 기능만을 수행	• 제품 소유권 미보유 • 제조업자와 소비자 간 거래 용이하게 도움
유형	• 일반제품 도매상 • 한정제품 도매상 • 전문제품 도매상	• 현금무배달 도매상 • 직송 도매상 • 트럭 도매상 • 진열상 도매상 • 우편주문 도매상 • 프랜차이즈 도매상	• 중개상 • 대리점 – 제조업자 대리인 – 판매대리인 – 구매 대리인 – 위탁상

3 도매상이 수행하는 기능

제조업자를 위해 도매상이 수행하는 기능	소매상을 위해 도매상이 수행하는 기능
• 시장확대 기능 • 재고유지 기능 • 주문처리 기능 • 시장정보 기능 • 서비스 대행 기능	• 구색갖춤 기능 • 소단위판매 기능 • 신용 및 금융 기능 • 소매상 서비스 기능 • 기술지원 기능

제6절 소매상

1 점포 소매상

(1) **전문점** : 취급제품 범위 한정, 전문화되어 있음, 전문지식 및 기술을 갖춰 독특한 서비스 제공으로 합리적 경영 실현

(2) **편의점** : 상시 무휴 영업, 재고회전 빠른 제품계열 취급, 편리성이 고가라는 단점 상쇄

(3) **슈퍼마켓** : 식료품 중심 일용잡화류 판매하는 셀프 서비스 방식의 대규모 소매점

(4) **백화점** : 하나의 건물 내 의식주 관련 다양한 상품 분류하여 진열, 조직, 판매하는 대규모 소매상
　① 합리적 경영, 집중적 대경영
　② 각 부문 상품관리자를 두지만 하나의 기업에 소속
　③ 조직 고도화로 효율성 제고

(5) **할인점** : 셀프 서비스에 의한 대량 판매

(6) **양판점**
　① 어느 정도 깊이의 구색 갖춘 제품계열 취급, 백화점과 슈퍼마켓 중간
　② 백화점과 할인점의 중간 위치, 중저가 생활 소모품 취급
　③ 체인화 및 대량구매의 장점 취득
　④ 중산층 초점, 주차장 확보, 제품 위험 자체 부담

(7) **회원제 도매클럽** : 현금 일괄 구매로 저비용 제품 구비, 회원제의 창고형 도매상
　① 정기적 회비 부과 후 회원에게만 구매 자격 제공, 안정적 매출 확보
　② 법인 회원과 개인 회원 구분
　③ 상자 및 묶음 등 대형 단위로 판매

(8) **하이퍼마켓** : 대규모 주차장 보유한 2,500 제곱미터 이상의 소매점포

    ① **주요 고객층** : 자차 소유 중간 소득층, 소득수준 낮은 가격 반응형 구매자

    ② 대도시 근교 독자적 입지 확보

(9) **상설할인매장** : 제조업자 소유 또는 운영, 잉여제품/단절제품/기획재고제품 주 취급

(10) **카탈로그 쇼룸** : 고마진, 고회전 유명 상표 할인 가격에 판매

(11) **전문 할인점** : 한 가지 혹은 한정 제품 깊게 취급, 할인점보다 저렴함, 할인점 및 양판점과 차별화

2 무점포 소매상

점포 비용 절감, 입지조건 무관한 고객 접근, 잠재수요 자극

(1) **통신우편판매** : 광고매체로 제품 및 서비스 광고 후 고객으로부터 통신 수단으로 주문 확인, 직접 또는 우편 배달

(2) **텔레마케팅**

    ① 전화 등 매체 수단 사용, 소비자 구매 DB에 근거한 세심한 세일즈

    ② **쌍방향, 고객 지향 서비스** : 정보 제공, 고충 처리, 시장 조사 등 다양한 기능 수행

    ③ 시공간 장벽 해소

    ④ 타 매체와의 연동성 활용

(3) **텔레비전 마케팅**

    ① **직접반응광고 활용** : 30초 내지 1분 사이를 활용해 간단한 소개 및 전화번호 노출

    ② **홈쇼핑 활용** : 케이블 TV로 제품소개 및 특징 설명, 유익한 상품정보 제공 가능

(4) **온라인 마케팅** : 시공간 초월, 신용카드 활용

(5) **방문판매** : 직접 방문으로 오랜 역사 보유, 손님 이해력 제고를 통한 판매

(6) **자동판매기** : 무인 판매기, 기술 발전으로 새로운 유통 구조 출현, 인건비 절감, 고객 편리성 제고

컴퓨터용 사인펜만 사용

독학학위제 2단계 전공기초과정인정시험 답안지(객관식)

★ 수험생은 수험번호와 응시과목 코드번호를 표기(마킹)한 후 일치여부를 반드시 확인할 것.

전공분야

성명

수험번호

(1) 2

(2) ④③●①

※ 검독관 확인란

⑨

(연번)

관리번호

(응시자수)

과목코드

응시과목

1 ① ② ③ ④	21 ① ② ③ ④
2 ① ② ③ ④	22 ① ② ③ ④
3 ① ② ③ ④	23 ① ② ③ ④
4 ① ② ③ ④	24 ① ② ③ ④
5 ① ② ③ ④	25 ① ② ③ ④
6 ① ② ③ ④	26 ① ② ③ ④
7 ① ② ③ ④	27 ① ② ③ ④
8 ① ② ③ ④	28 ① ② ③ ④
9 ① ② ③ ④	29 ① ② ③ ④
10 ① ② ③ ④	30 ① ② ③ ④
11 ① ② ③ ④	31 ① ② ③ ④
12 ① ② ③ ④	32 ① ② ③ ④
13 ① ② ③ ④	33 ① ② ③ ④
14 ① ② ③ ④	34 ① ② ③ ④
15 ① ② ③ ④	35 ① ② ③ ④
16 ① ② ③ ④	36 ① ② ③ ④
17 ① ② ③ ④	37 ① ② ③ ④
18 ① ② ③ ④	38 ① ② ③ ④
19 ① ② ③ ④	39 ① ② ③ ④
20 ① ② ③ ④	40 ① ② ③ ④

답안지 작성시 유의사항

1. 답안지는 반드시 컴퓨터용 사인펜을 사용하여 다음 [보기]와 같이 표기할 것.
   [보기] 잘된 표기: ● 잘못된 표기: ⊗ ⊗ ① ⊙ ○ ●
2. 수험번호 (1)에는 아라비아 숫자로 쓰고, (2)에는 "●"와 같이 표기할 것.
3. 과목코드는 뒷면 "과목코드번호"를 보고 해당과목의 코드번호를 찾아 표기하고,
   응시과목란에는 응시과목명을 한글로 기재할 것.
4. 교시코드는 문제지 전면 의 교시를 해당란에 "●"와 같이 표기할 것.
5. 한번 표기한 답은 긁거나 수정액 및 스티커 등 어떠한 방법으로도 고쳐서는
   아니되고, 고친 문항은 "0"점 처리함.

과목코드

응시과목

1 ① ② ③ ④	21 ① ② ③ ④
2 ① ② ③ ④	22 ① ② ③ ④
3 ① ② ③ ④	23 ① ② ③ ④
4 ① ② ③ ④	24 ① ② ③ ④
5 ① ② ③ ④	25 ① ② ③ ④
6 ① ② ③ ④	26 ① ② ③ ④
7 ① ② ③ ④	27 ① ② ③ ④
8 ① ② ③ ④	28 ① ② ③ ④
9 ① ② ③ ④	29 ① ② ③ ④
10 ① ② ③ ④	30 ① ② ③ ④
11 ① ② ③ ④	31 ① ② ③ ④
12 ① ② ③ ④	32 ① ② ③ ④
13 ① ② ③ ④	33 ① ② ③ ④
14 ① ② ③ ④	34 ① ② ③ ④
15 ① ② ③ ④	35 ① ② ③ ④
16 ① ② ③ ④	36 ① ② ③ ④
17 ① ② ③ ④	37 ① ② ③ ④
18 ① ② ③ ④	38 ① ② ③ ④
19 ① ② ③ ④	39 ① ② ③ ④
20 ① ② ③ ④	40 ① ② ③ ④

[이 답안지는 마킹연습용 모의답안지입니다.]

독학학위제 2단계 전공기초과정인정시험 답안지(객관식)

★ 수험생은 수험번호와 응시과목 코드번호를 표기(마킹)한 후 일치여부를 반드시 확인할 것.

컴퓨터용 사인펜만 사용

전공분야

성명

수 험 번 호

※ 감독관 확인란

(인)

응시과목

	1	① ② ③ ④	21	① ② ③ ④
	2	① ② ③ ④	22	① ② ③ ④
	3	① ② ③ ④	23	① ② ③ ④
	4	① ② ③ ④	24	① ② ③ ④
	5	① ② ③ ④	25	① ② ③ ④
	6	① ② ③ ④	26	① ② ③ ④
	7	① ② ③ ④	27	① ② ③ ④
	8	① ② ③ ④	28	① ② ③ ④
	9	① ② ③ ④	29	① ② ③ ④
	10	① ② ③ ④	30	① ② ③ ④
	11	① ② ③ ④	31	① ② ③ ④
	12	① ② ③ ④	32	① ② ③ ④
	13	① ② ③ ④	33	① ② ③ ④
	14	① ② ③ ④	34	① ② ③ ④
	15	① ② ③ ④	35	① ② ③ ④
	16	① ② ③ ④	36	① ② ③ ④
	17	① ② ③ ④	37	① ② ③ ④
	18	① ② ③ ④	38	① ② ③ ④
	19	① ② ③ ④	39	① ② ③ ④
	20	① ② ③ ④	40	① ② ③ ④

과목코드

교시코드 ① ② ③ ④

관 리 번 호

(응시자수)

답안지 작성시 유의사항

1. 답안지는 반드시 컴퓨터용 사인펜을 사용하여 다음 囲와 같이 표기할 것.
   囲 잘 된 표기: ●
   잘못된 표기: ⊘ ⊗ ⊙ ◑ ○ ●

2. 수험번호 (1)에는 아라비아 숫자로 쓰고, (2)에는 "●"와 같이 표기할 것.

3. 과목코드는 뒷면 "과목코드번호"를 보고 해당과목의 코드번호를 찾아 표기하고,
   응시과목란에는 응시과목명을 한글로 기재할 것.

4. 교시코드는 문제지 전면 의 교시를 해당란에 "●"와 같이 표기할 것.

5. 한번 표기한 답은 긁거나 수정액 및 스티커 등 어떠한 방법으로도 고쳐서는
   아니되고, 고친 문항은 "0"점 처리함.

[이 답안지는 마킹연습용 모의답안지입니다.]

절취선

독학학위제 2단계 전공기초과정인정시험 답안지(객관식)

★ 수험생은 수험번호와 응시과목 코드번호를 표기(마킹)한 후 일치여부를 반드시 확인할 것.

전공분야

성명

수험번호

(1) 2

(2) ① ● ③ ④

※ 감독관 확인란

(인)

관리번호 확인란

(연번)

(응시자수)

과목코드

응시과목

	1	① ② ③ ④	21	① ② ③ ④
	2	① ② ③ ④	22	① ② ③ ④
	3	① ② ③ ④	23	① ② ③ ④
	4	① ② ③ ④	24	① ② ③ ④
	5	① ② ③ ④	25	① ② ③ ④
	6	① ② ③ ④	26	① ② ③ ④
	7	① ② ③ ④	27	① ② ③ ④
	8	① ② ③ ④	28	① ② ③ ④
	9	① ② ③ ④	29	① ② ③ ④
	10	① ② ③ ④	30	① ② ③ ④
	11	① ② ③ ④	31	① ② ③ ④
	12	① ② ③ ④	32	① ② ③ ④
	13	① ② ③ ④	33	① ② ③ ④
	14	① ② ③ ④	34	① ② ③ ④
	15	① ② ③ ④	35	① ② ③ ④
	16	① ② ③ ④	36	① ② ③ ④
	17	① ② ③ ④	37	① ② ③ ④
	18	① ② ③ ④	38	① ② ③ ④
	19	① ② ③ ④	39	① ② ③ ④
	20	① ② ③ ④	40	① ② ③ ④

교시코드 ① ② ③ ④

답안지 작성시 유의사항

1. 답안지는 반드시 컴퓨터용 사인펜을 사용하여 다음 보기와 같이 표기할 것.
   보기 잘된표기: ●
   잘못된 표기: ⊘ ⊗ ◑ ◐ ○●

2. 수험번호 (1)에는 아라비아 숫자로 쓰고, (2)에는 "●"과 같이 표기할 것.

3. 과목코드는 뒷면 "과목코드번호"를 보고 해당과목의 코드번호를 찾아 표기하고,
   응시과목란에는 응시과목명을 한글로 기재할 것.

4. 교시코드는 문제지 전면 의 교시를 해당란에 "●"와 같이 표기할 것.

5. 한번 표기한 답은 긁거나 수정액 및 스티커 등 어떠한 방법으로도 고쳐서는
   아니되고, 고친 문항은 "0"점 처리됨.

[이 답안지는 마킹연습용 모의답안지입니다.]

독학학위제 2단계 전공기초과정인정시험 답안지(객관식)

컴퓨터용 사인펜만 사용

★ 수험생은 수험번호와 응시과목 코드번호를 표기(마킹)한 후 일치여부를 반드시 확인할 것.

전공분야	
성 명	

수험번호

(1)	2
(2)	① ● ③ ④

응시과목 (왼쪽)

과목코드	응시과목

1	① ② ③ ④
2	① ② ③ ④
3	① ② ③ ④
4	① ② ③ ④
5	① ② ③ ④
6	① ② ③ ④
7	① ② ③ ④
8	① ② ③ ④
9	① ② ③ ④
10	① ② ③ ④
11	① ② ③ ④
12	① ② ③ ④
13	① ② ③ ④
14	① ② ③ ④
15	① ② ③ ④
16	① ② ③ ④
17	① ② ③ ④
18	① ② ③ ④
19	① ② ③ ④
20	① ② ③ ④
21	① ② ③ ④
22	① ② ③ ④
23	① ② ③ ④
24	① ② ③ ④
25	① ② ③ ④
26	① ② ③ ④
27	① ② ③ ④
28	① ② ③ ④
29	① ② ③ ④
30	① ② ③ ④
31	① ② ③ ④
32	① ② ③ ④
33	① ② ③ ④
34	① ② ③ ④
35	① ② ③ ④
36	① ② ③ ④
37	① ② ③ ④
38	① ② ③ ④
39	① ② ③ ④
40	① ② ③ ④

교시코드 ① ② ③ ④

응시과목 (오른쪽)

과목코드	응시과목

1	① ② ③ ④
2	① ② ③ ④
3	① ② ③ ④
4	① ② ③ ④
5	① ② ③ ④
6	① ② ③ ④
7	① ② ③ ④
8	① ② ③ ④
9	① ② ③ ④
10	① ② ③ ④
11	① ② ③ ④
12	① ② ③ ④
13	① ② ③ ④
14	① ② ③ ④
15	① ② ③ ④
16	① ② ③ ④
17	① ② ③ ④
18	① ② ③ ④
19	① ② ③ ④
20	① ② ③ ④
21	① ② ③ ④
22	① ② ③ ④
23	① ② ③ ④
24	① ② ③ ④
25	① ② ③ ④
26	① ② ③ ④
27	① ② ③ ④
28	① ② ③ ④
29	① ② ③ ④
30	① ② ③ ④
31	① ② ③ ④
32	① ② ③ ④
33	① ② ③ ④
34	① ② ③ ④
35	① ② ③ ④
36	① ② ③ ④
37	① ② ③ ④
38	① ② ③ ④
39	① ② ③ ④
40	① ② ③ ④

교시코드 ① ② ③ ④

답안지 작성시 유의사항

1. 답안지는 반드시 컴퓨터용 사인펜을 사용하여 다음 囫와 같이 표기할 것.
   囫 잘 된 표기: ●
   잘못된 표기: ⊗ ⊘ ⊙ ◐ ○ ○ ●

2. 수험번호 (1)에는 아라비아 숫자로 쓰고, (2)에는 "●"와 같이 표기할 것.

3. 과목코드는 뒷면 "과목코드번호"를 보고 해당과목의 코드번호를 찾아 표기하고,
   응시과목란에는 응시과목명을 한글로 기재할 것.

4. 교시코드는 문제지 전면 의 교시를 해당란에 "●"와 같이 표기할 것.

5. 한번 표기한 답은 긁거나 수정액 및 스티커 등 어떠한 방법으로도 고쳐서는
   아니되고, 고친 문항은 "0"점 처리함.

※ 감독관 확인란

(인)

관리번호

(연번)

(응시자수)

[이 답안지는 마킹연습용 모의답안지입니다.]

독학학위제 2단계 전공기초과정인정시험 답안지(객관식)

컴퓨터용 사인펜만 사용

전공분야

성명

★ 수험생은 수험번호와 응시과목 코드번호를 표기(마킹)한 후 일치여부를 반드시 확인할 것.

수 험 번 호
2

(1)

(2) ④ ③ ● ①

과목코드	응시과목
	1 ① ② ③ ④
	2 ① ② ③ ④
	3 ① ② ③ ④
	4 ① ② ③ ④
	5 ① ② ③ ④
	6 ① ② ③ ④
	7 ① ② ③ ④
	8 ① ② ③ ④
	9 ① ② ③ ④
	10 ① ② ③ ④
교시코드	11 ① ② ③ ④
① ② ③ ④	12 ① ② ③ ④
	13 ① ② ③ ④
	14 ① ② ③ ④
	15 ① ② ③ ④
	16 ① ② ③ ④
	17 ① ② ③ ④
	18 ① ② ③ ④
	19 ① ② ③ ④
	20 ① ② ③ ④
	21 ① ② ③ ④
	22 ① ② ③ ④
	23 ① ② ③ ④
	24 ① ② ③ ④
	25 ① ② ③ ④
	26 ① ② ③ ④
	27 ① ② ③ ④
	28 ① ② ③ ④
	29 ① ② ③ ④
	30 ① ② ③ ④
	31 ① ② ③ ④
	32 ① ② ③ ④
	33 ① ② ③ ④
	34 ① ② ③ ④
	35 ① ② ③ ④
	36 ① ② ③ ④
	37 ① ② ③ ④
	38 ① ② ③ ④
	39 ① ② ③ ④
	40 ① ② ③ ④

답안지 작성시 유의사항

1. 답안지는 반드시 컴퓨터용 사인펜을 사용하여 다음 囲와 같이 표기할 것.
   囲 잘된표기: ●
   잘못된 표기: ⊙ ⊗ ① ○ ◐ ◑ ⊕

2. 수험번호 (1)에는 아라비아 숫자로 쓰고, (2)에는 " " 와 같이 표기할 것.

3. 과목코드는 뒷면 "과목코드번호"를 보고 해당과목의 코드번호를 찾아 표기하고,
   응시과목란에는 응시과목명을 한글로 기재할 것.

4. 교시코드는 문제지 전면 의 교시를 해당란에 " " 와 같이 표기할 것.

5. 한번 표기한 답은 긁거나 수정액 및 스티커 등 어떠한 방법으로도 고쳐서는
   아니되고, 교정 문항을 "0"점 처리함.

과목코드	응시과목
	1 ① ② ③ ④
	2 ① ② ③ ④
	3 ① ② ③ ④
	4 ① ② ③ ④
	5 ① ② ③ ④
	6 ① ② ③ ④
	7 ① ② ③ ④
	8 ① ② ③ ④
	9 ① ② ③ ④
	10 ① ② ③ ④
교시코드	11 ① ② ③ ④
① ② ③ ④	12 ① ② ③ ④
	13 ① ② ③ ④
	14 ① ② ③ ④
	15 ① ② ③ ④
	16 ① ② ③ ④
	17 ① ② ③ ④
	18 ① ② ③ ④
	19 ① ② ③ ④
	20 ① ② ③ ④
	21 ① ② ③ ④
	22 ① ② ③ ④
	23 ① ② ③ ④
	24 ① ② ③ ④
	25 ① ② ③ ④
	26 ① ② ③ ④
	27 ① ② ③ ④
	28 ① ② ③ ④
	29 ① ② ③ ④
	30 ① ② ③ ④
	31 ① ② ③ ④
	32 ① ② ③ ④
	33 ① ② ③ ④
	34 ① ② ③ ④
	35 ① ② ③ ④
	36 ① ② ③ ④
	37 ① ② ③ ④
	38 ① ② ③ ④
	39 ① ② ③ ④
	40 ① ② ③ ④

※ 감독관 확인란

(인)

관 리 번 호
(연번)
(응시자수)

[이 답안지는 마킹연습용 모의답안지입니다.]

컴퓨터용 사인펜만 사용

★ 수험생은 수험번호와 응시과목 코드번호를 표기(마킹)한 후 일치여부를 반드시 확인할 것.

전공분야

성명

수 험 번 호	
(1)	
(2)	

응시과목

과목코드

교시코드

답안지 작성시 유의사항

1. 답안지는 반드시 컴퓨터용 사인펜을 사용하여 다음 보기와 같이 표기할 것.
   보기 잘된표기: ● 잘못된표기: ⊘ ⊗ ⊙ ◑ ○◐

2. 수험번호 (1)에는 아라비아 숫자로 쓰고, (2)에는 "●"와 같이 표기할 것.

3. 과목코드는 뒷면 "과목코드번호"를 보고 해당과목의 코드번호를 찾아 표기하고,
   응시과목란에는 응시과목명을 한글로 기재할 것.

4. 교시코드는 문제지 전면 의 교시를 해당란에 "●"와 같이 표기할 것.

5. 한번 표기한 답은 긁거나 수정액 및 스티커 등 어떠한 방법으로도 고쳐서는
   아니되고, 고친 문항은 "0"점 처리함.

※ 감독관 확인란   (인)

관 리 번 호 (연번) (응시자수)

독학학위제 2단계 전공기초과정인정시험 답안지(객관식)

컴퓨터용 사인펜만 사용

★ 수험생은 수험번호와 응시과목 코드번호를 표기(마킹)한 후 일치여부를 반드시 확인할 것.

전공분야

성명

전공분야

수 험 번 호						
2	–	–		–		–

(1)
(2)
④ ③ ● ①

과목코드	응시과목
교시코드	

응시과목
1 2 3 4 5 6 7 8 9 10 11 12 13 14 15 16 17 18 19 20
21 22 23 24 25 26 27 28 29 30 31 32 33 34 35 36 37 38 39 40

과목코드	응시과목
교시코드	

응시과목
1 2 3 4 5 6 7 8 9 10 11 12 13 14 15 16 17 18 19 20
21 22 23 24 25 26 27 28 29 30 31 32 33 34 35 36 37 38 39 40

답안지 작성시 유의사항

1. 답안지는 반드시 컴퓨터용 사인펜을 사용하여 다음 囝와 같이 표기할 것.
   囝 잘된 표기: ●
   잘못된 표기: ⊗ ⊕ ⊙ ○ ◑ ◐
2. 수험번호 (1)에는 아라비아 숫자로 쓰고, (2)에는 "●"와 같이 표기할 것.
3. 과목코드는 뒷면 "과목코드번호"를 보고 해당과목의 코드번호를 찾아 표기하고,
   응시과목란에는 응시과목명을 한글로 기재할 것.
4. 교시코드는 문제지 전면 의 교시를 해당란에 "●"와 같이 표기할 것.
5. 한번 표기한 답은 긁거나 수정액 및 스티커 등 어떠한 방법으로도 고쳐서는
   아니되고, 고친 문항은 "0"점 처리함.

[이 답안지는 마킹연습용 모의답안지입니다.]

※ 감독관 확인란

감독관 확인란
(인)

관리번호
(연번)
(응시자수)

독학학위제 2단계 전공기초과정인정시험 답안지(객관식)

컴퓨터용 사인펜만 사용

★ 수험생은 수험번호와 응시과목 코드번호를 표기(마킹)한 후 일치여부를 반드시 확인할 것.

전공분야

성명

수 험 번 호

※ 감독관 확인란

(인)

관 리 번 호

(연번)   (응시자수)

응시과목 (과목코드 / 교시코드)

응시과목				응시과목			
1	① ② ③ ④			21	① ② ③ ④
2	① ② ③ ④			22	① ② ③ ④
3	① ② ③ ④			23	① ② ③ ④
4	① ② ③ ④			24	① ② ③ ④
5	① ② ③ ④			25	① ② ③ ④
6	① ② ③ ④			26	① ② ③ ④
7	① ② ③ ④			27	① ② ③ ④
8	① ② ③ ④			28	① ② ③ ④
9	① ② ③ ④			29	① ② ③ ④
10	① ② ③ ④			30	① ② ③ ④
11	① ② ③ ④			31	① ② ③ ④
12	① ② ③ ④			32	① ② ③ ④
13	① ② ③ ④			33	① ② ③ ④
14	① ② ③ ④			34	① ② ③ ④
15	① ② ③ ④			35	① ② ③ ④
16	① ② ③ ④			36	① ② ③ ④
17	① ② ③ ④			37	① ② ③ ④
18	① ② ③ ④			38	① ② ③ ④
19	① ② ③ ④			39	① ② ③ ④
20	① ② ③ ④			40	① ② ③ ④

교시코드 ① ② ③ ④

응시과목 (두 번째 블록)

응시과목				응시과목			
1	① ② ③ ④			21	① ② ③ ④
2	① ② ③ ④			22	① ② ③ ④
3	① ② ③ ④			23	① ② ③ ④
4	① ② ③ ④			24	① ② ③ ④
5	① ② ③ ④			25	① ② ③ ④
6	① ② ③ ④			26	① ② ③ ④
7	① ② ③ ④			27	① ② ③ ④
8	① ② ③ ④			28	① ② ③ ④
9	① ② ③ ④			29	① ② ③ ④
10	① ② ③ ④			30	① ② ③ ④
11	① ② ③ ④			31	① ② ③ ④
12	① ② ③ ④			32	① ② ③ ④
13	① ② ③ ④			33	① ② ③ ④
14	① ② ③ ④			34	① ② ③ ④
15	① ② ③ ④			35	① ② ③ ④
16	① ② ③ ④			36	① ② ③ ④
17	① ② ③ ④			37	① ② ③ ④
18	① ② ③ ④			38	① ② ③ ④
19	① ② ③ ④			39	① ② ③ ④
20	① ② ③ ④			40	① ② ③ ④

교시코드 ① ② ③ ④

답안지 작성시 유의사항

1. 답안지는 반드시 컴퓨터용 사인펜을 사용하여 다음 보기와 같이 표기할 것.
   보기 잘 된 표기: ●   잘못된 표기: ⊗ ⊗ ⊙ ◐ ○ ●

2. 수험번호 (1)에는 아라비아 숫자로 쓰고, (2)에는 "●"과 같이 표기할 것.

3. 과목코드는 뒷면 "과목코드번호"를 보고 해당과목의 코드번호를 찾아 표기하고,
   응시과목란에는 응시과목명을 한글로 기재할 것.

4. 교시코드는 문제지 전면 의 교시를 해당란에 "●"과 같이 표기할 것.

5. 한번 표기한 답은 긁거나 수정액 및 스티커 등 어떠한 방법으로도 고쳐서는
   아니되고, 고친 문항은 "0"점 처리함.

[이 답안지는 마킹연습용 모의답안지입니다.]

참고문헌

- 김성영・라선아, 『마케팅론』, 한국방송통신대학교 출판부, 2010.

- 이철, 『고객의 눈으로 보면 마케팅이 새롭다』, 북넷, 2009.

- 이석규, 『마케팅 관리』, 박영사, 2005.

- 안영일・정진영・김완중, 『유통관리사 2급』, 시대고시기획, 2008.

- 김경자, 『마케팅 조사』, 시대고시기획, 2009.

- 조영복・정동섭, 『경영전략』, 도서출판 대명, 2003.

- 박명호・박종무・윤만희, 『마케팅』, 경문사, 1998.

- 브랜드파워(1997, 한국언론자료간행회), Building Strong Brands(1996, David A. Aaker)

SD에듀와 함께, 합격을 향해 떠나는 여행

SD에듀 독학사 경영학과 2단계 마케팅원론

개정12판1쇄 발행	2023년 03월 30일 (인쇄 2023년 01월 31일)
초 판 발 행	2011년 02월 15일 (인쇄 2010년 12월 08일)
발 행 인	박영일
책 임 편 집	이해욱
편 저	독학학위연구소
감 수	전지원
편 집 진 행	송영진 · 양희정
표지디자인	박종우
편집디자인	차성미 · 장성복
발 행 처	(주)시대고시기획
출 판 등 록	제10-1521호
주 소	서울시 마포구 큰우물로 75 [도화동 538 성지 B/D] 9F
전 화	1600-3600
팩 스	02-701-8823
홈 페 이 지	www.sdedu.co.kr

I S B N	979-11-383-4130-1 (13320)
정 가	24,000원